大学精品资源共享课程系列

成长小说概论

CHENGZHANG XIAOSHUO GAILUN

张国龙 著

北京师范大学出版集团
安徽大学出版社

图书在版编目(CIP)数据

成长小说概论/张国龙著. —合肥:安徽大学出版社,2013.8
(大学精品资源共享课程系列)
ISBN 978-7-5664-0502-9

Ⅰ.①成… Ⅱ.①张… Ⅲ.①儿童文学－小说研究－中国－当代 Ⅳ.①I207.8

中国版本图书馆 CIP 数据核字(2013)第 175245 号

成长小说概论
CHENGZHANG XIAOSHUO GAILUN

张国龙 著

出版发行:	北京师范大学出版集团
	安徽大学出版社
	(安徽省合肥市肥西路 3 号 邮编 230039)
	www.bnupg.com.cn
	www.ahupress.com.cn
经　　销:	全国新华书店
印　　刷:	合肥远东印务有限责任公司
开　　本:	170mm×240mm
印　　张:	24.5
字　　数:	326 千字
版　　次:	2013 年 8 月第 1 版
印　　次:	2013 年 8 月第 1 次印刷
定　　价:	35.00 元

ISBN 978-7-5664-0502-9

策划统筹:朱丽琴　　　　　　　装帧设计:李　军
责任编辑:王娟娟　　　　　　　美术编辑:李　军
责任校对:程中业　　　　　　　责任印制:陈　如

版权所有　侵权必究
反盗版、侵权举报电话:0551—65106311
外埠邮购电话:0551—65107716
本书如有印装质量问题,请与印制管理部联系调换。
印制管理部电话:0551—65106311

目 录

前言　成长何为 ……………………………………………〔001〕

上篇　成长小说本体论

第一讲　成长的隐喻性——作为人之发展的重大命题
　　………………………………………………………〔003〕

第二讲　成长作为文学资源——一种永恒的主题 …〔007〕

第三讲　成长小说概念辨析 ………………………………〔010〕
　第一节　成长小说语词考 ………………………………〔010〕
　第二节　成长小说概念流变及争鸣 ……………………〔012〕

第四讲　成长小说审美特征 ………………………………〔023〕
　第一节　谁在成长 ………………………………………〔023〕
　第二节　叙事结构的程式化及成因 ……………………〔036〕
　第三节　成长小说类型 …………………………………〔044〕

第五讲　成长小说界域辨析 ………………………………〔053〕
　第一节　成长小说与成长主题小说 ……………………〔053〕
　第二节　成长小说与儿童文学 …………………………〔055〕

中篇　成长小说发生论

第六讲　成长小说与野蛮时代的教育——"成人式" 〔063〕

第一节　盛行于原始社会的"成人式" 〔063〕
第二节　蕴藉于"成人式"中的教育功能 〔065〕

第七讲　成长小说与文明教育 〔069〕

第一节　现代文明社会中被解构的"成人式" 〔069〕
第二节　回归"成人式"的成长小说 〔071〕
第三节　沉潜于成长小说中的"成人式"因子 〔073〕

第八讲　成长小说功能演进 〔075〕

第一节　经典时期：成长的公共化 〔075〕
第二节　现代时期：成长的个人化 〔077〕
第三节　当代时期：成长的私人化 〔081〕

下篇　外国文学成长书写嬗变

第九讲　德国文学成长书写嬗变 〔096〕

第一节　发轫期(17世纪中叶)："流浪汉小说"中的成长书写 〔098〕
第二节　成熟期(18世纪)：自传文学中的成长书写 〔100〕
第三节　19世纪德语成长小说中的"新人"形象 〔106〕
第四节　20世纪"反成长"书写：荒诞、孤立和拒绝 〔108〕

第十讲　英国文学成长书写嬗变 〔127〕

第一节　发轫期(17世纪)：皈依于上帝的成长书写 〔128〕

第二节　发展期(18世纪)：寄寓于"荒岛"、"世俗生活"等的
　　　　　　成长书写 …………………………………………〔129〕
　　第三节　成熟期(19世纪)：对成长主题全面、深入、系统的
　　　　　　开掘 ……………………………………………〔138〕
　　第四节　突破期(20世纪)："顿悟说"及其他 …………〔172〕

第十一讲　美国文学成长书写嬗变 ……………………………〔186〕
　　第一节　早期(19世纪)：赎罪、在路上和日常生活 ……〔189〕
　　第二节　成熟期("一战"/"二战")："迷惘"与"垮掉" ……〔201〕
　　第三节　新趋向(20世纪80年代以降)：新移民的成长及其他
　　　　　　 …………………………………………………〔225〕

第十二讲　俄罗斯文学成长书写嬗变 …………………………〔240〕
　　第一节　发轫期(19世纪中期~20世纪上半叶)：成长的
　　　　　　诗性书写 ………………………………………〔240〕
　　第二节　停滞期(20世纪20年代~前苏联时期)："类成长"
　　　　　　书写 ……………………………………………〔244〕
　　第三节　新纪元(世纪之交的当代俄罗斯文学)：现代意义
　　　　　　上的成长书写 …………………………………〔248〕

第十三讲　法国文学成长书写嬗变 ……………………………〔252〕
　　第一节　发轫期(18~19世纪)：蕴藉"自然教育"理念的
　　　　　　成长书写 ………………………………………〔252〕
　　第二节　奠基期(19世纪)：聚焦"外省年轻人"的成长 …〔254〕
　　第三节　成熟期(20世纪)："全景式"深度成长书写 ……〔259〕
　　第四节　新趋向(21世纪以来)："个人化"的成长书写 …〔263〕

第十四讲　拉美文学成长书写嬗变 ……………………………〔266〕
　　第一节　萌芽期(16世纪前)：散见于史诗、戏剧中的成长
　　　　　　母题 ……………………………………………〔267〕

第二节　成熟期（从发现新大陆到独立运动爆发）：切近本体
　　　　的成长书写 ································〔270〕
第三节　承接期（19世纪下半叶～20世纪下半叶）：寄寓
　　　　于本土文学中的个人－社会成长书写 ············〔276〕
第四节　黄金期（20世纪下半叶～至今）：多样性的成长
　　　　书写 ·····································〔281〕

外编　中国文学成长书写嬗变

第十五讲　处于成长之中的中国成长文学书写 ······〔289〕

第一节　古代中国：被放逐的成长 ······················〔290〕
第二节　清末民初至现代中国："教育救国"与成长的发现、
　　　　悬搁 ·····································〔295〕
第三节　"二十七年"时期：被公共化的成长 ············〔298〕
第四节　新时期以来：成长书写个人化/私人化 ··········〔307〕
第五节　"70后作家"的成长书写："性"是一种写作策略 ···〔340〕
第六节　中国儿童文学视阈中的成长书写和研究 ········〔343〕
第七节　中国式成长小说书写的困境和研究现状考察 ···〔349〕

结论　成长书写任重道远 ····························〔359〕

附录　成长小说相关文献索引 ·······················〔362〕

后记 ···〔377〕

前言

成长何为

作为一种重要小说样式的成长小说,在西方迄今已有200多年的历史。纵观世界成长小说史,经典作品可谓琳琅满目、蔚为大观。然而,作为舶来品的成长小说在中国的发展却不足100年。在西方,曾肩负过启蒙使命、承载着浪漫主义情怀的成长小说,在现代化进程中竟然面临退守边缘之尴尬。其存在的合法性遭到质疑,其存在的有效性大大降低。在中国,成长小说从未跻身主流,因其从来不曾繁荣过,自然就谈不上衰微了。然而,成长作为一种存在无处不在,始终处于发展、变化之中。与爱和死亡等永恒的主题一样,成长主题毋庸置疑是文学(主要是小说)书写无法回避的关键词。

没有成长就没有世界,没有成长就没有人。对成长的冷漠,无疑是对人自身的轻视。成长小说在现代化进程中式微,毋庸赘言乃文学的悲哀。其遭受冷遇的原因很多,本书将在后面逐一论述。在本书开篇,笔者直指其核心病灶——成长小说的诗学体系建构遭遇了危机。即使"什么是成长小说"等最基本的问题,无论是学者、作家,还是读者,皆未能达成共识。这无疑是成长小说面临的最为可怕的困厄——概念界定难成定论,本体思辨粗疏,文体自然失范。

目前,学界对成长小说的认知大致可归纳为两种(或者说是两种误区):一为"成长小说即所有涉及成长主题的小说样式"。这种界定过于宽泛,大而无当。边界过于辽阔,指称功能过度膨胀,导致本性迷失，成长小说有被淹没或自我放逐之虞。好比一个人说"我非常富有，除地球之外的东西都属于我"。二为"成长小说就是对青春期发生的故事的摹写"。此种观念视阈过于狭窄，指称功能几无所指，导致自我囚禁，面临僵死之窘。成长小说研究的当务之急在于净化文体，拨云见日，洞见本体，拓展其内涵和外延，在保持自我的前提下寻求其发展的多种可能性和更为广袤的空间。成长小说作为西方文学中不可或缺的门类，有关其研究从文学到文化都相当深入、系统，形成了稳定的审美规范。尽管作为文学术语的"成长小说"20世纪初才被引入中国，但20世纪90年代以降成长小说可谓中国文学重要的增长点。与成长小说书写的长足进步互动的是，成长小说理论阐释发生了质的飞跃。一些学者开始从各个层面深入探讨成长小说。概略说来，呈现出以下几种研究趋向：①成长小说概念、美学特征和源流探究。②对中国成长小说书写状貌的系统研究。③对国外成长小说书写状貌的系统研究。④从儿童文学视阈研究成长小说。总的说来，成长小说作为舶来品，在中国文坛尚处于成长阶段。成长小说研究日渐深入，渐呈繁荣之势。由于成长小说在中国的生长期较为短暂，理论探究主要存在以下几方面的不足：①缺乏系统的成长小说理论建构。目前，大多数学者所操持的成长小说理论，不过是对西方经典成长小说理论的模仿，未能给成长小说理论注入新鲜血液。②有关作品解读的论文居多，但大多依托的成长小说理论有失偏颇。由于对成长小说和成长主题等基本理论问题缺乏准确把握，从而导致解读的失效。③缺乏对中西成长小说的比较研究。囿于文化语境的差异，中西成长小说书写势必在许多方面存在质的不同。④对世界成长小说发展史的研究几乎是一片空白，成长小说概论之类的专著至今还没出现。

本书名为《成长小说概论》，旨在给予成长小说概念、特征等以美学界定，以及对成长小说的历史沿革等进行概略梳理。力求为成长小说重新命名，使其成为一种科学定义，从而为成长小说的理论建构夯实基础。本书主要内容如下：

前言 成长的隐喻性——作为人之发展的重大命题;成长作为文学资源——一种永恒主题。

上篇 成长小说本体论——成长小说概念辨析。探究"成长小说"这一语词的流变,成长小说作为文学术语的发展变化以及成长小说的审美特征。谁在成长,即成长主人公是谁?成长小说叙述的基本结构模式:幼稚→受挫→释怀→长大成人;成长小说类型厘定等;成长小说界域辨析。厘定成长小说与成长主题小说、儿童文学的姻亲关系。

中篇 成长小说发生论——成长小说与野蛮时代的教育——"成人式";成长小说与文明教育。在现代文明社会中,成长小说是被异变的"成人式";成长小说功能演进:成长公共化/个人化/私人化等。

下篇 外国文学成长书写嬗变。德国、英国、美国、法国、俄罗斯、拉丁美洲等国家和地区是世界几大成长小说的发生地。廓清德国成长小说发展简史,探究其在德国青少年教育中所承担的重大使命;梳理英国成长小说发展简史,重点考察其对英国女性成长的深度书写;探查美国成长小说发展简史,成长小说对多元文化语境中芜杂成长景观的全方位书写等。此外,探究俄罗斯、法国、拉美等国家和地区文学中的成长书写嬗变。

外篇 中国文学成长书写嬗变——处于成长之中的中国成长文学书写。古代中国:成长被放逐;清末民初:蕴藉于"教育救国"中的成长;现代中国:成长的发现与悬搁;"二十七年":被"公共化"的成长;新时期以来:成长书写个人化/私人化;"70后"作家的成长书写:性是成长书写的一种策略。中国儿童文学视阈中的成长书写和研究现状;中国式成长小说书写的困境和研究现状等。

结论 成长书写任重道远。成长书写何去何从?成长小说必须谋求属于自己的发展道路,必须拓展自己的生存空间。从全球范围来看,成长小说的发展距离高峰还相当遥远,甚至在相当多的国家还是一片荒芜。即使在成长小说发达的国家,成长小说书写仍旧存在着不少空白点。比如,女性成长小说、移民成长小说、高科技时代成长的新质新貌,有关国家、殖民地、民族、种族、家族、地球文明的成长寓言书写等。对于成长小说研究来说,盲区可谓比比皆是。即使最基本的问题,诸如什么是成长小说、成长小说发展史等,仍在建构之中。

上篇

成长小说本体论

何谓成长小说？作为文学术语的成长小说经历了怎样的概念流变？成长小说具有什么样的美学特征？成长主人公是谁？成长小说叙事结构为何程式化？成长小说具有哪些类型？成长小说与成长主题小说有何差异？成长小说与儿童文学之间有何姻亲关系？

第一讲

成长的隐喻性
——作为人之发展的重大命题

成长,是人之存在的重要表征。与无法抗拒死亡一样,人亦难以抗拒成长。一朝临世,注定与成长如影随形。所谓成长,即"生长而成熟"、"向成熟阶段发展"之意。发展,无疑是成长的本真状态,沿物质、精神两个维度推进。它既决定了人的生理状貌,又拓展了人的精神境界,从而负载着"人之为人"的重大使命。如同一粒埋入泥土的种子,从萌芽、吐绿到长成参天大树,必然会遭逢数载酷暑严寒。人,作为宇宙中现在已知的生命存在的最高形态,其成长无疑最曲折、最丰富、最驳杂、最变幻莫测。每个人"上下求索"的成长之旅,可谓"路漫漫其修远兮",其求解、求证的过程注定山重水复。一言以蔽之,成长既表征为生理、心理的日渐成熟,又关涉个性、人格的日臻完善,从而确定自我的社会坐标,实现与社会生活环境的和谐共生。

身体发育乃成长的物质内容。根据生理学的通常界定,一般人从10岁左右开始发育(女孩的生理发育略早于男孩),即进入青春期。青春期(Adolescence)是儿童向成人的过渡阶段,被称为"人生里程的十字路口"、"是一片难以通过又必须通过的雷区"等。其突出的特点是性发育的突飞猛进,又称为性成熟期。国外医学界将青春期的年龄定为10~19岁,我国医学界将其界定为13~18岁,且男女有差别。一般说来,女孩进入青春期比男孩早1~2年。许多学者还把青春期分为3个阶段,即青春前期(10～13岁)、青春中期(13～16岁)和青春后期(16～20岁)。到了20岁左右,生理发育已趋成熟,意味着生理上长大成人,具备有效生育资质。

成长蕴藉了心理学和社会学意义。心理学指涉的成长,预示着成长者性意识的觉醒,理性思维能力的健全、成熟,以及对社会主流价值范型和审美认知标准等的认同。按照社会学规约,18岁便预示着一个人步入了成人行列,从此获得了诸多成人权利,并履行相应的责任和义务。诸如,法律所确认的法人资格、经济自立等。而且,各种不成文的习俗亦为其开启了通往成人的特权之门。① 18岁还意味着从"自然之我"走向"自为之我",从"自然状态"向"社会状态"升华。也就是说,个体成长的本体意旨在于直指个性的理性超越,成长者能从容地找到自我在社会体系中的位置,即完成个体"社会化",②以及克服社会学家帕森斯所说的"同一性危机"。③ 从此种意义上说,成长往往决定集体、社会乃至人类的精神发展向度。④

无论是生理学还是心理学、社会学所指涉的成长,性的成长无疑是核心,是成长之旅中最重大的事件,具有里程碑意义。正如精神分析学泰斗、奥地利的弗洛伊德(S. Freud)所言,每个人面临的

---

①参见 Hans Seybold, Adolescence: A social Psychological Analysis. NJ: Prentice-Hall,1984. 6.

②美国结构功能主义社会学家帕森斯(Parsons,T.)把"社会化"分为"童年期社会化"和"成年期社会化"两个阶段。前者即初级社会化,是儿童人格发展的非特殊性阶段,儿童在这个时期为日后将在社会生活中扮演的角色作准备。后者指个人对自己在社会体系中扮演的稳定角色的学习。

③美国结构功能主义社会学家帕森斯认为,不能正确认识自己、自己的职责和自己在社会生活中所应承担的角色,这种异常的人格发展现象即"同一性危机"。

④即巴赫金在《教育小说及其在现实主义历史中的意义》一文中所说,个人的成长"不是他(她)的私事。他(她)与世界一同成长,他自身反映着世界本身的历史成长"。见[俄]巴赫金:《巴赫金全集第三卷》,白春仁等译,石家庄:河北教育出版社,1998年,第232页。

所有问题都与基本欲望(原欲或性)相关。它通过各种方式,或隐或显地表现出来,直接或间接行使其功能。"常人的意见,总认为性冲动不存在于童年,它是在生活史上某一段被称为青春期的日子里突然冒出来的。这种误解十分普遍,主要源自我们目前对性生活基本原则的无知",而"男女性征的截然分化始自青春期……对后来的人格发展,性别的因素还有决定性的影响"。① 一般说来,一个人进入青春期,生理上的变化,尤其是第二性征的发展,一如化蛹为蝶般剧烈。仿佛一夜之间,男孩便长出了胡须、喉结、腋毛和耻毛,"梦遗"亦不期而临;女孩的胸脯悄然凸显,"初潮"倏至。② 性生理的剧变,诱发了性心理(性意识)的觉醒。如果说性生理的成长是显在的,具有客观物理性,那么,性心理(性意识)的成长则是隐在的,具有主观精神性。相对于性生理的成长来说,一个人的性意识的发展更复杂、深奥、曲折。"梦遗"/"初潮",对于男孩/女孩来说无疑是石破天惊般的大事。对生理上发生的这场必然会来临的巨变的懵懂无知,以及难以名状的惊惧,无异于强烈的地震波冲击着他们敏感、怯懦、脆弱的心灵。来自于心灵深处的芜杂颤音,似乎只有文学家温润的笔墨才能描摹出蛛丝马迹。

美国心理学家赫洛克(Hurlock. E. B)把青春期性意识的发展概括为四个时期③:①疏远异性的厌恶期。因为羞怯、恐惧和不安,对异性持有的一种逃避、拒斥态度;②向往年长异性的牛犊恋期。

---

① [奥地利]弗洛伊德:《性学三论·爱情心理学》,林克明译,西安:太白文艺出版社,2004年,第57～96页。
② 美国心理学家詹姆斯·O.卢格认为,女孩性发育期一般始于"乳蕾"的出现,有时则是阴毛的出现,伴随体内性器官的发育生长。男孩子则表现为睾丸和阴囊的发育。参见[美]詹姆斯·O.卢格:《人生发展心理学》,陈德民等译,南京:学林出版社,1996年,第688页。而英国心理学家J.C.考尔曼认为,"(性)发育期开始于女子月经来潮和男子阴毛长出。"见[英]J.C.考尔曼:《青春的本性》,杨高潮、杨新潮译,杭州:浙江人民出版社,1987年,第13页。
③ [美]赫洛克:《发展心理学》,胡海国编译,台北:台湾桂冠图书公司,1984年。

这与弗洛伊德（S. Freud）所谓男孩的"俄狄浦斯情结（Oedipus Complex）"和女孩的"伊莱克特拉情结（Electra Complex）"[①]相似；③亲近异性的狂热期。性对象转向年龄相当的异性；④青春后期的浪漫恋爱期。有相对固定的异性伴侣。

经过上述四个阶段，成长者的性意识便趋成熟。其表现征候如下：①渴望与异性交往；②甘愿为渴慕的异性奉献一切；③有了一定的性行为和"中性性行为"、"边缘性行为"。前者指两性性器官的交合，而后两者指除性交合之外的性行为，如拥抱、抚摸、接吻等。

由于女性的性生理成熟一般比男性早两年，其性意识的萌发也较早。随着初潮的到来和体态日益"女性化"，她们感觉自己不再是天真烂漫的孩子，感觉到了自己与男性越来越明显的差异（即"女性意识"的苏醒）。

身体里日益积聚的"性张力"对性意识的催生，尤其是对潜隐、神秘的性行为的渴望，不同的个体有着大致相似的感受。总之，混沌与清醒，绝望与憧憬，激越与偏执，乐观与颓丧，自负与自卑，性欲的萌动、膨胀与压抑……成长必然会面临的这些问题，可以粗略归纳为以下几种类型：①对自我的认同与受挫；②对他者（成人世界）的渴望与畏避；③自我的奔放与外在的制约；④性张力的压迫与宣泄。

在上述问题中，最敏感、最微妙、最深邃、最驳杂、最棘手的，无疑是性的成长。

不言而喻，成长是人生永恒的重大命题，不可规避，无法逃遁。每个人的成长之旅，是对生命个体存在的记录，是对玄妙生命本体的读解，是对繁复、曲折人生的演绎。

[①]弗洛伊德（S. Freud）认为，在性萌动初期，每一个男孩都具有"恋母仇父"的心理趋向，而每一个女孩都具有"恋父仇母"的心理情结。

第二讲

成长作为文学资源
——一种永恒的主题

如果说成长的物理状态由神秘的遗传基因掌控,具有先天预设性和可确定性,那么,成长的精神参数往往随环境等诸多有形或无形因素的改变而变化,从而具有多种可能性,可用"海森堡测不准原理"[①]诠释。唯因个性、人格等成长的可变性和无法准确测量性,使人的成长具有了其他任何生命存在形式所不具备的人文意义。

一个人从孩童到成年,意味着主体性的确立,以及由社会边缘跻身于主流文化中心。所谓主体性,马克思指出人始终是主体,主体是人。但对于现实的个人来说,人和主体并不完全等同,并非每一个人都是现实的主体。主客体关系的建立、主体地位的确定,既取决于客体的性质,也取决于人的本质力量。只有当人具有主体意识,主体能力现实地作用于客体的时候,他才可能成为活动主体,具有主体性。主体性是在人性前提下对于人的更高层次的规定性。就人来说,人可能成为活动主体,具有主体性,也可能不成为主体不具有主体性。但人不论是否是主体,是否具有主体性,人总是人,具

---

① "海森堡测不准原理"是量子力学的一个基本原理,系德国物理学家海森堡1927年提出。它表明,一个微观粒子的位置和动量两者不可能同时测得准确值。其中一个量确定得越准确,另一个量就越不准确。本书所指涉的成长个体,最终能成长为什么样的"主体",同样难以准确预测。

有人性。① 哈贝马斯(Juergen Habermas)认为,"只有在成为中心的群体认同语境中,自我认同才能形成"。② 这是追寻人生意义、实现生命价值的一个至关重要的转折。而且,个人的成长始终与特定的时间/空间彼此确证,从而蕴藉"互文性"。③ 也就是说,"个人在历史中成长"(巴赫金语),成长既是个人的成长,也是历史的成长。对于个人而言,历史就是"自我的成长史";对于历史来说,成长不仅仅是"个人的私事"。这就是人在成长过程中所包蕴的一种文化隐喻性。

  成长的文化隐喻性还体现为各种集体意识的沉潜历程。若将成长者从"个体"(单个人)身份置换为"集体"(人类等)状态,成长显然寓意了人类按照"蒙昧—野蛮—文明"演进的轨迹。成长也昭示了一个国家、民族等共同的心理机制、伦理体系的嬗变,并得到广泛认同。成长如同生物的遗传密码传递,表征为约定俗成的集体(公共)意识的沉淀。毋庸赘言,"任何关于成长的叙事,不管是成功的还是失败的,不管是顺利的还是曲折的,也不管是同胞的还是异族的,都具有广泛的吸引力,它满足了我们每个人对自主、自强、自由的渴望和冲动。成长,作为人类生活中一种普遍存在的文化现象和人类个体生命的重要体验,必然成为文学,尤其是小说,表现和探索的对象"。④ 在文学书写的诸多主题中,"成长"与"爱"、"死亡"、"生命"等一样,不但常写弥新,而且具有经典性和永恒性。显而易见,成长也是一种重要的文学书写资源。文学与成长的亲密接触,是一场必然会发生的心灵之约,是对自我/他者的深度窥视、体察和观

---

① 袁贵仁:《马克思的人学思想》,北京:北京师范大学出版社,1996年,第103页。

② [德]哈贝马斯:《历史唯物主义的重建》,郭官义译,北京:社会科学文献出版社,2000年,第96页。

③ "互文性"指文本的互文特性,即每一个文本的确定意义,皆需通过其他未出现的潜在文本为参照。

④ 芮渝萍:《美国成长小说研究》,北京:中国社会科学出版社,2004年,第4页。

照,更为文学/成长本身赢得了一次凤凰涅槃之契机。

文学诸体不约而同对成长主题投入了极大的热情,但从文体优势、开掘深度、取得的成就来看,小说无疑最具叙说成长的资质。"所谓小说的'成长'主题,也就是通过叙事来建立主人公在经历'时间'之后终于形成了自足的人格精神结构——即'主体'(生成)过程的话语设置"。[①] 于是,小说家族中便诞生了被称为成长小说的小说样式。

---

①樊国宾:《主体的生成:50年成长小说研究》,北京:中国戏剧出版社,2003年,第2页。

第三讲

成长小说概念辨析

成长小说是什么？这是学界难成定论的棘手问题。任何一种文学概念、样式的产生，绝非空穴来风。为了厘定成长小说这一研究的核心概念，本讲试图从诸多成长小说的探寻成果中梳理出成长小说概念渐变的过程。

第一节 成长小说语词考

成长小说诞生于西方。目前，国内外学术界对此已达成共识。考察西方文论史，作为概念的成长小说这一称谓，存在于德语和英语词汇中。

一、德语成长小说语词考

德语词汇中存在着与成长小说直接对应的词，即 Bildungsroman、Entwicklungsroman、Erziebungsroman 和 KÜnstlerroman 等，意为"塑造"、"修养"、"发展"和"成长"之意。

在上述德语词汇中，Bildungsroman 广为学界运用，并予以深入阐释。德语 Bilden 意为"构造"；Bildung 乃"创造"之意，本体意义为"画一幅画"和"组成、形成、塑造"等。① roman 是法语,即"小说"。从词源上讲,先有名词 Bild(塑像),后来拉丁语中的 imago(肖像)、formation(造型)语义被引入。② 约斯特认为,"Bildung 一词在教育学上指的是一个人变得同他的导师一模一样,以导师为楷模并同他合为一体的过程……在文学上,Bildung 一词同时还具有它在原始教义传说中所包含的世俗性的比喻义;早期的教会首领用陶匠揉泥以制成器具的比喻来解释上帝创世的神恩"。③ 谷裕认为,直到18世纪中期以后的虔敬主义运动,Bildung 才被扩展到了表述人与自然力量、人与人之间的相互作用,只是它更强调内在的塑造,注重精神、心灵的内化作用。启蒙运动在此基础上,把 Bildung 的"塑造"之意演变到了理性的"教育、修养"层面上,更强调理性和外向型的"塑造",Bildung 此时带有了更强烈的道德概念色彩。④ 芮渝萍在《美国成长小说研究》中指出,"在文艺复兴之前,Bildungsroman 偏重于人格的'内在塑造';文艺复兴之后,则偏重于主人公在与社会的碰撞中获得的经验和感悟,重心在于人格的'外在塑造'"。⑤

芮渝萍还详细探究了与成长小说相联系的其他德语词汇,指出 Entwicklungsroman 偏重于年轻主人公的全面成长,而非局限于对人格塑造的追求;Erziehungsroman 聚焦于主人公受到的正规训练和教育;Künstlerroman 着重表现年轻艺术家的成长历程。这些近义词虽有些微差别,但都具有成长、发展、成熟等核心意义,无疑都指称成长小说。

二、英语成长小说语词考

与德语中成长小说拥有较为固定的语词相比,英语中的成长小

---

① 吴永年、华宗德:《德语》,上海:上海外语教育出版社,1987年,第593页。
②③④ 买琳燕:《走近"成长小说":"成长小说"概念初论》,载《解放军外国语学院学报》,2007年第4期。
⑤ 芮渝萍:《美国成长小说研究》,北京:中国社会科学出版社,2004年,第1~2页。

说语词则相当随意、散漫,没有形成相对固定的词汇。出现频率较高的英语成长小说语词有 Novel of Youth、Novel of Adolescence、Growing-up Novel、Coming-of-age Novel、Initiation Story 和 Novel of Initiation 等。芮渝萍指出,"Novel of Youth 或 Novel of Adolescence 语义范围过于宽泛,虽然成长问题是青年和青少年小说的一个重要主题,但并不是唯一的主题;Growing-up Novel,Coming-of-Age Novel 从字面意思上看,非常契合成长小说的内涵,而且通俗易懂。然而,它们都是组合词,作为概念,其名词化程度不高,不够简洁严密,因而也不是最理想的术语"。① 她研读了莫迪凯·马科斯的《什么是成长小说》一文,并考证了其对"Initiation"的追根溯源,"用 Initiation Story 和 Novel of Initiation 作为英语成长小说的基本名称,把 Growing-up Novel,Coming-of-Age Novel 作为 Initiation of Story 或 Novel of Initiation 的同义词,并且把 Initiation Story 和 Novel of Initiation 作为德语 Bildungsroman 的同义词"。②

通过对成长小说的语词考察,德语成长小说语词因具有稳定性和专有名词属性,决定了其作为文学术语的合理性。也就是说,作为文学样式之一的成长小说,德国应是其发祥地。

第二节 成长小说概念流变及争鸣

有学者提出,西方传统小说向现代小说的转变,是以 18 世纪末期成长小说的出现为标志的。③

---

①② 芮渝萍:《美国成长小说研究》,北京:中国社会科学出版社,2004 年,第 2~3、5 页。
③ 李扬:《50~70 年代中国文学经典再解读》,济南:山东教育出版社,2003 年,第 39 页。

一、成长小说定义流变

买琳燕在《走近"成长小说":"成长小说"概念初论》一文中论及,德国评论家费德瑞切·封·布莱肯伯格(Friedrich yon Blanckenburg,1744～1796)在《小说评论》(Essay on the Novel,1774)中对克里斯托夫·马丁·维兰德(Christoph Martin Wieland,1733～1813)的小说给予了高度评价,论及"成长"时首次对成长小说一词作了暗示。1820年前后,卡尔·封·莫根斯特恩(Karl von Morgenstern,1770～1852)在两篇演讲《论成长小说的本质》与《成长小说的历史》中,正式提出了成长小说这一概念。由于莫根斯特恩的著述未能广为流传,他提出成长小说概念的功绩并未被更多的人确知。倒是德国哲学家威廉·狄尔泰(Wilhelm Dilthey,1833～1911)获得了更多的有关成长小说研究的殊荣。威廉·狄尔泰在《体验与诗》(Experience and Poetry,1905)一文中,对成长小说作了较为详细的解释。他的界定成为后来阐释成长小说时被引用频率最高的概念。不过,另外一些批评家修正,狄尔泰早在《施莱尔马赫的一生》(The Life of Schleiermacher,1870)中,便探究了成长小说。

概略说来,威廉·狄尔泰把成长教育小说描绘成一种"教育"和"成长"既交相辉映又呈现出不同表征的小说样式。它与所有较早的传记体小说的区别在于,它自觉且艺术地表现独特的生命历程中所展现的普遍人性。它与莱布尼茨所创立的新的发展心理学相关联,亦与跟随心灵的内部发展进程进行教育的理念相符。狄尔泰将成长教育小说的教育维度划归到意识和心理层面,在这个维度上,每一个阶段都向着更高的阶段发展。而成长这一维度,则包含着普遍人性,通过个体的生命历程可以把握人类存在的整体意义。

在巴赫金看来,成长小说诞生于一大批浪漫主义作家的集中写作中。他还将成长小说与游历小说、考验小说、传记小说作了联系。

还有一些批评家将成长小说与西班牙的流浪汉小说相联系,甚至将成长小说的源头追溯到了17、18世纪法国和英国的传奇文学。

上文述及,成长小说还有"成长教育小说"等诸多称谓。因此,不少学者深入考察了"成长教育小说"的生发之源。其中,理查德·巴尼(Richard A. Barney)的观点最具代表性。他在《启蒙教育小说》一文中,质疑了"成长小说发端于18世纪中后期的德国"这种说法。在他看来,成长教育小说的前身应追溯到17世纪洛克的教育理念,并与18世纪英国小说传统相关。理查德·巴尼所谓的洛克的影响,只不过"表现在这个小说形式中的教育层面,巴尼的研究也主要集中在英国教育小说的传统,即从教育和认识论的角度来分析成长教育小说的起源"。① 就成长教育小说而言,买琳燕认为,它"实际上是成长小说(德 Entwicklungsroman/英 the Novel of Formation)和教育小说(德 Erziehungsroman/英 the Novel of Education) 两种形式的合成。所以,中国翻译界习惯将这种小说形式翻译成'教育小说'是不够准确的"。② 而且,成长小说所指称的"教育",既包括以个人为基准的人文教育,还包含了针对特定人群(在某一个国家或某一个族群或某一个组织中)而施行的教育理念。成长主人公经过成长历练,一方面在社会中受到教育,另一方面可以进行自我教育。

尽管学界对于成长小说的源起众说纷纭,但目前学界普遍认同"成长小说发轫于18世纪中后期的德国",这与当时德国民族意识的生成和谋求统一的国家诉求有关。之后,成长小说发展成为欧洲文学史上至关重要的一种小说样式。也就是说,当时"'国家'、'主体'的意义对德国而言是陌生的、外来的,德国要构建现代民族国家,必须'创造'或'成长'出这样的'意义','成长小说'无意中成为承担这一使命的象征物。……某种程度上这种类型的小说是

---

①② 买琳燕:《走近"成长小说":"成长小说"概念初论》,载《解放军外国语学院学报》,2007年第4期。

为了象征民族国家的'成长'"。① 莫里茨的《安东·赖绥》和歌德的《威廉·迈斯特的漫游时代》被视为"成长小说"的源头。尤其是《威廉·迈斯特的学习时代》,乃为学界公认的成长小说经典。这部作品既是歌德对德语长篇小说的特殊贡献,又奠定了成长小说这种小说样式在德国乃至整个欧美国家的合法地位。

二、成长小说定义争鸣

毫无疑问,殚精竭虑探究成长小说的源头对成长小说的发展并非大有裨益。但是,对成长小说概念的美学界定,则是成长小说不可回避的关键问题。然而,时至今日,学界对成长小说概念的界说仍旧一片混沌,它似乎成了另一种亟待破解的"斯芬克斯之谜"。概念界说的失范、无序,必然会延缓成长小说前进的脚步。通观学界各种成长小说概念界说,大致归纳为以下几种类型:

(一)从成长小说与其他小说样式的区别进行界说

巴赫金在《教育小说及其在现实主义历史中的意义》一文中对成长小说作了明确界定:"大部分小说只掌握定型的主人公形象。除了这一占统治地位的、数量众多的小说类型外,还存在着另一种鲜为人知的小说类型,它塑造的是成长中的人物形象。这里,主人公的形象不是静态的统一体,而是动态的统一体。主人公本身的性格在这一小说的公式中成了变数,主人公本身的变化具有了情节意义。与此相关,小说的情节也从根本上得到了再认识、再构建,时间进入了人的内部,进入了人物形象本身,极大地改变了人物命运及生活中一切因素所具有的意义。这一小说类型从最普遍含义上说,

---

① 樊国宾:《主体的生成:50 年成长小说研究》,北京:中国戏剧出版社,2003 年,第 2 页。

可称为人的成长小说。"①尽管巴赫金阐明了成长小说区别于其他小说品类的本质特点,强调了成长主人公在时间中(成长过程中)的变化,但并未明确指出什么是"成长小说"。可以说,巴赫金所描述的不过是成长小说的某些表征,并不能作为严格意义上的成长小说定义。当然,就对主人公性格的动态性把握而言,巴赫金已洞见了成长小说的本质,并为后来的研究者提供了重要参照。

(二)从成长小说的叙事模式进行界说

大多数论者认为,在结构模式上成长小说有着区别于其他小说的特质。尤其是对于所谓的经典成长小说,这种模式甚至是程式化的。在成长小说中,"主人公独自踏上旅程,走向他想象中的世界。由于他本人的性情,往往在旅程中会遭遇一系列的不幸,在选择友谊、爱情和工作时处处碰壁,但同时又绝处逢生,往往会认识不同种类的引领人和建议者,最后经过对自己多方面的调节和完善,终于适应了特定时代背景与社会环境的要求,找到了自己的定位"。② M. H. 艾布拉姆斯认为:"这类小说的主题是主人公思想和性格的发展,叙述主人公从幼年开始所经历的各种遭遇。主人公通常要经历一场精神上的危机,然后长大成人并认识到自己在人世间的位置和作用。"③比如,马克·吐温的《哈克贝利·费恩历险记》中的主人公少年哈克贝利·费恩,遭受了丧母之痛,继而被酒鬼父亲虐待,然后被道格拉斯寡妇收养,并被当作"迷途的羔羊"而严加管教。哈克

---

①[俄]巴赫金:《小说理论》,石家庄:河北教育出版社,1998年,第230页。
②转引自买琳燕:《走近"成长小说":"成长小说"概念初论》,载《解放军外国语学院学报》,2007年第4期。
③[英]艾布拉姆斯:《欧美文学术语词典》(中译本),北京:北京大学出版社,1990年,第218页。而张德明在《〈哈克贝利·芬历险记〉与成人仪式》(见张德明:《〈哈克贝利·芬历险记〉与成人仪式》,载《浙江大学学报》,1999年第4期)一文中指出,成长小说的原始模式应追溯到盛行于原始民族中的"成人仪式或通过仪式"。

贝利·费恩感觉到了极端的不自由,愤而离家出走。他在密西西比河上漂流,直到认识了黑人杰姆,在其无言的救赎中得以顿悟,长大成人。很明显,有关成长小说的概念界定虽不尽相同,但成长小说文本大多包含了"年轻人"、"遭遇挫折"和"长大成人"等关键词,可将其概括为"个人在社会中成长的状态和结果"。

(三)从认识论维度解释成长小说

狄尔泰在《体验与诗》一文中论及,成长小说"是以一个敏感的青年人或年轻人为主人公,叙述他试图了解世界本质、发掘现实意义、得到生命哲学和生存艺术启示过程的小说"。① 这一界定对主人公的生理状态(青年人或年轻人)、性格特征(敏感)和小说主旨作了限定和说明。无独有偶,与此观点类似的还有大卫·柯戴(David Cody)等人的提法。弗朗西斯·约斯特认为,成长小说的"主人公必须从世事人生的教训中获得益处",仅仅是"对世事人生的透彻了解并不能使任何人自然成为一部教育小说的理想人物……教育小说(即成长小说)这一类型可以解释为自我与世界之间相互作用的表现,其着重处在于自我的教育过程。……教育小说一直是精神旅程的一种记录,是新的《天路历程》。内心经历的旅程有多远,品格的完善便有多大。这里发生的转变是从摇摆到坚定、从谬误到真理、从混乱到明确、从自然到精神的转变"。② 田德望指出,"从狭义来说……成长小说是以个人和社会的矛盾尚未激化成为敌对状态为前提的,主人公在生活中接受教育的过程就是他通过个性的成熟化和丰富化成为社会的合作者的过程"。③ 这些界说无一不强调不成熟的成长主人公,经历了人生历练之后,形成了比较成熟的人生观和世界观,在社会生活中找到了属于自己的位置,完成了个人的

---

①③ 买琳燕:《走近"成长小说":"成长小说"概念初论》,载《解放军外国语学院学报》,2007年第4期。
② [瑞士]弗朗西斯·约斯特:《比较文学导论》,廖鸿钧等译,长沙:湖南文艺出版社,1988年。

社会化。

(四) 从教育的视阈审视成长小说

上文论及,成长小说还有"成长教育小说"等别称。不少学者在对"成长教育小说"这一概念中的两个关键词"成长"和"教育"作了深入研究之后,对"教育小说"和"成长小说"这两个概念作了具体的阐释。其中,马丁·斯沃尔斯(Martin Swales)认为,教育小说(Erziehungsroman)是狭义的教育性(Pedagogic),主要涉及接受某些价值,或学习某些知识;而成长小说(Entwicklungsroman)则以某一中心人物的经验和变化占据小说的结构核心。即教育是技术性的,在文化方面是具体的;而成长在经验上是丰富的,在哲学层面上是广泛的。① 墨罗蒂(Franco Moretti)在分析欧洲成长教育小说时,把教育小说定义为一种从教育者角度来观察的、线性的、客观的教育过程,而成长小说是一个主观地揭示个性的过程,教育成长小说成功地将两者整合到了一起。② 因此,成长小说和成长教育小说实际上是一回事,但成长教育小说因为特别强调"教育"而使其内涵和外延偏狭,故用成长小说这一称谓界定这一小说样式更为准确。

(五) 从成长主人公的成长景观予以界定

通过聚焦成长主人公的成长状态,阐释成长小说的特点。冯至认为,成长小说"多半是表达一个人内心的发展与外界的遭遇中间所演化出来的历史……在社会里偶然与必然、命运与规律织成错综的网,个人在这里……经过无数不能避免的奋斗、反抗、诱惑、服从、迷途……最后回顾过去的生命,有的是完成了,有的却只是无数破裂的片断"。③ 冯至对成长主人公成长景观的多元性分析,无疑拓展

---

①②参见王炎:《成长教育小说的日常时间性》,载《外国文学评论》,2007年第1期。
③参见买琳燕:《走近"成长小说":"成长小说"概念初论》,载《解放军外国语学院学报》,2007年第4期。

了成长小说人物形象的多样性,是对经典成长小说主人公形象的超越。按照经典成长小说的模式,成长主人公必须长大成人,否则,就不能算是成长小说。这种界定明显是有瑕疵的,它回避了不同的成长语境中成长主人公色彩斑斓的成长状貌。冯至并未对成长者多元的成长景观进行系统、全面、准确的归纳。

上述众多的成长小说概念界说都不够严密、准确。而真正具有诗学意义的成长小说定义,首推莫迪凯·马科斯(Mordecai Marcus)的观点。1960 年,他在《美学与艺术批评杂志》(Journal of Aesthetics and Art Criticism, Vol, XIX, winter, 1960)上发表了学术论文《什么是成长小说?》:

> 成长小说展示的是年轻的主人公经历了某种切肤之痛的事件之后,或改变了原有的世界观,或改变了自己的性格,或两者兼有;这种改变使他摆脱了童年的天真,并最终把他引向了一个真实而复杂的成人世界。[①]

这个概念无疑综合了前人的诸多研究成果,但莫迪凯·马科斯的功绩在于,他明确地阐明了成长小说究竟是什么,并确认成长主人公的身份,成长过程中呈现的芜杂情态,以及"长大成人"的成长结果。因此,这样的概念界说完整、系统,具有了概念的普遍和指导性意义。当然,这种界说依然是建立在对经典成长小说的解读基础上的,依然没有考虑到成长的多元性景观。也就是说,不是所有的成长者都能有幸确立正确的人生观和世界观而长大成人。对于那些不幸无法长大的成长主人公来说,把他们摒弃于成长小说之外,无疑为他们的不幸再添加了一抹悲情色彩。成长小说需要关怀如期、有幸长大成人的成长者,更应该关怀那些不幸、无法按时长大的成

[①] Mordecai Marcus, "What Is an Initiation Story?" in William Coyle(ed.), The Young Man in American Literature: The Initiation Theme, NY: The Odyssey Press, 1969.32. 转引自芮渝萍:《美国成长小说研究》,北京:中国社会科学出版社,2004 年,第 5 页。

长者。而且,如同"幸福的家庭家家相似,而不幸的家庭各有各的不幸",如期长大的成长主人公的成长故事往往大同小异,缺乏小说叙事的张力。相反,只有形形色色的无法按时长大的主人公,或者说永远难以长大的成长者的成长故事,因具有悲剧的震撼性才颇受小说家青睐。如是,这样的成长小说才能关怀到形形色色的成长者,才能给予后来的成长者启迪和警示。成长小说不再是某一类成长者的御用书写工具,而成为所有成长者展示的舞台。因为每一个人都是成长者,或者说每一个人都曾经是成长者,如同每一个大人都曾经是孩子。

尽管这些界定景观各异,但究其实质,仍可发现大致相类的表述关键词——"懵懂的年轻人"、"风雨之旅"、"长大成人"等。与其他小说样式具有不可回避的娱乐性和消遣性不同,"成长小说"承载着明确的"教育"功能,因此一度被称为"教育小说"。

三、本书所给定的成长小说定义

综上所述,关于成长小说的界定,无外乎有以下两种标准:

其一,广义/狭义之分。所谓广义的成长小说,是指但凡涉及成长主题、展现了人之成长的历时性脉络的小说。前文已述及,按照此种界定,绝大多数小说都可归入成长小说范畴。这种界定过于宽泛,大而无当。边界过于辽阔,指称功能过度膨胀,导致本性迷失,成长小说有被淹没或自我放逐之虞。好比一个人说,"我非常富有,除地球之外的东西都属于我"。从某种意义上说,成长就是从生到死的生命历程。大多数人一生都处于成长之中。但是,成长的高峰时段无疑发生在青春期。人生观和世界观一经定型,很难再发生颠覆性变化。尽管在漫长的人生中必然会遭逢各种推动成长的事件,但对于一个已经长大成人的人来说,那些事件对其人生观和世界观的改变无疑是些微的,顶多帮助其进行微调。而且,任何概念所阐释的都是带有普遍意义的问题。如期形成稳定的人生观和世界观从而长大成人,这是绝大多数成长者在青春期前后就基本解决的问题。长大成人的时节被无限期延迟的成长者,毕竟是少数。因此,广义的成长小说界说显然是对成长小说的一种庸俗化理解,其导致的直接后果是成长小说失去了自己的文体规范,几乎将所有的小说样式都可装进成长小说这个大口袋里。如是,成长小说势必无法给自己准确命名,无法形成属于自己的稳定的诗学体系。

所谓狭义的成长小说,是指对青春期所发生故事的摹写,或者说展现处于青春期的成长者芜杂的心路历程。显而易见,对于广义/狭义的成长小说分野,文本中所着力表现的成长主人公的年龄是一道重要的分水岭。但是,狭义的成长小说观念视阈过于狭窄,指称功能几无所指,导致自我囚禁,面临僵死之窘境。如同世界上很难找到两片完全相同的绿叶一样,形形色色的成长者成长的景观无疑繁复纷纭、各不相同。因此,生硬地将成长小说中的主人公的年龄限制在某一个固定的时间段内,无疑太武断,有失公允,也忽略了成长者各个阶段不同的成长状态。当然,相比较而言,狭义的成长小说更为切近成长小说本体,抓住了成长小说理应关注的核心人物和事件。它从成长所蕴涵的哲学意蕴的囚禁中解脱出来,把被广义成长小说所普泛化、抽象化、公共化的成长命题具象化、个性化。从表象上看,其外延被缩小了,实则拓展了内涵,捕捉到了成长鼎盛时段化蛹为蝶般的巨变,从而把握住了成长历程中的黄金季节。具有诗学意义的成长小说概念界定,应该建构在狭义成长小说的基础上,吸纳广义成长小说概念中的某些合理因素。

其二,经典/现代之别。在所谓经典的成长小说概念中,不成熟的成长主人公在经历各种磨难之后,个性、人格日臻成熟,人生观和世界观得以完善,在社会生活中找到一席之地,从而长大成人。这无疑是对成长者的美好祝愿,甚至是对长大成人的乌托邦想象。这与成长小说原初的启蒙意识相吻合,寄望于通过成长小说塑造的典型、楷模,督导成长者克服成长过程中的种种挫折、磨难,最终长大成人。但是,经典的成长小说概念显然忽略了成长的多元性和复杂性——并非所有的成长者都能幸运地如期长大。这样的叙说模式显然将那些未能按时长大的成长者屏蔽掉了,对于后者来说无疑是一种歧视。然而,现代意义上的成长小说概念,回避了经典成长小说概念所存在的瑕疵,充分考虑到了成长语境、成长景观和成长主人公成长结果等具有的多元性、芜杂性。成长者的成长结果大致可归纳为三种形态:如期长大成人;有可能长大成人;成长夭折。

总的说来,成长小说这一概念如同成长主人公的成长一样一直处于成长之中,不断发展、完善,其外延和内涵有不断增殖的趋势。对成长小说的认知应持辩证态度,既不能割断其历史渊源,亦不能受困于所谓经典、大师的定论,否则,这种小说样式势必成为一种八股文式的文体。这样一来,既不能展现成长景观的多样性,也无法为这一文体样式谋求新的增长点。

通过对相关理论和古今中外大量文本的研读,基于上述认识,本书将成长小说定义为:成长小说是一种着力表现稚嫩的年轻主人公历经各种挫折、磨难的心路历程的一种小说样式。成长主人公或受到导引,得以顿悟,如期长大成人;或若有所悟,有长大成人的可能性;或迷茫依旧,拒绝成长,成长夭折。其美学特征可概略如下:①成长主人公通常是不成熟的年轻人(主要为 13～20 岁),个别成长者的成长可能提前或延后;②叙说的事件大多具有一定的亲历性;③大致遵循"天真→受挫→迷惘→顿悟→长大成人"的叙述结构;④成长主人公或拒绝成长,成长夭折;或若有所悟,具有长大成人之质;或顿悟,长大成人,主体生成。

第四讲
成长小说审美特征

在上文的相关论述中,本书为成长小说作了概念界定。不言而喻,成长小说首先是"小说",然后才是"成长小说"。因此,探究成长小说的审美特征,自然无法回避小说这一关键词。也就是说,成长小说具有小说应有的一切审美特征,无论是在人物形象塑造,还是在环境和叙事结构的营造等方面,都具有小说的一般特征。与此同时,作为一种独特的小说样式,成长小说自然具有自己独特的审美品格。关于小说的一般审美特征,历来文论家之论说可谓汗牛充栋,本书不再赘言。本书专注于挖掘成长小说独特的审美特质。

第一节 谁在成长

塑造人物形象乃小说这种文学样式的主要特征之一,作为小说样式之一的成长小说,塑造典型的成长主人公形象无疑是其责无旁贷的使命。然而,作为一种具有特殊美学阈限的小说类别,成长小说着力打造的成长主人公形象,除了具有其他小说样式中描写的人物形象的一般特征之外(按照马列文论的阐释,即在典型的环境中塑造典型的人物形象),还具有与其他小说品类异质的审美品格。

一、成长主人公的年龄阈限——以化蛹为蝶的青春期为书写重心

究竟谁在成长？也就是说，成长主人公的年龄界限如何划分？毋庸赘言，不论是生理学还是心理学、社会学为"长大成人"所构筑的分水岭，相对于一个人绵长的心理及个性、人格的成长来说，都仅仅是一个重要驿站。成长并非止于此，成长仍旧在继续，甚至将伴随一个人的一生——即或在生命之灯行将熄灭之际，不少人甚至还会惊觉仍旧处于混沌状态——仍旧惶惑于对有关生命、人生等诸多难以求解问题的诘问。

众所周知，成长是一系列殊为芜杂的事件（问题），不同的成长个体呈现出迥异的成长状貌。有的人少年老成，青春年少时就长大成人；有的人日薄西山时仍未能迎来长大成人的契机——具有明显人格缺陷之人的成长即如是。这些属于非常态下的成长个案，不具有普遍性和代表性。然而，具有普遍意义的成长，如同四季更替，每一个时节（年龄段）皆具特殊的成长内容，展现出摇曳多姿的成长景观。如同大多数植物，春日萌芽吐绿开花，夏季茁壮成长，秋天硕果累累，而冬日萧索、沉寂。与植物最大的不同之处在于，人的生命成长没有轮回，是单向度、一维性的。根据生理、心理学的考察，人的成长的鼎盛（高峰）时段显然是青少年时期，犹如化蛹为蝶般剧烈。大多数人在此阶段即完成了成长的质变，迈入成人之门，奠定了人生观和世界观的基座。能够在相当程度上自然而然遵循各种社会规约，基本完成个体的社会化，从而在社会生活中找到自己的位置。

事实上，成长小说恰好在此种（青春期）维度上塑造成长主人公形象。也就是说，成长主人公的年龄一般在 10～20 岁。这个年龄段的成长者，是成长小说关注的成长主体，是与成年人相对应的一个概念——未成年人或不成熟的年轻人。这一时期，他们生理的成长由性萌发至成熟，心理（尤其是性心理、性意识）和个性、人格等日趋成人化。当然，任何一个文学概念皆无法像数理化公式那般恒

定,非此即彼。因此,本书对成长主人公的年龄规定不过是一种参照。若个别成长小说文本中塑造的成长主人公形象超越了这一年龄阈限,并非不能称作成长小说。只要作品遵循成长小说的基本叙事模式(后文将论及),清晰地展现了成长主人公青春期的成长经历,从而透视了成长主人公的心路历程,皆属成长小说范畴。至于其成长的质变是发生在10~20岁之间,还是发生在数十年之后,并不是最关键的因素。因为谁也无法否认某些成长者长大成人的时期注定会被延长。从这种意义上说,本书所厘定的成长主人公与经典成长小说中的主人公有一定的差别,其外延更为广阔,充分观照了成长主人公成长景观的多元性和芜杂性。

二、成长主人公的成长内容

如前所述,成长主人公的成长包括生理成长和心理成长两部分内容。只有生理/心理的成长并行不悖,成长主人公的成长势必风调雨顺,才能够按时长大成人。相反,如若生理/心理的成长未能步调一致,成长主人公自然难以如期长大。

前文已述,成长主人公生理的成长即身体发育,性的成长是其核心事件。面对似乎是一夜之间就变化的身体,尤其是性欲望的空前膨胀,大多数男孩/女孩(成长主人公)因有着对异性想入非非的欲念,无疑会产生不洁感和羞耻感。认可自己急剧变化的身体,认同自己蠢蠢欲动的生理欲望,这对于成长主人公来说绝非易事,由此所诱发的一系列成长问题前文已经述及(后面作品解读还将探讨)。与此同时,随着年龄的增长,成长主人公感受到了越来越多的社会规约的桎梏与压迫,理想与现实之间生成的巨大落差让他们不时会产生受挫感。外在的压迫和内在的挣扎,使得成长主人公时常处于进退维谷的窘境,内忧外困的成长者一方面盼望快快长大,另一方面又害怕长大,毕竟长大成人便意味着失去了童年时代的无忧无虑。于是,他们千方百计摆脱各种羁绊,甚至产生离家(校)的冲动,企图寻找梦想中的自由自在,如同三毛在诗歌《橄榄树》中所表达的那种心境——"为了梦中的橄榄树,流浪远方"。

成长主人公以什么方式成长,是成长小说家们处心积虑试图回答的问题。笔者以为,回归成长的自然、健康状态,是所有成长者成长的基本准则。只有生理的成长不是完整的成长,只有将生理、心理的成长整合起来,成长才是健全的。但是,人的存在包括自然和社会两种状态,因此,成长者必须在保持自然状态的同时,努力完成个体的社会化。

"完整成长"或成长完成时态的标志为:身体的成长完成。其参数为:性发育成熟,具有有效生殖能力;心灵、人格、个性成长的成熟等。其参照系为:认识自我、确立自我在社会体系中的位置、主体的生成等。

成长小说所负载的展现成长的本真使命在于完美成长,即纯粹自然状态下的成长不是理想的成长,理想的成长在于受到潜移默化的导引,即受到真善美等基本人生价值观和实现自我等人类终极价值观的导引而诗意成长。

尤需强调的是,成长小说对"性"之成长的诗意呈现在于:重身体之美而避免赤裸裸的肉欲暴露,重性意识、性心理和性的诗性之美,让灵与肉如影随形,从而实现文学性和教育性的有效互动。这无疑是成长的乌托邦想象,是诗意成长的精神高标!

三、成长主人公与引路人

成长小说所塑造的人物形象中,除成长主人公形象外,还有一类重要的人物形象——成长主人公的导师,或称成长主人公的引路人。其与成长主人公或如影随形或若即若离,但无一例外都充当了成长主人公成长之旅中不可或缺的关键因素。也就是说,相当一部分成长主人公在导师直接或间接的引导下,获得了或多或少的成长经验,从而得以完成精神飞跃,长大成人。成长引路人在相当程度上缩短了成长主人公成长的周期,成为主人公成长蜕变的重要参数。成长引路人的设定,成为成长小说的独特风景。此类人物形象在其他小说样式中鲜见。从某种意义上说,引路人的缺席,往往致使成长主人公成长的延宕,甚至是夭折。得遇称职的引路人,成长主人公的成长如沐春风,其长大成人的周期将大大缩短,甚至可以规避成长之殇。

成长主人公成长的终极目的无疑是迈入成人之门,完成自我的社会化,获得相关的成人权利,同时承担相应的成人义务。成长小说诞生的使命之一,恰好就在于督导成长者的成长。因此,成长小说的作者往往苦心孤诣为成长者寻找到引路人,以便顺利完成具有成长参照价值的成长叙事。这种主观能动性并非应景而为,相反,具有深厚的现实根基。因为成长者始终在社会中成长,社会生活的方方面面必然会进入成长者的成长视线,形形色色的生命个体的成长经验有意无意会对成长者的成长产生影响。以他人作为成长之镜,显然是大多数成长者得以顺利长大成人的必由之路。充当成长引路人的人,可能是家长(或长辈),可能是良师益友,可能是萍水相逢的陌路人。抑或成长者与某一本书偶遇,遭逢了某一具有转折意义的重大事件,甚至可能是与成长者具有不共戴天之仇者。概略说来,成长引路人可分为以下几种类型:

(一)正导,即从正面导引的引路人

此类成长引路人如同经典小说中那些为作者着力讴歌的正面人物,他们睿智、果敢,具有卓越的精神美和道德美,浑身散发出令人着迷的人性光辉。他们或潜移默化,或直截了当,为成长者指明前进的方向,为成长者传道、授业、解惑,为成长者扫清成长之旅中必然或可能遇见的各种痛苦和迷惘。他们如同点化成长者的大师,总是适时为成长者提供慰藉心灵的灵丹妙药;抑或是具有起死回生之术的神医,总能医治成长者的沉疴,将那些迷途的羔羊拯救出迷离的鬼沼。经引路人妙手回春,成长者如同枯木逢春。比如,长篇成长小说《青春之歌》中的成长主人公林道静,在其由小资产阶级知识分子成长为革命知识分子的成长之旅中,先后遇见了四个不可或缺的成长引路人——余永泽、卢嘉川、林红和江华。作为导师的余永泽,正面肯定了林道静逃离封建腐朽家庭行为的进步和勇气,赞美其为娜拉式敢于抗争的新女性。而余永泽对林道静的一见钟情,对于身陷绝境的林道静来说可谓雪中送炭,他无疑充当了成长主人公林道静的拯救者。尽管在往后的家居生活中,余永泽日渐显露出"不革命"等弊病,无法继续胜任林道静的成长导师,但委实难以抹杀余永泽曾经对林道静的引导。卢嘉川、林红和江华,属于成长主人公林道静遇见的典型的正面引路人。正是通过他们三人的导引,林道静得以逐一克服弱点,最终成长为一位具有深厚马列理论素养和合法身份的真正革命家。当然,从正面导引成长者的成长引路人,很容易犯下越俎代庖的错误。也就是说,成长主人公被异化为引路人的代言人或传声筒,从而导致成长主人公主体性生成的困厄。比如,林道静本是成长的主体,因受到卢嘉川、江华等无微不至的关怀和一点一滴的点拨、教诲,长大成人(由腐朽的资产阶级小姐成长为革命知识女性)的林道静所有的思想竟然与自我无关,卢嘉川、江华等的思想即为她的思想。很明显,林道静的成长之旅从实质上说是由他者代其走过的,林道静本人只不过充当了成长的"道具",她的主体性完全被导引者遮蔽。

(二)反导,即作为反面参照的引路人

此类成长引路人与正面引路人相悖。事实上,他们完全丧失了导师资格,不配为成长的引路人。他们属于没有精神操守和道德自律之人,他们曾经或正在发生的成长处处受挫,并未或可能难以长大成人。但是,就是这些"先天不足"之人,却在另一个维度上充当了成长主人公成长的引路人。一言以蔽之,他们充当了成长主人公成长的反面教材,是成长主人公成长的反射镜。他们的存在时时令成长主人公警醒,告诫自己不要沦为那样的人。如果说榜样的力量是无穷的,那么,失足者的警醒作用同样巨大。"千万不能(或当心)成长为那样的人",无疑可以成为遭遇了反面引路人的成长主人公的座右铭。比如,《在细雨中呼喊》中的父亲孙广平,他游手好闲,对父辈不尽孝道,对子辈不养不教。作为父亲,他完全失职,不配为孙光林等的成长之父。不过,如同矛盾的辩证原理,好与坏不会始终凝固不变,在适时的条件下往往能够相互转换。父亲孙广平的不齿言行,令儿子孙光林唾弃。他成为孙光林成长的反面教材,孙光林因祸得福,获得了一个反面参照的引路人。所谓"祸兮福之所倚",不幸中的万幸,如斯。

(三)误导,即诱引成长者误入歧途的引路人

此类成长引路人由于自身价值观的偏颇和畸形,当与成长主人公相遇时,便注定会成为成长主人公成长的噩梦。由于成长主人公年少,未谙世事之艰难和人心之叵测,往往以仰慕的心态面对引路人。因为明辨是非曲直的能力相对较弱,成长主人公对引路人往往言听计从,甚而亦步亦趋。"近朱者赤,近墨者黑"。此类引路人常常将成长主人公引入歧途,令成长主人公受到深重的创伤,甚至夭折,永远失去长大成人的契机。比如,苏童的短篇成长小说《刺青时代》中的成长主人公男孩小拐,因为遭遇了引路人的误导而沦为幽居人(自闭者)。母亲早逝,父亲乃一介莽夫,没有丝毫舐犊之情,难以成为小拐的引路人。整个童年时代,小拐是在没有父爱和母爱的冷酷环境中成长的。他和哥哥形影不离,经常在铁道上拣破铁丝玩耍,不幸被火车撞瘸了一条腿。小拐的哥哥在一定程度上承担了"父亲"的角色,作为某少年黑帮老大的他,无疑将成长主人公小拐引上了崇尚暴力的歧途。在哥哥武力的庇护下,小拐一度成为香椿树街上风光无限的"人物"。然而,在与另一少年黑帮的一次武斗中,小拐的哥哥不幸被打死,从此小拐成为人见人欺的可怜虫。后来,小拐邂逅一独步江湖的武林高手,此人同情小拐的遭遇,充当了小拐又一位引路人。这个与小拐父亲一般年纪的引路人传授给了

小拐一套违背常情常理的行为准则——以暴抗暴。他对小拐说,既然所有的人都欺负你,那么我就教你武功,你就可以去欺负所有人。于是,谣传得遇"高人"指点身怀绝技的小拐,再度成为香椿树街上的风云人物。他重整哥哥的少年黑帮,代替哥哥成为新帮主。在又一次血腥的武斗之后,小拐领衔的帮派被消灭,小拐的额头上被刺上了"孬种"二字。从此,他留着长长的头发,遮住耻辱的额头,终日将自己关在小小的阁楼里,成为"空心人"。总之,成长主人公遭遇何种引路人,在一定程度上决定了成长主人公的成长走向。

(四)互导,即作为彼此导引的引路人,成长者和引路人之间形成了互助关系

成长者在引路人的导引下成长,同时亦引导引路人成长。二者互为引路人,往往发生在以下几种情境中:作为长辈的引路人缺席,成长者无缘获得成年人成长经验的导引;作为长辈的成长引路人失职,无法充当成长引路人;在缺少成年人引导的成长环境中,成长主人公有一种与生俱来的面朝阳光的信念,有较好的辨别能力。因为未成年人所处的弱势地位,他们很难被成人世界直接接纳,只能在同龄人的世界里寻找成长的红宝石。若遇与自己心性品质相近的另一成长者,自然结成更为有效的成长同盟,彼此从对方身上寻找到力量、勇气和安慰,从而携手并肩,走向成长的完整、完美之门。尤应提及的是,这样的互助成长关系通常发生在同龄的朋友之间,尤以同性朋友居多。这与青春期的男/女孩暧昧的同性情谊有关,因为接触同龄异性相对不容易,以及在禁止所谓早恋的文化语境中,暧昧的同性情谊更容易发生。"诚挚的感情,和谐共处的日子,都成为往昔的回忆和淡淡的悔恨,最后悄悄化作儿童书籍中的常见主题"。① 比如《在细雨中呼喊》中的成长主人公孙光林,不能得到父

---

① [美]莱斯利·费德莱尔:《好哈克,再回到木筏上来吧!》。见叶舒宪选编《神话—原型批评》,西安:陕西师范大学出版社,1987年,第349页。

辈引路人的指引,幸而拥有了同龄同性朋友——少年知己苏宇。孙光林曾饱含深情地述说故乡留给他的不多的温暖记忆,是南门那口池塘和苏宇。一方面,苏宇真诚的友谊抚慰了孙光林颠沛流离的凄苦童年。另一方面,早熟的苏宇在许多方面充当了孙光林的引路人。其中包括解答性成长的困惑,尽管苏宇的解答令人啼笑皆非,甚至在一定程度上误导了孙光林。当苏宇锒铛入狱时,孙光林对他不离不弃,则在一定程度上慰藉了苏宇的孤寂。孙光林的茁壮成长,也在一定程度上拯救了苏宇的成长受难。

(五)自导,即成长者在成长路上的自我教育,无缘借助他者之力长大成人,因卓越的悟性和超强的自省能力而自助成长

这样的成长者凤毛麟角,其成长经历非常另类,甚至极端,从而生成了炫目的成长魅力。这样的成长者无疑是内心力量异常强悍之人,人格张力异常强劲,其人生信念和恪守的精神高标一经生成就很难受外界干扰而改弦易辙。比如,长篇成长小说《哈克贝利·费恩历险记》中的成长主人公哈克,离家出走,踏上漫长而艰难的成长之旅的原初动机在于"逃脱恶魔般的父亲",其行为是对自己被作为"迷途的羔羊"而遭受种种约束的反叛。尽管在流亡途中,在密西西比河上的杰克逊岛他遇见了黑奴杰姆(可以看作哈克成长之旅中的第一位精神导师),但他们很快就失散了。哈克只能再次只身踏上漫漫成长之旅,独自去经历一次次生与死的考验。尽管小说中刻意安排了哈克和杰姆的几次重逢,但杰姆在哈克的成长之旅中基本上处于缺席状态,哈克始终依凭自己的实践和体悟,慢慢长大成人。事实上,哈克和杰姆每一次重逢时,哈克都已发生了质变。可以说,作为长者的杰姆主要充当了哈克长大成人的见证人而非精神导师。哈克在一系列历险事件中完成了对自己的导引,从而长大成人。这样的成长无疑最具价值和意义,所谓"艰难困苦,玉汝于成"。

(六)自然神灵的引导①

19世纪的西方,爱默生与梭罗等人倡导的超验主义思想广为流传,认为沐浴在清新的大自然之中是获得神启的重要途径。因此,在大自然中寻求自然神灵的引导,是美国成长小说的重要传统,也是美国成长小说的显著特点。莱斯利在分析《白鲸》(麦尔维尔)和《哈克贝利·费恩历险记》中白人男孩与黑人的亲密关系时,也强调了自然对青少年成长的教化作用。他说:"没有玷污的大自然——这是神圣的男性必不可少的环境。伊希梅尔和魁奎格手挽手扬帆起程,哈克和杰姆畅游在静静流淌的密西西比河上——在这里,水的流动完善了整个意象,使孤独的美国之梦得以漂浮。黑人作为贞洁的新娘的观念与大河入海和逃向大海的神话结合在一起。"②大自然的宁静为主人公静心思索提供了最佳环境,大自然的美也是陶冶情操的理想去处。无论是《白鲸》中人与巨鲸的殊死搏斗、《熊》(福克纳)中人与大熊的拉锯战,还是《乡村医生》(萨拉·奥恩·朱厄特)和《所罗门之歌》(托妮·莫里森)中人置身于自然的怀抱,大自然均被神化,受到主人公的顶礼膜拜,大自然开拓了他们的视野,丰富了感官体验,重塑着他们的世界观和人生观。

四、成长主人公与作者

成长小说承载着明确的教育功能,这是成长小说作为独特的小说样式存在的根源。每一个人都经历过成长的风风雨雨,都有一部跌宕起伏的成长史。因此,对成长记忆的书写,往往是小说家们原初的创作冲动之一。尤其是那些曾经遭遇过坎坷成长经历的作家,

---

①这部分内容参见芮渝萍:《美国成长小说研究》,北京:中国社会科学出版社,2004年,第130~131、134页。
②[美]莱斯利·费德莱尔:《好哈克,再回到木筏上来吧!》,见叶舒宪选编《神话——原型批评》,西安:陕西师范大学出版社,1987年,第349页。

其处女作往往带有浓厚的自传色彩。往事历历在目,华丽而虚妄的青春岁月渐行渐远,许多青春的伤痕如骨鲠在喉,不吐不快。对成长记忆的书写,既是祭奠不再的青春,在自我安慰中封存一段年少的缱绻,又是给后来的成长者以鞭策和警醒。如同仔细打磨的一面折射镜和透视镜,企图让正在成长和曾经的成长者深切地体悟成长的深沟浅壑、光怪陆离。

纵观文学史,不少作家甚至公然申明其小说中的成长主人公就是自己。比如,歌德自称他就是其中篇成长小说《少年维特之烦恼》中的维特,他和维特唯一不同之处在于,没有像维特那样选择自杀;虹影在其长篇成长小说《饥饿的女儿》前言中真情告白,"我就是六六,六六就是我"(六六是该作品的成长主人公);卫慧在其长篇成长小说《上海宝贝》题记中宣告:"我所讲述的是我青春年少的梦魇。"①

成长小说往往描写成长主人公成长的心路历程,多围绕成长主人公的私人事件展开叙事。通过具有"个人性"甚至是"私密性"的事件,直抵成长主人公的内心世界,烛照他们心灵的摇曳、律动,从而准确、清晰地勾勒出成长主人公产生质变的轨迹。因此,成长小说中的成长主人公往往是作者自己,至少或多或少有作者的影子。成长小说多采取第一人称的叙说方式,从而确保了作品的现场感和亲历性。唯因如此,作品便尽最大可能生成似真或仿真的功效,引起阅读者共鸣,产生极佳的阅读效果。总之,成长小说中的成长主人公的原型往往就是作者本人,叙说的多是个人性极强的甚至是私密性的事件,带有浓郁的自传或半自传色彩。

五、成长主人公的性格变化

在成长小说文本中,成长主人公首先呈现在读者面前的性格特点是单纯、幼稚,甚至无知。这是成长小说叙述的逻辑起点,也是成

---

① 卫慧:《上海宝贝》,沈阳:春风文艺出版社,1999年。

长主人公得以成长的前提条件。在光怪陆离的成人社会面前,在纷繁复杂的世事人情面前,成长主人公差不多处于"白纸状态"。而成长小说塑造成长主人公的逻辑终点是,大多成长主人公最终摆脱了年少的苍白、无知和无为状态,获得了思想意识、价值观和个性的理性升华。当然,实现此种质的飞跃的前提条件是,成长主人公必然会经历各种挫折、磨难,尤其会遭遇精神危机,甚至"觉今是而昨非",继而积累了成人经验,明白了合理的妥协是一种生存智慧,能够适应各种社会规约,能够承受、跨越理想和现实之间存在的巨大落差,能够在社会体系中找到自己的位置。一言以蔽之,成长主人公经历了种种历练之后,从外至内积淀下了丰富的内涵,不再呈现出空白状态,实现了自我的理性超越。因此,成长主人公在文本中,或者在文本结束之时,其性格特点与在文本之初时可谓泾渭分明。

这就是巴赫金所谓的"大部分小说只掌握定型的主人公形象。除了这一占统治地位的、数量众多的小说类型外,还存在着另一种鲜为人知的小说类型,它塑造的是成长中的人物形象。这里,主人公的形象不是静态的统一体,而是动态的统一体。主人公本身的性格在这一小说的公式中成了变数,主人公本身的变化具有了情节意义。与此相关,小说的情节也从根本上得到了再认识、再构建,时间进入了人的内部,进入了人物形象本身,极大地改变了人物命运及生活中一切因素所具有的意义"。① 也就是说,传统小说中的大多数人物的性格是被作家预先设定好了的。人物从出场到谢幕,不管遭遇了什么样的生活变故,其基本的性格特征几乎没有发生任何改变。这样的人物形象大多是平面化、单向度的。尽管性格特征十分鲜明,却失却了作为有血有肉、七情六欲俱在的人的丰富性和复杂性。事实上,在现实生活中鲜有非此即彼的人。世界上并不存在绝对的好人和绝对的坏人,假如有绝对的好人存在,那个人一定不是

---

① [俄]巴赫金:《巴赫金全集第三卷》,白春仁等译,石家庄:河北教育出版社,1998年,第230页。

人,而是神人、圣人。假如有绝对的坏人存在,那个人也不是人,而是魔、鬼。因此,传统小说中这种定型的人物塑造模式,无疑成为一种桎梏,使得小说人物和现实生活中的人之间存在着一道难以逾越的鸿沟,阅读小说的读者常常纯粹将其作为消遣,把自己和这个虚构的世界自动隔离。假如阅读者无法辨别这样的人物形象的瑕疵,将其与现实生活中的人物等同,无疑会受到误导。比如,《三国演义》中的张飞,他的勇有余而谋不足的性格特点从始至终,没有丝毫改变;从桃园结义到败走麦城身亡,关羽的忠诚、耿直始终如一。读者在这些人物身上鲜能看见其性情中的另一面。事实上,英雄也有脆弱的一面,圣人也有低级趣味之时。

然而,成长小说中的成长主人公形象对于作者来说,也是一个变数,作者甚至也不知道人物的性格究竟会变成何种模样。成长主人公刚登台时,是清一色的青春年少,或无忧无虑,或初识愁滋味。主人公随着年岁的增加,逐渐遭遇生活的非难,在种种挫折中逐渐丧失了单纯和幼稚,失去了灿烂的笑容和阳光般的热情。到文本结束时,不管他们是否长大成人,他们无一例外都告别了童年时代的纯真无邪,告别了能拧出叶绿素的单纯、明净,告别了天马行空、纵横捭阖的幻想,无论是生理上还是心理上,都面目全非。那是一场化蛹为蝶般的巨变!成长小说此种塑造人物的方式,显然开辟了小说人物形象塑造的新纪元,使得小说人物形象不再是与现实生活中的你、我、他完全不同的人,不再是小说家匠心独具所艺术化的艺术品。读者很容易和成长主人公一道经历成长的欢乐和苦痛,甚至与成长主人公一起长大成人。因此,从此种维度上说,成长小说一度成为具有启蒙功效的小说样式可谓实至名归。比如,王刚的长篇成长小说《英格力士》中的成长主人公少年刘爱,在英语老师王亚军的导引下,在告别了混沌的少年时代之后,完成了对导师的超越,成长为一名不惧怕任何流言蜚语的英语老师。

厘定了成长小说中成长主人公所具有的独特的美学特征,无疑为成长小说这一概念的美学规范寻找到了有力的证据。正因为拥有了其他小说样式无法替代的审美特征,从而确保了成长主人公作为人物形象的独特性和不可或缺性,也为成长小说的阅读和研究确立了一套行之有效的参照系,让读者和研究者不再因成长小说的最为根本的概念界定的模糊而阻挡了前进的脚步。

第二节 叙事结构的程式化及成因

无论作家的个性在小说创作中展现出何等多姿多态的风貌,但大多数作家的叙事方式总能概括出相类的特点。毫无疑问,没有哪一种小说样式的叙事模式,会像成长小说那般程式化。纵观200多年来成长小说的经典文本,无一例外都遵循固定的叙事模式。无论是德国、英国等老牌成长小说王国,还是美国等成长小说后起之秀,即或是晚出的中国成长小说,皆令人惊异地保持着叙事结构的一致性。这种为东西方成长小说作家们不约而同所遵循的叙事结构如下:

一、基本结构模式:幼稚→受挫→释怀→长大成人

成长主人公由性发育进入青春期,告别童年时代,犹保持着孩子的纯真、明净。

成长主人公在成长之旅中,必然会遭遇一系列挫折。受挫表现为:①成长中的性欲望催生出不洁感,无法接受另一个自己——与自我相对抗;②学业的压力,家庭、集体、社会生活提出新要求,需承担更多的责任。理想与现实的巨大落差,难以适应铜墙铁壁般的种种社会规约——与他者对抗。受挫的标志性事件为:①第二性征日益明显,出现边缘性行为、中性性行为甚至是两性性行为,性张力和性羞耻感导致自闭倾向和行为的日益私人化。男孩因"力比多"冲

动而表现出暴力倾向,女孩的"镜像欲望"①日益增强;②不堪父母约束、说教等产生离家出走的冲动,或离家出走;不堪学校压力而厌学,甚至辍学,产生去远方流浪寻找新希望的冲动并付诸行动;渴望并寻求能指点迷津的良师益友(即引路人);愈挫愈勇,成长经验日积月累,一点点适应各种规约,一点点剔除青春期的躁动、冲动与幼稚。

成长主人公的成长结果——长大成人。标志:生理发育成熟,具有有效生育资质;形成了较为稳定的心理模式和行为方式,人生观和世界观完备,克服了同一性危机,完成了自我社会化;懂得遵守各种合理的社会规约,形成了较为稳定的价值观——基于约定俗成的真善美/假丑恶标准。

上述发生在成长主人公身上的各种事件可简单归纳为这样一个过程或模式:幼稚→受挫→释怀→长大成人。经典成长小说文本在遵循这一基本的叙事模式的前提下,因成长主人公成长环境和机遇的差异,而衍生出两种变异的叙事结构,如下:

(一)幼稚→受挫→不能释怀→成长夭折(拒绝成长)

成长主人公因个人的禀赋不够、意志力薄弱、成长环境恶劣、命途多舛、难遇良师益友、甚至受到蛊惑或诱惑而误入歧途等原因,无法按时长大,甚至永不可能长大,沦为社会的弃儿。比如林白的长篇小说《一个人的战争》中的女孩多米,幼年丧父,母亲常年在外漂

---

①李学武运用雅克·拉康的镜像理论,分析了女孩成长过程中的镜像情结。"像个陌生人一样看自己,像看陌生人一样看自己,'镜子'在女性的成长中起着催化剂的作用。……在那个熟悉又陌生的镜像出现之前,少女的身体与自我是浑然一体的,身体不是五官、躯体、四肢,身体是看到的世界,是听到的一切,是跳跃、跑动,是'我'指挥身体所做的一切和由此感受到的一切。而在看到镜像之后,裂隙悄然出现,尤其在自我与身体的发展不同步时。身体开始被'自我'注视、惊叹、关爱,身体被看作'自我'的外壳。就在注意到'镜中自我'的同时,一个新阶段拉开序幕。"见李学武:《蝶与蛹:中国当代小说成长主题的文化考察》,北京:中国社会科学出版社,2003年,第10页。

泊谋生,她与年迈的外婆相依为命。阴郁的童年让多米失落了孩童的阳光灿烂,缺少爱,以及过早承担的过多的责任,改变了多米的性别取向。成年后恋爱多次受挫,使得多米不再对男人抱有幻想,完全走向了个人封闭的世界,成为自闭者。她甚至认为即或做爱也是自己的事情,与他人无关,因而自己和自己做。所谓"一个人的欲望战争",如是。

(二)幼稚→受挫→一定程度上释怀→具有长大成人之质(可看见长大成人的希望)

成长主人公具有一定个人禀赋,有一定的意志力,尽管成长环境恶劣,命途多舛,尽管难遇良师益友,尽管受到蛊惑或诱惑也曾误入歧途,尽管无法按时长大,但已积累相当多的成长经验,并开始懂得了人生的诸多道理。尽管文本结尾并没有明确交代成长主人公是否可以长大成人,但字里行间已流泻出长大成人的光亮。比如,陈染的中篇成长小说《与往事干杯》,成长主人公肖濛与闺中秘友乔琳讲述自己的初恋故事:女孩濛濛自幼生活在性格暴躁的父亲的阴影下。父母之间无休止的争吵,给她幼小的心灵留下了难以愈合的创伤。童年的肖濛父母离异,她随母亲住在一个破旧的尼姑庵里。在这里,她和一个大她近20岁的男人发生了性关系。那个男人告诉她,他有一个儿子,和爷爷生活在台湾。后来肖濛和母亲搬出了尼姑庵,开始了新的生活。大学快毕业的时候,肖濛遇到了人生中与她发生性关系的第二个男人。她叫他老巴,他们相爱并相约未来。老巴在澳大利亚读书。在老巴墨尔本的寓所里,肖濛看到了一张照片——她曾在尼姑庵男人家里见过。原来老巴正是尼姑庵那个男人的儿子。乱伦的负罪感让她决定离开老巴。老巴追问缘由,她难以回答,决定回国后写信告诉他。回国后,就在他写信想告诉老巴理由时,老巴的爷爷告知:在她回国的那个下午,老巴从机场返家的路上出车祸身亡。若干年后,她与尼姑庵男人重逢,心如止水……种种迹象表明,肖濛似乎已经成长为一个真正的女性。然而,风烛残年的他,似乎仍旧在她面前保持着男人洞察一切的心理优势。就在他们久别重逢即将说再见的时候,他再一次不由自主在她面前充当高深莫测的引导者,他说:"你生在玉米地里就长不出高粱来。你要不就出类拔萃,成为那群玉米棒子之首,脱离那块玉米地;要不你就甘心情愿当你的玉米棒子,该哪茬就哪茬,该磨面就磨面,该怎样就怎样。一切就会好起来。"①肖濛似乎已经感受到了这段颇具哲理的话语背后潜隐着的巨大的话语霸权。她似乎在心里回答,"我生长在玉米地里我为什么要长成高粱?我只想生长成玉米(我自己)。"她似已明白,因为她什么也没对他说。

二、叙事结构程式化成因:年龄共性和受挫必然

成长小说叙事结构呈程式化倾向的深层原因,概略说来有两方面:

其一,成长主人公的年龄特征具有共性。成长小说中的成长主人公大多为处于青春期的男孩和女孩。这一年龄段的孩子在生理/心理/行为方式上具有类型化倾向。其中,最为普遍的共性表征为:他们都处于成长的高峰时段,一只脚跨入了成人之门。既葆有童年时代的纯真无邪、无忧无虑,又开始濡染成人世界的光怪陆离。尤其是初为成人世界的蝇营狗苟所裹胁的他们,开始剥离幼稚、丧失天真,开始思考不可回避的更为沉重的诸多重大人生问题。随着年龄的增长,他们感受到了越来越多的责任和压力。面对昨天,他们觉察懵懵无知的童稚岁月渐行渐远、不可回返;面对今天和明天,他们焦虑恐惧徘徊不前,不知道未来将走向何处。他们站在成人/未成年人的界河边上左顾右盼、进退两难。因此,成长小说在着力塑造成长主人公成长的心路历程时,自然无法回避成长主人公这般成长心境。这样的成长心境既为个性,亦为共性。因此,描写成长主

---

① 陈染:《与往事干杯》,北京:作家出版社,1997年,第89页。

人公成长轨迹的文本结构自然就呈现出大致相似的特点。设若成长主人公刚刚进入青春期,就比成年人还成熟,反而失去了普遍性,不过是披着未成年人外衣的成年人。也就是说,超越了成长主人公惯常的成长轨道的成长书写,其有效性无疑大打折扣。

其二,成长受挫是成长的必由之路。尽管成长具有极强的个人性,尽管每一个成长者的成长环境各不相同,但一帆风顺的成长几乎不存在。很明显,成长受挫是必然的,只不过每一个成长者受挫的程度各自不同而已。因为未成年/成年世界几乎是两个完全不同的世界,尽管从未成年人迈向成年人的渐进性决定了他们之间存在交集,但总体说来,他们各自的行为方式和价值体系泾渭分明。成年人无疑居于社会的主流地位,属强势阶层;而未成年人处于从属地位,属弱势群体。二者各自遵循着某种文化价值体系,从未成年人向成年人过渡,便意味着未成年人所依傍的青少年亚文化向成年人把持的主流文化妥协,被合并和消融。人类文化学研究结果表明,所有的青少年亚文化无非有两种流向:自动消亡或臣属于主流文化。无论是哪种流向,都注定会让成长者感到诸多不适,甚至迷茫、痛苦。妥协、放弃和无条件认同的阵痛,是青少年通往成年世界别无选择的选择。理想与现实之间存在的永难填平的沟壑,让成长者注定会产生巨大的受挫感。基于此,有人将青春期比喻为一片难以通过又必须通过的沼泽地或雷区。

三、成长小说的叙事困境

从某种意义上说,程式化是对事物现象的规律性把握,是对表象的一种概括和归纳。然而,不可否认,任何一种被程式化的事物,必然会丧失一定的自由性、灵活性和个性。而且,事物一旦被程式化,如同被套上了枷锁,很难冲破。众所周知,文学创作是一种极具个人性的精神产品生产的创造性活动。作家的写作一旦被过多的条条框框所束缚,犹如戴着脚镣跳舞,势必会丧失创作的活力。而成长小说的叙事模式的程式化,尽管对于成长主人公心路历程的详尽展现功不可没,但不同作家大致相同的叙事模式,的确令阅读者易产生审美疲劳,如同中国当代文学十七年时期的散文创作趋向一样。"杨朔式散文"一度成为该时期散文写作的模板。作为首创"开门见山——中间兜圈子——卒章显志"的散文写家,杨朔对中国当代散文创作是有功劳的。因模仿杨朔的写手太多,其开创的散文模式便被异变为另一种八股文。而成长小说程式化的叙事结构模式之瑕疵,亦在于此。

前面已经述及,成长小说这种特殊的小说样式,所塑造的成长主人公的年龄特征决定了成长的轨迹大致相同,从而决定了其叙事结构模式的程式化倾向。这种看似为必然的程式化模式,难以规避成长小说的诸多叙事困境。具体表征如下:因为成长小说具有亲历性、自叙传等特性,许多成长小说惯于用第一人称展开叙事。叙述者多为处于成长之中的年轻人。由于他们的人生观和世界观尚处于摇摆阶段,他们的思想意识和行为方式势必相对青涩。但是,他们无疑具有绝对的言说权利,作者甚至放任他们的言谈举止。事实上,他们诸多言行不够得体,亟待给予导引。此外,因为心智能力不够健全,他们难以准确、深入地表达出自己的所思所想。这在相当大程度上削弱了成长小说叙事的深度,是成长小说最为常见的叙事困境。

面对此种成长小说叙事的"阿喀琉斯之踵",不少作家努力探索摆脱叙事困境的叙述方式。也就是说,"如何让年轻的主人公在事件的经历中建构身份,突出他们的个性成长过程,是每一部成长小说面对的一个重要问题"。①"大多数成长小说使用第一人称叙述,让人物自己塑造自己的身份,锤炼自己的声音,突出自己的个性特征"。② 然而,即或是这样的看似合理之举,亦面临着成长小说叙事

---

① 芮渝萍:《美国成长小说研究》,北京:中国社会科学出版社,2004年,第162页。

② 芮渝萍:《美国成长小说研究》,北京:中国社会科学出版社,2004年,第163页。

的最棘手的问题的纠缠——"如果主人公年龄太小,其叙事如何才能表现儿童的眼光看到的问题,用什么样的叙事语言和修辞才能体现童真"。②

囿于成长小说上述叙事困境,为了剔除成长小说第一人称叙述的局限,一些作家不惜抛弃第一人称叙事而采取第三人称叙事;或者在基于第一人称叙事的前提下,加入一个第三人称叙事视角。旨在当年轻的叙事主人公无法胜任叙事功能之时,由一个成年的叙事人(即第三人称叙事视角)来代为叙述,这既可以解前者的燃眉之急,又可以纵深表现成长主人公复杂、微妙的成长心路历程,还可以对成长主人公的言行和业已定型的人生观和世界观予以合理合情的评判、指导,为阅读这种小说的处于成长之中的成长者提供一种明确的价值参照,从而有效地防止了阅读者被小说中不成熟的主人公不成熟的价值取向误导。其中,最为明显的作品就是《麦田守望者》。成长主人公霍尔顿的许多价值观明显不可取,因为作品中任其我行我素,从而导致了无数青少年对他的效仿——从穿着打扮到满口秽语。类似的作品还有《少年维特之烦恼》,导致了许多青年片面地模仿维特自杀,使得歌德不得不站出来表态,希望广大青年朋友珍惜生命,不要学维特自杀。可是,这些叙事策略不可避免面临新的叙事困境:成年的叙述者往往会越俎代庖,不自觉地将成年后的种种成熟的思想意识和言行方式生硬地黏着在成长主人公身上,从而导致成长主人公失却了少年人的种种个性,必然导致成长叙事的失真。

总之,无论采取哪种叙事视角,都需要写作者"以未成年人为本位"。在这一基本原则的准绳下,尽情发挥各种叙事视角的优势,从各个角度展现成长的深度、广度。最有效的成长叙事方式,是由一个已经长大成人的成长者,主要以少年人的口吻回忆自己曾经的成长往事,适时穿插成年后对当年的言行的合理评判。一方面可以还原曾经的成长现场,另一方面还可对曾经成长面临的问题给予理性观照,以便"去其糟粕,留其精华"。既回避了纯粹少年叙事的无能为力,又规避了纯粹成年叙事的"自以为是"和"站着说话不腰疼"。这样的成长叙事,对于未成年的阅读者和成年的阅读者无疑皆大有裨益。如何突破成长小说的叙事模式,本书只能尝试作一些粗疏的探讨。而更为深入的探究,应被纳入写作学的范畴,期待更多同道中人开垦这一处女地。

成长小说在诞生之初便承担着启蒙重责,使得其不仅仅作为一种文学样式而存在。成长小说所承载的"教育"功能,促使其不得不堂而皇之地跳出文学藩篱,充当督导年轻人(尤其是青少年)健康成长的"红宝书"。然而,作为一种以不成熟的年轻人为本位的叙事文学样式,成长小说中成长主人公不成熟的讲述往往会削弱成长小说的教育作用。当成长小说不能更好地发挥教育作用时,它与其他小说样式的区别就不明显,或者说它不再具有举足轻重的意义,自然就不得不吞咽式微的尴尬,甚至面临生存危机。这是成长小说发展的瓶颈,亟待作者、研究者找到合理、有效的解决办法。

提出成长小说将消亡这一观点的论者未免太悲观。不妨以儿童文学相比照。同样是以未成年人为本位的文学样式,儿童文学的写作者多为成年人,儿童文学亦责无旁贷承担着教育功能。理所当然,儿童文学与成长小说面临相似的叙事困境。但是,儿童文学依然茁壮成长着。此外,成人和儿童是两种完全封闭、自足的实体,让成人完全回到儿童状态去摹写儿童无异于痴人说梦。勉力理解儿童,无限接近儿童,显然是成人作家最为实际的追求高标。成长小说亦如是。而且,不成熟的年轻人毕竟已经跨入成人之门,与成熟的成年人(作家)之间存在着巨大的交集,他们更容易产生共鸣。从此种维度上说,成长小说的发展机会远多于儿童文学。儿童文学尚且存在,成长小说自然不可或缺。

第三节　成长小说类型

如何对琳琅满目的成长小说文本进行有效分类,归纳出每一类型作品所具有的相同、相似或不同的美学特征,对于完善成长小说诗学体系建构无疑是不可或缺的。考察成长小说的类型,其主要的参照系无可置疑应该是成长主人公。在成长小说这一舞台上,成长主人公是当仁不让的主角。内外部成长环境的差异,导致成长主人公的成长景观千姿百态。但是,不成熟的成长主人公无一例外在惶惑中踏上了漫漫成长之旅,其归宿无外乎呈现出以下三种情状:

其一,成长主人公始于惶惑而终于惶惑,甚至拒绝成长,导致成长夭折。

其二,成长主人公始于惶惑,若有所悟,仍旧处于成长之中,成长未能完成。不过,成长者已经获得了一定的成长经验,尽管在文本结束时还处于迷惑状态,但种种迹象表明其恰好处于破茧而出的阵痛阶段,最终一定能获得新生。

其三,成长主人公始于惶惑,历经成长路上的风风雨雨,或因引导者指点迷津,或在诸多具有典型意义的成长事件中渐渐自明,或在获得某一契机之后翻然醒悟(即顿悟),从而摆脱诸多不成熟的言行方式,在生理、心理(包括个性、人格)等方面真正长大成人。

一、按成长主体是否生成分类

基于上述成长主人公的成长结局,以文本中成长主人公的主体人格是否生成为参照,本书将成长小说文本概略划分为如下三种类型:

(一)成长完成,成长主人公主体人格生成

即成长主人公按照经典成长小说模式,在经历了一系列挫折之后,因受到引导,得以顿悟,长大成人。比如,《英格力士》(王刚)、《哈克贝利·费恩历险记》(马克·吐温)等。《英格力士》中的成长主人公少年刘爱,置身于20世纪50~70年代中国恶劣的成长环境中。尽管他耳闻目睹成长引路人英语老师王亚军的受难,尽管他耳闻目睹作为最直接的引路人的父亲母亲令人怜惜而又令人唾弃的言行,尽管他耳闻目睹同龄人诸多成长之殇,尽管他成长的天宇过度倾斜,成长的心空阴霾重重,但他依旧凭着少年人美好正直的人性,凭着少年人罕有的坚强意志,最终走出了青春的沼泽地,歪歪扭扭长大成人。《哈克贝利·费恩历险记》中的成长主人公哈克离家出走,踏上漫长而艰难的成长之旅。其原初动机在于"逃脱恶魔般的父亲",是对自己被视作"迷途的羔羊"而遭受种种约束的反叛。尽管在流亡途中遇见了黑奴杰姆(可以看作哈克成长之旅中的第一位精神导师),但他们很快就失散了。哈克只能再次只身踏上漫漫成长之旅,独自去经历一次次生与死的考验。尽管小说中刻意安排了哈克和杰姆的几次重逢,但杰姆在哈克的成长之旅中基本上处于缺席状态,哈克始终依凭自己的实践和体悟,慢慢长大成人。事实上,哈克和杰姆每一次重逢时,哈克都已发生了质变。

(二)拒绝成长,成长主人公主体人格未能生成,成长夭折

即成长主人公不能承受成长之"重",对成长采取消极对抗态度,拒绝成长,从而导致成长夭折。比如,苏童的短篇成长小说《刺青时代》。作品中的成长主人公不良少年小拐嗜好拉帮结伙打架斗殴,在一次打斗中失势,被人在额头上刺上了"孬种"二字。从此,他羞于出门,长发遮面,成为一个终日躲避在斗室中的病态的幽居者。而戈尔丁的长篇成长小说《蝇王》中的那些成长主人公,亦遭遇了成长之永殇。第三次世界大战(核战争、未来战争)爆发,转移孩子们

的飞机失事。一群6~12岁孩子(稚纯的孩童和即将进入青春期的少年)流落到一座荒无人烟的海岛。在这远离尘寰之地,远离了成年人的尔虞我诈,这座孤岛本应成为孩子们的复乐园。然而,这些原本纯真无邪的孩子却一点点被激发出了兽性,将这座复乐园变成了屠宰场。随着孩子们童心的泯灭,他们的成长都失效,未能真正长大成人。按照作者的意图,如果他们战胜了内心的邪恶,就能长大。但是,只有拉尔夫意识到了人性之恶,意识到了童心的泯灭(是一种顿悟)。然而,由于他曾参与了谋杀西蒙的活动,亦注定难以真正长大。

(三)成长主人公虽未能实现顿悟,主体人格仍处于形成之中,但已具备顿悟潜力,极有可能长大成人

比如,陈染的中篇成长小说《与往事干杯》。少女肖濛历经"仇父——恋父"的成长之殇,隐约产生了对男性中心话语的反叛意识。若干年后,面对她少女时代的情人——一个温情的诱奸者的再度强势教导,她在沉默无语中开始反思、追问,并发出了对明天的期盼信号。她喊出"世界因此而正常",其潜台词在于对过去生活的否定,以及对未来生活的向往,这无疑宣告了她成长的质变。读者完全有理由相信,她最终能够走出青春的伤痛,在光怪陆离的成人世界中找到属于自己的位置。

二、按读者/作者差异分类

按照作者/读者的差异,成长小说大体可分为三类:

(一)由成年人写给未成年人阅读,旨在导引未成年人成长

这些作品或展现了成长主人公成长的全貌,或截取成长主人公成长的片段,表现了成长主人公成长前后心理/个性的变化。张之

路的中篇成长小说《少年刘大公的烦恼》[①],讲述了少年刘大公成长的心理郁结。长相平平,家境困顿,学习一般……少年刘大公自然默默无闻。因为老实、木讷,他时常遭到同学、同伴的嘲笑、捉弄。尽管他表面上好像并不在意那些善意或恶意的欺负,但所有的遭际渐渐凝聚成暗影,烙印在他的心灵深处。少年刘大公的个性因此受到了极端压抑,以致产生了严重的心理痼疾——梦游。关怀平常的大多数,聚焦被大多数人(尤其是中国人)忽略的成长中的心理问题,显然是《少年刘大公的烦恼》奉献给读者体人察己的一种新视野。此外,作者对人物性格的细致雕琢,对心理状态的深度揣摩,以及张弛有度的叙事节奏,简洁、素朴的文字,含而不露的主体情绪,大巧若拙的哲思感悟,构成了作品独特的文学性。三三的短篇成长小说《再见,羞怯》[②],讲述了一个女孩多年的心理灾难——一个难以解开的郁结——羞怯。题材很普通,采取平铺直叙的写作手法,因浸润着作者静心体悟生活本相、感知生命存在之艰难的悲悯情怀,把与羞怯相关的事件做了不动声色、不紧不慢的处理,与当下大多数作家的刻意轻松、幽默形成反差,使得小说具有了一种直抵心灵深处的力量——令人感动并促人深思。同时,也验证了文学作品具有生命力的不可或缺的最基本的艺术规律。从极度羞怯到与羞怯说再见,成长主人公的心性发生了质的飞跃。

谁没有回家的经历?周末,一个15岁的少年从学校回家。家里没有人,他又饿又累。但他默默地拿起扁担担水、打猪菜……做完这一切,天就黑了。母亲和妹妹回家了,屋子里很快就弥漫着饭菜的香味。为了迎接儿子归来,母亲特意杀了鸡。为了分担母亲和妹妹的农活压力,他尽力在回家这一段有限的时间里,抢着做一切能做的活。临行前,少年、母亲和妹妹,彼此絮叨着叮嘱……情节很简单,三个亲人之间的情感表达似乎很平淡,几乎没有任何波澜(更

[①]《少年刘大公的烦恼》,载《儿童文学》,2004年第7~8期。
[②]《再见,羞怯》,载《少年文艺》,2004年第4期。

谈不上极乐和深哀)。然而,所有的关爱和牵挂,都无声地流动在彼此的行动中。这就是张锐强的短篇成长小说《回家》①带给读者的另一种温暖——回避正面叙说失去了父亲的家庭的困顿,选用侧面烘托的手法,展现家庭成员无怨无悔地承受生活的困窘与艰难,以及在艰难困苦中彼此相知、相惜、相助的动人情怀。苦难,让15岁的少年成长为一个坚强的男子汉。

李学斌的短篇成长小说《金色的手指》②写出了成长的顿悟,无疑是21世纪初中国短篇成长小说书写成长所取得的一大突破。中国的成长主题小说书写往往只关注成长的片段,缺乏对成长的完整性关注,尤其缺乏具有经典美学意义的成长蜕变。即成长者在成长之旅中遭遇了挫折,实现了顿悟,从而长大成人。在这样一种叙事逻辑中,成长者和成长小说同时完成了成长。《金色的手指》中的成长主人公木子,原本是一个不好好读书的少年。虽然出生在艰苦的农村,但他并没过多地感受到生活的不易,不知道通过努力改变自己的命运。然而,当父亲在一次劳作中意外被脱粒机折断了一根手指之后,他翻然醒悟。遭遇切肤之痛而顿悟,从而改变了人生观和世界观,正是成长小说基本的美学特征。

常新港的短篇成长小说《麻烦你送我一个妹妹,弟弟也行!》③写出了成长的孤独况味。对于成长者成长心境的书写,是常新港短篇小说的一大特点。小说中潘金阳的孤独不是吃饱了没事干的庸人自扰,亦非"少年不识愁滋味,欲赋新词强说愁"。那是一种生长在少年心底的难以言说、无从排遣的孤独,一种渴望理解而又不被理解的孤独。小说叙说了少年潘金阳的成长之痛:表面上什么都不缺,要什么有什么,是一个成长在蜜罐中的孩子。然而,在所有的成人眼中,他不过是一个毛病多多、应该被修理的对象。他是在家长、

---

① 《回家》,载《东方少年·阳光阅读版》,2005年第7期。
② 《金色的手指》,载《儿童文学》,2005年第6期。
③ 《麻烦你送我一个妹妹,弟弟也行!》,载《少年文艺》,2005年第7期。

老师挑剔的目光里成长的,这样的成长明显被套上了无形的精神枷锁。他无力抗拒,只能以逆反相对抗,甚至自暴自弃。然而,同班女生陶小莉的出现,却改变了他的心灵世界,改变了他的天空和大地。她似乎轻易就能发现没多少优点的他的许多优点,这让从来不曾被谁承认过的他感到了前所未有的幸福和温暖。他不再孤独,终于明白自己内心真正想要的东西——一种别人发自内心的理解。可是,这样的温暖和幸福只能在同龄人那里得到。因此,在他们的正常交往被大人们疑为早恋之后,他突兀地向他们发出了令人心酸的请求:"麻烦你送我一个妹妹,弟弟也行!"常新港对成长的挖掘独到、细腻、深沉,意味深长!

此外,黄春华的短篇小说《越痛越笑》[①]讲述了一个面临家庭不和的女孩,无法在家庭中得到温暖,一心想离家出走的故事。她的同学唐宋带她去见在海底世界工作的表哥"蛙人",倾听了他讲述的故事。她突然顿悟,知道该如何去面对自己的生活,不再彷徨。

(二)由成年人所写,但阅读对象并非未成年人。即成年人对成长记忆的回顾,凭吊已逝的青春岁月,展现一段或悲怆或激越的成长故事

德国作家本哈德·施林克的长篇小说《朗读者》讲述了一个令人匪夷所思的悲情成长故事。15岁的德国少年米夏与36岁的有轨电车售票员汉娜发生了欢愉而短暂的不伦爱恋。汉娜隐瞒了自己的真实身份,并不辞而别。8年后他们重逢,汉娜作为集中营看守坐在被告席上,而大学生米夏作为见习律师位列审判席。米夏本可以证实汉娜是文盲,为其争取从轻发落。但米夏选择了沉默。汉娜被判终身监禁,米夏经年如一为她朗读文学作品,并录成磁带寄给她。在漫长的监禁岁月中,在米夏倾情的朗读声中,汉娜学会了写字、读书。18年后汉娜行将出狱,却在与米夏见面后不久自

---

①《越痛越笑》,载《中国校园文学》,2005年第10期。

杀。《朗读者》作为一部典型的成长小说,不仅仅书写了成长与爱情,还对历史、战争、政治、道德、法律、人性等重大命题予以深沉书写。小说秉承并超越了德国成长小说的宏大叙事传统,通过对爱情这一私人化成长事件的书写,展现了一个深刻的历史寓言。

(三)处于成长之中的未成年人所写的正在发生的成长故事,阅读对象多为未成年人,可看作成长者的顾影自怜

20世纪90年代中后期以来兴盛于中国的青春文学[①](或曰青春小说),即是这类文学。2004年,甚至被誉为"青春文学年",被各种传媒爆炒过的作品如下:被抄袭官司缠身的"岛主"郭敬明推出了《岛·柢步》和《岛·陆眼》;"玉女作家"张悦然一口气出版了《樱桃之远》、《红鞋》、《十爱》和《是你来检阅我的忧伤了吗》;已成赛车手的韩寒写出了"新武侠"《长安乱》;此外,还有《抬头望见北斗星》(春树)、《红X》(李傻傻)、《草样年华》(孙睿)、《粉红四年》(易粉寒)、《烈火如歌》(明晓溪)、《我不是聪明女生》(董晓磊)和《无处可逃》(恭小兵)等。"80后"的青春写作已从单兵作战升级为群体出击,并以巨大的内聚力拉动了退守边缘的文学出版市场。

青春文学的走红,也刺激了文学批评一度麻木的神经。在20世纪90年代的商品经济大潮的冲击之下,文学批评由退守边缘及至失语,进而成为圈内人之间的互相吹捧,抑或是自娱自乐的杂耍。当青春文学遮蔽了主流作家的光芒之时,批评界似乎再不能保持沉默。以《十少年作家批判书》为代表的对青春文学的批判,催生了当下文坛的另一道吸引眼球的风景线。当下批评界对青春文学的批评还未回归学术本位,仍旧处于随市场之波而逐流的情状,并未对其予以客观、公正、全面、深入的评说。其批评的基调是:贬多于褒,

---

① 所谓"青春文学",以小说创作为主,是近年来被媒体炒作的概念。作为文学术语,其美学特征尚未达成共识,可大致归纳为:以处于青春期的青少年为叙述主角,展现他们丰富、驳杂的成长故事的小说文本(仍属"少年小说"和"成长小说"范畴)。

焦虑多于鼓励,诘问多于关怀。当然,大多数青春文学文本,的确不过是依附于文学华丽外衣之下的一种时尚消费品。对成长的理性认知的贫血,削弱了作品的力度和深度。其表述的成长故事多了些"欲赋新词强说愁"的况味,少了些沉潜;多了些孤芳自赏,少了些与社会生活情境和谐共生的气度;多了些刻意离经叛道式(所谓"另类")的作秀,少了些内省,在莫名的骚动和虚妄的叫嚣中找不着北。这种只有此岸而不见彼岸的成长,成为成长者主体生成的困厄。成长者(写作者和他笔下的主人公)仍旧处于成长的未完成状态。事实上,将青春文学作为个案来考察,不能一言以蔽之。一些作品不乏才气和灵气,其成长书写的当下感、现场感、亲历性非一般成人作家可以抵达。写作技法的时尚、写作语言的鲜活与张力、写作激情的饱满与张扬,的确给文学注入了新鲜血液。像李傻傻、张悦然等,接受了良好的高等教育,他们的写作意识明确、清醒,写作姿态严肃,作品颇为厚重。

　　经过几年的沉淀,青春文学渐趋成熟、理性。那种不惜以伤害自身为代价的所谓"残酷的青春",不再是写作的主流。越来越多的写作者意识到青春书写不应是一场行为秀,残酷绝非青春的本质。青春岁月无疑是人生中最华丽的时光,激越、冲动、浪漫、抒情,具有诗的意境和画的质感。男孩的激越和女孩的清丽是青春情感的主旋律。无论是亲情、友情,还是朦胧、晦涩的恋情,皆纯粹、简单,蕴藉着一种本色的美,即纯美。

　　如果说2005年青春小说出现了短暂的休克,那么,2006年度青春小说又呈现出热闹非凡的盛景。2006年2月,评论家白烨在其博客上将"80后作家"定位为文学的票友写作。青春文学代表作家韩寒立即愤而回击,并大爆粗口,从而引发了"韩白之争"。随后,陆天明父子、高晓松等名人陆续加入论战。"韩白之争"的焦点之一是,白烨认为80后进入了市场,但没进入文坛。"韩白之争"尘埃未落,又出现了"80后奥斯威辛事件"。事件源起于2006年7月10日张悦然在《中国青年报》上发表的《郭敬明:你为什么不道歉?!》一文。该文针对"郭敬明抄袭事件"发表尖锐的评论:"我们曾经是一群有着纯粹文学梦想的少年,当那些年轻而稚拙的作品呈现于世的时候,我们被迅速套上了'80后'枷锁。从此,我们成为文化标本,接受各种研究者的观摩;我们是商业手段,被各色人等用来攫取利益;我们是娱乐道具,被媒体和各类言论反复把玩……终于,我们不可避免地走向了'自我残杀':为自己编织一顶顶虚无的荣誉花环,开始各种和文学风马牛不相及的游戏……直至'郭敬明事件'的爆发,预示着我们这代人肆无忌惮地走向了我们梦想的反面,我们正放任自己越过一条又一条底线。我仿佛看到了一场微型的'奥斯威辛事件'正在上演。"此论一出,立即引起轩然大波,无疑引爆了新一波青春文学争鸣热潮。

当下,青春文学的分化和重组加剧。许多作品摆脱了出版人的群体包装,更倾向于各自为战。大多数青春文学作品渐趋理性,不仅仅停留在追求虚浮的"装帅扮酷"、"花哨另类",不再肆意炫耀青春的伤痕、颓废。展现完整、完美的青春风采,是近年来青春文学发生的质变。尤其是许多成年作家的青春文学文本,多以诗性的笔墨点化青春岁月的斑斓色彩,在呵护青春情绪的同时,给予沉陷于青春事件的主人公婉转的警示和规约,潜移默化地督导成长者合理、健康、有效地成长。相对说来,一些少年或准成年作家的作品,仍存在着闭门造车、孤芳自赏等病灶。

第五讲

成长小说界域辨析

从某种意义上说,成长小说是一种跨学科的文学样式。一方面,它与教育学、心理学、生理学和人类社会学等联系紧密。另一方面,在文学内部,它既是成人文学中重要的一极,又是儿童文学不可规避的一隅。成长小说的这种多元性生成了其边界的辽阔,同时也造成了作者、读者和一部分研究者对其疆界的庸俗化理解。上文提及,长期以来,成长小说的疆域过分广袤。本书就这一属于文学范畴论的问题予以厘清,希求为成长小说划分比较合理、明确的疆界,为成长小说的书写、阅读、研究提供有益的参照,为成长小说的发展提供更多的契机。

第一节 成长小说与成长主题小说

上文提及,"任何关于成长的叙事,不管是成功的还是失败的,不管是顺利的还是曲折的,也不管是同胞的还是异族的,都具有广泛的吸引力,它满足了我们每个人对自主、自强、自由的渴望和冲动。成长,作为人类生活中一种普遍存在的文化现象和人类个体生命的重要体验,必然成为文学,尤其是小说,表现和探索的对象"。①在文学书写的诸多主题中,"成长"与"爱"、"死亡"、"生命"等一样,不但常写弥新,且具经典性和永恒性。显而易见,成长,也是一种重要的文学书写资源。文学与成长的亲密接触,是必然会发生的心灵之约,是对自我/他者的深度窥视、体察和观照,更为文学/成长本身赢得了凤凰涅槃之契机。

通过上文对成长小说源流的相关探究,显而易见,但凡涉及成长主题的小说样式就是成长小说的观念有失公允。也就是说,成长小说是以书写"成长主题"为主旨的一种独特的小说样式,但并非涉及成长主题的小说样式都可划归成长小说之林。

笔者在博士论文《成长与性:中国当代成长主题小说的文化阐释》中论及,"基于本论文考察的文本的多样性和复杂性,没有把成长小说作为一个核心概念加以重点阐释,而是一以贯之地使用了成长主题小说这一术语。并非害怕陷入'证伪'的危险,而刻意减少了使用成长小说这一概念的频率。而在于相比较而言,成长主题小说更契合中国当代小说书写'成长'的实况。也就是说,中国当代小说对'成长'的书写还处于'成长'之中。许多文本虽落笔于'成长',但因缺少了成长小说基本的美学要素,以成长小说命名颇为牵强,而冠以成长主题小说更适宜。成长主题小说可看作成长小说的一种未完成状态,或者说是成长小说的雏形"。②

简而言之,但凡涉及成长话题的小说样式,可以成长主题小说命名;而只有符合成长小说基本美学规范的成长主题小说,才是真正意义上的成长小说。

---

① 芮渝萍:《美国成长小说研究》,北京:中国社会科学出版社,2004年,第4页。
② 张国龙:《成长与性:中国当代成长主题小说的文化阐释》,北京师范大学博士学位论文,2006年。

第二节　成长小说与儿童文学

作为一种以"成长"为书写重心的小说样式,成长小说注定与儿童文学存在千丝万缕的联系。为了厘清二者之间的姻亲关系,本书需要阐释儿童文学的基本问题。

1989 年 11 月 20 日,联合国大会颁布了联合国《儿童权利公约》。其中,《公约》第一条规定:"儿童系指 18 岁以下的任何人,除非对其适用之法律规定的成年年龄低于 18 岁。"它包含了两方面的含义:其一,"儿童"即"未成年人"。与"儿童"相对应的一个概念是"成人",因此,"儿童"即"未成年人"的总称。其二,"儿童"的分类。很明显,"儿童"是一个比较宽泛的概念,从年龄结构和心理特征来看,可分为三个阶段,即幼年(0～6 岁)、童年(7～12 岁)和青少年(13～18 岁)。由此可见,"儿童文学"是为 0～18 岁的任何人服务的一种文学样式。它是一个非常宽泛的概念,根据阅读对象接受心理与领悟能力的差异,目前,国内学术界普遍认同王泉根对儿童文学的"三个层次"的划分,即幼年文学、童年文学和少年文学[①]。

所谓"幼年文学"(或称"幼儿文学"),是为 0～6 岁(处于幼儿园阶段)的幼儿服务的文学。这一时期,孩子的生活主要是游戏,心智处于启蒙阶段。因此,这一层次的文学特别注重娱乐和趣味,丰富幼儿的语言知识,强调正面教育。写法简单、纯净、浪漫,主要文体形式有儿歌等。比如,大家耳熟能详的《弯弯的月儿,小小的船》(叶圣陶)、《鹅》(骆宾王)等。幼儿主要在成人的帮助下阅读。

所谓"童年文学"(或称狭义的"儿童文学"),是为 7～12 岁的儿童(小学阶段)服务的文学。此时期,孩子的生活以学习为主。富于

---

① 王泉根:《现代中国儿童文学主潮》,重庆:重庆出版社,2000 年,第 12 页。

幻想,求知欲旺盛。因此,童年文学注重想象与认识,以正面引导为主。创作方法以浪漫主义和现实主义互补为特色。既有类型化的人物形象,又有性格丰满的人物典型,主要文体有童话等。比如,《卖火柴的小女孩》等。以儿童自主阅读为主,成人引导阅读为辅。

所谓"少年文学",是为13~18岁(中学阶段)的少年服务的文学。此时期,他们迎来了成长的黄金时节,生理/心理成长突飞猛进,如同化蛹为蝶,尤其体现在性的成长方面。他们将面临成长的诸多问题,迷茫、困惑、彷徨……由不成熟走向成熟,由幼稚日趋复杂、深刻。生活对于他们来说,可谓"一半是海水,一半是火焰"。社会生活的方方面面,或多或少,或深或浅,都进入他们的视野。少年文学注重全景式的生活描写,主要讲述有关成长的故事,以少年小说为主体。比如,《草房子》(曹文轩)等。

儿童文学中的"小说",统称为"儿童小说"。它除了具备小说的基本特征外,还具有"儿童文学"独特的审美价值。按照不同年龄段的读者的接受差异,儿童小说可分为"儿童故事"、"童年小说"和"少年小说"。其中,儿童故事属小说的雏形,多用拟人体,描写一人一事,简单、明了,读者对象为学龄前的孩子;童年小说多描写现实生活,包括家庭生活、学校生活和社会生活,注重故事性,以幽默、风趣见长,读者对象主要是小学生;少年小说多表现处于青春期的少男、少女生理/心理的旺盛成长,尤其注重描写他们个性、人格成长的心路历程。少年小说作为书写成长主题之一种的小说样式,亦属成长小说范畴。

在西方文学中,少年小说(Teenage Novels 或 Young Adult Fiction)是除成长小说外书写"成长"主题的重要文学样式。一般认为,这一文学概念起源于20世纪30年代的美国,罗丝·威尔·德雷恩的《让风暴怒吼吧》是标志性作品。之前尽管已出现专为少年人写作的以少年为主人公的小说文本,却未形成少年小说这一概念。专为少年人创作的小说大量出现在19世纪,具有代表性的作品有斯蒂文森的探险小说《宝岛》、《绑架》和《黑箭》,马克·吐温的

《汤姆·索亚历险记》和《哈克贝利·费恩历险记》,以及托马斯·哈格斯的《汤姆·布朗的学校生活》等。少年小说属于少年文学范畴,是一种为13～18岁的孩子服务的小说样式。少年小说中的少年主人公大多进入了生理学意义上的青春期(Adolescence),这是儿童向成人的过渡阶段,被称为人生里程的十字路口。其突出特点是生理、心理迅猛发展,尤其是性发育(包括性生理和性心理)的突飞猛进,又称为"性成熟期"。性意识的萌动、发展是少年人告别童稚岁月、跨入成人门槛的重要表征,亦是童年和少年的本质区别。由于处于青春期的儿童的情绪不稳定,这一阶段亦称为"危险期"。因此,少年小说应"特别重视美育与引导,帮助少男少女健全地走向青年,走向成熟……强调正面教育的同时,应注重全景式的生活描写,引导少年正确把握和评价社会人生的各个方面"。[①] 由于少年人的感知和认知能力较童年时期有了质的飞跃,阅读能力大大增强,少年小说除主要运用现实主义创作手法外,还应适当尝试运用意识流、象征、哲理化等多种现代派创作技法,以增加作品的深度,既满足少年人旺盛的求知欲,又能提高他们对文学作品的理解力和感受力。

综上所述,成长小说可归入少年小说范畴。但并非所有的少年小说都是成长小说,而只能说少年小说中的一部分作品(符合成长小说审美规范)属成长小说。中国的大多数少年小说只关注成长的某个片段,缺乏对成长的完整性描述,许多处于成长之中的主人公并没有长大成人。因此,这样的成长主题书写是不完整和不完美的。从对成长主题书写的深度来看,国内的少年小说文本大体可分为两大类:

其一,描写完整、完美的成长状态。比如,曹文轩的长篇成长小

---

① 王泉根:《现代中国儿童文学主潮》,重庆:重庆出版社,2000年,第504～505页。

说《青铜葵花》①,讲述了一个令人倍感温暖的成长故事:在那个非常的成长年月里,与母亲阴阳两隔的城市小女孩葵花,跟随被下放到农村的画家父亲,像浮萍一样漂流到大麦地村。不久,父亲溺水而亡,葵花成了孤女。不幸中的万幸,哑巴男孩青铜一家收留了她。他们待葵花如同家人,这不是亲人胜似亲人的关爱和呵护,让葵花很快忘记了丧失双亲的伤痛,重新找回了童年的无忧无虑。几年后,城里来人接葵花回去,葵花悲悲戚戚不忍离开。她走后,青铜终日坐在高高的大草垛上盼她归来。日复一日,奇迹终于发生了:青铜似乎看见了葵花归来的身影,极度的兴奋让他奋力呼喊她的名字。这个哑巴少年居然又能够开口说话了。小说着力展现了艰难岁月里苦难生存境遇中的纯美,包括苦难本身之美,即苦难是必然的、无法逃避的,面对苦难时需要保持一种处变不惊的优雅风度;苦难之中漫溢着的善良、正直的人性之美,即平凡、朴实的青铜一家,给予了葵花真切的体恤和爱护。这份爱超越了血缘界限,因为无私、高贵而纯美;苦难之中少年相依相守的纯情之美,哑巴少年给予了伶仃孤女葵花无言的手足之爱,葵花和他心有灵犀,他们一起走过稚纯的成长岁月,留下了一串串温暖的成长脚印。这纯美的真情真爱,驱散了苦难的阴翳,驱散了多舛命运的梦魇,甚至驱散了病魔的阴魂,从而照亮了彼此快乐的成长天空,被命运欺愚的成长得以完整、完美。

其二,作品描写成长的某一个片段。在文本结束时,成长者的个性、人格仍处于成长之中。比如,秦文君的《花彩少女的事儿》等。林晓梅等尽管逐渐褪去了童年时期的稚嫩,但她们无论在生理上还是在心理、个性等方面,皆未能完成化蛹为蝶的质变。这样的作品可看作成长小说的一种未完成状态,本书将其命名为成长主题小说。成长小说是成长主题书写的最高形态,是成长书写的最有效的文学样式。考虑到成长书写的复杂性和中国成长小说书写的特殊

---

①《青铜葵花》,南京:江苏少年儿童出版社,2005年。

情况,为避免概念上的混淆和纠缠不清,本书把成长小说分成两大类:其一,未完成的成长——描写成长片段的少年小说,或称成长主题小说;其二,成长完成——成长小说。所谓成长完成,是指展现了成长的完整过程,涉及成长中的方方面面,尤其是重点描写了成长过程中的一些核心(标志性)事件,诸如受挫、离家、性成长、顿悟……成长主人公在经历了这些事件之后,并非按照经典成长小说的模式那样一定会长大成人。但作为成长小说,一定要将成长的过程尽可能纵深地展现出来。

总之,由成长主题小说向成长小说演进,乃成长文学书写的流变轨迹。因此,本书在考察成长小说的流变时,将不少具有代表性的成长主题小说亦纳入考察范围。

中 篇

成长小说发生论

　　前面对成长小说的概念和美学特征等进行了探微，在一定程度上厘清了成长小说是什么，以及成长小说的类型、范畴等基本问题。尽管前文对成长小说产生的渊源作了一定的梳理，即成长是人生永恒的主题，必然会成为文学书写的重要资源，以及其发轫于德国的因缘际会，但对成长小说生发的文化渊源并未作细致探究。因此，本讲将重点对成长小说产生的文化渊源予以纵深考察。成长小说生发的主要动因在于教育。从某种意义上说，没有教育就无所谓成长小说。失却了教育功能，成长小说存在的合理性和合法性令人担忧。不管是野蛮时代的教育，还是现代文明社会中施行的教育策略，我们都能或多或少、或显或隐从中发现成长小说得以产生的原因。于是，本篇拟从成长小说与野蛮时代的教育、成长小说与文明教育两种维度，深入探究成长小说发生的文化源流，以期为读者和研究者提供更为开阔的观照成长小说的视野。

第六讲

成长小说与野蛮时代的教育
——"成人式"

从某种意义上说,一部人类文明演进史,就是一部教育史。小自双亲手把手教导孩子蹒跚学步,以及教授孩子学会各种生存技能,遵守各种规约;大到集体、民族、国家、种族观念的形成,无一不与教育相关。是教育让人类进入了文明时代,开辟了人类成长史的新纪元;是教育让人的概念变得更丰富、更细腻、更人性、更温暖、更具有存在意义。作为诞生于现代文明社会中的成长小说,其血液里仍旧流淌着野蛮时代教育的基因。而野蛮时代最具代表性的教育事件,当属被许多人类学家认为"血淋淋"、"荆棘密布"的"成人式"。

第一节 盛行于原始社会的"成人式"

人的一生中必然会历经诞生、成人、结婚、死亡等若干个重要的"节"。这些"人生之节"既演绎了一个人的成长之履迹,还标识着个人在所属群体中获得的合法身份和承担的相应义务。据人类学家探究,在蒙昧和野蛮时代的社会结构中,当个人在通过各个"人生之节"时,必须接受一连串相应的神圣受礼仪式的洗礼,或者说将经受各种严苛的"通过礼仪"(或"成年礼仪")①的考验,即"成人式"。而"成人式"在诸多"通过礼仪"中无疑居于至关重要的地位,它包括"成丁礼"和"入社礼"。往往通过一定的仪式,对那些即将步入社会、履行人生义务的未成年人进行一系列严酷的生存历练(磨难)。受礼者会暂时离开部族,被年长者或专职巫师等带到远离族群的隐秘之地,接受生理上的各种极限挑战(体验)——大多具有试验性和象征性,在一定程度上折射出该部族所信奉的人生观和世界观。与此同时,受礼者还可以学习到本部族所沿袭、遵从的各种习俗、礼仪、道德和价值观念等知识。这些知识不是经由仪式强制性地赋予受礼者,而是必须由受礼者运用智慧去追寻。在他们获得了知识后,还必须将其运用到实际行动中。比如,生活在几内亚湾的非洲男孩,自古就有接受"森林洗礼"的传统。为了培养出真正的男子汉,但凡年满12岁的男孩,都会被部落长老委员会安排到密林深处,离群索居,接受洗礼。洗礼内容包括接受传统教育,熟悉部落的历史,学习砍伐树木、修造房屋、狩猎等独立生活技能。而在南非丛林的某些原始部族中,至今仍保留着布满荆棘的"成人式"。受礼的男孩被置身于荒无人烟之地,接受一个月的严酷生活体验。除了完成一系列考察生存能力的探险活动之外,他们还得接受鞭打,以考验他们的勇敢精神。受礼者如获通过,从此便具有成年人的能力和资格。也就是说,这些仪式标明一个人脱离了自然状态,成为一个完整的社会之人。从更深层的社会学意义考察,远古人类通过"成人式"所欲解决的根本问题在于文化/人格、社会/个人之间的冲突。正如荣格所说,"原始先民的高明之处在于:不是千方百计来掩饰这

---

①通过礼仪(les rites de passage)——也叫转移礼仪、推移礼仪,是由出生于德国的荷兰裔民族学家凡·热纳(A. van Gennap)提出的概念。通过礼仪既包括诞生礼、成人式、婚礼等,还包括为保障通过生活条件变化和场所、保障从某一巫术——宗教集团或世俗集团向其他集团的转移而举行的礼仪,比如,王或族长的就职仪式也可以视作通过礼仪。参见[日]祖父江孝男等:《文化人类学事典》,乔继堂等译,西安:陕西人民出版社,1992年。

种冲突,而是通过成人仪式这种特殊的方式,使个体被社会规约所压抑的心理能量得以释放,从而消除或缓和社会矛盾"。①

第二节 蕴藉于"成人式"中的教育功能

成年人和未成年人是两个全然不同的群体。在任何社会体系中,成年人无一例外是社会的主宰。尽管未成年人是将要长大的成年人或未来的成年人,但在成年之前,他们毫无疑问居于从属地位。当一个未成年人在各个方面都做好了跻身成年人行列的准备,并且被成年世界所接纳,在主流社会体系中找到了属于自己的位置时,即完成了个人的社会化,无疑就完成了人生中的重大转折。对于此转折的完成,盛行于原始社会中的"成人式"显然起到了点石成金的作用。因为"成人式"不仅仅具有符号性,不仅仅是一种形式,受礼者确实能在此过程中学习到许许多多。实际上,受礼的过程也就是接受教育的过程。概括说来,"成人式"中所蕴藉的教育功能,主要体现在以下几方面:

其一,"成人式"是一种特殊的资质检验手段,经过成人历练与确认,受礼者即可获得成人"证书"。人始终生活在社会之中,此种客观存在决定了个人不可能完全生活在自己的世界里。即或如鲁滨逊那样独自生活于孤岛上的特殊(极端)的成长者,表面上看,他不受他人干扰,完全由自己支配自己的思想和行动。然而,众所周知,对于鲁滨逊这个曾经的叛逆者来说,那个只属于他一个人的孤岛,非但不是他的伊甸园,反而成了他朝朝暮暮渴求逃离的梦魇。可见,对于绝大多数成长者来说,他们会主动寻找融入成人社会的

---

① 张德明:《〈哈克贝利·芬历险记〉与成人仪式》,载《浙江大学学报》(人文社会科学版),1999年第8期。

契机,努力通过他者的确认/确证从而获得自认/自证的信心。对于年轻的成长者来说,成为成人社会体系中的一个名正言顺的成年人,尤其是得到那些成年人中的权威者的认可,无疑是他们成长的终极目标。"我认为我已经长大了"等苍白的宣言,常常被成年人视作自我安慰,甚至被视作自我膨胀,抑或是假装"少年老成"。对于未成年人来说,那种不被接受不被认可的沮丧,甚至会郁结为一种"成年焦虑"。还好,有了"成人式"这种成人考试,对于大多数渴望迈入成年门槛的未成年人来说,不啻为一种绝佳的机遇,尽管那还意味着前所未有的血与火的挑战。凶猛的野兽并不可怕,严酷的鞭刑并不可怕,离群索居并不可怕,可怕的是没有获得那张标志着长大成人的资格证书。当然,战胜了野兽,经受住了血淋淋的鞭刑,能够独自顽强地生存下来,已经证明了自己确已长大成人,获得那张成人证书自然水到渠成。毋庸置疑,在"成人式"这一仪式的过程中,即将长大的未成年人面临的挑战是空前的。仪式过程中的所有历险,大多是实打实的磨难,甚至是非难。在此前的岁月中,他们从不曾面对。即或是那些勇气和力量稍弱的成长者,面对成人资格证书的辛辣诱惑,亦能突然滋生出莫大的勇气和力量,激发出体内潜藏的巨大能量,完成看上去不可能完成的成人任务。这便是"成人式"为成长者搭建的长大成人的舞台,亦为成长者提供了完成质的飞跃的契机。从此种意义上说,"成人式"之于未成年人的成长举足轻重,甚至不可或缺。

其二,"成人式"为受礼者(成长者)传授各种生存智慧和手段,受礼者提升了生存智慧。未受礼之前,未成年人是没有长大的孩子,在各个方面都会得到成年人的照顾。他们不必去面对危险的生存考验,完全生活在成人为其搭建的庇护所里。尽管在日常生活中他们有意无意会获得一些生存智慧和手段,不过是零星的、自发的。一旦他们参加了受礼仪式,他们不再被看作孩子,他们没有任何借口没有任何退路,必须成为一名具有各种生存智慧和手段的成年人。具有丰富的生存智慧、经验的部落长老会精心、系统地传授给他们种种生存手段,诸如狩猎、捕鱼、修建房屋、辨别方向、观察风云变幻等。他们必须全神贯注,将这些口耳相传的经验烙印进头脑里、心壁上。然后,他们必须身体力行,在实践中一一检验这些经验。当他们捕获了凶猛的野兽,捕捉到了狡黠的大鱼,修建起了遮风避雨的房屋,能够体察自然界的风云变幻时,他们便真正拥有了在丛林里生存的必备智慧,也就自然通过了"成人式"的考验,获得了成人证书。并且,在这个仪式上直接或间接获取的生存智慧,像基因一样沉潜于他们的血脉之中,在以后的生活中传授给他们的子孙。于是,人类文明就在这种传递中一步步走进了新纪元。即或当下,未成年人获得各种宝贵的生存智慧与经验的渠道,仍离不开长辈的口传面授。尽管现代文明社会缺少了原始社会中那种血与火的成年仪式,但一些习俗仍保留了某些"成人式"特征。比如,一些年轻人在结婚之前,父母会秘密传授一些性生活知识等。当一个未成年人获得了足够多的生存智慧,提升了智慧生存理念,自然就成为一个生活/人生的强者,成长为一个具有胆识和气魄的成年人。

其三,"成人式"中传承着人生态度和生命教育因子。原始社会自然生存环境恶劣,原始人生存能力偏弱,对自然和社会的认识相对浅陋。但是,他们毕竟不同于动物,不再仅凭本能生活。在极端恶劣的生存环境中,他们一点点积累生存的智慧。这些些微的智慧之光照亮了他们奔向光明的路,也开启了他们混沌的思想之门。他们开始思索、总结反思,开始了各种素朴的人生观和世界观的建构。尤其是通过"成人式"这种途径,德高望重的部落首领在传授知识、经验的同时,也传授给受礼者观念和意识。比如,与自然和谐共处,敬畏自然神明,敬畏生命,等等。于是,从许多神话故事中,我们既能够窥视先民们豁达的人生态度,又能发现他们对生命和死亡的敬畏。通过体察植物的花开花落,他们反观人类的生死,自然就相信生死的轮回,相信灵魂能够在轮回中永生。

总之,盛行于原始社会中的"成人式"蕴藉着丰富的教育功能。它绝非单纯的戏拟活动,绝非一种象征性的符号仪式。它具有实体意义,是现实生活的高度浓缩,是种种生存考验的集中测试,是为即将沸腾的水添加一把柴火,是为即将成熟的果实带来火红的阳光,是画龙点睛之笔。

第七讲

成长小说与文明教育

上文述及,"成人式"作为一种重要的人之成长的仪式,具有不可或缺的教育功能。对于未成年人来说,它是迈入成人之门的里程碑式事件。然而,盛行于野蛮社会的"成人式",包括割礼、鞭打等血淋淋的野蛮仪式,的确有违文明社会的礼仪,是文明社会所不能见容的陈规陋习。因此,随着人类社会由野蛮时代演进至文明社会,与血腥、残酷等相联系的"成人式"内容自然被淘汰。随着人性的日臻丰富与完善,风行于野蛮时代的"成人式"渐渐式微乃不争的事实。文明时代对未成年人的教育主要以文明的礼仪为依托,因此,"成人式"在文明的教化过程中逐渐失却了原貌,甚至异变为一种具有符号化倾向的形式(或者说游戏)。尤其是在现代文明社会中,野蛮时代的"成人式"几无立锥之地。

第一节 现代文明社会中被解构的"成人式"

随着人类文明的演进,尤其是在物质/精神文明日益现代化的进程中,在崇尚个性、充分张扬人性的现代性整体氛围中,各种"通过礼仪"逐渐被消解甚至消灭。尽管现代社会以高度理性化的系统教育取代了原始社会的"成人式",其科学性和进步性显而易见,但是它的弊病也非常明显。现代教育"没有给阴影原型的个性化提供充分的适当的机会。儿童身上表现出来的动物本能通常要受到父母的惩罚。但惩罚只是压抑却并不能消除阴影原型——没有什么东西能使阴影返回到人格的无意识领域,并在那里保持着一种原始的尚未分化的状态。这样,一旦它突破压抑的屏障——它就会以凶险的病态方式来表现自己"。①毫无疑问,现代人对待成长的态度远不及古代人甚至原始人认真,更遑论神圣和虔诚。尽管现代社会仍然存在着各种所谓的"通过礼仪",诸如成人仪式、入学典礼、毕业典礼、诞生礼、考试、婚礼、同学会和校友会等,但是,这些仪式的符号化倾向日益加重,完全可以说徒有其名而无其实。也就是说,现代人差不多是在没有举行任何具有实质性意义的成长仪式的社会语境中,盲目而随意地完成了他们的成人仪式。其好处在于,成长者所遭逢的各种传统、规约、范型挤兑、匡正、约束的压力少了,这更易于他们天性和个性的舒展,他们的创造性和想象力亦能获得更广袤的延展空间(当然,现代的学校教育和家庭教育往往扮演着与成长者的"自然性"和"自由性"相抵牾的角色)。然而,正如前面所论,个人的成长毕竟不仅仅是成长者自己的重大事件,它既决定着成长者一生的人性/人格的位格,也关系着社会结构、文化心理和文化人格的发展趋向。缺少了一定的成人仪式所蕴藉着的价值范型的导引,纯粹听凭成长者自然、任性的选择而成长,成长者必然会感到无所适从,甚至迷失于精神危机的泥淖之中。这无疑延缓了成长者长大成人的佳期,势必会延宕他们的成长。一言以蔽之,现代社会缺乏"成人式"洗礼氛围,在"成人式"缺席的语境中,成长者不得不吞咽成长失范、无序的尴尬。

尽管"成人式"之于成长者不可或缺,但一个不争的事实是,现代社会不可能回归原始,重新拾捡起先人们曾历练过的各种礼仪。

---

① 张德明:《〈哈克贝利·芬历险记〉与成人仪式》,载《浙江大学学报》(人文社会科学版),1999年第8期。

恰如前面所提及的那些具有"现代"色彩的所谓成长礼仪,其异变的痕迹非常明显,差不多失却了作为"成人式"所必需的考验性、体验性、庄重性和神圣性,不可避免沦丧为一种道具式的空洞的能指,不具有督导成长的实质性意义。而且,这些仪式大多裸露出威严、刻板的教育(教化)面孔,少了些游戏、娱乐精神,少了些蕴藉深厚的象征意味,多了些枯燥、无聊、压抑,令成长者生厌而逆反。尽管现代社会竭力以良师益友的合法身份导引未成年人茁壮成长,但大多数成长者都不由分说抗拒着这种善良的"强制性"、"压迫式"的帮助(至少从他们的接受心理状态来说恰是如此)。于是,在现代人的成人化线路景观图中,自然便呈现出难以化解的悖论,以及无法清除的尴尬情状:成长本是成长者自己的事,对成长者一生大有裨益。事实上,对于作为成长者的当事人来说,成长竟然成了他们所不堪的重负、噩梦,成了他们欲竭力逃离的陷阱。有时,他们甚至以玩世不恭、自我亵渎的方式消解、戏谑、拒绝成长。总之,具有实体意义的"成人式"在现代社会中处于缺席状态,或者说现代社会中的一些成长礼仪指代不明——没有给予成长者一个合理合法的身份,没有赋予成长以神圣性。

第二节 回归"成人式"的成长小说

既然成长不可回避,而"成人式"在现代社会中缺席,现代社会所施行的成人教育,又往往不能让成长者心甘情愿地接受,那么成长究竟该何去何从?毋庸赘言,成长是一个具有无限延展性的渐进过程,它与成长者所接受的成长方式(潜移默化的导引或强迫性的生硬灌输)密不可分。当然,潜移默化的导引无疑是提升成长的最佳选择。成长失却了"成人式"所赋予的庄重性和神圣性,同时又背离了游戏精神、娱乐意趣、轻松心境和宽松环境,成长之于成长者来说肯定就是重负,甚至是灾难。而在"成人式"缺席的现代社会中,文学无疑具有培育出良好的成长环境的无限可能。因为文学的本真使命即在发现可令人玩味良久,并从中获得能受到洗礼、得以超升的元素,从而陶冶性情、提升审美感知和认知能力。可以说,文学能够默默地导引成长者自由成长。

统观卷帙浩繁的文学史,优秀的文学作品往往通过潜移默化的方式,隐在地传达某种教化功能,比如真善美/假丑恶,以及各种丰富的人生经验和价值观念。尤其是阅读以成长为书写主题的成长小说,无疑是未成年者获取成长经验的一种便捷、有效的途径。特别是在青少年时期,成长者的求知欲旺盛,好奇心强烈,他们迫不及待地走进由文字构筑起来的瑰丽宫殿,自然而然便能找寻到不曾经历过的人生体验,无意间将许多珍贵的成长经验烙印于心灵深处,并水到渠成地运用于随之而来的人生实践中。

从本质意义上探究成长小说所承载的诸多功能以及终极诉求,与盛行于原始部族中的"成人式"不谋而合。上文已述及,二者都以成长为背景搭建人生大舞台,表演者皆为接近成年的青年人,他们都将面临一系列预先设定好的人生磨难,最终通过考验长大成人。张德明在《〈哈克贝利·芬历险记〉与成人仪式》一文中指出,马克·吐温的名著《哈克贝利·芬历险记》即为一部经典的带有成人仪式象征符号体系的成长小说,"马克·吐温通过哈克这个未成年人的流浪经历,象征性地展示了一个现代社会中的成人仪式,来探讨如何解决未成人的社会化问题的途径"。[①] 该文认为,马克·吐温为他笔下的主人公安排了三次象征性的死亡和再生仪式——哈克为摆脱恶魔般的父亲而精心安排了自己被强盗谋杀的场面;流浪途中,哈克乘坐的木筏被轮船撞沉,哈克沉没到河底,再浮上水面;哈克进入菲力普庄园寻找被公爵和皇帝卖掉的黑人杰姆,而庄园的主人正

---

① 张德明:《〈哈克贝利·芬历险记〉与成人仪式》,载《浙江大学学报》(人文社会科学版),1999年第8期。

好是哈克的朋友汤姆·索耶的姨娘,但后者误把他当作了多年未见面的汤姆·索耶。每一次仪式都使哈克进入生命的一种新状态,获得有关人生必需的知识、道德原则和价值观念,直至整个成人仪式完成。

可见,具有启蒙功效的成长小说,其功能和作用之于未成年人的成长来说,无疑异乎寻常。我们完全可以将其看作现代文明社会中的一种变形的通过礼仪,是对"成人式"的一种回归。换言之,它是现代文明社会中成人仪式的发轫,是迈进成年的一根重要的华表。它甚至能够左右一个人的人生观和世界观,以及其一生的走向、做人的准则、做事的操守。生理学和心理学研究表明,青少年时期是一个人个性和人格日渐定型的危险期,倘若成长者在这个时期未能获得有益、有效的成长经验,成长便会延宕、受挫,而一旦他们在生理上跨过了成年的门槛,再企图矫正他们已经成型的个性和人格,其难度可想而知。毕竟,成年人通过阅读某一部文学作品后因获得了成长经验而洗心革面者,的确寥若晨星。而且,青少年阶段由于生理和心理突飞猛进地发育,接受能力上质的飞跃,求知、求趣的欲望达到了高峰,阅读进入了黄金时段。在当下中国,少年小说、青春文学成为成长小说文本的主体之一,其阅读人气指数不断攀升,其品质的优劣直接影响着青少年的成年,优秀的成长小说无疑是呵护孩子们成长的一碗"心灵鸡汤"。

第三节　沉潜于成长小说中的"成人式"因子

从"成人式"发生的过程可以归纳出一些基本的模式:即将长大成人的未成年人——被首领带离部落,离群索居——完成各种"功课"——返回部落,获得成人资格。按照上文的阐释,成长小说的基本叙事结构为:幼稚→受挫→释怀→长大成人。也就是说,不成熟的未成年人,在家庭和社会生活中遭遇了种种挫折,或因得到导师的指引,或因顿悟,从而不再困惑、迷茫,找到了人生的真谛,最终长大成人。如果将"成人式"和"成长小说"的两种结构模式相对照,我们很容易发现二者之间存在着一一对应关系,如下:

"成人式":即将长大成人者→被首领带走,离群索居→完成各种"功课"→获成人资格,返回部落

成长小说:幼稚者→受挫→释怀→长大成人

二者的主角都为未成年人,他们都有着相似经历(离家或在经历一系列生活、生存历练的过程中遭遇种种挫折)。最终得以长大成人的前提是,必须战胜各种困难。"成人式"中的部落首领或长老,相当于成长小说中常见的引路人。

通过以上分析,不难发现,盛行于原始社会中的"成人式",的确在诞生于文明社会中的成长小说中复活。或者说,成长小说的叙事模式深深地烙着发端于原始社会的"成人式"的印记。尽管我们不能武断地声称成长小说就是对"成人式"的模仿或戏仿,但二者之间的确存在着无可置疑的相同或相似之处。不过,不管是巧合还是刻意复制,二者都秉承着相同的教育目的,旨在督导未成年人顺利地长大成人。

第八讲

成长小说功能演进

纵观世界成长小说发展史,成长小说的演进大致可分为经典、现代和当代三个阶段。所谓成长小说的经典时期,是指18世纪末期至19世纪,作为文学术语的成长小说及其标志性作品产生;19世纪末期至20世纪50年代,被称为成长小说的现代时期;20世纪50年代至今,被称为成长小说的当代时期。在不同的时期,成长小说书写的景观各异,彰显了不同的价值和功能。

第一节 经典时期:成长的公共化

经典时期的成长小说,与启蒙运动和狂飙突进运动息息相关,自然担当了启蒙重责。这个时期的成长小说呼唤日益觉醒的青年人挣脱现实的围困,鼓动青年人改变不合理的社会现状,激励青年人成为旧时代的掘墓人,并以成熟的姿态拥抱未来。文本中的成长主人公大多具有满腔热情和抱负,憧憬人生,对社会的诸多重大问题亦倾注了参与、批判的激情。他们是有理想、有襟抱、有才华的成长者,大多通过个人的努力和他人的帮助完成了成长,成为社会的栋梁。即使不幸成长夭折,未能如期长大成人,责任也不在成长者本人,而在于现实社会太残酷,成长者羸弱的身躯和不成熟的心智难以对抗铜墙铁壁般的现实境遇。成长者在幻灭中走向自杀,旨在以死进行最后的抗争,以死唤醒更多彷徨失措的成长者。

诚如墨罗蒂论述成长教育小说在19世纪所承担的形式功能时所云:①它承载着不可预知的社会变革的内容,通过对青春的虚构来表达现代化对个体生活的冲击和肢解。同时,这种小说总有一个清晰的开端和肯定无误的结局,小说的情节构成了一个有始有终的线性时间段。②在微观的叙事层面,小说情节开始建立起一套灵活的、反悲剧性的(anti-tragic)现代经验范式,古典的崇高叙事或英雄叙事被颠覆了,取而代之的是以平常人物为主人公的作品。③小说呈现给读者一个多面的、反英雄化的主人公,并塑造出一种全新的主体形象:"日常化、世俗、软弱和平常的个体;同时虚构一个'小历史':即日常、和平的现实生活,变通和实际的人格,主人公随时可以融入社会变革中的欧洲中产阶级的'完美'生活。"①歌德的《少年维特之烦恼》,就塑造了这样一个具有悲怆色彩的反英雄式的成长英雄形象。

成长主人公少年维特天性敏感,甚至有点怯懦、优柔寡断,与传统的英气勃勃、孔武有力的少年英雄形象似乎相去甚远。然而,在维特身上,仍旧葆有少年人固有的个性特质。他思想活跃,追求上进,对不合理的现实愤懑不平。他对专横跋扈者深恶痛绝,给予受压迫受损害者深深的同情。他不愿臣服于肮脏的现实,不愿同流合污。他的善良、正直,以及宁折不弯的气度,无疑又具有传统英雄的气质。然而,其与传统英雄所不同的是:没有改变历史命运的力量和勇气;无法成为时代的中流砥柱;无法像传统英雄那般气宇轩昂地呼号,自然未能造成应者云集之势。相反,他只能面对不平与不

---

① 福兰克·墨罗蒂:《世界的存在方式:欧洲文化中的成长教育小说》(Franco Moretti, The Way of the World, The Bildungsroman in European Culture. New Edition. New York: Verso, 2000.)转引自王炎:《成长的终结?——解析福兰克·墨罗蒂的〈世界的存在方式〉》,载《外国文学》,2006年第2期。

公哀叹,甚至自怨自艾。他是觉醒者,但是,噩梦醒来时仍旧是沉沉的黑夜,依旧无路可走。因此,他只能在极度的抑郁中发出最后一声沉重的叹息。他希望通过自杀这种极端的反抗方式实现揭露、控诉的反抗目的,促使更多的沉沦者觉醒,从而汇涌成更大的反抗洪流。从此种意义上说,维特身上蕴藉着悲剧英雄的精神气质,他成为经典时期成长小说中经典的成长主人公形象乃实至名归。

第二节 现代时期:成长的个人化

随着现代性意识的深化,个人性日益被提高到前所未有的高度。随着自我在现代化思潮中大放异彩,与此相律动的现代时期的成长小说书写亦呈现出新的特质。经典时期成长小说秉承的宏大叙事传统渐渐被抛弃,成长日益个人化。严酷的现实对于个人的围困无以复加,但个人的焦虑重心不是他者,而是自我。青春勃勃的成长者大多在残酷的现实面前碰得头破血流,没能获得希望,看不见明天在哪里。如果说经典成长小说中的主人公大多完成了主体建构,那么,此时期大多数成长者的主体性彻底沦丧、瓦解。"当现代性的狂飙突进横扫整个西方世界、个人主义的意识形态已深入到社会集体无意识之中时,社会变得越来越原子化了;个人与整体之间出现了难以填平的沟壑,人们普遍有'无家之感'"。[1] 这种症候在此时期成长主人公身上体现得非常明显。

进入20世纪以来,两次世界大战相继爆发,特别是"二战"期间,美国向日本的广岛、长崎投掷了原子弹。核武器巨大的杀伤力将人们笼罩在核战争的阴影里。战争将人性之恶暴露无遗,整个成

---

[1] 王炎:《成长的终结?——解析福兰克·墨罗蒂的〈世界的存在方式〉》,载《外国文学》,2006年第2期。

人世界受战争的裹胁而疯狂、变态。身处如此恶劣成长环境中的成长者,自然无法在成人世界里寻求导引。处于弱势的他们,自然亦无法完成自助成长。成长因此支离破碎,成长主人公大多无法正常地长大成人,往往在忧郁、愤世、绝望中走向毁灭。

此时期成长小说有一个共性,"青春在这些作品中已不再成为社会、历史向前发展的文学象征,相反,充满活力的青春个体被淹没在科层体制森严的现代化大生产的社会机器之中。最戏剧化地表现这种主体破碎的作品……还彻底否定了个人在社会化的过程中有任何主观积极的作用,而恰是这种主观性的建构,才真正成就了经典成长教育小说。晚期成长教育小说强调社会规约的机制和功能,而忽略了主观的复杂性,这无疑是欧洲'文明机器(civilizing machinery)'的巨大倒退"。① 哈丁(James Hardin)则指出,"'大多数成长小说(意指经典或传统)的定义把个人和社会之间的调和看作这类小说的一个基本特征',这些定义全然排除了现代小说,因为现代小说很少表现这种人为的结局,其'结局是开放的'、不明朗的、相对的"。② 而孙胜忠认为,"这种变化代表和体现着历史和文化的两极——传统和现代性。如果说经典成长小说表现了前期资本主义的社会现实,那么,现当代成长小说则反映了资本主义,或后工业社会的现实。……对经典成长小说来说,(成长主人公)牺牲的是自我和个性,目的是为了满足社会化的需要,为了维持社会稳定和帮助主人公融入社会;而对现代成长小说而言,它意味着个人幸福的牺牲,目的是为了改变社会,实现个人价值,维护个人的自主性。具有讽刺意味的是,它们却带来了别样的艺术和社会效果:经典成长小说'鼓励读者远离物质和历史的世界而进入艺术的世界','使自己越来越脱离现实主义,其结尾越来越带有强烈的幻想和童话色

---

① 王炎:《成长的终结?——解析福兰克·墨罗蒂的〈世界的存在方式〉》,载《外国文学》,2006年第2期。
② Vanderwerken, Dvid L. Faulker's Literary Children: Patterns of Developmen, New York: Peter Lang Publishing, Inc., 1997.

彩,'而现代成长小说再现的是'从艺术到历史,从文学到生活的走向,''让读者回归可能会发生真正政治变化的历史现实中'"。① 此外,经典成长小说与现代成长小说在文本结构上呈现出巨大的差异。如果说前者呈线性时间结构,那么,后者则体现出一种"循环结构"。"它通过对隐含在经典成长小说中的起因论和目的论的质疑从两端把结构打开。……这种结构设计还给主体增加了第二重或双重视角,使主体沉溺于对话或双重状态。这种结构差异进一步突出了经典和现代成长小说之间的另一个主要差异,其主体既是故事的叙述者又是故事中的行事者这样的双重主体"。②

美国作家塞林格的《麦田守望者》,塑造了一个与现实格格不入的成长主人公形象——霍尔顿。按传统价值观评判霍尔顿,他不是父母的乖孩子,不是老师眼里的好学生,甚至是一个沾染了不良习气的问题少年。因为学习不好,他被学校开除了好几次。因为不服从爸爸妈妈的管教,他一次次离家出走。因为对性的好奇斗胆嫖妓(尽管未遂)……但这个看上去恶迹斑斑的少年,却发现了现实生活中的伪善和龌龊。比如,道貌岸然的父亲只会向有钱人热情微笑;才华横溢的哥哥为了金钱给好莱坞写恶俗剧本;学校里那些被老师称赞的优秀学生,学习的目的不过是为了将来能买令人羡慕的凯迪拉克……在霍尔顿看来,充斥于他身边的成年人和未成年人都是虚伪、污秽的。他渴望善良、美好,希望世界阳光明灿。然而,他始终看不见阳光,始终瑟缩在阳光背后。相反,在他人眼中,甚至在他唯一信赖、唯一钦佩的纯洁的妹妹菲碧眼中,他都是不正常的,是需要帮助的失路人。尽管他不想回家,尽管外面天大地大,但他找不到容身的一席之地,找不到一个可以说话的人。他别无选择,只能放弃离家出走的打算,被迫回到他不愿意回去的父母的家中。最后,

---

① 孙胜忠:《美国成长小说艺术与文化表达研究》,合肥:安徽人民出版社,2008年,第285页。
② Kester, Gunilla Theander. Writing the Subject: Bildung and the African American Text, New York: Peter Lang Publishing, Inc., 1995.29~30。

他只好得了精神病。

　　作品铺写了霍尔顿极端个人化的成长生活,深入、细致地描摹了他极端自我的心路历程,着力表现了他因遭受现实的挤兑而极度颓废的青春期。在满目疮痍的现实面前,少年霍尔顿处处碰壁。理想与现实之间巨大的天堑,他无力逾越。除了彷徨,除了叹息,除了自暴自弃,他别无选择。

　　然而,霍尔顿式的自我毁灭与维特式的自我毁灭却迥然不同。前者不是觉醒者,虽不愿臣服于残酷的现实,却最终被现实击倒,沦为现实的俘虏。霍尔顿们的毁灭让读者更多地"哀其不幸,怒其不争"。而维特们的自我毁灭,是觉醒者的自我牺牲。为了拯救,为了无望的反抗,为了最后的抗争,他们把自己摆上祭台,如同普罗米修斯甘愿被锁在高加索山岩上忍受不堪忍受的悲苦。维特们的毁灭,死得其所,具有了悲剧英雄的意义。

　　事实上,霍尔顿等成长主人公是现代时期成长小说中常见的成长主人公形象。虽然他们的成长具有个人色彩,但他们的成长环境无疑是一个时代状貌的缩影。成长小说家们企图通过具有个人性的成长景观,实现窥一斑见全豹的写作功效。这是成长小说本体在岁月长河中的自我调整和完善。如果说经典时期的成长小说大多验证了巴赫金所谓的"个人始终生活在社会之中"的理论,那么,现代时期的成长小说则实践了巴赫金的另一核心的成长小说观,即"成长是个人的私事"。成长小说家们由对时代的书写转向成长者的个人书写,无疑是成长书写的一大进步。其后的成长小说家们则走得更远,企图以成长的私人事件映照成长的公共空间,是成长小说书写的又一次飞跃。下文将详细阐释这一书写的质变。

第三节 当代时期:成长的私人化

在成长小说的当代时期,由于世界格局风云变幻,各种思想意识、价值观念层出不穷,尤其是在全球化成长语境中,成长主人公面临犹如万花筒般变幻不定的成长环境。后现代思潮的兴盛,彻底颠覆了现代性所推崇的整体性和崇高感。在一个削平了深度、注重平面性和拼贴的众声喧哗的时代,成长主人公身上无一例外都烙上了后现代印记。成长失去了重量。因此,有论者甚至认为成长濒临终结。所谓的终结,是指经典和现代意义上的成长的结束。一个时代有一个时代的成长景观,后现代背景下的成长自然景观各异。如果说现代阶段的成长书写强调个人性,那么,当代时期的成长书写则强化了私人性或隐秘性。尽管二者都表现成长的个体性,但前者仍然可以起到窥一斑见全豹的功效,而后者则完全失去了可以归"类"的可能。因为对于成长于后现代语境中的大多数成长主人公来说,私人性是他们保持独立性的重要堡垒。倘若不幸被归入了一个具有共性的圈子里,对于他们来说就是成长的失败,或者处于成长被同化的悲哀境地。

这是一个众声喧哗的时代,这是一个杂语横淫的时代,这是一个看上去有多种可能却又难以捉摸、难以把握的时代。尤其是科技文明的空前繁盛,为大多数成长者带来了富足的物质和精神食粮。对大多数成长者而言,那些食不果腹、衣不蔽体的日子不过是一个遥远的神话,曾经的战争灾难和悲苦不过是一个子虚乌有的传说。自现代时期生长出的人性解放和自我意识,在此时期得以空前膨胀。每一个成长者都是独立的个体,他们拒绝被模板化,拒绝成为时代或他人的传声筒,努力成为一个不能被复制的独特的"我"。尽管成长的背景大致相同,但追求个性、独立性和独特性仍旧是他们成长的终极目标。既要融入社会,在社会中找寻到自己的位置,又要保持自己的个性,这是此时期成长者们共有的成长心态。

于是,此时期的成长书写便呈现出与此前异质的状貌。时代、政治、历史、伦理道德、法律等宏大元素几乎被摒弃了,或者说隐藏在幕后。即或书写成长的个人性事件,也尽可能剥离了大众化色彩。私密性事件,甚至是此前秘不示人的事件,反而成为书写的重心。在此时期相当多的成长小说文本中,成长主人公所经历的成长事件或振聋发聩,或匪夷所思。诸如残酷的青春,遭遇强奸、诱奸等血泪斑驳的个案性成长事件并不鲜见。即便涉及政治、历史、战争等宏大元素,也不过充当了序幕。在那幕布前面,展现的依旧是成长者的私密性成长事件。比如,虹影的长篇成长小说《饥饿的女儿》中的少女六六,出生于1962年的中国,那是一个物质/精神极度饥荒的年代。仅凭六六的私生女身份,即可窥见其成长的特殊性。况且,她少女时代还遭遇了诱奸,遭遇了流产之痛与辱,甚至遭遇了家庭的抛弃……六六的饥饿既是时代的饥饿,又是个人的饥饿。从六六的个人遭际来说,她的成长经历是任何一个成长者都难以复制或模仿的,完全属于她自己的私密性成长。

无独有偶,美国作家萨勒德·胡塞尼的长篇成长小说《追风筝的人》中的主人公阿米尔,是另一个不可复制的成长主人公形象。童年时期,他目睹情同手足的伙伴被同性强奸,懦弱的他袖手旁观,从此郁结了巨大的心理阴影。苏联入侵阿富汗,他被迫随父亲流寓到美国。国破家亡,对于大多数阿富汗人来说是悲苦和灾难,而对于阿米尔却意味着欣喜和拯救。因为他想摆脱那曾见证过他懦弱和背叛友谊的地方,欲在一个完全陌生的国度剔除心中的暗影,开始新的生活……阿米尔成长的心态可谓特殊到超越了常规。作者着力挖掘这个成长主人公匪夷所思的成长心境,在一定程度上烛照了此时期成长书写的私密性状貌。

进入21世纪以来,随着信息技术的日新月异,全球化是一种无法逆转的趋势。在多元文化碰撞、交融的成长语境中,成长主人公展现出迥异于前的成长姿态。这对于成长书写既是机遇,又是挑战。如何有效书写成长的本真,无疑是此阶段成长小说面临的重大课题。

  总之,从文化渊源考察,成长小说无疑与肇始于野蛮时代的"成人式"之间存在千丝万缕的联系。一方面,原始"成人式"的实施过程在成长小说中得以还原;另一方面,二者承载着相同的教育功能,并旨在督导未成年人迈入成年之门。然而,在人类文明的演进过程中,野蛮时代的"成人式"中诸多野蛮成分被剔除,且被礼仪教化的文明人日渐远离了"成人式","成人式"逐渐沦为一种纯符号化的道具,不具有督导未成年人长大成人的功效。因此,作为一种变异的"成人式",成长小说扮演了现代文明社会中的"成人式"角色,并有效地引导未成年人长大成人。同时,给予已经长大成人的成长者以反思的契机,并为其督导后来的成长者积累经验。

下 篇

外国文学成长书写嬗变

本篇各讲梳理了德国、英国、美国、俄罗斯、法国和拉丁美洲等国家和地区文学中成长书写的流变,以期勾勒出域外成长小说的嬗变轨迹。

纵观世界成长小说发展史,欧洲无疑是成长小说的重镇,是成长小说成长的摇篮。

欧洲文学对于成长主题的关注,最早可追溯到古希腊神话故事。被马克思称赞为"具有永恒魅力"的古希腊神话,①不仅博采众长,而且形成了恢宏的谱系,凝聚着熠熠闪光的历史文化智慧。在绮丽、浩瀚的希腊神话故事中,讲述少年英雄的传奇故事尤为夺目。他们英俊神勇,功绩卓著,是少年儿童崇拜的偶像。他们成为少年儿童成长的镜像,少年儿童从他们身上看见了一个潜隐的自我,在相当大的程度上满足了少年儿童渴望成为英雄的心理欲望。

在古希腊神话众多的少年英雄中,赫拉克勒斯尤为耀眼。赫拉克勒斯的父亲乃众神之王宙斯,母亲为阿尔克墨涅(英雄柏修斯的孙女)。赫拉克勒斯尚在襁褓之中时,因吮吸了赫拉的几滴神奶而获得了神力。赫拉本想置他于死地,岂料弄巧成拙。于是,她派两条巨蛇爬进他的房间,欲咬死他。但他已具神力,力大无穷,居然捏死了巨蛇。18年后,他长成为希腊最英俊、最勇敢的英雄。可是,他遭到了兄长的百般非难,必须完成10件艰巨的任务才能免遭迫害。早在他出生之前,宙斯曾向众神宣布:柏修斯第一个出生的曾孙将成为该家族的主宰。宙斯原本打算将此殊荣赐予赫拉克勒斯,不曾想天后赫拉从中作梗,运用法力让柏修斯的另一位曾孙欧律斯透斯早产,并当上了迈锡尼国王。早产儿欧律斯透斯不但体质差,而且智力平庸,嫉妒心很强。为了铲除心腹祸患,他苛责弟弟赫拉克勒斯必须完成10项艰巨任务。赫拉克勒斯排除万难,顺利完成了任务。然而,刁蛮的欧律斯透斯竟然赖掉了其中的两件。因此,赫拉克勒斯实际上总共完成了12件大事。其中包括,杀死墨涅亚森林中那头恶贯满盈的猛狮;斩杀了危害人畜的九头怪蛇许德拉和

---

① 古希腊神话最初为口头传诵,后主要保存于"荷马史诗"(公元前11世纪—8世纪)《伊利亚特》和《奥德赛》中,以及公元前8世纪末至7世纪初的古希腊诗人赫西俄德的叙述神族谱系和诸神故事《神谱》里。古希腊神话融合了多种民族的神话因素,生成了完备的神话体系。

巨蟹；活捉了侵扰人畜的野猪；射杀了伤害人畜的怪鸟；制服了把守地狱之门的三头恶狗刻耳柏洛斯；捕获发疯的美丽大公牛；清扫了多年无人打扫、恶臭熏天的奥吉亚斯牛圈……这12件看上去不可能完成的任务，赫拉克勒斯依靠超人的智慧和勇毅最终皆一一完成。尽管赫拉克勒斯贵为众神之王宙斯之子，但他一生坎坷，历尽磨难。他遭受命运的欺愚，并不仅仅体现在被迫完成12件大事等。他还曾误杀了自己的老师和朋友；被邪恶女神诱惑走享乐之路（所幸的是，他听从了美德女神的劝告，不畏艰险，为民除害）；好不容易娶妻，却被妻子杀害……最后，他的灵魂进入天堂才得以封为神祇，修成正果，娶青春女神为妻。在历经了一系列罕见的磨难之后，赫拉克勒斯最终成长为令人景仰的少年英雄，尤其受到一代代少年儿童的膜拜。从此种意义上说，赫拉克勒斯成为关注少年人成长问题小说的典型，是关注成长事件的最早的文学记载。

无独有偶，古希腊著名悲剧大师索福克勒斯的《俄狄浦斯王》，亦探讨了成长这一不可规避的重大人生命题。

苏俄斯王曾得到神谕，他将被自己的儿子杀死。因此俄狄浦斯一出生，就被父亲苏俄斯王抛弃于荒野。俄狄浦斯侥幸在邻国长大，因为忌惮有关自己将"杀死父亲而娶母亲生下孩子"的流言，便离开故乡科林德思企图避祸。他四处流浪，途经波吉斯一三岔路时，因争执无意杀死了一位老人（是他的生父苏俄斯王，他毫不知情）。接着，他到达了底比斯边界，破解了狮身人面之谜，拯救了黎民，当上了底比斯国王。依照当时的规矩，他娶已故国王的遗孀为妻（实为他未曾见过的母亲）。不久，底比斯发生大规模瘟疫。王妃的弟弟克雷奥斯得到神启，瘟疫肆虐肇因于先王苏俄斯的阴魂作祟，驱散瘟疫的唯一方法便是揪出杀死先王的凶手。于是，俄狄浦斯王立即下令查找凶犯，并向盲人预言家德雷希亚求证。德雷希亚三缄其口，终因无法忍受俄狄浦斯王的辱骂，被迫暗示俄狄浦斯王就是杀死先王的元凶，还迎娶自己的母亲为妻且生下了孩子，终将遭受双目失明和被流放的命运。俄狄浦斯王怀疑德雷希亚是克雷奥斯的卧底，妖言惑众，便与克雷奥斯发生争吵。王妃出面调解，为抚慰抓狂的俄狄浦斯王，哄骗说苏俄斯王将被自己的儿子杀死的预言并没有应验，还说苏俄斯王之子被丢弃于一山谷之中，苏俄斯王是在旅途中被强盗所杀。俄狄浦斯王听后更加惶恐不安，冥冥之中他预感到了事情的真相。不久，俄狄浦斯王从来自科林德思的使者口中得知，自己就是曾被遗弃的小王子，后被居住于基太伦山上的先王的牧羊人拯救，再由眼前这位使者带进了王宫。俄狄浦斯王找到了那位牧羊人，真相大白。他失魂落魄，返回寝宫，见王妃已自缢身亡。于是，他用王妃的金针刺入自己的双眼，从眼里流出的血如同所有的灾难一起降临。他命人打开宫门，让全城的人目睹自己这位杀父娶母的罪魁。然后，他下令将自己放逐……

遭受命运的捉弄，遭逢一系列苦不堪言的磨难，似乎是成长主人公难以逃避的宿命。但是，任何成长者所历经的苦难较之于俄狄浦斯王，都不过是小巫见大巫。在俄狄浦斯王的苦难遭际面前，任何一个成长者似乎都找不到顾影自怜、自暴自弃的借口。如果说成长者经历的苦难可以作为炫耀的资本的话，自俄狄浦斯王之后就没有谁具有这种炫耀资格了。可叹可敬的是，俄狄浦斯王没有被苦难击倒，即或在绝境中亦不向诡谲的命运低下高贵的头颅。作品着力彰显了个人意志与命运的极端冲突，以及英雄人物在厄难中表现出的神圣与崇高。对自由意志的渴望，对无常命运的决绝反抗，敢于担当，不惜以失去王位和双眼为代价，完成了对伦理道德的认同、追求及对自我的救赎，从而成就了俄狄浦斯王这位悲剧英雄的成长的完成。俄狄浦斯王无疑是所有成长者重要的成长参数，也成为成长文学中一个重要的成长主人公典型。

《圣经》①中亦讲述了不少成长故事。其中,最具成长典型意义的首推亚当和夏娃。

　　亚当和夏娃的故事出自《圣经》中的《创世纪》篇。亚当与夏娃是人类的始祖。上帝创造天和地,总共用了七天时间。第六天,上帝按照自己的模样用泥土捏了泥人,吹仙气赋予其生命,这便是第一个人亚当。上帝对亚当甚为关爱,让其成为世间万物的主宰,无忧无虑地生活在伊甸园里。亚当形单影只在伊甸园里游荡,因孤单、寂寞而烦躁。他请求上帝为他造一个女子,相伴携手于伊甸园。上帝溺爱亚当,应允其请求,用催眠术麻醉亚当,取出他的一根肋骨创造了夏娃。从此,亚当和夏娃相依相守于伊甸园。不过,上帝警告他们:一定不能吃伊甸园中那两棵树上的苹果,否则,必遭天谴。起初,亚当和夏娃恪守上帝的律令。但是,园中的毒蛇(据说是撒旦的化身)诱惑夏娃说,伊甸园中那两棵树,一棵名叫"智慧",若吃了智慧树上的果实可以像上帝那般聪明;另一棵树名叫"生命",若吃了生命树上的果实能够像上帝那样永生。于是,夏娃便摘了智慧树上的苹果,与亚当一起偷吃。当他们吃了苹果之后,很快有了智慧,羞耻感也随之产生。上帝得知亚当和夏娃违反了禁令,便惩罚他们,将他们逐出了伊甸园。上帝责罚亚当终身务农,四季劳作,用血汗才能养活自己和子孙。夏娃则将饱受生育的悲苦,终身受男人的奴役。那条蛇则被砍掉了四条腿,终身用肚皮走路……

　　亚当和夏娃被放逐出伊甸园的遭际,隐寓着经典成长小说中成长主人公由天真至迷茫到遇挫最终长大成人的成长模式。当他们

---

①这里是指基督教《圣经》,即《耶经》(拉丁语:Biblia,本意为莎草纸)。包括《旧约全书》(公元前1500多—前400年)和《新约全书》(公元30多年—96年之间)两部分。《旧约全书》即犹太教的《圣经》。《新约全书》是基督教本身的经典,包括记载耶稣言行的"福音书"、叙述早期教会情况的《使徒行传》、使徒们的"书信"和《启示录》。迄今为止,圣经仍然是全世界最受欢迎、销量最多、影响力最大的书。根据世界联合圣经公会的统计,圣经从出版到今天,发行量累计已超过40亿册。

无忧无虑地生活在伊甸园中时,可看作成长主人公童年时期的天真烂漫。当他们感觉到烦躁不安时,则映照着处于青春期的成长主人公性意识的萌动。他们受到蛊惑偷吃了禁果,既反映了他们遭遇的成长的困厄,又映照了他们自我意识的觉醒和反叛行为。他们不惜违抗上帝的旨意,只为获得渴望的智慧,这是他们成长的终极价值所在,也是他们长大成人必经的蜕变。尽管被逐出了伊甸园,但他们已经拥有了可以安身立命的智慧。如同未成年人历经磨难,最终长大成人,在成人世界中找到属于自己的位置,能够面对成人世界的光怪陆离。亚当和夏娃被逐出伊甸园看似不幸,实际上为他们提供了长大成人的契机。好比未成年人由幼稚走向成熟,遭受的挫折和磨难,不过是他们完成成长的铺垫,所谓"苦难即是财富"。可以说,亚当和夏娃的故事隐寓了人类由幼稚走向成熟的成长模式:我们来自此岸,历尽千辛万苦,企图到达彼岸。追索的路途上坎坷连绵,每跨越一道沟壑,我们就成熟了一些、进步了一些,直至寻求到了人生的红宝石,到达了彼岸,完成成长。

而古希腊色诺芬的《居鲁士的教育》,堪称最早具有成长小说范型的成长小说。①

此外,由于欧洲知识界对"儿童"认识的深化,成长问题日渐成为欧洲文学书写的重要题材。亚里士多德曾提出,教育必须顺应人的自然成长,应当按照儿童身心的成长规律设置教育的阶段、内容和体例。儿童的协调成长,是教育的目标。当基督教的"本功论"、"禁欲主义"等观念风行之时,对儿童的体罚成为教育必不可少的手段。神性凌驾于人道主义之上,儿童在教育体系中处于相当弱势甚至是卑微的地位。随后,儿童教育地位逐渐提升,教育的内容和体例得以改变。笛卡尔提倡的"怀信论"和培根倡导的"新工具论",夸美纽斯呼吁"把一切事物教给一切人",开启了关注儿童感官经验和

---

① [俄]巴赫金:《巴赫金全集(第三卷)》,白春仁等译,石家庄:河北教育出版社,1998年,第230页。

现实世界的新时代。18世纪的启蒙教育思想家,则强调课程的适用性,注重感官教学,新的教育内容和教学体例逐渐确立。

对于"儿童"的认知,主要有三种具有代表性的观念。

其一,以洛克①为代表的"白板说"。洛克摈弃了笛卡尔等人的"天赋观念说",继承和发展了亚里士多德的"蜡块说",强调人道像白板一样,一切学问源于经验,教育的根基在于儿童的猎奇心和求知欲,教育内容和体例则应当适合儿童的接受能力,并葆有趣味性。儿童是尚未成形的人,经由识字、教育、理性、自制和羞耻心的培养,得以成为文明人。此亦为西方基督教新教理念。洛克的教育理念,无疑有益于儿童身心的健康成长。

其二,以卢梭②为代表的浪漫主义儿童观,强调尊重儿童天性,提倡对儿童的教育应顺其自然。他认为儿童被教育成形并不是坏事,若将儿童培养成畸变的成人那就非常可怕。体谅、好奇和自动自发等,是儿童与生俱来的能力。此前,教育是以成人的能力和需要为标准,卢梭呼吁打破这一传统。"出自造物主之手的东西,都是好的,则一到了人的手里就全变坏了。他要强使一种土地滋生另一种土地的东西,强使一种树木结出另一种树木的果实;他将气候、风雨、季节搞得混乱不清……他不愿意事物天然的那个样子,甚至对人也是如此,必须把人像练马场的马那样加以训练;必须把人像花

---

①约翰·洛克(John Locke,1632~1704),英国哲学家、经验主义创始人,第一个全面阐述宪政民主思想的人,在哲学以及政治领域都有重要影响。《教育漫话》是他的教育代表作。他在流亡荷兰期间(1683~1689)写给友人 E. 克拉克的信件,探讨了其子女的教育问题,整理后于1693年出版。在西方教育史上第一次把教育分为体育、德育和智育三部分,《教育漫话》乃首创。

②让·雅克·卢梭(Jean Jacques Rousseau,1712~1778),法国著名启蒙思想家、哲学家、教育家和文学家,18世纪法国大革命的思想先驱,启蒙运动卓越的代表人物。主要著作有《论人类不平等的起源和基础》、《社会契约论》、《爱弥儿》、《新爱洛伊丝》和《忏悔录》等。卢梭的《爱弥儿》在教育领域掀起了一场"哥白尼式"的革命。

园中的树木那样,照他喜爱的样子弄得歪歪扭扭"。① 此乃卢梭自然主义教育理论的基本观点。卢梭的"性善论"虽值得商榷,却具有进步意义。若像基督教那般视人生而有罪,必然会对人实行严惩,人们为了谢罪而盲从,人权则被践踏。强调人性向善的可能性,有益于提高人的政治地位和保障人的社会权力。这种由抑制天性转向尊重天性的教育理念,是教育史上的重大转折。卢梭还主张对儿童分年龄段教育,即"处理儿童应因其年龄之不同而不同"。还强调教育应以儿童为本位,"在万物中,人类有人类的地位,在人生中,儿童期有儿童期的地位;所以必须把人当人看待,把儿童当儿童看待"。他抨击封建教育抹杀儿童天性,将儿童与成人一样进行同等教育,儿童被沦为教育的牺牲品。卢梭还呼吁对青少年进行性教育,提倡在青少年性成熟时期给予一定的性道德和性知识教育。卢梭在禁欲/纵欲问题上,持折中观点。卢梭还主张性别差异教育。事实上,这些能力常常被识字等教育所抹杀。培育身心协调成长的天然人,乃教育的目标。裴斯泰洛齐②实践了卢梭的教育理念,提出了"教育心理化"理论,尤其强调爱的教育是儿童甚至是一切教育之根本。自此,儿童成为一个不可忽视的教育群体,儿童的时代随之而来。这为成长的文学书写提供了重要的理论支撑,拓宽了成长小说作家的成长书写视野。

其三,"白板+适当教化"论。即儿童有其特殊的天性,但也需要合适的教导,才能长大成人。进入 20 世纪,随着现代教育学、心理学,特别是精神分析学的发展,"儿童观"有了新的变化。其中,弗

---

① [法]卢梭:《爱弥儿》,李平沤译,北京:人民教育出版社,2001 年,第 1 页。
② 约翰·亨里希·裴斯泰洛齐(Johann Heinrich Pestalozzi,1746~1827),瑞士教育家和教育改革家。主要著作有《林哈德与葛笃德》和《葛笃德怎样教育她的子女》等。他通过实物教学法的实验,率先将教育建立在心理学的基础上,提出"教育心理学化"理论,把教育和心理学紧密结合。此乃他对教育重要的贡献之一。

洛伊德①和杜威②的教育理论的影响力尤为巨大。1899年,弗洛伊德出版了巨著《梦的解析》,杜威的《学校与社会》亦面世。前者从科学的角度探究儿童,认为儿童心中存在着一个极佳的结构和一种特别的内涵。诸如儿童拥有性能力,充满本能的心理内驱力。为了发展到成熟的成人境界,儿童必须克服本能的激情,并将之升华。后者从哲学的角度观照儿童,提出了"儿童中心论",即主张应当从"儿童现在是什么"来考量儿童的心理需求,而不应该以"儿童将来是什么"来考量儿童当下的心理需求。而且,弗洛伊德和杜威的教育理念,直接影响了以皮亚杰③为代表的20世纪儿童心理学研究。皮亚杰早期研究儿童语言和思维等认识的发展,并以此为切入点,创立了"发生认识论"。皮亚杰将儿童思维的发展划分为4个年龄阶段,即"感知运动阶段"(从出生到2岁左右),既是思维的萌芽期,又是以后发展的基础。此阶段心理发展决定着未来心理的结构模式;"前运演阶段"或"前逻辑阶段"(2岁左右到6、7岁左右)。儿童开始以符号作为中介,描述外部世界;"具体运演阶段"(从6、7岁左右到11、12岁左右)。儿童已具备一般的逻辑结构;"形式运演阶段"(11、12岁左右到14、15岁左右),儿童的智慧发展渐趋成熟,思维

---

① 西格蒙德·弗洛伊德(Sigmund Freud,1856~1939),犹太人,奥地利精神病医生及精神分析学家。精神分析学派的创始人。主要著作有《性学三论》、《梦的释义》、《图腾与禁忌》、《日常生活的心理病理学》、《精神分析引论》和《精神分析引论新编》等。他认为人的被压抑的欲望,绝大部分是性欲,性的纷乱乃精神病的根本原因。

② 约翰·杜威(John Dewey,1859~1952),美国著名哲学家、教育家,实用主义哲学创始人之一,功能心理学先驱,美国进步主义教育运动的代表。主要著作《我的教育信条》(1897)、《学校和社会》(1899)、《儿童与课程》(1902)、《民主主义与教育》(1916)、《明日之学校》(1915)、《经验与教育》(1938)和《人的问题》(1946)等。杜威是新教育的拓荒者,提倡从儿童的天性出发,促进儿童的个性发展。

③ 让·皮亚杰(Jean Piaget,1896~1980),瑞士心理学家,发生认识论创始人。

能力已超出事物的具体内容或感知的事物。这些教育理念对于20世纪成长小说书写的影响是巨大的。

　　随着欧洲知识界对"儿童观念"的革新,成长问题便成为关注少年儿童的核心事件,成长主题书写自然就成为文学书写的重要资源。成长小说因而成为欧洲各国文学中最为常见的一种书写形式,经典作品层出不穷。因缘际会,德国作为成长小说的策源地,200多年来的德语成长小说长盛不衰。英国作为老牌的文学强国,成长小说在英国文学史上占据了不可忽略的一席之地。而美国乃成长小说的后起之秀,属于后来居上者。从某种意义上说,德国、英国和美国的成长小说发展状貌,代表了欧美成长小说的最高成就,可以说是欧美成长小说发展简史的缩影。总之,欧美文学重视个体意识,文学对个体成长的书写比较深入。成长小说是一个重要的文学品类,形成了完整、系统的美学规范,产生了一系列经典文本。因此,本篇以德国、英国、美国、俄罗斯、法国、拉丁美洲等国家和地区的成长小说发展历史为重点梳理对象,以求大致描摹出欧美成长小说嬗变的轨迹。

第九讲

德国文学成长书写嬗变

前文已述及,德语 Bildungsroman 通常被视作成长小说这一文学样式的源头。作为学界公认的成长小说源头,200多年来德语成长小说取得了令世界文坛瞩目的成就。从初期的《威廉·迈斯特的漫游时代》到20世纪末期的《朗读者》,可谓名家辈出,经典作品多多,构造了成长小说史上的一座座高峰。探究成长小说,德语成长小说是绕不开的永恒话题。欲厘清德语成长小说演进的历史轨迹,首先应探究成长小说这一文学样式为何会在德国产生。

成长小说因何发轫于德国,学界基本达成了以下共识:18世纪后期,德国掀起了狂飙突进运动。该运动持续近20年,促使德国的文艺形式从古典主义向浪漫主义阶段过渡。狂飙突进运动是以德国新兴资产阶级为中坚的一次全国性文学运动,是对英国和法国兴起的启蒙运动的继承和发展。启蒙运动所提倡的主要精神诉求,都在其中发扬光大。与启蒙运动思想家强调教育相异,狂飙突进运动思想家们则力倡通过对个性的释放来反抗、改变不合理的社会现实。当时,德国处于封建割据状态,众多王室成员独霸一隅,形成了若干个各自为政的小国,代表德意志民族的共同的"国家"观念没有形成。毗邻的法国革命如火如荼,德国国内资产阶级势力日新月异。"山雨欲来风满楼",统治阶级如坐针毡,急欲寻求摆脱困境的良策,化险为夷。于是,统治阶层大肆宣扬维护和平、稳定乃每个公民的职责。一些颇有威望的教育家呼吁:"(孩子们)必须要成为自律的公民和在开明统治者管理下的开明社会的有用成员。"①面对一浪高过一浪的民族意识呼声,德国的民族文学率先表达了建立一个"统一的德国"的诉求,并呼吁统一的德国应该拥抱现代化。"德国魏玛的古典主义者歌德、席勒和洪堡等大力提倡'成长教育'(Bildung)的理念……'教育成长'意味着有机的成长,也就是天性给人提供了一个成长的基础,人进而通过参与周围世界的实践而充分发挥自身的潜能;同时,个人的成长之首要条件是自由,自由才使成长——将个人意志在现实社会中实现——成为可能"。②

  狂飙突进运动的标志性人物,思想家、教育家和文学家歌德,以小说家的敏感,抓住了这一契机。通过写作《威廉·迈斯特的学习时代》和《少年维特之烦恼》等成长小说,通过未成年人威廉·迈斯特和维特的个人的成长书写,映射德意志民族的成长。这两部作品既成为成长小说之经典,又奠定了成长小说在文学史中的地位。"在18世纪到19世纪欧洲工业化的巨大社会和文化变革中,成长教育小说确实在某种程度上表达了现代意识崛起,以及中产阶级对文化话语霸权的渴望。同时,传统崇高叙事受到了从未有过的巨大挑战,贵族和教会对意识形态长期控制的根基,也被瓦解了。《威廉·迈斯特的学习时代》等作品,代表性地体现了这个时期的新兴意识形态"。③毫无疑问,德语成长小说在其诞生之初便承担了启蒙之责,并尝试着向现代化之门迈进。此外,由于个体意识的发生、发展,个人被作为一个整体受到了德语文学的关注。"正因为有一个稳定的内核,传统文学中的人可以通过教育、教养从而达到成长发展的目的……假如没有对个体作为一个不可分的统一体的信仰,

---

  ①孙胜忠:《德国经典成长小说与美国成长小说之比较》,载《安徽师范大学学报》(社科版),2005年第5期。

  ②买琳燕:《走近"成长小说":"成长小说"概念初论》,载《解放军外国语学院学报》,2007年第4期。

  ③王炎:《成长的终结?——解析弗兰克·墨罗蒂的〈世界的存在方式〉》,载《外国文学》,2006年第2期。

没有这一信仰作为前提条件,就不可能有德国文学古典主义时期以人为对象的教育理想的产生,也就不可能有最典型的德语小说形式——成长与发展小说的兴起"。①

第一节 发轫期(17世纪中叶):"流浪汉小说"中的成长书写

直至17世纪中叶,德国历史上长达30年(1618～1648)的战争才宣告结束。30载战争浩劫,导致德国人口锐减,田园荒芜,工商业凋敝,德意志民族处于分崩离析之境。封建势力依旧强大,新兴资产阶级势单力薄,难以与封建势力分庭抗礼。此种状态直接影响了德国自16世纪以来所形成的市民文学传统的继承和发展,许多出身市民阶层的作家随波逐流,寄身于宫廷,充当王公贵族的御用文人。他们抛弃了市民文学传统,迷恋外国文学技艺,视"形式"为文学的生命,巴罗克风格便在此种背景下应运而生。这种以巴罗克风格为表征的宫廷文学,主宰了17世纪德国文坛,并蔓延至18世纪上半叶。

17世纪德国文学并非一无是处,成长小说这一德国文学的标志性名片便在此时期崭露头角。其中,最具代表性的是小说家格里美豪森的《痴儿西木传》。这部深受西班牙"流浪汉小说"影响的小说,与当时风行的"宫廷文学"迥异。作品吸纳了12、13世纪以个人为叙事中心的"宫廷史诗"的重要写作技法,成为此后在德国蔚为大观的成长小说的发轫之作。因此,该作品被誉为17世纪最具审美价值的德国文学经典。

---

① 冯亚琳:《德语文学与文化——阐释与思辨》,重庆:重庆出版社,2007年,第3～5页。

格里美豪森(1622～1676),德国小说家,出生于没落贵族家庭。12岁那年遭到克罗地亚骑兵掳夺,成为马童。他亲历了德国史上著名的"30年战争",对德国各地的情况了如指掌。其作品大多取材于德国民间传说和《圣经》故事,情节跌宕,引人入胜。长篇"流浪汉小说"《痴儿西木传》(6卷,1666～1669),是其代表作。德国著名作家托马斯·曼评论《痴儿西木传》说:"这是一座极为罕见的文学与人生的丰碑。它历经300年的沧桑,依然充满生机,并将在未来的岁月里更长久地巍然屹立;这是一部具有不可抗拒魅力的叙事作品,它丰富多彩、粗野狂放、诙谐有趣、令人爱不释手,生活气息浓厚而又震撼人心,犹如我们亲临厄运,亲临死亡。它的结局是对一个流血的、掠夺的、在荒淫中沉沦的世界彻底的悔恨与厌倦。它在充满罪孽的、痛苦悲惨的广阔画卷中是不朽的。"[①]

《痴儿西木传》叙说了成长主人公孤儿西木的成长历程。德国"三十年战争"时期,一个名叫西木的孤儿自幼被一农家收养。像大多数生长于乡村的孩子一样,西木纯真、善良。战争爆发后,西木仓皇逃亡森林,不期在黑夜里遇见了一名隐士。西木近乎愚钝、无知的单纯令隐士惊诧。从此,隐士传授给西木各种各样的知识。隐士故去,西木被迫离开森林,重返社会。为了生计,他从事过诸多工作。作为猎兵,西木功勋卓著。后来,他被诱骗至巴黎,迷失于爱神堡。侥幸逃脱后,却在归途中不幸染上天花,英俊的外表和殷实的财产皆离他而去。为营生,他不得不卖假药,甚至沦为兵痞、强盗。人生如此跌宕,命运如此多舛,西木万念俱灰。他厌倦了尘俗生活的喧嚣,决意回归森林,隐居终老。作品着力表现了成长主人公孤儿西木成长的心路历程——丧失纯真,变成邪恶之人,而最终皈依基督。纵观西木的成长,可归纳为三个阶段:首先,痴儿西木因战乱逃进森林,被隐士收养。他对基督教教义没有任何兴趣,精神上相

[①][德]格里美豪森:《痴儿西木传》,李淑等译,北京:人民文学出版社,2004年。

当愚钝。隐士为他取名为"西木卜里切乌斯",意为"单纯"。其次,西木的导师隐士亡故后,西木被迫进入芜杂、纷繁的社会,颠沛流离,纯真不再,彻底堕落。他的成长受到了重大的挫折。最后,历尽沧桑的西木翻然醒悟,窥破红尘,归隐森林,皈依基督。

总之,《痴儿西木传》不仅表现了西木对美好人生的追求和理想的破灭,还纵深影射了当时德国的社会历史。无论是塑造人物形象,还是艺术表现手法,这部作品皆无愧为德国教育小说的精品。西木既没能寻找到路在何方(从某种意义上说,隐逸便是逃避),又没能发现人生的意义。按照经典成长小说的定义,《痴儿西木传》实乃具有成长小说雏形的发轫之作。此外,一些论者认为,格里美豪森的《痴儿西木传》亦为欧洲"流浪汉小说"的开山之作,并成为20世纪之前欧洲"流浪汉小说"的模板。即纯真的主人公来自社会底层,最终被污浊的社会污染、同化。

第二节 成熟期(18世纪):自传文学中的成长书写

在欧洲文学史上,自传文学源远流长,甚至可追溯到圣奥古斯丁的《忏悔录》。自传文学在德国亦有深厚传统,兴起于文艺复兴时期,18世纪呈现繁荣景象。与整个欧洲自传文学起源、发展相似,德国自传文学的发生、发展亦与新兴的资产阶级的觉醒有关。

资本主义生产方式的发展首先造就了一批从经济角度思考和行动、不断追求自身利益和自由的人,这便是资产者(Bourgeois)。这些人的最大特征之一便是对个人、对自身行为和作用的强烈兴趣。这一时期,商人的账本中开始夹杂有关个人经历的记录或者遗产分配备忘录,之后又逐渐有了家庭大事记和私人日记。在此基础上发展起来的自传文学与其他传记文学作品诸如回忆录之间的根本区别在于,在自传文学中,作者处于核心地位。在整个写作过程之中,作者既是回忆的主体,又是被回忆的客体。……这一时期的德国自传文学反映了资产阶级作为一个新生阶层的觉悟过程,是处在特定历史环境中的个体自我觉醒的真实写照。①

作为以个人的人生经历为书写重心的自传文学,自然而然会涉及个人的重大成长事件以及主人公成长的心路历程等。因此,自传或半自传文学中的成长书写,是考察成长小说流变绕不开的话题。如前所述,亲历性或自传/半自传性,乃成长小说重要的美学特征之一。而18世纪中叶,自传文学对成长的深度书写,促成了德国成长小说走向成熟。其中,最具代表性的作品是维兰德的《阿迦通的故事》(1766)、施笛林的《传记》(1777)、K. P. 莫利茨的《安东·莱瑟尔》(1776)和歌德的《少年维特之烦恼》(1774)等。

一、《阿迦通的故事》:成为"和谐的人"

维兰德(1733~1813),出生于牧师家庭,是德国启蒙运动后期的代表人物。因依赖宫廷生活,他的写作不可避免有迎合宫廷贵族趣味之嫌。不过,他在小说创作方面成就颇高。尤其是在成长小说领域,具有开山之功。因受虔信主义的影响,其早期作品具有浓郁的宗教色彩。自传体小说《阿迦通的故事》是其成名作,这部被视作教育小说或发展小说的作品,奠定了成长小说这一文学样式在德语文学中的地位。成长主人公名叫阿迦通,乃"好人"之意。作品着力描写了他成长的轨迹,即好人阿迦通悬搁了虚幻的理想,积极融入现实生活,决心为公众事业献身。作者大力提倡"和谐的人"之理

---

① 冯亚琳:《德语文学与文化——阐释与思辨》,重庆:重庆出版社,2007年,第10页。

念,即唯有感情/理智、心灵/头脑相谐之人才是真正意义上的"好人"。没有"好人",就不会有"好的时代"。而阿迦通成长的终极目的在于成为"和谐的人"。

二、《传记》:"天意"指引下的"自我"发现

施笛林(1740~?)的《传记》,有"18世纪第一部最具文学价值的自传作品"之美誉。施笛林具有深厚的虔信主义信仰,他的《传记》由少年时代、青春年月、漫游期、家庭生活、学习生涯和对全部生活经历的回顾等六部分组成。施笛林首先讲述了父母与祖父母艰难的生活状况,为其日后在上帝的指引下探寻自我奠定了基础。施笛林的前半生命途多舛,生活困顿。半岁丧母,父亲对其管教严苛。14岁便以教书、缝纫谋生,饱尝世间疾苦。作为私人教师和商店学徒,他有机会接触上流社会。卑微的地位,使其屡遭白眼、冷遇,甚至惨受诽谤。他人生的重大转折在于上大学。大学毕业后,他行医谋生,惨淡经营,生计维艰。后来,他着力从事写作和科学研究,成为大学教授和司法顾问。从成长小说维度考察,《传记》不折不扣地讲述了成长故事,即贫寒的农家子弟如何经过艰苦奋斗,最终改变了卑微的命运。然而,这并非寻常意义的成长故事,其蕴藉的深意在于虔信主义所谓的"天意思想",即"作者记录下自己的生活经历,目的是要以他本人的命运为例,证明上帝的旨意是对于人生唯一有效的引导。……与早期虔信主义自传作品中静态的自我发现不同,施笛林的自传展示了以笃信上帝为前提的个体成长过程和建立在上帝话语和理智之上的自我意识"。①

---

①冯亚琳:《德语文学与文化——阐释与思辨》,重庆:重庆出版社,2007年,第13~17页。

三、《安东·莱瑟尔》:质疑上帝,回归自然

K. P. 莫利茨(1756~?)的《安东·莱瑟尔》,亦属此时期自传文学经典之作。莫利茨主张"应该使不起眼的个体认识到他们的重要性,这样,民众中间才会出现另外一种精神"。① 强调众生平等以及个体的觉醒。他称《安东·莱瑟尔》为自传体"心理小说"。作品剖析了莱瑟尔 20 岁之前的成长经历。他家境清寒,童年记忆多为饥寒交迫,还有父母之间无休止的争吵。这生成了他敏感、怯懦、自卑、忧郁的心性。迫于生计,莱瑟尔去制帽匠 L 家当学徒。像该时期大多数学徒一样,莱瑟尔遭受了师傅不近人情的压迫。虽然学徒生涯让他感觉有了归宿感,但这种寄人篱下、被呼来喝去的生活让他感觉没有丝毫尊严。他有强烈的自卑感和危机感,精神几近崩溃。后来,他找到了心灵慰藉——读书和戏剧表演。作者反思了环境之于莱瑟尔人格形成的决定性作用,反对虔信主义对上帝的顶礼膜拜,甚至否定了上帝之于个人成长的作用。回归自然,是医治个体成长之痛的绝佳选择。

四、《少年维特之烦恼》:幻灭者的殉道悲歌

歌德被众多研究者视为成长小说代表作家,《少年维特之烦恼》和《威廉·迈斯特的漫游时代》代表其成长小说的最高成就。《少年维特之烦恼》出版于 1774 年,欧洲从封建社会向资本主义社会过渡。经过文艺复兴、宗教改革和启蒙运动,新兴市民阶层已觉醒,青年一代更是情感激荡,对政治上无权和社会上受歧视的地位深感不满,强烈渴望打破等级界限,建立符合自然的社会秩序和平等的人

---

① 冯亚琳:《德语文学与文化——阐释与思辨》,重庆:重庆出版社,2007年,第18页。

际关系,提出了"个性解放"、"感情自由"等口号,要求打破封建束缚,以"个人的全面而自由的发展"为理想。可是,在法国大革命之前,封建贵族的势力仍旧强大,资产阶级与其斗争受挫。在德国,资产阶级的失败更是惨不忍睹。因此,年轻、软弱的资产阶级悲观、失望、愤懑、伤感。此种语境下产生的《少年维特之烦恼》,不仅叙说了年轻的资产阶级的理想,揭示了其与社会现实之间的矛盾,还让多愁善感、愤世疾俗的主人公为理想的破灭而悲泣,愤而自杀,以示抗议。可见维特之死有"殉道"的悲怆意味。

《少年维特之烦恼》的成长书写主要具有以下几个特点:其一,维特成长的烦恼和苦痛具有普遍性。维特不单是维特,任何一个青春年少的成长者或多或少都能从维特身上找到自己的影子。因此,从此种意义上讲,维特就是我们(处于成长之中的年轻人和已经走过成长鼎盛时段的任何人)。渴望理解,渴望爱,却时常被误解,被拒绝,几乎是每个人在成长历程中必须经历的波折。在以成年人为主宰的社会规约面前,年轻的成长者与其对抗无异于螳臂当车。面对铜墙铁壁般的成长环境,烦恼和苦痛油然而生。其二,维特自杀不仅仅是拒绝成长。维特面对风声鹤唳的成长环境,当爱情理想破灭,只好拒绝成长。维特不仅仅为失恋而自杀,还因身处等级制度森严的社会无路可走,只能寄希望于爱情。而唯一的希望——爱情也失去了之后,他就一无所有了。因此,活着便再没有了希望,继续活下去无异于行尸走肉,自杀似乎是一种必然选择。维特之死便产生了强烈的悲剧性:一个黑暗的时代逼得一个热血青年走投无路,他的死发人深思。他以死企图撼动等级制度的铜墙铁壁,具有"殉道"的意味。一个维特死了,却成长起来了成千上万个新的维特。这便是维特拒绝成长、选择自杀的深意。

总之,作为经典成长小说的奠基之作,《少年维特之烦恼》无疑在世界成长小说史上具有重要的意义。它通过一个年轻人具有私密性的成长事件来映射满目疮痍的成长环境,与巴赫金所提倡的"个人始终成长于社会之中"的成长小说理论相吻合。或者说,它是以个人成长映照一代人成长的发轫之作。此外,它开启了德国成长小说中的成长主人公在社会中成长并得以顿悟的传统。德国成长小说之所以长盛不衰,与宏阔的视野有关。"成长不仅仅是个人的私事",巴赫金对这种成长小说的精辟论述,或许从这些经典作品中找到了论证依据。

五、《威廉·迈斯特的学习时代》:剔除庸俗,完善自我

《威廉·迈斯特的学习时代》前4部于1796年出版,被公认为德国成长小说的典范,奠定了成长小说在德国文坛举足轻重的地位。威廉·迈斯特的故事大致发生在1770~1780年间。此时,德国已历经文艺复兴、宗教改革和启蒙运动的洗礼,进入了崭新的时代。人们对自我的认识发生了天翻地覆的变化,不再乞求上帝指引,不再将个人修养的提高寄托于晓解《圣经》,而是依靠自己,勇于探索,接受教育,运用聪明才智,不断完善自我。因此,威廉·迈斯特这一成长主人公形象无疑打上了时代的烙印,属于该时代的"新人"。

迈斯特生于富商之家,善良、正直的他打小就追求进步,一心渴望接受教育、提高德行修养。父亲希望他能成为卓越的商人,继承家业,光宗耀祖。然而,他酷爱戏剧,醉心于追寻自己想要的生活。他企图以戏剧来感化民众,启发民智,改良社会。父亲让他外出收账,他离家出走。从此,他遭逢了一系列人生波澜——随戏班浪迹,当演员,做导演,进入贵族圈结识一批有识之士,加入塔楼兄弟会(主张改良社会)……尽管他不可避免地经历了事业、爱情的双重挫折,但他并不气馁。短暂的消沉之后,通过反省,他意识到自己缺乏戏剧天赋,便毅然离开戏剧圈。参加塔楼兄弟会,让他如鱼得水,彻底剔除了小市民气息,很快进入了人生新阶段。

与维特以"自杀"为苦难的成长殉情的成长主人公相比,威廉·迈斯特无疑属于真正长大成人的成长主人公,是经典成长小说中着力塑造的那类具有主流价值范型的成长主人公形象,他的成长在特

定时期更具参照、启迪意义。

第三节　19世纪德语成长小说中的"新人"形象

进入19世纪以后,早期浪漫派逐渐解体。因为拿破仑军队占领了德国,许多知识分子热衷于政治,"晚期浪漫派"(或称"海得尔堡浪漫派")应运而生。1813年,拿破仑在俄国吃了败仗,德国反拿破仑的解放战争风起云涌,"解放战争文学"由此诞生。这意味着以莱辛、歌德为代表的启蒙运动时代的终结,资产阶级民主革命时代已经来临,"资产阶级民主主义革命文学"登上了历史舞台。到了19世纪下半叶,由于1848年革命失败,德国资产阶级民主革命受挫。"反民主"、"反理性"、"非政治倾向"思潮逐渐成为一种文学潮流。直至60年代以降,社会批判文学才得以扬名立万。19世纪80年代,马克思主义声名远播,工人运动高涨,德国成为国际工人运动中心。资产阶级民主主义作家作品中的社会批判因素大大增加,从而促使"自然主义文学运动"的兴起。19世纪末,德国进入帝国主义时期,印象主义、新浪漫主义、新古典主义、象征主义和唯美主义等文学新流派如雨后春笋般涌现。

此时期的德语成长小说重在塑造"新人"形象。其中,最具代表性的是凯勒的《绿衣亨利》(1855)。凯勒(1819～1890)出生于苏黎世,是瑞士籍德语作家。除《绿衣亨利》外,他的主要作品还有短篇小说集《乡村里的罗密欧与朱丽叶》等。他秉承德国古典现实主义传统,作品具有浓郁的批判意识、抒情特色和生活气息。

自传体长篇成长小说《绿衣亨利》中的成长主人公名叫亨利·雷,因常常穿着由父亲的旧衣服改做的绿色外衣,故被唤作"绿衣亨利"。这位古老乡村石匠的儿子,出生于城市。父亲早亡,寡母抚养他长大。他自幼迷恋大自然,酷爱绘画,梦想成为乡村画师。因无意中卷入学潮,被开除学籍。他回到乡下母亲家,大自然给予他绘画的灵感。此时,他陷入了感情旋涡。既爱上了小学教师之女安娜,又钟情于寡妇尤蒂特。后来,安娜因肺病去世,尤蒂特移民美洲。所幸的是,他还有酷爱的绘画。他拜画家哈伯萨特为师,致力于画脱离现实的题材。因受歌德作品的启迪,他意识到自己绘画作品的不足。接着,他跟随罗莫尔学画,掌握了一些绘画技巧。20岁时他来到慕尼黑学习画画,因穷困潦倒,不得不徒步回乡。途中,他病倒于一城堡附近。幸得伯爵的养女窦绿苔救助,并深受伯爵父女的影响,接受了唯物主义思想洗礼,认识到必须注重实际,才能为祖国奉献微薄之力。他爱上了窦绿苔,最终却不曾表白。回到故乡,母亲病故。一年后,他在一小行政区公所里就职。仕途亨通,当上了行政长官。瑞士民主制的弊端令他悲观,旧情人尤蒂特助他挣脱了精神囚牢,坚定了他为社会服务的决心。于是,他把心交给了人民,恪尽职守,最终突现了人生的价值。

文学史历来给予《绿衣亨利》很高的评价,称其为继歌德的《威廉·迈斯特的学习时代》之后的又一部伟大的德语教育小说。纵观成长主人公亨利的成长,大致可分为四个阶段:其一,献身绘画事业,接受最初的启蒙教育;其二,遭遇三次动人的爱情,接受唯物论教育,思想上产生了质的飞跃;其三,获得真挚的友情,渡过了精神危机;其四,深入人民群众之中,成为真正的为人民工作的国家公民。总之,亨利的成长历程阐明了"个人必须在社会中成长"这一德语成长小说的宏大书写主题,亨利亦成为此时期德语成长小说独特的"新人"形象。此外,亨利先后遭逢的三段恋情,帮助他完成了品德、事业和世界观的发展。他的三位恋人无疑是他成长之路上不可或缺的引路人。

第四节 20世纪"反成长"书写：荒诞、孤立和拒绝

进入20世纪，由于发生了几次重大历史事件，德语文学呈现出新质新貌。

"一战"后，德意志帝国和奥匈帝国土崩瓦解，魏玛共和国成立。战败导致了思想意识的裂变，马克思主义和弗洛伊德精神分析学说、海德格尔存在主义强烈冲击着德语世界。希特勒"第三帝国"建立，"二战"爆发，战后德国一分为二，1961年柏林墙建立，1989年柏林墙被推倒，1990年联邦德国和民主德国统一为德国……一系列重大历史事件理所当然对德语文学产生了深远的影响，德语成长小说亦不例外。

20世纪初，德语文学异彩纷呈，空前繁盛。现代主义、印象主义、新浪漫主义、表现主义、无产阶级文学等流派如雨后春笋般涌现，相映成趣。诞生了里尔克（1875～1926）、施尼茨勒（1862～1931）、霍夫曼斯塔尔（1874～1929）、凯泽（1878～1945）、托勒尔（1893～1939）、卡夫卡（1883～1924）、豪普特曼（1862～1946）、亨利希·曼（1871～1950）、赫尔曼·海塞（1877～1962）、斯蒂芬·茨威格（1881～1942）、托马斯·曼（1875～1955）、贝希尔（1891～1958）、布莱希特（1898～1956）、安娜·西格斯（1900～1984）等重量级作家。

德语文学领域中至关重要的成长小说，在20世纪取得了新进展。最大的变化在于，与经典时期成长小说中的主人公相比，此时期成长小说中的主人公大多遭到家庭的驱逐、社会的孤立和情人的背叛，最终拒绝成长，甚至走向毁灭。成长的天宇只有狂风骤雨，不见雨后彩虹。存在本身是荒唐的，降生于世是最大的不幸，成长因

而注定是荒诞的。"反成长"书写,是此时期德语成长小说的重要特色。其深层的根源在于,"如果说德国浪漫文学作家们对人的同一性已经开始怀疑,那么,真正的、结构意义上的'对自我的否定'是在尼采的主体批评和弗洛伊德的心理分析之后产生的。也就是说,只是到了 20 世纪,人的异化和个体意识的分裂才成了文学创作的前提。……现代德语文学作品中的人物内核或已发生了裂变,或已经丧失殆尽,而只剩下了一个失去了发展的可能却又多边的外壳"。① 人的成长已是不可能的"伪事件",成长小说对于成长的书写不过是一个空洞的能指。其中,最具代表意义的作品有《魔山》、《失踪者》、《铁皮鼓》和《朗读者》等。

一、《魔山》:从迷途到觉醒

德国批判现实主义文学重要代表作家托马斯·曼(1875～1955),于 1929 年获诺贝尔文学奖。他的处女作中篇小说《堕落》发表于 1894 年。他因长篇小说《布登勃洛克一家》(1901)一举成名。其他产生了重大影响的作品包括《魔山》(1924)、《马里奥和魔术师》(1930)等。他的作品秉承德国古典文学传统,兼收现代派艺术手法,有"20 世纪语言大师"之美誉。作为小说家,他以心理剖析和反讽技法见长。

长篇小说《魔山》是托马斯·曼的代表作之一,亦为此时期德语成长小说的重要作品。《魔山》讲述了一个有关"教育"的成长故事:大学毕业生汉斯·卡斯托普离开汉堡,到达"山庄国际疗养院"探望表兄约阿希姆·齐姆逊。该疗养院位于瑞士阿尔卑斯山达沃斯村,专收肺结核疗养病人。人们习惯于称该疗养院为"魔山"。不久,他被诊断出患有肺结核病,只好在此安营扎寨,一晃便是 7 年。7 年

---

① 冯亚琳:《德语文学与文化——阐释与思辨》,重庆:重庆出版社,2007 年,第 6 页。

间,汉斯·卡斯托普耳闻目睹疗养院的方方面面——这是一个极度病态的地方,尤其是生活在其中的形形色色的资产阶级醉生梦死,百无聊赖。工作、婚姻、政治、经济活动等皆与他们无关,终年无所事事。即或身体健康之人,一旦置身其中,病魔也很快就会找上门来。起初,汉斯·卡斯托普还与魔山外的世界保持联系,一心盼望早日康复,离开魔山,走上工作岗位。因此,他刻苦学习,为康复后新的人生做准备。然而,表兄之死,恋爱遇挫,意乱情迷的他日渐忘记了魔山外的世界。他很快就被同化,没有抱负,迷恋招魂术,甘于浑噩、沉沦。好在他没有彻底堕落,噩梦醒来是早晨,他终于领悟到"人为了善和爱就不应该让死亡统治自己"。于是,他不再坐以待毙,毅然离开疗养院,寻找人生的新契机。但是,生不逢时的他被"一战"的硝烟席卷,走上了战场。

这部被誉为"教育小说"和"时代小说"的伟大作品,堪称描摹"一战"前欧洲社会生活的百科全书。故事发生在1904~1914年间,通过生活在魔山里的病人的闲聊,展现了风行于20世纪初的各种思潮和"山雨欲来风满楼"的战争氛围。成长主人公汉斯·卡斯托普便成长于这样的环境里。在这里,无数所谓的导师欲督导他成长。比如,维护理想、正义与和平民主的意大利人塞塔姆布里尼,一心引领这个"生活中令人担忧的孩子"成为一个人文主义者;信仰基督的纳夫塔则,竟然向他宣讲战争及中世纪专制主义、蒙昧主义的合理性;顾问贝伦斯大夫,潜心研究精神分析学和招魂术……置身如此纷繁的成长环境中,汉斯·卡斯托普一度误入迷途自然在所难免。所幸的是,环境没能扼杀掉他,他最终翻然醒悟。然而,"覆巢之下,岂有完卵?"觉醒后的他不得不将血肉之躯供奉给惨绝人寰的世界大战!汉斯·卡斯托普置身的众声喧哗的成长语境,无疑具有典型的"现代性"意义。而他从迷途到觉醒,无疑符合经典成长小说成长主人公长大成人的书写旨归。

二、卡夫卡：成长的被弃和被损

犹太人弗兰兹·卡夫卡(1883～1924)出生于奥匈帝国时代的捷克。他的父亲是百货批发商，是典型的封建家长。卡夫卡自幼怯懦、郁郁寡欢。"如果说巴尔扎克的手杖上刻着'我能征服一切'，那么，我的手杖上则刻着'一切都能征服我'"，卡夫卡曾如是说。他的创作始于1904年，一生为世界文坛奉献了4部短篇小说集和3部长篇小说。令人倍感遗憾的是，他的不少作品在他生前并未发表，3部长篇小说皆未能结稿。作为声名显赫的表现主义作家，他熟稔尼采、柏格森哲学，惯于冷眼旁观重大的政治事件。他以塑造极端孤绝、被异化的现代人物形象蜚声文坛，作品大多采用变形、荒诞和象征、直觉手法。他的代表作为长篇小说《美国》（原名《失踪者》)、《审判》、《城堡》，中短篇小说《变形记》等。

因遭逢成长的切肤之痛，卡夫卡的作品自然而然涉及成长话题，尤以《失踪者》和《判决》为代表。父亲的粗暴、专制，是横亘在他心头的噩梦，卡夫卡没有无忧无虑的童年和少年时光。他曾提及他在自己的家里、在那些最好最亲的人中间，竟然感觉比陌生人还要陌生。《致父亲的信》(1919)长达3万余言，深度剖析了自己胆怯、懦弱性格形成的根源，并猛烈抨击封建家长作风。从某种意义上说，敏感、懦弱、忧郁的卡夫卡，正是其作品塑造的那类被异化、被孤独感、危机感、荒诞感、恐惧感包裹的人物形象之原型。

卡夫卡笔下年轻的成长主人公成长于现代性文化语境中，是被忽视、被孤立、被异化的"病人"。他们大多得不到家庭的关爱，得不到成人世界的导引，孤独无助，彷徨无依，直至彻底绝望，甚至走上不归路。在卡夫卡最为偏爱的《判决》里，成长主人公格奥尔格·本德曼是独生子，母亲过世，与父亲生活在一起。因遭父亲肆意诋毁，愤而顶撞，父亲便判决他跳河自杀。满怀愤懑无处申诉，他果真投河自尽，了却毫无生机的人生。临死前，他曾发出泣血的呼告："亲爱的父亲母亲,我可是一直爱你们的!"表面上看这个故事相当荒诞,事实上却是卡夫卡内心状态的真实描摹。在家庭中都无法得到丝毫温情和关爱的成长者,如何能够在社会中寻求扶助?这是一个没有阳光的时代,处处都是铜墙铁壁,年轻的成长者注定无路可走。尽管格奥尔格·本德曼的死貌似荒诞,但他的死表达了对于强权、专制、残暴的"父一代"有力的抗辩!

如果说《判决》不过是涉猎了成长主题书写,那么,《失踪者》则是一部具有经典成长小说美学特质的成长小说。卡夫卡虽然没有去过美国,但他对美国的民主制度颇感兴趣,曾提到"我的美国小说"等。因此,这部作品别名叫《美国》。16岁少年卡尔·罗斯曼出生于富裕之家,他纯真、善良,富有同情心。因被一中年女仆引诱,和她生下了孩子,他被逐出家门,流浪至人地生疏的美国。他与舅舅在美国邂逅,并接受舅舅的资产阶级教育。后来,他违反家规,被舅舅赶出了家门。他不得不再度四处流浪,希望能找到一份体面的工作。然而,他四处碰壁,屡遭欺骗。"由于形形色色的利己主义者和阴险的骗子利用卡尔的轻信,他常常上当,被牵连进一些讨厌的勾当里。卡尔要寻找赖以生存之地,同时又想得到自由,他与那个社会格格不入,愈来愈陷入卡夫卡的迷宫世界里。从主人公坎坷的行踪里,可以让人看到比较具体可感的社会现实"。[①] 成长主人公卡尔·罗斯曼的种种遭际,映照了工业社会中个人存在的渺小、无助和卑微。卡尔·罗斯曼是现代社会中被弃被损的成长主人公之典型。

三、《铁皮鼓》:对成长彻头彻尾的拒绝

君特·格拉斯 1927 年出生于今属波兰的格但斯克(原名但泽)。他的父亲是德国人,母亲是波兰人。他参加过"二战",当过矿

[①] 卡夫卡:《卡夫卡小说全集》,韩瑞祥等译,北京:人民文学出版社,2003年,总序,第8页。

工、石匠学徒和爵士音乐师等。他的主要作品有"但泽三部曲"——《铁皮鼓》(1959)、《猫与鼠》(1961)和《狗的岁月》(1963),以及长篇童话体小说《比目鱼》(1977)、《局部麻醉》(1969)、《母老鼠》(1986)、《铃蟾的叫声》(1992)、《广袤的土地》(1995)和《我的世纪》(1999)等。被称为"50年代西德小说之高峰"、"战后德国小说复活的标志"的《铁皮鼓》是他的成名作。他善于以荒诞手法表现历史与现实,偏爱塑造"畸形人"和"拟人化动物"形象。他于1999年获得诺贝尔文学奖,获奖理由是"以嬉戏的黑色寓言描绘了历史被遗忘的一面"。

《铁皮鼓》是一部荒诞、离奇的长篇小说,共分三部分。第一部分叙述成长主人公奥斯卡的出生——母亲去世——纳粹上台。同时,回望他的外祖母于1899年富有传奇色彩的婚姻,以及他母亲的临世;第二部分讲述成长主人公奥斯卡在"二战"期间的生活;第三部分描述成长主人公奥斯卡"二战"后的处境。成长主人公奥斯卡是私生子,他的生父是扬·布朗斯基,而他称生父为表舅。他天赋奇异,未出世就会思考,刚降生就能说话。他本不想降临人世,奈何脐带断了。3岁生日时,他得到了母亲的礼物——铁皮鼓。而他名分上的父亲马策拉特先生希望他继承商店。奥斯卡不想成为千人一面的大人,拒绝成长。他爬上高高的地窖阶梯失足致残,身体的成长就此结束。然而,他的智力发展突飞猛进,甚至拥有特异功能。比如,他的喊声穿透力极强,可以震碎玻璃。母亲死后,马策拉特让邻家女孩玛丽亚照顾商店和奥斯卡。战争随后爆发,扬·布朗斯基被纳粹枪决。奥斯卡与玛丽亚私通,已有身孕的玛丽亚竟然嫁给了马策拉特,生下了儿子库尔特。被心爱的人抛弃,奥斯卡自暴自弃,先是充当了一邋遢女人的情人,接着离家出走。他带着铁皮鼓加入侏儒剧团,奔赴战争前线巡演,并成为"伟大梦游女"罗丝韦塔·拉古娜的情人。他目睹战争的狂热、残酷,目睹德军节节败退,目睹情人之死,于"诺曼底登陆"时逃离,返回故乡。不久,苏军攻占了但泽。藏匿于地窖里的马策拉特一家被发现,因奥斯卡证实马策拉特是纳粹分子,马策拉特被苏军枪决。站在马策拉特墓前,奥斯卡觉得自己是导致母亲、父亲和表舅死亡的重要因素。于是,他决定放弃铁皮鼓,长大成人。他的身高由94厘米长到121厘米,不过,他鸡胸、驼背,是一个丑陋不堪的畸形人。战后初期,经济萧条,作为残疾人的他生计艰难,不得不学习雕刻墓碑。后来,他当模特,为画家们提供描绘丑陋和病态的素材。他因此出了名,重新敲响铁皮鼓,成为名满天下、富甲一方的铁皮鼓独奏大师。名利双收的他却厌倦纷繁的成人世界,设计出谋杀案将自己送进了精神病院,企图远离尘世的喧嚣。可是,案情真相大白,他被放出疯人院,回到滚滚红尘之中。而此时的他,年方三十。

撇开展现德国特定时间的社会生活和历史真相不谈,仅仅从成长小说维度考察这部荒诞小说,其塑造的成长主人公奥斯卡是一个典型的"拒绝成长"的成长主人公形象。拒绝的理由多多:成人世界的光怪陆离,诞生的偶然与荒诞,存在的荒唐与虚无,现实世界的残酷与血腥,还有爱情的背弃与虚假。从某种意义上说,《铁皮鼓》是"反成长"书写的开山之作。"格拉斯小说《铁皮鼓》中的主人公奥斯卡·马策拉特便是最好的例子。他在'娘胎里'便已经完成了精神上的发育,活在世上仅仅是为了'证实',不再有也不可能有什么成长与发展"①。

四、《朗读者》②:历史寓言书写及对德国成长小说宏大叙事传统的超越

200多年来,德语成长小说长盛不衰,诞生了不少经典。本哈德·施林克的长篇小说《朗读者》,是20世纪末德语成长小说颇具代表性的作品。该作品初版于1995年,而今享誉全球。2006年,

---

①冯亚琳:《德语文学与文化——阐释与思辨》,重庆:重庆出版社,2007年,第6页。

②[德]本哈德·施林克:《朗读者》,钱定平译,南京:译林出版社,2007年。本书凡引自该版的引文,均只标记页码。

汉语版《朗读者》面市,风靡中国。

《朗读者》讲述了一个令人匪夷所思的悲情的成长故事:15岁的德国少年米夏与36岁的有轨电车售票员汉娜发生了欢愉而短暂的"不伦之爱"。汉娜隐瞒了自己的真实身份,并不辞而别。8年后他们重逢,汉娜作为集中营看守坐在被告席上,而大学生米夏作为见习律师位列审判席。米夏本可以证实汉娜是文盲,为其争取从轻发落,但米夏选择了沉默。汉娜被判终身监禁,米夏经年如一日地为她朗读文学作品,并录成磁带寄给她。在漫长的监禁岁月中,在米夏倾情的朗读声中,汉娜学会了写字、读书。18年后汉娜行将出狱,却在与米夏见面后不久自杀。《朗读者》无疑是一部典型的成长小说。但它不仅仅书写"成长与爱情",还对历史、战争、政治、道德、法律、人性等重大命题予以深刻书写。小说秉承并超越了德国成长小说的宏大叙事传统,通过对爱情这一私人化成长事件的书写,展现了一个深刻的历史寓言。

(一)成长的失位与复位

从表象上看,米夏是《朗读者》中唯一的成长主人公。作品着力描写了成长于"二战"时期的他15岁那年发生的一段"性经历",以及对他此后人生的诸多决定性影响。事实上,作品还塑造了汉娜这个潜在的、特殊的成长主人公形象。米夏和汉娜无疑都是特殊历史语境中饱受戕害的成长者,作品铺叙了他们成长的"受难",即漫长的成长岁月中他们不停地"失位",获得"复位"契机之时却又横遭生离死别。

1. 不伦之恋的偶然和必然

15岁少年对36岁女人稚纯的爱恋,很容易让人联想到弗洛伊德所谓的"恋母情结",亦印证了赫洛克所谓的"牛犊之恋"。当然,这并非《朗读者》叙说的主旨。但这无疑是引发主人公成长"失位"的导火索。这"不伦之恋"看似偶然,亦具必然性。米夏的父亲是大学的哲学教授,"思考是他的生命"(第29页)。米夏感觉所有的家庭成员对于父亲来说"就像是家里的宠物一样"(第29页),米夏希望父亲能真正把家庭看作他的生活。米夏对父亲的失望不言而喻。而且,米夏感觉大家"身虽在一起,心却已远去"(第30页)。家庭不能抚慰米夏青春期的病痛和孤独,躁动的情欲无处排解,他渴望长大、离家。因此,投入汉娜的怀抱让他如沐春风,他说"尽管汉娜只比我母亲小10岁光景,也蛮可以当我母亲"(第40页),但他感觉和汉娜一起出现在众目睽睽之下令他骄傲。

起初汉娜充当了米夏成长的导师。她教会了米夏"克服难为情",具有了"一种理直气壮、天生占有的气概"(第32页)。米夏因此不但克服了生理疾病和学习障碍,更重要的是由青涩男孩逐渐蜕变为成熟男人。尽管这种蜕变以庸常的伦理道德观予以审视,显然是一个少男成长的"伤痛"。大多数读者会情不自禁感叹唏嘘:一个成年女人对一个青涩男孩的性索取,男孩单薄的情欲何以经受得了过早、过多的挥霍? 如同出现在作品中的那位女作家怜惜地询问米夏时所说的那样,"你受得了吗?"(第40页)然而,在这部成长小说中,一切都是"失位的"(错位的),没有失位就不可能有令人着迷而心碎的《朗读者》。虽然无论怎样费尽机巧为这段不伦之恋辩护,为其寻找"合情合理"的证词,终不能清洗掉"不伦"二字。但是,生活的真相恰好在于它并非一成不变地按照道德所指的轨道行进,"出轨"的故事并不鲜见。显然,我们不必固守传统道德标线而仅仅对其谴责、斥骂,理应以理性的眼光去观照那不该发生却已发生的事实。

于是,我们从米夏和汉娜的不伦之恋中发现了更为重要的问题:作为文盲的汉娜,她的心智能力无疑与其身体的成长发育成反比。尽管她生理上已36岁,但心智上不过是一个"未成年人"。加上她特殊的生活境遇——"她是在南欧的一个德国人居留地长大的……17岁时去了柏林,在西门子做过女工,21岁时身陷士卒……大战结束以来,她挨过了所有自己能够干的工作。……她没有结过婚。她已经36岁了"(第39页),无以释放的性张力在一种偶然、巧合的情境中,在一个少男身上得到了释放。两个心智能力几乎对等的人,不能自拔地沉溺于鱼水之欢。汉娜的种种言行,体现了一个未经受教化的文盲女性的率真、本色。即便被审判时,她依旧保持着这种本色。作为纳粹集中营的看护,她罪孽深重。但并不能排除她无知作孽的可能。尤其是她令人匪夷所思地掩盖自己是"文盲"的事实,"她对于自己不会读写很难为情"(第127页),甚至不惜被终身监禁,不惜抛弃心爱之人。唯因如此,她可恨、可爱而又可怜,令读者陷入两难之境。而且,她的存在亦让读者不得不重新思考人性、生存、道德、情感、历史、政治、法律等重大人生命题。

2. 爱、背叛与审判

成年后的米夏通过"朗读"的方式充当了拯救汉娜的导师。在邂逅和失之交臂的岁月里,他们彼此互为导师,相互伤害、背叛,却深爱对方至骨髓。他们分别扮演了成长者、朗读者、背叛者、痴恋者、负罪者和受害者等角色,这些角色混合在一起,形成了两个斑驳、丰满的成长主人公形象——真正有别于客体的主体得以浴火重生。如果说汉娜对少年米夏的抛弃有难言之隐,那么,成年米夏对身陷囹圄的汉娜的背叛亦身不由己。但不变的是彼此时隐时显、似有若无的真挚的思念。时间的确可以冲淡一切,少年米夏长大成人后的蜕变、背叛令人伤怀。"我(米夏)不再为汉娜柔肠百转,不为她弃我而去,不为她对我欺骗还加以利用,不再为这些黯然神伤。我也不想对她施加什么影响了⋯⋯只有这样我才能重新回到我的生活里去,也才能继续生活下去"(第153页)。爱殇将曾经的痴情少年的心灵扭曲。而且,生活的历练让长大成人后的米夏懂得了明哲保身、趋利避害。成长意味着失去纯真,这是成长的无奈、尴尬,也是成长的代价。"记忆也不过是一卷笔录而已。我其实什么感觉也没有"(第98页),曾经美好的记忆唤不回成年米夏的纯情。面对光怪陆离的是非曲直,面对阴差阳错的人情、人性,米夏日渐丧失了感受和判断力,丧失了生活的激情。这似乎意味着米夏对汉娜的"彻底"背叛。米夏似乎患上了难以治愈的"麻痹症"。其实,在芜杂的生活面前我们往往都有麻木的趋向。因为我们不能承受的必须承受,不能失去的也许都会失去。米夏和汉娜这两个受害的成长者,各自承担着沉重的罪与罚。除却时代的祸端,还源自他们各自人性中难以消除的暗斑。比如,米夏童真的失落,长大成人后的世故与麻木;汉娜近乎弱智的本色和不可理喻的羞耻心。

3. 爱、救赎、宽恕和毁灭

米夏历经漫长的成长之旅,在反思中逐渐抵达主体生成的终点站,最终歪歪扭扭长大成人。作为汉娜的"朗读者",他稀释了曾经背叛汉娜的罪孽,完成对自己和汉娜的双重救赎。但经年不灭的爱恋终究难以抗拒岁月的雕刻刀,形容枯槁的汉娜与记忆中青春勃勃的汉娜生成了巨大的落差和反讽。爱情神话在岁月的风尘中锈蚀。爱的失落必然意味着生命的枯萎。而汉娜这个被命运捉弄、欺愚,被世事人情把玩于股掌,被自我近乎愚蠢的心魔纠缠不休的特殊的成长者,在临近长大成人之时,在心智由混沌至清明臻于成熟之时,在主体生成之时却选择了自杀。从某种意义上说,自杀成就了汉娜的主体的生成。其实,摆在她面前的只有死亡这一条绝路,也是最好的出路——韶华不再;爱情不再;最后一个亲人近在咫尺却远在天涯;阳光犹在却温暖不了她的心灵;大地犹在却无她的安身之所;罚虽解除而罪却永驻心间……以死谢罪成就了她坎坷、混沌、荒唐、卑微生命中的唯一一次"辉煌"。试想,汉娜若苟延残喘,在贫病交加中耗尽余生,这显然不是一个生命觉醒者的明智选择。况且,她的死于自己来说是解脱,于米夏来说亦如是。如果说她曾在米夏少不更事之时残忍、荒唐地伤害了他(尤其不顾其稚嫩的身体资质而疯狂地攫取情欲),那么,自杀无疑是其对米夏的救赎。尽管她留给米夏的伤痛注定会伴随米夏一生,但她却为米夏做了她应该做和能够做的一切。这无疑是其人性最闪光之处!

总之,施林克以冷静的笔墨、简约的文字,接近零度的情感,合情合理的沉思,讲述了一段非同寻常的成长史。那不单单是米夏和汉娜的成长,还是"二战"前后被法西斯阴影裹胁之下的德国人和所有当事人的成长悲歌。尤其是米夏和汉娜不符人伦的畸恋,不符常情的背叛,有情人难成眷属的悲情结局,映照了一个被异化的时代的狰狞、恐怖,以及人性被无以复加的异化。《朗读者》的结尾以诗性的笔墨,将成长的罪与罚、爱与恨、悲与苦,全都消散在岁月的尘埃中。旷世恋情、赤裸的情欲、龌龊的背叛和诗意的思念,都化作"曾经沧海难为水"的遗憾。面对无情流逝的岁月,宽恕或许才是抚慰伤痛的皈依之所,才能确保扭曲的人性回归常态,才能坚守住道德底线,才能让失位的成长复位。

(二)隐匿于成长事件之中的"历史寓言"

如同卡夫卡所说,"书必须是凿破我们心中冰封的海洋的一把斧子"。优秀的成长小说如若仅仅关注"成长问题",无疑难以成为凿破读者心海的一把利斧。《朗读者》促人深思的恰好在于它跃过"成长"栅栏,将一个沉重的"历史寓言"隐匿在一段令人动容的有关"不伦之恋"的成长故事中。一句话,《朗读者》揭示了法律条文、道德等在回答"二战"时期发生的灾难性历史事件的束手无策。由此,作品讲述的不仅仅是米夏和汉娜个人的成长,还影射了那一代人的生存本相,并提出了一个恢宏、凝重的命题:面对历史,个人如何言说?如何承担?在此,历史事件不仅仅是"历史事件",它与政治、道德、人伦、人性等相关。随着历史的尘埃落定,曾经的当事人应该如何作为?不同的当事人所应承担的是什么?其中,父一代/子一代的冲突、对抗,无疑是一道尤为沉重的命题。

《朗读者》以汉娜被审判这一核心事件为背景,深沉地反思了囿于特定历史事件的形形色色的当事人各自应承担的罪责。即审判是全方位的、无情的,审判者和被审判者一样都应当被审判;审判不单用法作为准绳,还要运用情、理、义、道德和人性等手段。因此,对于审判者来说,"日复一日他们坚持着那同样水平斗志昂扬的攻击。可惜也哉,他们却没有取胜"(第99页)。法的苍白与疲软可见一斑,法并非完全能代表光明与力量。

《朗读者》对历史事件的反思,主要体现在以下三方面:

1. 审己

汉娜是走进米夏灵魂深处的女人,米夏对汉娜的美好记忆让他无法正常处理正常的情感和生活,他离婚了。但是,米夏却选择了背叛汉娜,尽管他似乎不愿背叛,却又不得不背叛。"逃避已经成了我(米夏)永久性的选择"(第172页)。拨开"爱情"的迷雾,米夏对汉娜的背叛还具有更为复杂、深邃的"历史性"选择:

> 我(米夏)很震惊。我意识到,我早已认为逮捕汉娜是天经地义的事。这倒不是因为对她的控告有分量,对她的怀疑很强烈,这些我一时都还来不及详细了解。不是由于这些,而是因为一旦她锒铛入狱,就会从我的世界,从我的生活中彻底消失。我要她远远离开,要她遥不可及,要她成为纯粹的回忆,像过去这些年来她已经转化成的、沉淀着的那样(第95页)。

很明显,米夏若为纳粹分子汉娜辩护,他们曾经的私情将置他于危险的境地。于是,米夏背叛的不仅仅是爱情,还有历史的真相。米夏本可以还一个小小的历史片段以真相,用自己的人格力量为历史正名,然而他却选择了逃避、背叛和不作为。从某种意义上说,米夏充当了戕害自己成长的帮凶。通过审己,米夏意识到了比历史灾难更为可怕的是人性的麻痹:

> 那么是谁给我(米夏)注射了麻醉剂?是我自个儿注射的吗?不麻醉我还能忍受得下去吗?麻醉不只是在法庭起作用,麻醉作用也不仅使我还能够把汉娜看成路人;也许有人曾经热恋过她,并且企望过她,这人非常熟悉但绝对不是我。麻醉还能够起到一种作用,让我成为自己生活的局外人,冷眼旁观。……不久,我觉得也能在别人那儿发现这种麻木了(第98~99页)。

我(米夏)爱汉娜,这对于我们这一代来说,某种程度上是一种命运,是德国人的气数! 我,比起其他人来,更难摆脱这种命运,更难战胜这种气数。尽管是这样,如果当时我能将自己融入同一代人当中去,也会对我产生不可估量的好处。可是我没能这么做(第162~163页)。

2. 审父

米夏的父辈们作为正在发生的悲惨的"历史事件"的主角,他们或者助纣为虐,或者袖手旁观、麻木不仁。惨剧落幕,他们或沦为阶下囚,让自己的子女饱受屈辱;或"好了伤疤忘了疼",安于现状,不思进取。事实上,他们还有许多事情要做,最重要的事便是对自己的审视。诚如米夏们所说,"在第三帝国,我们各自的父母所扮演的角色很不相同……各自都有一本账……我们当时都对双亲判了可耻的罪。我们认为,他们没有在1945年后把那些作恶者从人群中告发出来,而犯了知情不报的罪"(第89~90页)。父亲们本是孩子成长的参照,面对这样一代失职的父亲,子一代对他们的审判是合理合法的。然而,"审父"面临的难关不在于父一辈的抗辩,而在于子一代内部的分化。囿于伦理秩序和血缘亲情,"有些子女觉得无法谴责父辈,或者不愿意谴责父辈"。很明显,对于这样的孩子来说,"如何对待纳粹历史就不能再说是代沟造成的了,它本身就是一个真正的问题"(第161页)。

3. 逆向反思:审判"审判者",为罪犯"辩护"

任何历史灾难显然都不可能是某一个人或某一小部分人造成的,从某种意义上说,每一个当事人都难脱其责。《朗读者》以罕见的逆向反思的意识和勇气,直面这一不争的事实,对审判者予以了无情的审判:

> 那是社会曾经容忍过的,社会容忍这些灰尘堆积在过去的恐怖之上……有整整一代人站在审判席上,他们曾经为看守或帮凶服务过,或者没有设法去制止他们,或者,在1945年以后,原应该把这些人从人群中揭发出来的,而实

际上他们没有这么做。我们也要对他们进行评判,把他们暴露在羞耻之下,以这种办法对他们进行审判(第89页)。

此外,《朗读者》还以敢冒天下之大不韪的胆识,体察罪犯作孽的心态,为罪犯"辩护"。"集中营的囚犯……在我眼里,这些被告现在还是,也永远将是深陷麻醉之中,在其中已经多少变做了化石"(第100页)。这是对"麻痹病"何等深沉的思考,人性异化的程度令人何等惊悚。"罪犯们是被迫到集中营去执勤的?还是出于自愿去的?受害人是自己忍受迫害,还是也施加于别人?这当中应该有巨大的差别,这项差别的重要性表现在它具有最大程度的决定性"(第100~101页)。替凶手合情合理地"辩护",体现了人性的包容。人性之所以别于动物性,恰好在于其丰富性、多元性和芜杂性。犯人首先是人,审判者应将其当作人加以审判,而非当作"动物"加以对待,尽管他们的所作所为形同野兽。如若将人视作动物审判,审判者无疑亦异化为另一种凶残的动物。尽管每一个罪犯都能够找到为自己洗刷罪孽的理由,但我们不得不承认,许多时候犯罪不过是一念之差,或者说是阴差阳错。汉娜为自己辩护,"要是您的话,您咋办?"这句话的确值得深思,道出了许多助纣为虐者混沌的心境和处境。而犯罪的当事人除了具有"罪犯"标记之外,的确还具有其他丰富的人性,甚至不乏些微的善良和正义。正如本哈德·施林克所说,"人不因为曾作恶的事而完全是魔鬼,或被贬为魔鬼"(第2页)。这是对人的多元性、多维性和驳杂性的深刻认识。人们总是习惯于非此即彼地认识人。毋庸置疑,个人往往是微不足道、无足轻重的,尤其是在喧嚣的历史潮流面前。历史的灾难和重责,许多时候是需要敌对双方共同担当的,或者说每一个当事人都应该承担一份责任。至此,《朗读者》所讲述的特殊的成长事件便隐喻着一个更为深沉的"历史寓言"。

(三)对宏大叙事传统的秉承与超越

法学家本哈德·施林克43岁时出版的长篇处女作《朗读者》,

而今已成为超级畅销书,风靡全球。但他并非迎合商业口味为"畅销"写作的作家,他甚至不藏匿其企图通过写作承担使命的意识。他说:

> (我)不仅要写作,而且还要在生活中承担某些生命……《朗读者》的主题确实是我一直关注和思考的,它就是我这代人的主题。在故事中除了放进所见、所闻和所幻想的东西,还有某些个人的经历也融在里面……在这个人化和德国化的题材上,人们看到了包含在其中的某些相通共同的东西……一代人的罪恶还将置下一代于这罪恶的阴影之中——这一切都是具有普遍性的主题……通过汉娜和米夏,我想表现的是,第三帝国是如何在那些一起参与了建设和维护它的人身上打上烙印,如何给世界和战后一代留下印记,它又造成了什么样的罪责感。今天的年轻一代所思考的是,第三帝国当时给犹太人和他们的邻居、吉普赛人、精神病患者以及同性恋带来了怎样的灾难和伤害,应该如何以尊重和得体的态度面对受难者的后代等等(第1~4页)。

由此可见,《朗读者》的宏大叙事意图昭然若揭。而且,它无疑是宏大叙事取得成功的范例。作品以私人叙事为起点,首先有效遮蔽了作者的醉翁真意,回避了读者的反感。以一段"不伦之恋"的温暖、真挚牢牢抓住读者的阅读冲动,迫使读者欲罢不能地沉陷于作者苦心孤诣营建的宏大叙事圈套,且不着痕迹地将私人叙事自然导引入宏大叙事的激流。由此,读者被作者牵引着深思有关政治、战争、杀戮、人性、爱情、背叛、罪愆和惩罚等重大命题。此外,作者回答这些重大而棘手的问题的方式亦相当巧妙:或问而不答,或探讨性、建设性地尝试作答却不妄下结论,不企图点化读者顿悟却能导引读者深思,从而凸显了作品的深度、厚度和力度,还规避了经典长篇小说令人乏味的教化式的冗余独白。一切都恰到好处,浅而不陋,思而不乏味,真而不稚,诗性的叙述,公允而不中庸的价值、道德取向,生成了《朗读者》浑厚的艺术品格。

200多年长盛不衰的德国成长小说,具有一以贯之的宏大叙事传统,从来都重视对重大题材的书写和对重大命题的开掘。《朗读者》秉承并超越了这一传统:以往的德国成长小说大多重视成长主人公"自外而内"的成长蜕变,而本哈德·施林克则重在描述米夏内在的感悟——"由内而外"的成长的心路历程,从而塑造了一个具有"沉思者"气质的成长主人公形象。作者凭借这一人物形象重新审视那段渐行渐远的历史。那消失的只是时间本身,而潜隐在事件之下的,以及事件产生的余波远未消散。不仅不该忘记,还应给予深刻的反思。因为任何问题都是人的问题,不解决好人性问题,历史的悲剧注定会轮回重演。而且,只破不立,是极易做到的事。面对历史,知道反思的人并不少,但如何反思,反思到何种程度,几乎是一个盲区。作者却不显山露水地找寻到了"逆向反思"的方法,这无疑是这部以宏大叙事为创作旨归的成长小说尤为难能可贵之处。此外,《朗读者》对中国当下文学创作宏大叙事失位的尴尬的写作生态来说,无疑是一种有效的参照。

总之,《朗读者》的成功并非仅仅在于其对历史、道德、法律和政治等命题的深沉思考,也不仅仅在于其讲述了一段曲折、诡谲、令人匪夷所思的成长(爱情)故事,还在于其对"无法之法"、"大巧若拙"的写作技巧的纯熟运用,客观而不失真情的情感流露,理性而不失诗性的悲悯情怀,从容、平和而不失韵律的叙述节奏,痛苦、迷惘而不求消解的庄重、严肃的人文立场。简洁的叙述和简约的文字,可谓"微言大义"。客观地描写、反思,显然乃灾难之后的合理、有效的做法。

《朗读者》还将"朗读"这一核心情节贯穿文本,成为作品最具诗性的特质。"朗读"、功课、性爱、相思、伤痛、衰老、追忆等交相辉映:少年时米夏"乘着情欲而来……在朗读声中,情欲却渐渐退潮"(第42页),"朗读"将龌龊的"不伦之恋"纯净;若干年后,米夏为狱中的汉娜"朗读",成为拯救米夏和汉娜的灵丹妙药;作为纳粹看守的汉娜让虚弱的女工为其"朗读",在一定程度上烛照了汉娜不曾泯灭的人性;似乎不再能听到心爱之人的"朗读"时,汉娜选择了自杀,希求在毁灭中永生。米夏和汉娜在"朗读"声中成长、背叛、救赎、毁灭,从而营造出《朗读者》端庄、典雅和悲情的格调。当然,某些细节的重复,个别情节交代的突兀,前、后部略显不合拍的叙述质感,是《朗读者》值得商榷之处。

综上,德语成长小说具有如下特点:第一,注重青少年的人格成长和道德塑造,但实现的目标和方法则千差万别。启蒙运动前注重人物道德成长的"内在塑造",即通过主观思辨获得心灵净化和道德提升,比如《痴儿历险记》。尤其是在神学当道的中世纪,人无需考虑自己的存在,一切由神决定。因此,无所谓人和人性的发展。启蒙运动后注重他者塑造,即成长主人公在社会化过程中完成成长,如歌德的《少年维特之烦恼》和《威廉·迈斯特的学习时代》等。此时人们从神学的桎梏中解放出来,开始思考人自身的存在和发展等诸多问题。人对世界的认知能力(理性)和感知能力(感性)得到了前所未有的提高。成长不仅仅是个人的私事,还是民族、国家的公共事件。人要认识自我、社会和世界,就必须走向他者、社会和世界,在和他们的交流中完成成长。第二,个人的成长就是与社会不断融合的过程。这是歌德开创的一种成长小说叙事模式——成长主人公在个人和社会的矛盾冲突中成长。这种矛盾冲突大多时候未激化到敌对状态,主人公逐渐完成社会化而成为社会的合作者。在妥协的同时并未完全丧失自我选择,可看作一种"曲线救国"策略。被社会规约完全同化,并不意味着主人公的主体的生成,只有适应合理的社会规约而不放弃对合理的社会规约的清醒认识和反抗意识者,并付诸行动,才算是真正的主体的生成。第三,在相当长的一段时间内,在绝大多数德国成长小说文本中,成长主人公清一色是男性。对女性成长的漠视,是德国成长小说的一大缺憾。第四,德国成长小说中的成长主人公的成熟是渐进的,而美国成长小说(包括一部分英国成长小说)则强调顿悟和惊人的发现。

第十讲
英国文学成长书写嬗变

英国之所以成为世界成长小说三大王国之一,其原因有四:第一,作为老牌资本主义国家,英国经济的发达客观上促进了文化的繁荣;第二,受18世纪启蒙运动的影响,英国知识界人文意识空前提升;第三,随着儿童观的进步,对成长问题的关注力度加大。其中,1693年英国著名哲学家约翰·洛克发表《关于儿童教育的若干想法》,批判清教徒对儿童身心的摧残,强调儿童本位,是标志性事件。此外,1762年,《爱弥尔》(卢梭)问世,儿童的独立人格和儿童本性得到了应有的尊重;第四,工业文明带来了诸多儿童问题,"儿童观"随之渐渐改变。因为在传统的农业社会中,儿童和成人的差别不明显,儿童常常被当作缩小的成人,尤其缺乏"青少年意识"。而一旦进入青少年时期,他们就能从事成人劳动了,因此,人的成长被缩略。然而,工业文明要求人们具有更强的技能和心理承受能力,成长被拉长。随之,青少年的成长问题被放大。他们融入成人社会需要比较长的时间,遇到的问题也随之多起来。由此,成长小说无疑充当了督导他们成长的重要载体。

纵观英国成长小说的书写状貌,大致可分为以下四个时期:发轫期(17世纪):皈依于上帝的成长书写;发展期(18世纪):寄寓于"荒岛"、"世俗生活"等的成长书写;成熟期(19世纪):对成长主题全面、深入、系统的开掘;突破期(20世纪):"顿悟说"及其他。

第一节 发轫期(17世纪):皈依于上帝的成长书写

不少论者认为,英国最早关注成长问题的文学样式当属宗教文学,以班扬①的长篇小说《天路历程》(1678)为代表。作品讲述了一个名叫"基督徒"的迷茫的年轻人,如何实现灵魂自救的成长的心路历程。这部作品一度成为当时少年儿童的必读书目之一。

这部寓言式小说借助梦境展开叙事:"基督徒"背着行囊,正在阅读一本书。得知他和家人居住的城市即将遭受火灾,他惊慌失措。一个名叫"宣道师"的人为其指点迷津:他需逃离故乡"毁灭之城",前往"天国之城",方能转危为安。于是,他背井离乡,开始了漫长的天路历程。一路上,"基督徒"历尽坎坷,诸如,苦苦挣扎出令人绝望的"灰心沼"、"屈辱谷"、"死荫谷"和"怀疑堡垒",抗拒了"名利场"、"浮华市集"和"快乐山"等的诱惑,最终到达了心仪已久的天国之城。"入窄门,奔天路",尽管这部小说具有浓郁的宗教情怀,但"基督徒"在路上遭逢的磨难,以及内心的煎熬与挣扎,无一不清晰地记载了其成长的点点滴滴。从起点到终点,从迷茫到清醒,从幼稚到成熟,基督徒身上折射出了成长主人公成长完成的终极价值。"基督徒"的成长历程,亦象征着人类对美好未来的追求。

---

① 约翰·班扬(1628~1688),英国小说家、散文家。重要著作有自传《罪人受恩记》(1666)、《天路历程》(1678)。《天路历程》属宗教文学,与通俗的布道讲稿相近。同时,又属民间文学,其渊源可追溯至中世纪骑士传奇故事。行文简洁、生动。尤其是在故事情节、细节描写和人物性格塑造等方面,乃英国现实主义小说的先驱,对其后的英国小说产生了重大影响。该书被译成100多种文字。《天路历程》、《神曲》(但丁)和《忏悔录》(奥古斯丁),并称为西方三大宗教文学巨著。《天路历程》被奉为"人生追寻的指南"和"心路历程的向导"。

班扬怀抱着宗教情怀书写的《天路历程》,虽旨在宣扬基督福音(属于典型的宗教文学),但是,这部未有自觉的"成长意识"的作品,却细致地描述了一位不成熟的基督徒成长为一位虔诚的信奉基督福音的圣徒的心路历程。他由故乡"毁灭之城"至"天国之城",一路奔波,寻找基督福音。在寻找的过程中,他逐渐由懵懂、混沌,走向清明、通脱,直至义无反顾地拥抱福音,成为一位坚定不移的教徒。这虽系一个教徒的成长心路历程的叙写,却客观地阐释了由不成熟向成熟发展的这一有关成长的永恒命题,无疑是对成长主题的一种边缘书写,可谓"无心插柳柳成荫"。

第二节 发展期(18世纪):寄寓于"荒岛"、"世俗生活"等的成长书写

18世纪的英国文学,成长书写是其重要的一种书写方式。此时期,英国文学对成长主题的开掘得到了长足发展,主要体现在以下三个维度:"荒岛文学"中的成长书写;关注普通人的世俗生活的成长书写;对女性心理成长的深入书写。

一、"荒岛文学"中的成长书写

作为一个老牌资本主义国家,英国的航海业相当发达,盛产水手和航海家。以描写"海上奇遇"、"孤岛生存"等为重心的"荒岛文学"成为英国文学史上一道瑰丽的景观。以丹尼尔·笛福[①]的《鲁滨孙漂流记》(1719)为代表的荒岛文学名著,注重成长的深度书写,促

[①] 丹尼尔·笛福(1660~1731),英国启蒙时期现实主义小说奠基人,以代表作《鲁滨孙漂流记》蜚声世界文坛。

进了英国成长小说的发展。

《鲁滨孙漂流记》中的主人公鲁滨孙,出身于英国一中产阶级家庭。父亲希望他勤奋经商,在家乡安居乐业。然而,鲁滨孙自幼年起就下定决心遨游四海。1651年,他离家出走,踏上了首次航海之旅。出发前,他在伦敦购买廉价物品,航运至非洲贩卖,牟取暴利。发现有利可图,他再度前往非洲,不幸遭遇海盗,沦为奴隶。善于察言观色的他,获得海盗头子的信任,带着小黑奴乘机逃脱。10天之后,一艘开往巴西的船搭救了他们。到达巴西,他卖掉小黑奴,购买一小庄园。他厌倦庄园主的单调生活,再次出海,到非洲贩卖黑人。他的船在南美洲附近触礁沉没,只有他死里逃生,爬上了一个荒岛。小岛荒无人烟,从此,他开始了长达28年的孤独生活。他没有自暴自弃,制作木排将沉船上所有有用的东西运上小岛,包括食物、制帆篷的布、枪支弹药、淡水、酒、衣服、工具等。他用帆布支起帐篷,建立营地。他勘察小岛地形,选择一个安全的小山洞栖身。他在洞口设置机关,防备野兽。接着,他开始寻找食物和水。他驯养野山羊,培育水稻和小麦,还发现了果林和淡水。第6年,他造了一只独木船,还挖了一条6尺宽的运河出海。某一天,一群野蛮人上了岛。野蛮人吃了一些俘虏,他非常恐惧,寻找更安全的住所,并在此安全度过了23年。又一群食人肉的野蛮人上了岛,他拿起枪潜伏,准备战斗。一个俘虏挣脱绳子向他跑来,他开枪打死了那些追赶的野蛮人。他叫那个俘虏"星期五",星期五成了他忠实的仆人和朋友。星期五还学会了英语。他从星期五那儿得知,曾有17个遇难的白人来到这里。他想去搭救他们,一同返回文明社会。他和星期五造了一只独木舟,打算出发。另一群野蛮人携俘虏上了岛,他们救了一名西班牙白人,还救出了星期五的父亲。他扩大谷物种植,并派星期五的父亲和西班牙人回去联络,准备将其余西班牙人接到岛上,再造一条大船开往巴西。不久,一条英国船停泊在小岛附近,船上水手叛乱,船长、船副等三人被抛弃在岛上。他们帮船长制服了反叛的水手,夺回船只。船长带着他们回到英国。此时,鲁滨孙已离家35年。后来,他结了婚,生了3个孩子。妻子死后,他又一次出海经商,途经他曾住过的荒岛。此时,留在岛上的水手和西班牙人都已繁衍生息。他又送去新移民,将岛上的土地分给他们,并留给他们各种日用必需品,满意地离开了小岛……

英国文学自笛福以来形成了现实主义写作传统。关注生命个体的现实生活情状,成为小说书写的重心。尤其是关注个人成长经验,日渐成为一种恒定的小说书写主题。《鲁滨孙漂流记》旨在叙说历险故事,迎合了时人对神秘的大海和荒岛生存的猎奇心理。鲁滨孙28年远离尘寰、离群索居的传奇经历,在不少读者看来浪漫、刺激,在很大程度上满足了读者无法实现的心理欲望。然而,在这个历险故事背后,却隐含着有关成长和叛逆的重大命题。作为主角的鲁滨孙,青春年少,富有反叛意识,违逆父命而离家出走。阴差阳错的命运将其带到了荒无人烟的孤岛,他不得不独自面对海洋风暴,不得不在绝境中努力寻找活下去的些微希望。为了不灭的生存信念,他努力奋争,战胜了看似不可能战胜的一切困难,最终依凭智慧和毅力获得了新生。他的成长历程始终与历险相伴,历险结束,成长即完成。这种近乎天方夜谭的无与伦比的成长经验,令无数青少年神往。鲁滨孙受到了一代代成长者的追捧。这部并非以成长为书写本位的历险小说,客观上生成了巨大的成长书写功效,鲁滨孙因而成为成长小说史上一个至关重要的成长主人公形象。此外,鲁滨孙的成长经历,与美国第一批拓荒者大致相似,因此,他被当作"所有美国人成长的原型"。[1]

二、关注普通人的世俗生活的成长书写

尽管英国航海业历史悠久,为"荒岛文学"的发展奠定了基础,

---

[1] [美]卢瑟·利德基:《美国特性探索》,北京:中国社会科学出版社,1991年,第168页。

但是，海洋历险和荒岛生存仍旧是少数人的人生体验，与绝大多数人的世俗生活相距甚远。因此，以《鲁滨孙漂流记》为代表的"荒岛文学"书写的成长经验，不属于普通人，并不具有普遍性。然而，有"英国小说之父"之美誉的菲尔丁①，其创作原则是"不写完美的人，只写在大自然中存在的人"。他的代表作长篇小说《汤姆·琼斯》(1794)，细腻地描摹了18世纪英国的城乡生活，关注城乡生活中的芸芸大众。他曾说他描写的是性格，不是某个人，而是类型。由书写个人题材转向对普罗大众题材的挖掘，无疑是英国小说史上的一大飞跃。这部作品深入、细致地塑造了弃儿汤姆·琼斯这一主要人物形象成长的心路历程。

富绅奥尔华绥居住在萨莫特郡，妻儿早亡，与老处女妹妹白利姬相依为命。当他从伦敦返回时，意外发现家中有个弃婴。白利姬一向尖酸刻薄，严守贞洁，可她居然对弃婴呵护有加。在兄妹俩的审问之下，女仆珍妮·琼斯承认自己是婴儿的母亲。奥尔华绥辞退了珍妮，收弃婴为养子，取名汤姆·琼斯。漂亮的珍妮曾受雇于乡村教师庞立支，庞立支的妻子一直疑心二人有私情。她获知弃婴之事后，百般问责，庞立支百口难辩，离家出走。白利姬与布利非上尉结婚，生一子名叫布力非。布利非上尉中风亡故，舅舅奥尔华绥抚养布力非，并立他为继承人。汤姆·琼斯诚实、勇敢，布力非却虚伪、自私，处处以汤姆·琼斯为敌。汤姆·琼斯与庄园主魏斯顿的独生女儿苏菲亚两小无猜，布力非从中作梗。苏菲亚的父亲欲将女儿嫁给布力非，苏菲亚不从。布力非迁怒于汤姆·琼斯，挑唆舅舅赶走汤姆·琼斯。苏菲亚抗婚离家出走。流浪途中汤姆·琼斯巧遇以理发为生的庞立支，两人结伴流浪。一天，他们偶然搭救了已沦为妓女的珍妮，她引诱汤姆·琼斯与她发生关系。苏菲亚闻之，

---

① [英]菲尔丁(1701～1754)，18世纪欧洲卓越的小说家，剧作家，被誉为"英国小说之父"。创作有20余部喜剧或笑剧，以及5部长篇小说。《汤姆·琼斯》是其代表作。该作品在叙述视角、结构、人物塑造等方面皆具创造性，被视作英国小说史上里程碑式的作品。

留下字条给汤姆·琼斯,远走伦敦投奔亲戚贝拉斯顿夫人。汤姆·琼斯和庞立支到了伦敦,汤姆·琼斯找不到苏菲亚非常苦恼。因囊中羞涩,他被迫与贝拉斯顿夫人发生关系。贝拉斯顿夫人明白汤姆·琼斯深爱苏菲亚,视苏菲亚为情敌,欲将苏菲亚嫁给一伯爵。苏菲亚拒绝这桩婚姻,贝拉斯顿夫人唆使伯爵强暴苏菲亚,所幸被及时赶来的魏斯顿搭救。汤姆·琼斯欲摆脱贝拉斯顿夫人的纠缠,贝拉斯顿夫人便雇佣流氓陷害汤姆·琼斯。在一次冲突中,汤姆·琼斯自卫伤人,锒铛入狱。奥尔华绥、布力非和魏斯顿等贿赂律师,汤姆·琼斯获死刑。他们希望借此了断苏菲亚的念想。塾师屠瓦孔临死前良心发现,写信向奥尔华绥忏悔,承认他曾诬陷过汤姆·琼斯。加上被汤姆·琼斯打伤的人痊愈,汤姆·琼斯杀人罪不成立。奥尔华绥还了解到汤姆·琼斯的身世真相:汤姆·琼斯是白利姬与奥尔华绥某朋友的儿子所生。奥尔华绥改立汤姆·琼斯为合法继承人。苏菲亚和汤姆·琼斯终成眷属。

《汤姆·琼斯》是英国文学史上最早具有成长书写意识的成长小说,与《天路历程》《鲁滨孙漂流记》旨在书写宗教、历险迥然不同,其对成长的书写殊为积极、深入。它以成长为书写重心,专心致志地描写弃儿汤姆·琼斯的成长状貌,正面引导、歌颂青年人走向正直、善良,成长为一个具有价值追求和道德典范的正派人。弃儿汤姆·琼斯在历经了一系列成长磨难之后,最终完成了个人的成长。他无疑是经典成长小说中最为常见最为需要的那种成长主人公形象。菲尔丁之于成长小说的功绩不仅仅局限于此,还在于他率先设置了一正一反的成长者,以对比、反衬的手法塑造了一个长大成人的成长主人公形象,既为青年人树立了成长的楷模,又警醒青年人不要像布力非那样误入歧途、执迷不悟。

三、对女性心理成长的深入书写

两性间的性别差异主要包括"自然性别"(亦称生物性别)和"社

会性别",前者指生理(生殖)意义上的男性和女性分野;后者指社会文化赋予男女的社会权力差异,即美国历史学家琼·W.斯科特所说的"基于可见的性别差异之上的社会关系的构成要素,是表示权力关系的一种基本方式"。① 除生育之外,两性的分工主要不是生理因素决定的,性别分工是社会历史文化的产物。也就是说,文化赋予了性别特定的意义。比如,最初的奥运会不允许妇女参加;某些部落、种族的祭祀活动,将妇女排除在外,等等。

阴阳相谐、两性并存,男性和女性共同缔造了文明的历史。但是,两性世界的矛盾冲突从未停歇。而且,自人类诞生以来,两性之间似乎从不曾有过真正平等的对话。生理上的差异导致两性在社会劳动体系中分工的不同,因而各自所取得的社会地位亦差别明显。经过数千年文明史的演进,及至高度文明化的当下,男性仍旧保持着对女性的支配优势,性别大战仍旧在继续。事实上,性别差异的存在决定了两性间矛盾的消弭不过是一种"乌托邦"想象。

所谓女性,按生物学定义,指"体内能产生卵细胞的人"。而"女性意识"不是"女性"对自身性别的认识,而是以"女性"视角观照妇女、男人、社会、政治等问题。女性意识的觉醒,标明女性性别的自我认同和女性性意识、性欲望的苏醒,意味着女性抗拒男性中心话语霸权,追求独立人格和自身存在价值。

在相当长的时期内,女性的地位没有得到充分肯定。相反,女性往往被视为恶之代表,并容易受诱惑。在《摩奴法典》中说,女人同虚伪本身一样腐败,是一条不变的法则。在父权制的构架中,女性没有任何地位可言。西方经典要求女性一味顺从,要男人远离女性,女性的角色就是生养孩子。在中世纪,一个女性有自己独立的思想多成为女巫,并可能被处死。随着近代人文主义运动的兴起,女性意识不断发展。在过去一个世纪中,西方女性主义运动在理论

---

① 谭兢娥、信春鹰:《英汉妇女与法律词汇释义》,北京:中国对外翻译出版公司,1995年,第146~147页。

和实践两方面皆得到全面发展。

女性主义与女权主义、妇女解放运动相关联。妇女解放运动大致分为两个阶段:第一阶段:19世纪末,是妇女解放运动的第一次浪潮。焦点:两性平等,女性要求公民权和政治权,强调两性在智力、能力上没有区别。核心:争取政治权利。史称"女权运动"。第二阶段:20世纪60~70年代,源于美国。核心:消除性别差异。表现:宣告女性不是男性的附庸。以西蒙·波伏娃的论著《第二性》为代表。性别研究、女性主义学术研究自此兴盛。女性主义的硬伤在于:①没有系统的理论建构;②反男性话语霸权而异变为女性话语霸权;③以男性话语反抗男性话语。两性冲突没有终点,两性关系只能不断完善。由性别差异而生成的矛盾冲突不可消除。

英国小说家理查森①的长篇小说《帕美拉》(1740~1741)和《克拉丽莎》(1747~1748)对于女性成长问题的关注,无疑对兴盛于19世纪末的妇女解放运动起到了积极的铺垫作用。他在18世纪中叶便在小说中重点探讨了女性青年的婚恋问题,并着重展现女性青年面对爱情时的心理情态。理查森无疑是进行女性成长书写的先驱。这两部小说"都充满了大量的情感描写,凄婉动人,有浓郁的感伤主义气息,深深地影响了当时的欧洲文坛和18世纪末兴起的浪漫主义文学。两部小说的影响之大,连它们的书信体写作形式也成为当时欧洲小说的一种时尚。法国的卢梭有模仿之作《新爱洛绮斯》(1761),德国的歌德也模仿理查森写了书信体小说《少年维特之烦恼》(1774)。这两本小说都成为成长小说中的世界名著"。②

《帕梅拉》是英国伤感主义文学的杰出代表,英国曾一度掀起

---

① 缪尔·理查森(1689~1761),英国小说家。主要作品有小说《帕梅拉》、《克拉丽莎》和《查尔斯·格兰迪森爵士》(1753年)等。《帕梅拉》是其代表作。理查森尤其注重人物的情感描写,其开创了现代小说史上的"伤感主义文学"类型。《帕梅拉》就是伤感主义文学的杰出代表。

② 芮渝萍:《美国成长小说研究》,北京:中国社会科学出版社,2004年,第32页。

"帕梅拉热"。少女帕梅拉虽出身于穷苦之家,但自幼受到诚实、正直父母的熏陶,具有良好的道德修养。12岁那年,她到一富裕家庭当女仆,学会了缝纫、刺绣、音乐和舞蹈,还阅读了大量书籍,长于写作。15岁那年,女主人辞世。年轻的主人B先生为她的美貌所倾倒,频频引诱她,企图占有她。她珍视自己的处女之身,多次拒绝了男主人的非分要求。为抗拒男主人的骚扰,她返回父母家。不幸的是,男主人将她囚禁。她试图逃离,却是徒劳。男主人以优越的物质条件继续引诱她,甚至企图强奸她,皆未能得逞。帕梅拉的坚贞终于感化了男主人,他决定排除世俗偏见,正式向她求婚。她怀疑这不过是诡计,犹豫不决,盛怒的男主人将其逐出家门。很快,男主人又派马车夫将她追回。男主人的诚意渐渐打动了她,她不知不觉中爱上了这位才貌双全的年轻主人,两人结为伉俪。

成长小说《帕梅拉》塑造了帕梅拉这位女性成长主人公形象。帕梅拉不因出身寒微而自卑,不因卑贱的仆人身份而自弃,不因物欲的诱惑而放弃道德底线,不因淫威而屈就,不因他人的一时过错而将其一棍子打死,她的身上散发出高贵的人性光辉。尤其是在爱情的选择上,她始终听从内心的召唤。当追求者无法占据其心灵一隅时,她绝不违背自己的意愿而屈就;当追求者令其心湖荡漾起了涟漪时,她义无反顾地接纳。难能可贵的是,她摒弃前嫌,不计较追求者曾经的不良行为,体现了坚执的自主/自我意识。这种女性罕见的以自我为主的意识,在18世纪中叶无疑具有先锋性。帕梅拉作为女性成长主人公完成成长的意义,不仅仅在于她坚守住了以"贞洁"为核心的道德藩篱,还在于她在实现完美道德的成长历程中完成了自我意识的成长,无愧为女性自我/独立意识的先驱。

继《帕梅拉》之后,理查森创作了第二部成长小说《克拉丽莎》(又名《一个少女的历史》,1747~1748)。这部小说长达7卷,是英国文学史上最长的小说。克拉丽莎家世显赫,一贯乐观向上、朝气蓬勃。父母违背其心愿,将其许配给她不爱的人。正当克拉丽莎痛苦不堪时,同样出生于名门望族的青年罗伯特·洛夫莱斯出现在她的生活中。克拉丽莎对这位举止优雅、才华出众的年轻人一见倾心,很快坠入爱河。岂知罗伯特·洛夫莱斯并不爱克拉丽莎,只不过把她当作唾手可得的艳遇对象。罗伯特·洛夫莱斯假装帮助克拉丽莎挣脱包办婚姻的锁链,并唆使她离家出走。当他面对孤独无依的克拉丽莎时,竟然兽性大发,奸污了她。克拉丽莎悲愤而亡。她的亲属莫登上校杀死了洛夫莱斯,替她讨回了公道。

在成长小说《克拉丽莎》中,理查森建构了"女郎—恶棍"这一叙事模式。与帕梅拉一样,成长主人公少女克拉丽莎并不缺乏女性自我意识。在成长之路上,家境优裕的克拉丽莎却遭遇了比帕梅拉更为深重的灾难。如果说帕梅拉的成长之"创"在于遭遇了风流浪子B先生,那么,克拉丽莎的成长之"殇"在于遭逢了一个精心伪装的恶棍,还有她那看上去优越但忤逆其心愿的家庭。在帕梅拉与B先生作斗争的成长历程中,始终得到了来自家庭(尤其是父亲)的强大心理支援。从某种意义上说,她不是一个人在战斗在抗争。然而,克拉丽莎这位具有反叛意识的无知少女,就像一只彷徨失措的羔羊,绝望地落入了虎口。帕梅拉在保持住了名节的前提下,获得了所谓的爱情,完成了看上去完美的成长。而克拉丽莎却在忧愤和屈辱中走向了死亡,她的成长在反叛中走向了毁灭,具有悲怆的审美意味。因此,从审美视阈加以比照,克拉丽莎夭折的成长较之于帕梅拉大团圆式的成长更具艺术感染力和震撼性。同样是对少女恋情这一成长事件的书写,帕梅拉的成长多少具有脸谱化痕迹,因迎合世俗的审美(道德)趣味而多少带有媚俗的色彩。而克拉丽莎的成长则更富有个人性和独特性。不过,这两位女性成长主人公完成成长的标志皆是获得男性的爱情。也就是说,获得男性之真爱的帕梅拉完成了成长,而遭受了爱情之殇的克拉丽莎则没有完成成长。从此种意义上说,她们都是以男性为中心的女性,她们的自我意识的成长无疑都带有局限性。不过,毋庸置疑,她们在女性独立人格成长的事件中,具有抛砖引玉之功。

第三节 成熟期(19世纪):对成长主题全面、深入、系统的开掘

英国成长小说在进入19世纪之后走向了成熟,几位代表作家的代表作的涌现是标志。其中包括《傲慢与偏见》(简·奥斯丁,1813)、《爱玛》(简·奥斯丁,1815)、《简·爱》(夏绿蒂·勃朗特,1847)、《呼啸山庄》(艾米莉·勃朗特,1847)、《奥列佛·退斯特》(狄更斯,1838)和《大卫·科波菲尔》(狄更斯,1850)等。由于成长小说这一具有美学规范的文学术语在德国产生,诞生了以《威廉·迈斯特的漫游时代》、《少年维特之烦恼》和《绿衣亨利》等为代表的成长小说经典文本。或多或少受到这些作品的影响,英国的成长小说得到了潜移默化的提升,涌现出了上述一系列具有成长小说审美特征的经典成长小说。毫无疑问,评价某种文学样式在某个国家或地区的成熟的标准无非有两个:①该文学样式的理论是否生根;②是否出现了一个稳定的作家群并诞生了经典作品。而在19世纪的英国文坛,成长小说无疑是一道绚烂的风景。

一、简·奥斯丁[①]:书写女性平等意识的成长

简·奥斯丁是英国文学史上第一位以女性身份书写女性成长

---

① 简·奥斯丁(1775~1817),女,英国小说家。主要著作有《理智与情感》(1811)、《傲慢与偏见》(1813)、《曼斯斐尔德花园》(1814)、《爱玛》(1815)、《诺桑觉修道院》(1818)和《劝导》(1818)。作品多以乡镇富绅的日常生活为题材,通过描写爱情、婚姻等的矛盾冲突而映照18世纪末、19世纪初英国的社会风貌。她的小说继承和发展了英国18世纪的现实主义传统,并为19世纪现实主义小说的发展做了铺垫。

的小说家。《傲慢与偏见》和《爱玛》是其成长小说代表作,着重描写了生活在19世纪初乡镇富绅家庭的淑女的成长。通过书写少女的爱情和婚姻生活这一核心事件,展现女性人格的发展。与理查森相比,简·奥斯丁的女性意识和女性观念更为进步。她反对忽视和歧视女性,提倡妇女应该接受广泛的知识能力教育,主张两性平等、互相尊重等。

《傲慢与偏见》的故事梗概如下:乡绅班纳特有5个尚未出嫁的女儿,班纳特太太终日惦记着挑选女婿之事。新邻居宾利富有,班纳特太太对其颇为中意。在舞会上宾利喜欢上了班纳特家的大女儿简。宾利的好友达西也参加了舞会,他比宾利还富有,且仪表堂堂,深受姑娘们青睐。然而,达西非常傲慢,对所有的女孩都不屑一顾。他认为简的妹妹伊丽莎白长得还可以容忍,但并没打动他。自尊心强的伊丽莎白不理睬傲慢的达西,她的活泼可爱却吸引了达西。又一次舞会,达西请伊丽莎白跳舞,伊丽莎白应允了,达西渐渐迷上了她。殊不知宾利的妹妹卡罗琳心仪达西,但达西对她没感觉。当卡罗琳发现达西倾心于伊丽莎白时,便从中作梗。尽管达西欣赏伊丽莎白,却无法忍受她母亲和妹妹们的粗俗。而且,他还担心简看中的是宾利的财富而非钟情于宾利,就游说宾利与简分手。由于达西的鼓动,再加上妹妹火上浇油,宾利远走伦敦。简依旧对宾利一片痴情。班纳特先生膝下无子,按法律规定他的家产将由远亲柯林斯继承。柯林斯刻板、庸俗,凭借权势当了牧师。他向伊丽莎白求婚遭拒,很快就和伊丽莎白的密友夏洛特结婚。邻镇民团联队里的青年军官威克汉姆英俊潇洒,口碑颇好,伊丽莎白对他颇有好感。一日,威克汉姆告知伊丽莎白,他父亲是达西家的总管,达西的父亲曾在遗嘱中允诺给他一笔财产,但达西侵吞了属于他的遗产。伊丽莎白偏听偏信,对达西更加反感。事实上,威克汉姆已将遗产挥霍光,还蓄意引诱达西的妹妹乔治亚娜私奔。伊丽莎白到柯林斯夫妇家作客,遇见达西的姨妈凯瑟琳夫人,她邀伊丽莎白到她的山庄作客。不久,伊丽莎白在凯瑟琳夫人家见到了达西。达西情难自禁,向她求婚。不过,他傲慢依旧,遭到了伊丽莎白的拒绝。达西首次意识到傲慢的恶果,在与她道别之前,他写了封长信解释:坦承宾利不辞而别肇因于他的鼓动,因为他无法接受班纳特太太和女儿们的粗俗,她们只不过对宾利的财富感兴趣。不过,他认为简和伊丽莎白与她们完全不一样;他觉得简并非真正喜欢宾利;威克汉姆一直在撒谎……伊丽莎白了解真相后悔恨交加,并为母亲和妹妹的行为羞愧。翌年夏天,伊丽莎白来到达西的庄园,获知达西对妹妹乔治亚娜爱护有加,在当地颇受尊敬。伊丽莎白还发现达西不再傲慢,彬彬有礼,渐渐消除了对他的偏见。此时,伊丽莎白收到家信,了解到小妹莉迪娅随债台高筑的威克汉姆私奔了。伊丽莎白非常难过并且难堪,认为达西会因此更加瞧不起自己。然而,达西却替她排解忧虑——替威克汉姆还清债务,并馈赠巨款,帮助他和莉迪娅完婚。凯瑟琳夫人一心想把女儿安妮嫁给达西,她无理阻挠伊丽莎白与达西结婚。伊丽莎白不为所动。达西闻知,明白伊丽莎白已改变了对自己的看法,再次真诚地向她求婚。至此,这对逾越了傲慢和偏见的有情人终成眷属。

  作品虽然描写了班纳特先生的5个女儿的爱情和婚姻,但伊丽莎白无疑是主角。这个成长主人公的独特魅力在于,她虽生活在举止粗野、观念庸俗的母亲和妹妹之中,但出淤泥而不染,仪态万方。难能可贵的是,她追求异性,不以貌取人,不以富有作为嫁人的标杆。尽管作为女性的她没有财产继承权,只能通过嫁人来找到未来生活的饭碗,而富有、英俊的达西无疑是其结婚的理想对象,是大多数女孩子心目中的如意郎君,但是,她不因对方富有、英俊而心虚气短、委曲求全,也不害怕丧失这难能可贵的机会。她始终坚持与相爱的人在精神上的平等,当她感觉那个爱自己的人未能平等对待自己(即作品中所描写的"傲慢")时,虽然自己明明喜欢那个人,但毅然拒绝。当她发现得到了平等的对待时,便毅然摒弃前嫌,与心爱的人牵手。如果说理查森笔下的女性成长主人公是通过维护传统道德要求的"贞洁"而实现了女性自我成长的完成,那么,奥斯丁笔下的女性成长主人公则是以追求与爱人"比肩而立"而完成了成长。前者是对男性话语的顺应和肯定，即使作品中不乏对男性的反抗和拒绝也仍然是对男性话语霸权的维护。因此，这样的女性自我的生成显然具有局限性。后者则表现出对于男性话语霸权的坚执的反叛，即使面对一位富有、相貌堂堂看似有资格傲慢的男人，依旧以不容商量的拒绝展现出女性自我的风采。很明显，在女性自我成长的路途上，后者比前者走得更远。可以说，简·奥斯丁对于女性平等意识的成长的书写，使得女性意识的发展取得了质的飞跃。需要指出的是，简·奥斯丁对于女性成长的书写依然具有局限性。简·奥斯丁借伊丽莎白之口说，"可是人本身变化那么多，你永远可以在他们身上看出新的东西"。[①] 但是，在《傲慢与偏见》中，作者并未描摹出成长主人公伊丽莎白追求平等、克服偏见的成长的心路历程，从文本中无法窥见她的平等意识是如何生长、发展的，似乎与生俱来。因此，这无疑是《傲慢与偏见》作为成长小说的硬伤。当然，在19世纪初就能展现女性平等意识的生长，简·奥斯丁对于成长小说中的女性成长的书写，以及对于后来兴起的女权运动的发展，可谓彪炳千古。

　　事实上，清晰地描摹出女性独立人格和平等意识的成长轨迹，率先由另一位英国女作家夏绿蒂·勃朗特完成。"我可不愿意在她们(奥斯丁笔下的女性主人公)的那些高雅而狭窄的房子里跟她(奥斯丁)的那些绅士淑女们呆在一起"，[②]尽管夏绿蒂·勃朗特并不赞同简·奥斯丁重在写小题材，让其笔下的主人公生活在一个狭窄的圈子里，但勃朗特对于女性独立人格成长的书写，显然是站在简·奥斯丁的肩膀上才实现了超越。

[①] [英]简·奥斯丁：《傲慢与偏见》，王科一译，上海：上海译文出版社，1990年，第30页。

[②] 1848年1月28日夏绿蒂·勃朗特给乔治·亨利·路易斯的信。

二、夏绿蒂·勃朗特:书写女性独立人格的成长

作为一部历久不衰的经典名著,长篇小说《简·爱》叙说了一个平凡女子不平凡的成长经历,编织了一个有情人终成眷属的浪漫、传奇的爱情故事。《简·爱》初版于1847年,具有极强的自叙传色彩。100多年来,《简·爱》获得了广泛赞誉。大多数论者称其"具有卓越的精神美和道德美"。而作为小说中的主人公"丑小鸭"("灰姑娘")式的女孩简·爱,更是被视作"女性独立人格成长"的代言人。本书主要探究作为"成长小说"的《简·爱》之成长景观。

(一)关于夏绿蒂·勃朗特

夏绿蒂·勃朗特1816年4月出生于英国北部约克郡桑顿村。1824年8月,进入柯文桥教士女子学校学习;1842年2月,与妹妹艾米莉·勃朗特一道去布鲁塞尔埃热夫人学校学习。1847年10月16日,她出版长篇小说《简·爱》,声名鹊起。她是英国文学史上著名的"勃朗特三姐妹"中的老大,出名最早,名声最大。和艾米莉·勃朗特相比,夏绿蒂·勃朗特为人处事更成熟。从世俗的眼光看,尽管夏绿蒂·勃朗特亦死于华年,但她个人生活的悲剧性较之于艾米莉·勃朗特显然削弱了不少。毕竟,她生前得到了她应该得到的一切,诸如鲜花和掌声,还有爱情的芬芳。以当下的价值观念比照,夏绿蒂·勃朗特即所谓的"成功人士"。在布鲁塞尔求学时,夏绿蒂·勃朗特遭遇了初恋——火热地单相思她的老师——有妇之夫埃热先生。但她清醒地意识到,这是没有结果的恋情。因此,她用理智战胜了情感,把爱恋沉埋在心底。不过,埃热成了她一生追求的理想男性化身,即时下流行的"梦中情人"。

据说,20岁时,夏绿蒂·勃朗特曾将诗作邮寄给当时大名鼎鼎的诗人罗伯特·骚塞,请他斧正。哪想到骚塞回信说:"文学,不是妇女的事业,而且也不应该是妇女的事业。"不过,夏绿蒂·勃朗特

没有因此而退却。经过十年笔耕,她以男性假名柯勒·贝尔发表了长篇小说《简·爱》。令夏绿蒂·勃朗特始料不及的是,《简·爱》一面市便引起轰动。读者对作者的真实身份非常好奇,弄不清楚"柯勒·贝尔"究竟是何方文曲星下凡?直到夏绿蒂·勃朗特应邀出访伦敦,才露出了庐山真面。人们惊讶地发现,《简·爱》的作者竟然是一个矮小、相貌平平的乡村姑娘,就像作品中的主人公简·爱一样。此时,简·爱的名字已红遍英伦,早已遮蔽了作者的光芒。当夏绿蒂·勃朗特出席上流社会的聚会时,但凡见到她的人皆会情不自禁喊她"简"。

(二)作为成长小说的《简·爱》①

《简·爱》讲述了孤女简·爱10～22岁期间跌宕起伏、荆棘密布而又拨云见日的成长故事:简·爱出生于一穷牧师之家。父母因染伤寒相继去世,幼小的孤女简·爱被寄养在舅舅家。舅舅里德先生去世后,简·爱过了10年受尽歧视和虐待的生活。一次,由于反抗表哥的殴打,她被关进了红房子(舅舅去世时灵柩停放之地)。肉体上的痛苦和心灵上的屈辱和恐惧,使她大病一场。舅母视她为眼中钉肉中刺,并把她和自己的孩子隔离开来。从此,她与舅母的对抗更加公开和坚决。后来,她被送进了罗沃德孤儿院。孤儿院清规戒律颇多,生活极为艰苦。简·爱在孤儿院继续遭受精神和肉体的摧残。由于生活条件恶劣,经常有孩子病死。简·爱从慈善学校毕业后留校任教两年。她的好友海伦,因为头发事件而受到精神刺激患肺病去世。简·爱厌倦了孤儿院的生活,登广告谋求做家庭教师。桑恩费尔德庄园的女管家聘用了简·爱。庄园的男主人罗彻斯特经常在外旅行,偌大的宅邸只有一个不到10岁的女孩阿戴列·瓦朗居住(罗彻斯特是她的保护人)。她就是简·爱的学生。

---

① [英]夏绿蒂·勃朗特:《简·爱》,黄源深译,南京:译林出版社,2006年。本书凡引自该版的引文,均只标记页码。

一天黄昏,简·爱外出散步,邂逅刚从国外归来的主人罗彻斯特。以后,简·爱发现他性格忧郁、喜怒无常,对她的态度时好时坏。整幢房子沉郁、空旷,有时还会听到毛骨悚然的笑声。一天深夜,简·爱在睡梦中被恐怖的笑声惊醒,发现罗彻斯特的房间着了火。简·爱救了他。罗彻斯特经常举行家宴。在一次家宴上,他向一位名叫布兰契的漂亮小姐大献殷勤。简·爱被叫到客厅,受到布兰契母女的冷遇。她忍受屈辱,离开客厅。此时,她已经爱上了罗彻斯特。其实罗彻斯特也爱上了简·爱,他只是想试探简·爱对自己的爱情。当他向简·爱求婚时,简·爱答应了他。婚礼前夜,简·爱在朦胧中看到一个面目可憎的女人在镜前披戴她的婚纱。第二天,当婚礼在教堂悄然进行时,突然有人指证:罗彻斯特15年前已经结婚,他的妻子就是那个被关在三楼密室里的疯女人。法律阻碍了他们的爱情,两人陷入深深的痛苦之中。凄风苦雨之夜,简·爱离开了深爱着的罗彻斯特。简·爱风餐露宿,沿途乞讨,历尽磨难,最后在泽地房被牧师圣·约翰收留,并在当地一所小学校任教。不久,简·爱得知叔父去世并给她留下一笔遗产。同时,还发现圣·约翰是她的表兄。简·爱决定将财产平分。圣·约翰是个狂热的教徒,打算去印度传教。他请求简·爱嫁给他并同他去印度。简·爱拒绝了他,决定回到罗彻斯特身边。当她返回桑恩费尔德庄园时,发现罗彻斯特在一次火灾中双目失明。简·爱义无反顾嫁给了他,有情人终成眷属……

总之,作品叙说了孤女简·爱从童年、少年至青年早期成长的心路历程。艰难的成长环境磨砺了简·爱坚韧的个性和伟岸的人格。作品再现了她由柔弱的孤女成长为一个具有独立人格、不愿臣服于命运、不肯通过嫁人来改变卑微命运的独立女性的成长心路历程。

(三)简·爱成长之深意的传统解读——女性独立人格成长的楷模

尽管简·爱出身卑微、容貌平平,但她始终不屈从于命运的欺愚,最终通过反抗,获得了人格独立并收获了幸福人生。自作品问世以来,大多数论者盛赞简·爱具有卓越的"精神美"和"道德美",并视其为追求女性独立人格的楷模。这种对简·爱之成长的传统解读,概略说来表现为以下三方面:

1. 艰难困苦,玉汝于成——童年时代的叛逆、反抗

简·爱的反叛意识,在其童年时代初见端倪。困窘的成长环境磨砺了简·爱的心性,深埋在骨子里的傲气与毅力支撑着她些微倾斜的成长天宇。其中,反抗小霸王表哥的暴力,是其童年时代刻骨铭心的事件。寄居舅妈家,面对表哥的骄横残暴,瘦小的她从不退缩。她不惜以卵击石,与表哥扭打,并怒斥:"你是个恶毒残暴的孩子!你像个杀人犯——像个奴隶监工——你像罗马皇帝。"(第7页)对于冷酷、偏心的舅妈,她勇于直言抗辩:"人们满以为你是个好女人,其实你很坏,你心肠很狠。你自己才骗人呢!"(第38页)总之,通过简·爱悲惨的童年生活,读者已能初步了解她反叛性格的基点,以及捍卫独立人格的精神起点。从下面的两段描述中,读者更能真切体察到童年时期的简·爱拥有何等强劲的反抗精神。

> 里德舅舅在天堂里,你做的和想的,他都看得清清楚楚。我爸爸妈妈也看得清清楚楚;他们知道你把我关了一整天,还巴不得我死掉(第28页)。

> "不公呵,不公!"我的理智呼喊着。在痛苦的刺激下,我的理智化作了一种早熟而短暂的力量;决心也同样鼓动起来,激发我去采取某种奇怪的手段,来摆脱难以忍受的压迫,譬如逃跑,要是不能奏效,那就不吃不喝,活活饿死。那个阴沉的下午,我心里多么惶恐不安!我的整个脑袋如一团乱麻,我的整颗心在反抗!然而,那场内心斗争又显得多么茫然,多么无知啊!我无法回答心底那永无休止的问题——为什么我要如此受苦。此刻,在相隔——我不说多少年后,我看清楚了(第28页)。

2. 智慧、孤傲的孤女

对于相当一部分人来说，与其说是被厄运打败，不如说是被自己脆弱的意志摧毁了。不少人面对比自己处境稍好一点的人，便会找不到自信，感觉低人一等，甚至彻底丧失信心。和简·爱相比，那些人最为缺少的便是铮铮傲骨和凛然浩气。在现实生活中，很少有人像简·爱那般处境艰难。作为孤女，她度过了寄人篱下的屈辱的童年。被送进慈善学校后，她的生活处境仍旧没有改观。所幸的是，她在慈善学校里接受了教育，读了不少书，思考了许多重大的人生问题。她步入社会，尽管按世俗标准衡量，她地位卑微，但从教养和心性的成熟度方面考量，她远远高于常人。她有一种独特的气质，一种凛然不可侵犯的高贵气质。在此之前的女性书写中，女性若能获得成功，拥有美貌和优裕的生活环境是必不可少的前提条件。然而，简·爱的出现却颠覆了这一女性书写传统。她不美丽，且地位卑微，甚至还不是典型的淑女。可是，她还是凭借自己独特的人格魅力征服了傲慢的男主人罗彻斯特时。她是独特的，她是智慧的，她是孤傲的，面对一切她都能做到不卑不亢。她还是强大的，尽管外表柔弱，但内心却澎湃着韧劲，还漫溢着天才般的艺术才华和别具一格的生命体验。当她爱上了与自己地位相当悬殊的男主人罗彻斯特时，面对男主人居高临下咄咄逼人的问话，她尽显淡定和从容。表面强势的男主人罗彻斯特产生了挫败感，因为他的每一记重拳犹如砸在厚厚的棉花堆里。作为高高在上的主人，他无法想象自己被一个地位卑微的家庭教师所吸引，更无法想象自己会在气势上被她击败。

3. 比肩而立——追求精神自由、平等——不卑不亢的爱和恨——拒绝同居、私奔

假如你是一介草民，但你发现你竟然爱上了王子或公主，你还会义无反顾追求你想拥有的爱情童话吗？你是否会被"癞蛤蟆想吃天鹅肉"、"乌鸦岂能配凤凰"等古训消磨了锐气？大多数人会知难而退，会在自怨自艾中将缱绻的心事埋藏。然而，简·爱是不肯轻易违背自己心愿的佼佼者。当简·爱发觉自己深深地爱上了男主人之后,在地位如此悬殊的情况下,她却敢于表白,因为她坚信人在精神上都是平等的。在等级观念森严的维多利亚时代,简·爱的言行无疑是惊世骇俗的,甚至是冒天下之大不韪的。在爱情面前,她敢于蔑视权贵的嘲笑和侮辱,敢于坦坦荡荡、毫无愧色地表露自己爱的心迹。当罗彻斯特为了试探她,假意欲娶某贵族小姐,并向其征求意见时,她愤怒地说出了如自己的爱情宣言:

> 你为什么和我讲这些?她和你与我有什么关系?你以为我贫穷,相貌平平就没有情感吗?我向你起誓,如果上帝赋予我财富和美貌,我会让你难以离开我,就像我现在难以离开你一样。可上帝没有这样安排。但我们的精神是平等的。就如你我走过的坟墓,平等地站在上帝面前(第291页)。

在这段独白中,简·爱将其智慧、孤傲、反叛、独立、自由等诸多迷人的品质淋漓挥洒。这段告白的传统解读是:表现了简·爱爱情观的非功利性和精神至上性!当然,还体现了简·爱的阿Q式的精神胜利法。生活中充满了太多的悖论,上帝往往只帮助那些不需要帮助的人。因此,偶尔运用精神胜利法无疑是对心理的缓冲。此外,简·爱的聪明、睿智、会说话,一览无余。什么话都让她说了,不管是好的还是坏的。既承认自己的劣势,又为自己抗争,简·爱为自己捞足了面子。以退为进,以守为攻。而且,她说得天衣无缝。尽管她的假设是不成立的,但她能够自圆其说,罗彻斯特哑口无言。

如果你能力平平,但你还是想取得成功,你该怎么办?不择手段,还是放弃奢望?前者不符合道德伦理,后者沉沦,甘于平庸。如果不甘于平庸,只能做出极端的事情来。这显然是不符合基本人伦的。怎么办?办法就是:准确地评估自己,给自己准确定位;不强迫自己做自己办不到的事;尽最大可能发挥自己的潜能,让自己做到最好。如是,可以无怨无悔!我平庸,但我不甘于平庸;我不能做出惊天动地的事情,但我不放弃追求。这就是所谓的"精神力量",也是简·爱身上所具有的高贵品质。若不择手段达到目的,目的达到后必然会滋生难以承受的失落感。当然,那些自省意识薄弱的人除外。总之,简·爱对自我和独立人格的珍视,甚至达到了自恋的程度。她说:"我是自己的主人。"当她和罗彻斯特的婚礼被毁坏,当她了解了罗彻斯特曾经遭遇的婚姻骗局,当罗彻斯特提议远走法国同居时,她有充足的理由和心爱的人私奔,但她还有一个无法放弃的拒绝理由——"我关心我自己。越孤独,越没有朋友,越没有人帮助,我越要自重"。于是,她经受住了爱情的诱惑而选择了逃离。她的拒绝在一定程度上成就了她作为"精神美和道德美化身"的美誉。

4. 拒绝苟且的爱情——获得完整的爱情——获得人格的独立

简·爱对爱情的忠贞与坚守,历来被众多读者/论者追捧。尽管她拒绝与罗彻斯特私奔、同居,但她并没有放弃对罗彻斯特真挚的爱情。表兄圣·约翰向她求婚,希望她作为他的助手去印度传教。简·爱认可"他是个好人",但她清醒地意识到表哥爱他的传道事业远胜于她。因此,她拒绝了表兄的"无爱之爱"。当然,拒绝表兄的缘由,还因为她清楚自己对罗彻斯特的爱情没有因为分离而失色,反而更加浓郁。她在得知罗彻斯特还有一个合法的发疯的妻子后拒绝了他的爱,她不愿当情妇,她需要拥有真正意义上的完整爱情。但是,当她追随自己内心对爱的呼唤,风尘仆仆回到罗彻斯特身边时,发现庄园在大火中化为灰烬,罗彻斯特双目失明,她毅然决然选择了留下。她对他的爱没有因为时空隔阻、贫穷富贵而转移,她如同殉道般坚守着自己真挚的爱情,从而获得了独立的人格。

(四)简·爱真是追求人格独立的新女性?

一个时代有一个时代的文学。探究一部文学作品不应脱离时代语境固然重要,但受制于时代显然有碍对作品研究的广度、深度。《简·爱》所塑造的简·爱这一女性形象,在那个时代无疑具有先锋意识,此前的文学形象中鲜有独特、丰满的新女性。然而,如同任何一个人都不可能十全十美一样,在当下的语境中考察简·爱这一文学形象,不难发现其具有那个时代的女性固有的瑕疵。因此,本书对简·爱被历代研究者所赋予的"女性独立人格成长之代言人"意义表示怀疑。

1. 简·爱对罗彻斯特的爱有没有瑕疵?

不可否认,简·爱深爱罗彻斯特,不管他是富贵还是贫穷,无论他是健康还是残缺,她做到了"不抛弃不放弃",人世间最为动人的爱情莫过于此。然而,仔细探究,简·爱对罗彻斯特的爱不但不完美,甚至存在相当大的瑕疵。她不是口口声声说"精神平等"吗?她明明深爱着罗彻斯特,也知道罗彻斯特深爱着她。但是,当她得知罗彻斯特隐秘的不幸遭遇时,她做什么了?她应该留下来,帮助心爱的人渡过难关。可是,她却毅然决然离开了。离开的理由是什么?仅仅是追求独立、自由?事实上,她不愿意私奔,这"不愿"所隐含的心理动机明显是趋利避害,不愿背负道德的骂名——非婚同居。她生活在维多利亚时代,在一定程度上可以理解她的选择。但是,她的选择明显和她一贯标榜的无功利的爱情自相矛盾!不是吗?这个依然未能完全超越虚伪、功利的简·爱!

或许一些读者会反问,简·爱最后不是回到罗彻斯特身边了吗?罗彻斯特已成废人,她还爱他,这难道不是真爱吗?问题恰好也就出在这里。当她再次返回桑恩费尔德庄园时,罗彻斯特已一无所有。而简·爱呢,否极泰来,既拥有令人欣羡的财富,且将拥有她曾经想得到的爱情。她选择留了下来,以拯救者的姿态接纳了罗彻斯特,在收获爱情的同时也收获了一座辉煌的道德丰碑。如果罗彻斯特拒绝吃软饭,拒绝她的怜惜,结局会怎样?或许一些读者会说,罗彻斯特是真的爱简·爱呢。越是爱一个人,就不能成为爱人的拖累。人家爱你,你却成了人家的沉重负担(甚至是不幸福的根源),这不是恩将仇报吗?试想,假如简·爱没有继承一大笔从天而降的遗产,那又是什么样的结局?她所谓的自尊心还能驱使她返回罗彻斯特身边?她冥冥中还能感应到罗彻斯特的呼唤吗?

2. 简·爱是真正的追求平等、自由的新型、独立女性吗?

不是,甚至根本就不是!读者或许要问:她一直在反抗啊?请仔细想想,她反抗的是什么?个人的反抗,对!还有对人格和自尊的维护,也对!这也正是她的可爱之处!如果连这点都做不到,她还有资格成为文学史上的经典人物形象?这是任何一个稍有自我意识的人都应该具有的素质,这是上天赋予我们的基本人权!

许多论者纵情赞美简·爱具有卓越的道德美,何故?仅仅因为她拒绝私奔和同居?她和罗彻斯特私奔了或者同居了就不具有道德美了?道德是什么?是一种意识形态,对!可是,在特定的语境下,某些道德观念是可怕的、不人道的。私奔和同居好不好,还得回到当时的语境,还得看是什么原因造成他们这样做(这和我们这个时代所流行的同居是有本质区别的)。罗彻斯特的婚姻是一场商品交易,他是无辜的受害者。在当时的情况下,他不私奔或同居,那就只能忍受一辈子无爱的生活,这是不是太残忍了?他有权追求自己的真爱。如果说他喜新厌旧,那就另当别论。可是,他不是这样的。而简·爱呢?她丝毫不考虑罗彻斯特的感受和处境,只考虑自己的名声。她对当时的体制不但不反抗,反而像羔羊一样顺从,甚至以抛弃自己的爱情为代价。事实上,她也付出了选择失误的代价,那就是把自己美好的爱人变成了一个残损的人(如果私奔了,罗彻斯特也许就不会遭受家破人毁的厄运)。这不就是自虐吗?何苦!何必!当然,她是心安理得的。也许她权衡过,毕竟选择私奔和同居所付出的代价,要比离开罗彻斯特大得多。这不能不说是简·爱的世故和圆滑。

名声为何物?许多时候它是非人性的,甚至是伦理道德的帮凶。尤其是单方面要求女性贞洁,映衬出男性话语霸权。和我们这个时代的女性比起来,简·爱的反抗实在是软弱无力的,尽管我们不应该脱离时代语境来评判她。不过,我们可以从中发现古今女性独立意识的差异。比如舒婷在其诗歌名作《神女峰》中所高扬的"女性意识"——"与其在悬崖上展览千年/不如在爱人的肩头痛哭一夜",直呼要什么贞节牌坊？都是虚名,最需要的是作为一个有血有肉的女人的最世俗的爱欲！

因此,说简·爱是独立的新女性的确值得商榷,只能说她在某些方面具有反抗意识。

3. 简·爱最终得以完成成长有多少必然性？

在成长过程中,简·爱不缺乏顿悟。然而,真正改变简·爱命运的,不是她的顿悟,也不仅仅是她个人的努力,还离不开上苍的眷顾。像天上掉馅饼一样,她突然继承了一大笔遗产。如果没有这笔遗产,她的成长显然应该是另一种结局。因此,在我们的成长过程中,我们一定要明白:三分天注定,七分靠打拼。我们用尽心力,实在无法取得成功,干脆就把责任推给命运好了。人总得给自己一个台阶下,否则,就没有活路了。一句话,简·爱的成功和"丑小鸭"、"灰姑娘"的成功异曲同工。

三、艾米莉·勃朗特:书写成长景观的集大成者

如果说《简·爱》是俗文学中的精品,那么《呼啸山庄》[①]则是雅文学中的曲高和寡之作。与《简·爱》重在书写女性独立人格的成长和追求精神平等不同,《呼啸山庄》则是诸多成长景观的集大成者。笔者认为,迄今为止,《呼啸山庄》所展现的博大、恢宏的成长景观,除了中国作家曹雪芹的《红楼梦》中所书写的成长状貌之外,无有出其右者。

《呼啸山庄》曾译作《咆哮山庄》,"咆哮"一词并不妥帖,因其更具动物性。而"呼啸"既能表达出险恶、凶猛之意,又与"山庄"这一自然生态相吻合,更具文学意味。这部蜚声世界文坛的经典名著,研究者历来多从传统小说的维度进行探究,研究论著可谓汗牛充

---

①[英]艾米莉·勃朗特:《呼啸山庄》,杨苡译,南京:译林出版社,2006年。本书凡引自该版的引文,均只标记页码。

栋。而本书主要从"成长小说"视阈予以深度解读,以期发掘出其又一艺术宝藏。

(一)艾米莉·勃朗特其人其文

艾米莉·勃朗特(1818~1848),系英国文学史上蜚声世界文坛的"勃朗特三姐妹"中的老二。一代才女,因肺痨死于华年。她的父亲是一个贫穷乡村牧师,少女时代的她时常做家庭教师贴补家用。9岁那年,母亲辞世。闲时,几姊妹以杜撰故事自娱。她唯一的弟弟因吸毒、酗酒染肺病而殁。因哀悼弟弟早夭,她忧伤成疾。弟弟死后的第二年,她便芳魂消散。在她死后的第二年,她的小妹妹也告别了人世。她的大姐活得最长,也不过39岁。据说,一位华裔作家考察过她的故乡,发现她曾经生活的那个村庄水资源极度匮乏,人们时常不得不饮用大量病菌肆虐的脏水。当时医疗水平低下,当地居民平均寿命不足26岁,大约42%的人活不过6岁(她的父亲居然活到了85岁高龄,不能不说是一个奇迹)。死亡,显然是艾米莉生活中习以为常的事情。可想而知,面对正值盛年的亲人之死,其内心的抑郁、熬煎难以名状。

艾米莉·勃朗特遭逢乱世,她大致生活在"维多利亚时代"(1837~1901)早期,该社会以注重"纯洁"和"贞操"而著名,非婚生育被严格控制,资本主义在发展过程中暴露出各种弊病。劳资冲突尤为剧烈,许多童工被折磨致死,社会动荡不安。她不懂政治,却有着关心政治的勃勃激情。她生性敏感、自尊心强,外表沉静,内心却热情似火,柔弱的身体里澎湃着强悍的艺术感悟力。1846年,她曾自己筹款以假名出版了诗集"Poems"。有道是"焚棋煮鹤时常有,怜香惜玉有几人",该诗集仅售出2本。虽乏人问津,但丝毫不能掩盖她的诗歌才华。

> 我是唯一的人,命中注定
> 无人过问,也无人流泪哀悼;
> 自从我生下来,从未引起过

> 一线忧虑,一个快乐的微笑
>
> 在秘密的欢乐,秘密的眼泪中,
>
> 这样变化多端的生活就这样滑过,
>
> 十八年后仍然无依无靠,
>
> 一如在我诞生那天同样的寂寞……
>
> ……
>
> 然而,如今当我希望过歌唱,
>
> 我的手指却拨动了一根无音的弦;
>
> 而歌词的叠句仍旧是
>
> "不要再奋斗了",一切全是枉然。
>
> ——1837年8月

这是艾米莉·勃朗特少女时代所写的诗作,不要说这不过是一个少不更事的女孩"为赋新词强说愁"。家贫、丧失至亲之痛,哀思和悲伤都不过是她自己的事情,无人过问无人分担亦无人分享。加上天才诗人的敏感、落寞,知音难觅之叹便水到渠成,不吐不快。不像现实生活中的平庸之辈,一抬眼就能找到所谓的"朋友"。许多人甚至滥用"知音"等字眼,仅将其当作交谈的客套,实为对这些词语的亵渎。天才注定是寂寞、忧郁的,甚至与周遭格格不入。因此,她自然而然发出了窥破红尘之叹,"'不要再奋斗了',一切全是枉然"。诚然,一个人的深刻与否许多时候与年龄难成正比,比如,张爱玲在18岁时就慨叹:生命是一袭华美的长袍,上面爬满了虱子。

《呼啸山庄》是艾米莉·勃朗特唯一的小说,1847年出版。当与其同时出版的夏绿蒂·勃朗特的小说《简·爱》声名鹊起时,《呼啸山庄》却无人喝彩。她的姐姐夏绿蒂·勃朗特亦难以理解其作品的深邃内涵,这曲高和寡的悲哀浸透骨髓。"是金子总会闪光",百余年后,《呼啸山庄》的璀璨光芒穿透了岁月尘埃,荣膺"19世纪西欧文学的扛鼎之作"、"19世纪最奇特的小说"等称号。

而今,艾米莉·勃朗特和她的《呼啸山庄》广受赞誉。英国著名诗人、评论家马修·阿诺德说:"她的忧伤、热情和大胆,在拜伦死后无人可比。"①英国著名作家毛姆声称:"我不知道还有哪一部小说能把爱情的痛苦、迷恋、残酷、执着如此令人吃惊地描述出来。《呼啸山庄》使我想起埃尔·格里科的一幅伟大的绘画:乌云笼罩下的昏暗的荒瘠土地,雷声隆隆拖长了东倒西歪的憔悴人影。他们仿佛被一种不属于尘世间的情绪弄得恍恍惚惚,他们屏息着。铅色的天空掠过一道闪电,给这一情景加上最后一笔,增添了神秘和恐怖。"②英国作家弗吉尼亚·伍尔芙认为,"当夏绿蒂写作时,她以雄辩、光彩和热情说'我爱'、'我恨'、'我受苦'。她的经验虽然比较强烈,却是和我们自己的经验都在同一水平上。但是在《呼啸山庄》中没有'我',没有家庭女教师,没有东家。有爱,却不是男女之爱。艾米莉被某些普遍的观念所激励,促使她创作的冲动并不是她自己的受苦或她自身受损害。她朝着一个四分五裂的世界望去,而感到她本身有力量在一本书中把它拼凑起来。那种雄心壮志可以在全部小说中感觉得到——一种部分虽受到挫折,但却具有宏伟信念的挣扎。通过她的人物的口说出的不仅仅是'我爱'或'我恨',却是'我们,全人类和你们,永存的势力……'"③《简·爱》与《呼啸山庄》的差异在于:前者书写的是个人的爱,后者书写的是普遍的爱;前者书写的是小爱,而后者书写的是大爱;前者书写的是平庸的爱,而后者书写的是极端的爱;前者书写的是简单的爱,而后者书写的是深邃的爱。

(二)作为经典的成长小说

《呼啸山庄》讲述了一个错综复杂、令人扼腕的爱恨情仇的故事:

呼啸山庄庄园主恩萧先生生有一子(辛德雷)一女(凯瑟琳)。一次,他从利物浦带回一个流浪男童(希刺克厉夫)。恩萧先生对希刺克厉夫百般呵护,胜过亲生子女。希刺克厉夫因此遭受辛德雷和

---

①②③[英]艾米莉·勃朗特:《呼啸山庄》,序言,杨苡译,南京:译林出版社,2006年。

凯瑟琳的妒忌,被视作夺取他们父爱的敌人。童年时代希刺克厉夫受尽了他们(包括仆人)的折磨。随着时间流逝,年龄相近的凯瑟琳和希刺克厉夫成了亲密的玩伴,两小无猜,爱情的种子悄然萌芽。恩萧先生去世后,辛德雷把希刺克厉夫当作仆人使唤。

距离呼啸山庄约4英里的画眉田庄的庄园主林淳先生,育有一子(埃德加)一女(伊莎贝拉)。一次偶然的机会,两家的孩子相识,并成为好朋友。凯瑟琳虽然深爱希刺克厉夫,但她明白希刺克厉夫不能带给她安逸的生活。她试图通过与富有的埃德加结婚,从而帮助希刺克厉夫改变卑微的命运。希刺克厉夫难以吞咽凯瑟琳的背叛,负气离家出走,3年音信杳无。这期间,凯瑟琳嫁给了埃德加,辛德雷也娶妻生子(哈里顿)。3年后,希刺克厉夫突然归来,摇身成为一个富有伟岸的男子。面对深爱着的丈夫和情人,凯瑟琳难以取舍,挣扎于巨大的情感旋涡中一病不起,很快去世。死前,她生下了女儿小凯瑟琳。凯瑟琳亡故后,没有任何念想的希刺克厉夫开始展开一系列疯狂的复仇计划。他先是骗取了伊莎贝拉的爱情,并百般折磨她,直到她逃出呼啸山庄,远走伦敦。希刺克厉夫和伊莎贝拉育有一子,取名小林淳。辛德雷因妻子早逝而消沉,终日酗酒、赌博。希刺克厉夫借给他钱赌博,并成功地把呼啸山庄据为己有。希刺克厉夫还教唆辛德雷的儿子哈里顿不学好,并把辛德雷和哈里顿当奴仆役使。后来,辛德雷酗酒身亡。12年后,伊莎贝拉去世,弥留之际托人将年幼的儿子小林淳送回画眉田庄。

体弱多病的小林淳和小凯瑟琳一见如故。希刺克厉夫名正言顺取得了小林淳的监护权,并把他带回呼啸山庄。希刺克厉夫很不喜欢这个病恹恹的孩子,但把他作为进一步复仇的工具。他让小林淳娶小凯瑟琳为妻,并百般折磨小凯瑟琳。在埃德加去世之后,希刺克厉夫把画眉田庄据为己有。小林淳死后,寡居的小凯瑟琳与表兄哈里顿结成同盟。当年的仇人一个个魂归天国,复仇成功的希刺克厉夫并没有得到快乐,他仍旧是孤独的。他徘徊在荒原上,终日流连于凯瑟琳的坟茔前。一次,当他对小凯瑟琳施暴时,他在她的眼睛里看见了初恋情人凯瑟琳的影子。他再没有报复的欲望了,彻底绝望,不久暴病而亡,被埋葬在凯瑟琳夫妇身边。他们虽然长眠,但灵魂未必能安息……

毋庸置疑,从成长小说维度观照《呼啸山庄》,其乃一部经典的成长小说。作品中的成长主人公几乎是清一色不满20岁的年轻人,通过讲述他们少年时期的情爱故事,从而描摹出他们复杂的成长风景。作为主要成长主人公的希刺克厉夫和凯瑟琳初遇时,希刺克厉夫8岁,凯瑟琳6岁。凯瑟琳18岁出嫁,23岁死亡。尽管作品表现了希刺克厉夫从8岁至40岁的成长历程,但其少年和青年时期与凯瑟琳之间发生的情殇无疑是作品叙述的高潮部分。这些成长主人公为爱而生为爱而死,享受了短暂的爱的甜蜜,却忍受绵长的爱之痛苦。因爱而生恨,因爱而背叛,越爱越恨,越恨越爱。爱在复仇中毁灭,爱在毁灭中得以升华、永恒。以前面所阐述的成长小说审美定义观照,《呼啸山庄》无疑是一部经典的成长小说文本。

(三)诸种成长景观的集大成者

如前所述,成长小说中成长主人公的成长状态大致分为三种,即长大成人,成长完成;成长延宕,已具备长大成人的可能;拒绝成长,成长夭折。按照这一理论观照,《呼啸山庄》着力刻画的形形色色的成长主人公的成长状貌,无疑是上述三种成长趋向的再现。从此种意义上说,《呼啸山庄》浓缩了所有成长主人公的成长景观,如同一座高度微缩的成长百花园。

1. 成长的接力与长大成人

与此前任何一部成长小说相异之处在于,《呼啸山庄》在描写成长主人公长大成人的景观时,展现出一种与众不同的成长过程——成长接力。也就是说,作为作品中着重描写的一号成长主人公凯瑟琳,她的成长的完成是通过女儿小凯瑟琳来实现的,即母女两代人共同完成了成长。在描写这对母女时,作者艾米莉颇费机巧。母女俩不但容貌神似,而且展现在读者面前同为青春年少。此外,她们的名字也意外地相同。对于凯瑟琳来说,她在即将完成成长之时夭亡。她聪明、睿智、敏感,充满了旺盛的生命活力。缺失父爱和母爱的成长环境,磨砺了她早熟的心性。尽管她非常清楚她和希刺克厉夫彼此深爱对方至骨髓,但热恋中的少女鲜有的理智警示她,她无论如何都不能嫁给希刺克厉夫。在暴君哥哥当家做主的呼啸山庄里,她若一意孤行嫁给希刺克厉夫,无疑是惹火烧身、飞蛾扑火,最终会毁灭自己和所爱的人。于是,她强迫自己忍受着抛弃心上人的痛苦,毅然决然嫁给了埃德加。凯瑟琳对于婚姻的俯就,显然是一种世俗选择。按世俗观念评判,她的选择无疑是明智的,顺应了趋利避害的现实生活原则,似乎无可厚非。聪慧的她何尝不明白,按照希刺克厉夫当时的处境,他们绝对不可能走到一起。即使像中了头彩一样有幸牵手,他们也难以过上幸福生活。因此,她理性地违背了自己的心愿,睁着眼睛往火坑里跳。正因为她对婚姻的妥协和对爱情的背叛,她的成长没有完成,无法真正长大成人。尽管她背叛爱情的初衷是为了拯救他们的爱情,试图通过嫁给富有的埃德加而帮助希刺克厉夫摆脱贫困,能让他享受教育而成为像埃德加那样的绅士。尽管她看穿了希刺克厉夫疯狂的复仇阴谋,并竭力反对意乱情迷的小姑子伊莎贝拉嫁给希刺克厉夫。然而,她的阻止是苍白无力的,犹如螳臂当车。事实上,呼啸山庄和画眉田庄的悲剧,从她选择嫁给埃德加的那一刻起就注定了。而且,她明明知道若她还在人世,希刺克厉夫一定会感念旧情而多少收敛起疯狂复仇的野心。她也深知她不能死,一旦她撒手尘寰,两个山庄注定会落入虎口。为了两个山庄的命运,为了山庄里那些受他们牵连的所有无辜的人,她说什么都应该顽强地活下去。然而,这个聪明绝顶的奇女子最终还是没能闯过爱情的火焰山,在希刺克厉夫残酷的爱情的炙烤之下一命呜呼。用"死不瞑目"来形容她,应该是最为准确的,她的灵魂注定难以安歇。

所幸的是,凯瑟琳看似夭折的成长,却因她的女儿小凯瑟琳的成长而得以继续。这位在各个方面与母亲如出一辙的成长者,尽管不如母亲世故,却具有比母亲更为坚韧更为强大的理性意识。她的遭遇比母亲更为凄惨,承受肉体和精神上的双重折磨。面对呼啸山庄凛冽的风暴,面对如约瑟夫般阴鸷的仆人,面对自私自利手无缚鸡之力的丈夫,面对变态的公公希刺克厉夫的折磨,她都坚韧地扛过去了。钢铁般的理性和意志,支撑着她风雨如晦的成长。苦难的岁月教会了她忍耐,给予她智慧。当无力用身体反抗时,她学会了用不屈的眼神宣泄愤怒与蔑视。她还学会了审时度势,利用同龄异性天然的亲近感逐渐联合同为"受侮辱受损害者"的表兄哈里顿,反抗日渐衰老的希刺克厉夫。最终,她找到心灵的皈依。她不动声色地反抗,令希刺克厉夫自动放弃了施暴的冲动。至此,呼啸山庄和画眉田庄漫长的寒冬渐渐远去,小凯瑟琳成为振兴两个山庄和两个家族举足轻重的人物。这是一个真正的奇女子,在经历了冰火两重天之后得以凤凰涅槃长大成人。这接力般的成长,由母女两代人共同完成,读者因此在绝望的呼啸山庄里窥见了些微亮光。

2. 成长的延宕、顿悟与毁灭

另一个重要的成长主人公希刺克厉夫的成长之旅殊为特殊。作为流浪儿的他曾饱尝人间悲苦,心中鲜有温情。哪怕幸运地来到呼啸山庄,他的童年和少年生活仍旧灰暗。童年时期,因为老恩萧先生的特别宠爱,他招致辛德雷和凯瑟琳的嫉妒。年长的辛德雷更是百般羞辱他,仆人也嫌弃他来路不明。童年的创伤奠定了其一生灰暗的底色,仇恨的种子早已埋藏在他幼小的心灵里。加上青春岁月中遭遇的情殇,仇恨的火焰熊熊燃烧。当他心爱的凯瑟琳死后,他的仇恨空前膨胀,开始了一系列令人咋舌的复仇行为。是仇恨,扭曲了他的人格和人性;是仇恨,扭曲了他的成长;是仇恨,推迟了他长大成人的佳期。当他把一个个仇人玩弄于股掌,当他把一个个仇人折磨得生不如死,当他目睹一个个仇人魂归天国,当他再也找不到复仇的快感时,他才失去了复仇的欲望。一旦他丧失了复仇的激情,他那长期被扭曲的人性才慢慢复归常态。直到40岁,他才迎来了成长的契机。当他又一次举起拳头粗暴地砸向小凯瑟琳时,他突然在她的眼睛里看见旧情人凯瑟琳的影子。拳头在空中凝固不动,他的精神随之崩溃。他开始回到人间,开始脱下魔鬼的外衣,慢慢找回了被弃已久的人情和人性。这是他一生中最为精彩的一次顿悟,他终于得以长大成人。然而,这个可怜、可恨、可悲、可叹、可敬的成长者,这个一直靠复仇而活着的成长者,一旦丧失了复仇的冲动,他的生命也就开始萎缩,死亡步步逼近。令人倍感遗憾的是顿悟让他由魔鬼变成了人,而顿悟也意味着他的毁灭——他在毁灭中完成了一直被延宕的成长。纵观世界成长小说史,迄今为止,还没有哪个成长主人公的成长被描写得如此复杂、纠结、深刻、跌宕、悲情和诡谲。这个集魔鬼与天使于一身的成长主人公,因此成为世界成长小说史上"独特的这一个"——难以复制,甚至难以超越。

3. 如期长大成人

在《呼啸山庄》里,伊莎贝拉不过是一个小人物,作者在其身上并未耗费多少笔墨。然而,若从成长视阈审视,这一人物形象无疑具有重大的意义。成长于《呼啸山庄》中的众多成长者,成长状貌可谓琳琅满目。要么拒绝成长,成长夭折;要么一直处于延宕状态,无法按时长大成人;即或歪歪扭扭长大成人,却因错过了化蛹为蝶之佳期,使得成长伤痕累累,为长大成人之后的人生蒙上了难以驱散的阴影。然而,伊莎贝拉这个成长者的出现,却弥补了《呼啸山庄》中所缺失的一种成长景观——按时长大。她在情窦初开的季节不幸疯狂地爱上了一个不该爱的人——希刺克厉夫,凭着初春少女浓烈、单纯的情思,她不顾嫂子凯瑟琳的百般劝阻,飞蛾扑火般与希刺克厉夫私奔,噩梦从此没完没了。以复仇为唯一生活目标的希刺克厉夫,自然把她当作泄愤的工具。怀着满腔真挚爱情的她却误入虎穴,成为最无辜最无助的羔羊。挣扎于深不可测的爱情陷阱之中,在悔恨与屈辱中怀孕生子,其身心所遭遇的创痛难以名状。然而,这只坠入深渊的羔羊不愿沉默,不肯坐以待毙。面对呼啸山庄凛冽的风暴,面对比风暴更为可怕的希刺克厉夫,她凭着那个时代女性鲜有的智慧和勇敢,成功地携带儿子逃出了地狱般的呼啸山庄,摆脱了恶魔般的丈夫。她的反抗是坚决的、智慧的！当然，更为重要的是，她取得了成功。面对厄运，她不肯低下高贵的头颅，不肯在妥协中逆来顺受。她那令许多须眉难以望其项背的人格力量和觉醒意识，已宣告了她成长的完成——如期长大成人。唯因如此，她亦成为《呼啸山庄》里不可忽略的人物形象。

4. 成长的拒绝与夭折

在《呼啸山庄》中，辛德雷和小林淳无疑是"拒绝成长"的典型，尽管他们"拒绝成长"的原因不尽相同。作为呼啸山庄名正言顺的继承人，辛德雷本可以弘扬父辈基业，然而，他不过是一介莽夫，是十足的扶不起的刘阿斗。从某种程度上说，呼啸山庄和画眉田庄所遭受的厄运，是由他的莽撞无能无为所致。即或在童年时期，尽管他年长于希刺克厉夫，且各方面条件皆优于希刺克厉夫，但占尽优势的他就是无法在和希刺克厉夫的争斗中成为最后的胜利者。最为典型的事件要数争夺小马。老恩萧先生为三个孩子分别买了一匹小马，希刺克厉夫不小心弄瘸了自己小马的一条腿。他无理要求辛德雷与其交换小马，遭到了辛德雷的辱骂和毒打。然而，他面不改色固执地胁迫辛德雷就范："你非跟我换马不可。我不喜欢我的了。你要是不肯，我就告诉你父亲，你这星期抽过我三次，我还要把我的胳膊给他看……"(第33页)打小希刺克厉夫便在逆境中学会了不择手段达到任何目的。尽管恩萧先生去世后辛德雷成为山庄的新主人，尽管他对希刺克厉夫变本加厉地虐待，甚至严酷地阻止他和凯瑟琳交往，但是，他的所作所为不过是匹夫之勇。随着妻子因生产而死，他沉陷于对亡妻的思念之中不能自拔，终日以酒浇愁，浑然不觉更为惨烈的灾难与悲苦已经逼近呼啸山庄。这个心性始终处于青黄不接状态的成长者，至死还浑浑噩噩。他未完成的成长，随着他的英年早逝而终止。无独有偶，小林淳的成长与辛德雷的成长殊途同归。

(四)成长书写的深意及其他

《呼啸山庄》是经典的成长小说范本,蕴藉着超越于成长事件的旨意。其中,最为独到的是对"成长与爱"、"成长与人性"的深度阐释与追问。

1. 成长与爱——背叛、复仇、毁灭、死亡、永恒和安而不息——爱之深,恨之切

通过书写一个个令人愁肠百结、令人扼腕叹息的成长故事,《呼啸山庄》诠释了一种拒绝平庸的爱——希刺克厉夫与凯瑟琳之间的旷世绝恋,尽管短暂,但不求天长地久,不分昼夜,不顾世界的存在,爱到只有爱,爱到仇恨横溢,爱到生死契阔,爱到魂归洪荒。爱在纵横交错、错综复杂、风声鹤唳的矛盾冲突中怒放、枯萎。如昙花,似烟花,悲壮的辉煌,令人扼腕的炽烈。

你现在才使我明白你曾经多么残酷——残酷又虚伪。你过去为什么瞧不起我呢?你为什么欺骗了你自己的心呢,凯蒂?我没有一句安慰的话。这是你应得的。你害死了你自己。是的,你可以亲吻我,哭,又逼出我的吻和眼泪:我的吻和眼泪要摧残你——要诅咒你。你爱过我——那么你有什么权利离开我呢?有什么权利——回答我——对林淳存那种可怜的幻想?因为悲惨、耻辱和死亡,以及上帝和撒旦所能的一切打击和痛苦都不能把我们分开,而你,却出于你自己的心意,这样做了。我没有弄碎你的心——是你弄碎了的;而在弄碎它的时候,你把我的心也弄碎了。因为我是强壮的,对于我就格外苦。我还要活吗?那将是什么样的生活,当你,——啊,上帝!你愿意带着你的灵魂留在坟墓里吗?……我饶恕你对我做过的一切事。我爱害了我的人——可是害了你的人呢?我又怎么能够饶恕他?(第150页)

感天动地的爱恋却换不来一生一世的相依相守,于是,情感便过度失位(这是高明的小说家最高明的"变态"手法),情感越错综复杂,命运就越阴差阳错,心灵则越苦苦挣扎……所有芜杂的情感历险淋漓恣肆于字里行间,一如呼啸山庄狂暴不羁的风雨。爱是什么?爱是前世未了的一段孽缘?所谓"不是冤家不聚头"!相爱的人本应息息相通,事实上往往并非如此。彼此猜忌、误解、倾轧、伤害……正如某一首流行歌曲所唱的那般:"我深爱的人,你伤害我最深。"这是何等令人迷惑令人痛苦的现实境遇!相爱的人竟然如此,更何况保持着普通关系的人了。因此,德里达悲观地说,人与人之间就连普通的对话都充满了误解。比如,今天天真冷?这句话并不准确,因为你是说的北半球呢还是南半球?还有那个著名的脑筋急转弯,"树上一只鸟,开枪打死了一只,还剩几只?"(据说有50多种答案)。究竟什么是真爱?或许真可谓"爱在别处"?爱的最高境界就是不爱。

2. 成长与人性——爱让人性扭曲、复活

在极端变态的成长环境中,所有成长者的成长无一例外都遭逢了变异,成长中的人性皆遭逢了程度不等的扭曲。如若艾米莉·勃朗特仅仅把人性的成长写到无以复加的扭曲程度,也许并不能让《呼啸山庄》成为具有不可复制的成长小说经典。其卓尔不群之处恰好在于,她让被扭曲到无以复加程度之人性在顿悟中逐渐回归常态。如果说因为真爱被扼杀而令希刺克厉夫产生了变态的复仇行为,那么真爱的美好辉光又将其变态的人性引回正常的轨道。艾米莉·勃朗特让《呼啸山庄》最重要的成长主人公希刺克厉夫顿悟——悲悯仇人。悲悯仇人,是一种高贵的人性。而"以牙还牙",显然是动物性的表征。宽恕他人,就是宽恕自己,解脱自己,让自己获得自由。如同著名影片《辛德勒名单》中辛德勒对嗜杀成性的纳粹头目的劝诫那般:"真正有权力的人不是去杀人,而是在可以杀人的情况下不杀人,赦免枪口下的人,对他说'我赦免你!'"这个把复仇作为生活目标一意孤行的复仇者,当复仇目标实现之后,必然会感受到巨大的心理落差。从某种意义上说,人生的真谛在于追求内心的和谐、宁静、从容、淡定,颐享难能可贵的短暂性的一次性生命。

3. 成长书写与卓尔不群的"雅文学"

《呼啸山庄》描写的是成长中的"爱情"故事,但非尘俗中的爱情神话。它不同于庸常的才子佳人类故事,亦不同于庸常的男欢女爱的描写。既彰显了爱情的神圣、崇高,又镂刻出爱情的邪恶、阴险。作者的高明之处还在于,并非让二者水火不容,而是将其并置,让其集中体现在成长主人公希刺克厉夫身上。希刺克厉夫的爱犹如一株美丽的红罂粟,抑或是一只美丽的绿苍蝇。同时,通过男欢女爱展现深邃、复杂、幽微、斑驳的人性之美之丑之善之恶,在一定程度上回答了什么是爱情什么是人性什么是善良什么是邪恶等终极性命题。《呼啸山庄》无疑是恢宏、博大的,将一个形而下的题材写出了形而上的高度。它既不失感性,又不乏理性;既能令读者一掬悲欢泪,又能引领读者深思,100多年来令一代代读者折腰。这便是文学的穿透力。因此,一些论者称其为"文学中的斯芬克斯"、"最宏伟的爱情史诗"。

4. 成长叙事的复调——多重讲述者的讲述,增加了作品的叙事深度

艾伦是凯瑟琳的叙事替身。艾伦是管家、保姆,在相当大的程度上充当了凯瑟琳母亲的角色。艾伦见证了凯瑟琳等的成长,由她来充当文本中的主要叙述者,符合成长小说的"亲历性"美学特征。若没有艾伦这一叙述者,成长主人公之间发生的许多隐秘性事件就无法铺陈开来。从某种意义上说,艾伦既是旁观者,又是成长叙事的亲历者或代替者。《呼啸山庄》中的第二叙述者是房客洛克乌德先生,他的讲述无疑增加了作品的理性和客观性。洛克乌德先生以局外人的身份,窥视发生在呼啸山庄和画眉田庄里的一系列匪夷所思、扑朔迷离的成长故事。事实上,作为"外来客"的这位叙述者不全是局外人,自从来到诡异的呼啸山庄租住之日起,他在好奇心的驱使下不由自主沉陷于各种芜杂的成长故事中。他时不时地代作者艾米莉·勃朗特说话,如果艾米莉·勃朗特不设置这样一位讲述人,直接站出来发表观点,无疑有损作品的艺术感染力。高明的作者总是尽可能让人物自己说话,而不是代人物说话。作者跳出文本,让读者自己去感受。因此,罗兰·巴特说,文本写好后,作者就死了。此外,作为第二讲述人,洛克乌德先生的讲述对于女仆艾伦的讲述显然是一种补充。因为艾伦不识字,她自然无从了解凯瑟琳少女时代读过什么样的书,也就无法洞悉凯瑟琳成长的心路历程。是洛克乌德先生在凯瑟琳被尘封的闺房里发现了她少女时代所读的文学作品,在那些斑驳的批注里发现了这位初春少女满怀情思——书页的空白处密密麻麻地写着"凯瑟琳和希刺克厉夫",从而佐证了凯瑟琳曾对艾伦说过"我就是希刺克厉夫,希刺克厉夫就是我"。此外,作者艾米莉·勃朗特作为一个潜隐的讲述者,始终不动声色地躲藏在文本后面。她是真正意义上的全知全能的第三人称讲述者,是《呼啸山庄》讲述者的总导演,好比同时操控着三台摄像机,窥视生活在两个山庄里的形形色色的成长者纷繁的成长风景。三个讲述者全方位、多角度的深度讲述,无疑增加了文本的叙事广度和深度。

5. 纵横交错的结构,处于变化之中的人物个性,过去进行时与现在进行时相呼应,情节跌宕起伏,扑朔迷离,如同迷宫

《呼啸山庄》的叙事时态一直处于变化之中,倒叙、正叙与"倒倒叙"①相连接。文本开篇,洛克乌德先生遇到希刺克厉夫,是正叙。文本结尾,洛克乌德先生伫立于希刺克厉夫等人的坟墓之前,仍属正叙。然而,在文本之中,作者对形形色色的成长主人公的成长状态,运用了倒叙和"倒倒叙"加以叙说。事实上,凯瑟琳和埃德加在故事开始时就已作古;文本结束之时的另一个死者希刺克厉夫在故事开始时还活着,他在故事结尾时才死去。这种叙述的时间差,产生了叙事的无穷魅力,即读者能够见证希刺克厉夫这个成长主人公完整的成长过程。如果文本一开始就设置希刺克厉夫已死,故事的

---

① 这个概念由本书作者自造,用来表示倒叙中的倒叙。

结局自然就平淡得多。因为所有人物的命运走向在文本开始时就一目了然,作品对读者的阅读吸引力自然会大打折扣。如同巴赫金所说,常规小说的人物性格是凝固的,没有变化。而成长小说中的"主人公的形象不是静态的统一体,而是动态的统一体。主人公本身的性格在这一小说的公式中成了变数,主人公本身的变化具有了情节意义"。[①] 至少在希刺克厉夫这个人物身上,读者可以清晰地感觉到他成长变化的清晰历程。而其他人物的性格变化,或者不明显,或者没有变化,唯有希刺克厉夫的变化一直延续到文本结束。可以说,希刺克厉夫是《呼啸山庄》中塑造得最为丰满最为完整最为动人的成长主人公形象。

6. 神秘、惊悚的成长环境,因为特殊又特殊而具有典型意义

恩格斯认为,现实主义文学在注重细节的同时,还强调再现典型环境中的典型人物。所谓"典型环境",就是社会环境。环境是决定人物性格和命运的决定性因素,它制约人物,同时又扶助、引导人物。人物的个性不管多么特殊,只要能在特定的环境中找到根源,就具有普遍性和典型性。有时候人物的生存环境和个性特殊到了极致,反而成了普遍性,如同"真理再向前一步就成了谬误"。比如,《祝福》中的祥林嫂,她所置身的环境极端变态,极端不讲理。祥林嫂的丈夫死了,她本想守节,可是婆婆不让,强迫她改嫁。偏偏她命比纸薄,第二任丈夫又死了,孩子还给狼吃了。在现实生活中,如此倒霉的女人恐怕找不出几个。可以说,祥林嫂的遭际特殊的实在是不能再特殊了。然而,她更可怕的遭际还在后面。当她一无所有返回鲁镇时,鲁镇的人不问青红皂白怪罪她嫁了两次人,还恶毒地声称她死后会被两个男人劈成两半抢走。她要是不相信这些鬼话也就罢了,可她偏偏迷信至极。因此,她虔诚地想花钱捐个门槛赎罪,可是鲁镇的人还不允许她这么做,因为她没有这个资格。她实在没

[①] [俄]巴赫金:《巴赫金全集(第三卷)》,白春仁等译,石家庄:河北教育出版社,1998年,第230页。

有活路了,也实在找不到可以继续活下去的理由。于是,她在除夕夜选择寻短见。天大地大,竟然容不下一个孤苦无依的女人。她熟悉的鲁镇,竟然没有她的立足之地。由此可见,如此特殊的不能再特殊的环境,反而折射出封建礼教吃人的罪恶,因而更具典型性和普遍意义。

《呼啸山庄》极端的环境大抵如此。首先,作者渲染了自然环境的极端恶劣,"呼啸"一词就是最准确的注释。"从房屋那头有几棵矮小的枞树过度倾斜,还有那一排瘦削的荆棘都向着同一个方向伸展枝条,仿佛在向太阳乞讨温暖,就可以猜想北风吹过的威力了"(第2页)。房屋的窗户很小,用石头做的,很坚固。风凛冽、干冷,令人窒息;一下雨,扯天扯地,连绵不绝,令人绝望;山庄周围是一望无际的荒原,土地贫瘠、龟裂;到处是坚硬的石头,狭窄的山路一侧是万丈悬崖。山庄四周是一望无际的荒原,鲜有人烟。距离呼啸山庄最近的画眉田庄骑马也得走上半天。总之,这儿的一切自然景观都是坚硬的、凛冽的,缺少温情,令人心里疙疙瘩瘩。其次,呼啸山庄里面的情形也大体相似:如约瑟夫一样阴鸷的仆人,他对待主人也是阴鸷的。他对少妇小凯瑟琳没有温情,让孩子们读《圣经》是因为他知道孩子们害怕读《圣经》而有意惩罚他们;酗酒而失去理性的主人辛德雷;如希刺克厉夫般傲慢、怪异的主人;看似主人又不是主人的漂亮、乖戾的少妇小凯瑟琳;残忍、麻木、疯狂的复仇者希刺克厉夫;希刺克厉夫、哈里顿等被侮辱被损害的儿童和少年……还有凶恶的群狗,还有夜晚的噩梦,还有子虚乌有的鬼魂……还有他们奇异的婚配:他们选择伴侣的范围太狭窄,可以说别无选择。只要是和自己年龄差不多的异性,就会疯狂地彼此喜欢,就可以作为结婚对象。一切皆令人窒息、压抑,不可思议。如此特殊的环境,孕育了《呼啸山庄》各种人物性格、命运的独特性。

总之,无论从传统文学还是成长小说的视阈研读《呼啸山庄》,皆能获得强烈的艺术感染力。《呼啸山庄》虽非大团圆结局,却不会让读者彻底绝望。阅读它,无疑是一种震惊体验,是对自己情感/心灵的一次追问与洗礼。破碎的爱,被消解的仇恨,不会让读者豁然释怀。文本隐蓄着的巨大的艺术穿透力令读者沉思移时。我们因此不由得追问什么是爱?什么是恨?什么是人性?什么是悲悯?生命如同流星,但每一个生命个体所漫溢出的生命张力相当悬殊。对于个人来说,对世界的认知远不如对生命的感知更具实体意义。

四、狄更斯:"苦儿文学"中的成长景观——艰难困苦,玉汝于成

查尔斯·狄更斯(1812~1870),19世纪英国批判现实主义小说家,以描写英国社会底层的"小人物"见长。主要作品有长篇小说《匹克威克外传》《雾都孤儿》(又名《奥列佛·退斯特》)、《大卫·科波菲尔》、《远大前程》、《老古玩店》、《艰难时世》和《我们共同的朋友》等。他为英国批判现实主义文学做出了卓越的贡献。

狄更斯对成长的书写,主要体现在长篇成长小说《大卫·科波菲尔》和《远大前程》。关注生活于社会底层的弱势群体——苦儿成长的辛酸,展现他们面对生活的非难,或自强不息,或误入歧途,但最终长大成人的成长景观,是狄更斯成长小说的主旨。

大卫·科波菲尔是遗腹子,由母亲和女仆辟果提抚养。母亲改嫁,继父摩德斯通视大卫为累赘。大卫被寄养在辟果提的哥哥家。辟果提的哥哥是渔民,正直善良,与妹妹的女儿爱弥丽和弟弟的儿子海穆相依为命。当大卫返回母亲家时,常常遭到继父的责罚,继父还不准大卫母亲呵护大卫。不久,母亲去世,继父将约10岁的大卫送进工厂做童工。大卫历尽艰辛,最终找到了姨婆贝西小姐。贝西小姐性情古怪,但心地善良。她收留了大卫,送他上学。求学期间,大卫寄住在姨婆的律师威克菲尔家。大卫与威克菲尔的女儿安妮斯两小无猜。大卫厌烦威克菲尔雇用的一个名叫希普的书记,因为这个书记是个阳奉阴违、阿谀奉承之徒。中学毕业后大卫旅行,偶遇儿时的同学斯提福兹。两人结伴拜访辟果提一家。爱弥丽虽与海穆订婚,但她经受不住阔少爷斯提福兹的引诱,与其私奔出国。

大卫回到伦敦,在斯本罗律师事务所做实习生。安妮斯告诉大卫,威克菲尔律师遭希普陷害,走投无路。大卫非常愤慨。此时,大卫与爱斯本罗律师的女儿朵拉结婚。婚后,他们并不幸福,因为朵拉虽然美丽但头脑简单。贝西小姐也濒临破产。恰巧大卫遇见他做童工时的房东密考伯,他是希普的秘书。密考伯揭穿了希普陷害威克菲尔并导致贝西小姐破产的阴谋。希普还因多案并发,被判终身监禁。海穆四处奔走,终于找到了已被斯提福兹抛弃的爱弥丽。海穆决定将她带到澳大利亚,重新生活。启程前,风狂雨骤,一艘来自西班牙的客轮在雅茅斯遇险沉没,一个濒死的旅客奋力攀着桅杆。海穆不顾身家性命下海营救,不幸遇难。人们打捞起海穆的尸体,还发现海穆试图营救的那名旅客的尸体也漂到岸边——竟然是斯提福兹!爱弥丽怀念海穆,决定终身不嫁,远赴澳大利亚寻找安宁。

尽管狄更斯反感评论家称其本人的成长经历与大卫·科波菲尔相似,但《大卫·科波菲尔》的确是一部具有浓郁的自传体色彩的成长小说。狄更斯本人童年、少年和青年时期的成长经历,或多或少折射在成长主人公大卫·科波菲尔身上。他在《自传》中写道:"我从来没有勇气回到我的奴役生活开始的地方去。我再也没有看见这个地方。我也不能忍受走近这个地方。多少年来,每当我来到这一带,我就绕路而行,以免闻到黑鞋油的瓶塞上加胶泥的那种气味,它使我想起我从前的经历……就是在我的大孩子能说话以后,我从区政府旁的老路走回家时还会落泪。"童年和少年血泪斑斑的成长经历,使得他对大卫·科波菲尔的成长感同身受。因此,1860年他在《大卫·科波菲尔》再版序中写道:"在我心底深处有一个孩子最为我宠爱,他的名字就叫大卫·科波菲尔。"这部作品展现了苦儿大卫·科波菲尔童年时代遭遇的种种令人潸然的非难,以及他成年之后百折不挠、一往无前的奋斗精神。无以复加的苦难没能磨灭成长主人公大卫·科波菲尔非凡的意志,凭借纯真、真诚、率直和超人的勇毅,在历经重重苦难之后终于获得了幸福,长大成人。在大卫·科波菲尔充满荆棘的成长之路上,他目睹许多人沦为金钱的奴隶。比如，为了骗钱摩德斯通娶了大卫的母亲；在金钱的诱惑下爱弥丽抛下未婚夫与人私奔；是散发着邪恶之气的金钱令威克菲尔和海穆坠入绝望的深渊；无耻之徒希普在金钱的蛊惑之下沦为阶下囚。大卫·科波菲尔认识到金钱的罪恶，进而觉醒并顿悟。《大卫·科波菲尔》的大团圆结局有落入窠臼之嫌，但是，对于童年时期苦不堪言、青年时期频遭非难、中年时期家庭失和的狄更斯本人来说，最终获得了幸福人生的大卫·科波菲尔无疑是作者的顾影自怜。作者企图以小说家的笔法抚慰苦儿们成长的伤痛，企图为苦儿们寻求精神动力，并给予苦儿们美好的成长祝愿。

狄更斯的另一部长篇成长小说《远大前程》（又译《孤星血泪》），乃其晚年之作。作品的背景为1812年圣诞节前夕至1840年冬天，成长主人公孤儿匹普以自传方式讲述了他自7岁起的3个人生成长阶段的成长故事，展现了孤儿匹普跌宕起伏的成长历程。如果说大卫·科波菲尔是一个根正苗红的好孩子，那么，匹普就是一个歪歪扭扭的问题孩子。不过，两个孩子最终殊途同归，完成成长，长大成人。人在社会中成长，环境造就人。尽管不同的环境造就不同的人，但通过成长者个体的体验、感悟和省悟，最终都具有成长为正派人的可能。这可看作狄更斯的成长观。

孤儿匹普由姐姐抚养。童年时期，匹普生活在乡下。姐姐对匹普很不好，姐夫却对他却呵护备至。某一天，匹普挨了姐姐的打，他到父母坟头哭诉。他与一个越狱逃犯在此邂逅，善良的匹普偷了家里的铁锉和食物给逃犯。后来，镇上有一位神经质的贵族小姐名叫郝薇香，她让匹普伺候她。从此，匹普住进了终年不见阳光的深宅大院，并认识了郝薇香的养女艾丝黛拉。她和他差不多大年纪，漂亮、高傲，匹普对她一见倾心。郝薇香是一位常常穿着破旧婚礼服的老女人，当艾丝黛拉嘲笑匹普时，她却非常开心。匹普的自尊心受到了伤害，他深深地意识到自己出身卑贱，并缺乏教养。为了获得艾丝黛拉的芳心，他决心努力成为上等人。渐渐地，匹普了解到郝薇香家的诸多奇怪的生活习惯。比如，她家的客厅里有一张大桌子，上面摆放着各种各样的食物，包括一个硕大的结婚蛋糕。然而，所有的食品都摆放了很多年了，上面爬满了老鼠、甲虫和蜘蛛。

匹普渐渐长大，他的铁匠姐夫教他打铁。逢年过节，他还会去郝薇香家拜访。此时，艾丝黛拉已被送到国外，接受所谓的上流小姐教育。然而，匹普依然对艾丝黛拉一往情深。不久，匹普得到一位不愿透露姓名的富人的资助，被送往伦敦接受上等人教育。匹普以为是郝薇香的好意，甚至认为她会把艾丝黛拉嫁给他。然而，伦敦的生活却让匹普迅速变质，尽管他看上去颇有绅士风度。他的姐夫乔到伦敦看望他，他感到很没面子，甚至拒绝承认他们相识。此时，艾丝黛拉回国，匹普常和她见面。不过，艾丝黛拉对匹普时好时坏，匹普十分痛苦。匹普还是对她痴心不改，在无望的等待中虚度光阴。真正救助匹普的人叫马格韦契，也就是匹普曾经救助过的那个逃犯。郝薇香之所以让匹普与艾丝黛拉频频约会，是为了达到报复男人的目的，因为她曾经在新婚那天遭到男人的遗弃。她发现匹普爱上了艾丝黛拉，然后让艾丝黛拉"嫁给一头畜生"，以此折磨匹普。真相大白之后，匹普终于明白他所有的"远大前程"，不过是建立在肮脏的金钱基础之上。而且，匹普还省悟到已经成为上等人的自己，丢弃了最为可贵的纯朴、善良和诚实。艾丝黛拉这个曾经让他欲罢不能的所谓"公主"，不过是逃犯马格韦契和一个女囚所生，是一个无情、自私的女人。心力交瘁，匹普大病一场。按当时英国的法律规定，被遣送到海外的囚徒重返本国将被处死。匹普竭力将马格韦契送出英国，但未能成功。至此，匹普所有的"远大前程"化作云烟。失去了马格韦契的经济支助，幸亏得到好心肠的姐夫搭救，匹普得以渡过难关。后来，匹普在朋友的帮助下在海外有了立足之地。十余年后，匹普回到故乡，探望姐夫和他的第二任妻子。物是人非，匹普感慨良多。郝薇香的庄园被烧毁，艾丝黛拉成了寡妇。她对匹普说，她体会到了什么是心痛，请求他原谅曾经对他的伤害。最后，她们离开了废墟，终成眷属。

《远大前程》这部情节跌宕起伏的成长小说，讲述了苦儿匹普大起大落的成长经历。辛酸的童年,从天而降的幸运,成为有教养的上等人,拥有远大前程。然后,某一天所有的远大前程烟消云散……在历经了一系列翻云覆雨的成长磨难之后,匹普终于明白了善良、正直的可贵,明白了什么是真正的友谊和爱情,从而长大成人。匹普是一个具有特殊经历的成长者,他曾受到反面人物的误导,一度迷失了自我。他的成长一波三折,沉沉浮浮,充满了坎坷和变数。这印证了按时长大、一帆风顺的成长不过是一种美好的愿望或想象。匹普这个改正了缺点而长大成人的成长者,亦体现了成长景观的斑驳、芜杂。

　　总之,狄更斯聚焦成长的苦难,彰显了成长的苦难之美。事实上,成长就是一个充满苦难、困惑和挫折感的必经历程,一帆风顺的成长不过是一种美好的愿望,那不是常态或者说不是真正意义上的成长。未成年人世界的阳光明灿和成人世界的光怪陆离,二者泾渭分明,决定了这两个世界的巨大落差。未成年人从幼稚走向成熟,从纯真走向世故,是痛苦的蜕变/裂变。当然,生活的苦难无论多么沉重,依旧不过是苦难的表象,是相对容易跨越的沟壑。而狄更斯正是在此维度讴歌成长者对生活之苦难的超越,成长者以执着的信念抗拒成长外部环境的恶劣。"自古雄才多磨难,从来纨绔少伟男",艰难的成长环境反而磨砺了成长者坚韧的毅力和卓越的生存智慧。苦难不是毒药,而是帮助成长者实现质变的良方。从此种意义上说,狄更斯窥透了苦难之于成长的真谛。不过,他并未深入书写成长中的心灵苦难——苦难的本真所在。对于成长者心灵的挣扎与纠结的细腻书写,是由以后的成长小说家完成的。狄更斯在他所处的那个时代,完成了对于成长苦难的某些方面的深入书写,已属不易。

第四节 突破期(20世纪):"顿悟说"及其他

进入20世纪,英国成长小说取得了突破。在成长小说观念上,乔伊斯提出了著名的"顿悟说"。在题材方面,对于战争中的成长书写成为新的增长点。此外,英国成长小说传统中的女性成长书写,亦取得了新的突破。

一、"顿悟说"的出现及对"妥协"的反叛

如前所论,在经典成长小说文本中,成长主人公得以长大成人的重要环节是"顿悟",即经历了诸多的挫折和磨难之后,蓦然有了新发现,从而在心性方面发生了质变,褪去了青涩的外衣而走向成熟。"顿悟"原为佛教用语,意指苦修之后,翻然醒悟,明心见性。"顿悟"的英文单词为Epiphany,意为对事物真谛的把握。[①] 而乔伊斯[②]在其成长小说《一个青年艺术家的肖像》(1916)中细致地阐释了"顿悟"之表征。

> 首先我们认识到有关物体是一个整体,然后我们认识到它是一个有组织、有结构的复合体……最后,当各个部分之间的关系达到精妙的程度——各个部分都和某个特

[①]芮渝萍:《美国成长小说研究》,北京:中国社会科学出版社,2004年,第36页。

[②]乔伊斯(1882~1941),出生于都柏林,作家,诗人。主要作品有短篇小说集《都柏林人》(1914),长篇小说《一个青年艺术家的肖像》(1916)、《尤利西斯》(1922)和《为芬尼根守灵》(又译《费尼根的苏醒》,1939)等。意识流作品《尤利西斯》最为世人瞩目,被誉为20世纪最伟大的小说之一。乔伊斯认为《为芬尼根守灵》是其代表作。

殊的点发生了联系时,我们认识到了它的实质。它的灵魂、他的本性冲破了它的外衣,跳入了我们的眼帘。当其结构如此调整之后,最普通的物体的灵魂似乎在向我们灵光四射。此时的物体给我们带来顿悟。[①]

《一个青年艺术家的肖像》是一部具有浓郁的自叙传色彩的成长小说,讲述了一个名叫斯蒂芬·迪达勒斯的都柏林青年成长于浓厚的宗教氛围中,天生忧郁、敏感,具有艺术家气质。作品着力描写了斯蒂芬·迪达勒斯"童年时期的感受"、"学校生活"、"青年时期悔罪、摒弃宗教和选择流亡"等成长片段,最终追求独立的成长历程。与此同时,他在成长之旅中尽力摆脱家庭的束缚,僭越宗教传统,克服狭隘的民族主义情绪,从而追求"艺术与美"的真谛的故事。这个具有天赋的青年艺术家,从童年开始就展露出与众不同的才情。他始终听从内心的召唤,生活在属于自己的艺术家园里,拥有独立的个性,是其完成成长的重要标志。融入社会,在社会中找到属于自己的位置,年轻的成长主人公势必会向各种成人社会规约妥协,甚至丧失一部分自我。然而,青年艺术家斯蒂芬·迪达勒斯的成长经验,从某种意义上说是一个例外,也是一种难能可贵的参照。每一个儿童都具有创新的天赋和艺术灵感,但这些禀赋常常在成长过程中遭受传统规约的制约而丧失殆尽。斯蒂芬·迪达勒斯的成长结局,正好是对这一成长宿命的反叛。

作为"顿悟说"的提出者,乔伊斯在《一个青年艺术家的肖像》中描写了成长主人公史蒂芬的两次顿悟。其一,史蒂芬感应到上帝的召唤,皈依上帝。唯有上帝能拯救他的灵魂,能帮助他告别昨天那个肮脏的自己。其二,史蒂芬不期与"涉水鸽女"相逢,他突然发现那个裸足的女孩圣洁的美丽。美的欲望被突然唤醒,他并不认为那是一种罪恶,而是大胆地追求圣洁的美丽。这种顿悟也奠定了史蒂

---

①James Joyce, Stephen Hero, London: Jonathan Cape, 1944, 218. 转引自殷企平等编《英国小说批评史》,第18页。

芬独特的美学理论基础。作为《一个青年艺术家的肖像》中的重要环节,顿悟成就了成长主人公史蒂芬的成长。

二、战争中的成长景观

20 世纪最为重大的公共事件,首推两次世界大战。战争给世界人民带来的灾难和悲苦,可谓罄竹难书。少年儿童无疑是战争中最无助、最无辜、最不幸的受害者。成长于战火纷飞的环境中的成长主人公,他们的成长之旅注定风雨如晦。书写战争中的成长景观,是 20 世纪英国成长小说不可忽视的现象。

(一)《银剑》:战争·寻找·成长

伊恩·塞拉利尔(1912～),英国颇负盛名的儿童文学作家。主要作品有《寻宝记》、《飞行历险》、《银剑》、《船长和海盗》和《勇士贝尔乌夫》等。他的作品思想性强,情节跌宕起伏,悬念丛生,文笔流畅、生动。《银剑》是其代表作。《银剑》的故事背景发生在第二次世界大战期间的波兰。由于遭受法西斯迫害,三姐弟与父母失散,音信杳无。战争结束后,他们依然无法与双亲取得联系。后来,三姐弟在流浪儿琼的帮助下,一行四人,从华沙出发,横穿德国,到瑞士找寻亲人。在寻找的路途中,他们风餐露宿,跋山涉水,不畏艰难,最终依靠过人的机智和勇敢,克服重重困难,穿越国境……尽管战争的硝烟已经散尽,但战争遗留下的疮痍触目皆是。作者借助四个奔波在路上的孩子的眼光,审视战争的惨绝人寰。这些经历了战争洗礼的孩子,他们在过早失去了快乐和幸福的同时,也锻炼出堪比成人的坚强。他们坚定不移地沿途打探亲人的消息,随着这种信念在头脑里根深蒂固,他们便日渐走向成熟。

(二)《蝇王》:成长失范与人性之恶

威廉·戈尔丁(William Golding),1911 年出生于英国西南部康沃尔郡一知识分子家庭。父亲是中学高级教师,政治激进,反宗教,信仰科学。母亲是主张妇女参政的女权运动者。良好的家庭背景,安逸的乡村生活,他度过了美好的童年。自幼爱好文学,7岁便开始写诗。1930年进入牛津大学奉父命学习自然科学。两年后转攻文学。1934年发表处女作——一本包括29首小诗的诗集。1939年大学毕业,在伦敦某小剧团当编导和演员。自称虚度了4年光阴。事实上,经历就是财富。这为其日后的创作提供了丰富的生活养料。1940~1945年,他当了5年海军,官至中尉。参加过"诺曼底登陆"等重大战役。战后,他回教会学校继续教书。如同大多数经历过战争的人一样,他的心里留下了战争的萌蘖。战争让他深刻地认识到了"人性之恶"。他说:"经历过那些岁月的人如果还不了解,'恶'出于人犹如'蜜'产于蜂,那他不是瞎了眼,就是脑子出了毛病。"[①]这种人性观贯穿于他一生的创作。他全部的文学创作不过是在验证"人性中存在的无以复加的恶"。1954年出版了代表作《蝇王》。此作命运多舛,曾遭到21家出版社退稿。笔耕20年,才得以开花结果。1983年获得诺贝尔文学奖。获奖理由:"他的小说用明晰的现实主义叙述艺术和多样的具有普遍意义的神话,阐明了当今世界人类的状况。"而今,《蝇王》蜚声全球,赞誉声不绝。诸如"最具想象力和独创性"、"英国当代文学的典范"等。20世纪60年代风靡校园,并拍成电影,还被英、美的大、中学列为必读书。

《蝇王》出版之际,正值东西方冷战正酣、核战争的阴影笼罩全球之时。人们既忧惧核战争的直接危害,又思虑幸存者的生存状态。而《蝇王》大胆预测可能发生的灾难,可以说是代大众发言,缓解了大众压抑的心情。当时"新批评派"盛行,推崇文本细读,尤其受大学里的文学课程青睐。因为《蝇王》的多重象征意蕴,从而产生了多种解读景观:弗洛伊德派认为它是"孩子们反抗父母话语霸权

[①] [英]戈尔丁:《蝇王》,龚志成译,上海:上海译文出版社,2006年,第2页。本书凡引自该版的引文,均只标记页码。

的一种方式";道德主义者认为"一旦脱离了社会制约和道德规范,恶会膨胀到何种程度";政治家认为"它说明了民主的破产和专制的胜利";基督教徒认为,它表现了人的"原罪"和"世纪末症候";还有人认为戈尔丁是不折不扣的"存在主义者"("他人即地狱"乃存在主义名言)等等。总之,以上几方面的因素促成了《蝇王》的巨大成功。

1.《蝇王》的创作背景——战争·荒岛文学·《珊瑚岛》·《酒神》

戈尔丁笔下鲜有温情,即或是在这部以少年儿童为主要描写对象的作品里亦如此。他一反歌颂童心纯洁、无邪的传统,恣肆表现沉埋在童心中的兽性是如何一点一点地复苏,最终泛滥成灾,童心完全泯灭。之所以怀着如此阴鸷的眼光看待人性,如此强调人性之"恶",与其生存的环境密不可分。法国作家加谬1957年获得诺贝尔文学奖时的获奖感言,恰好对以戈尔丁为代表的那一代生活在战争阴影中的人的心理状态作了准确概括:

> 这是一些在第一次世界大战初期出生的人们,在他们20岁的时候,正当希特勒政权建立,与其同时革命有了最初一些进展,然后他们完成教育是面对着西班牙战争、第二次世界大战和集中营的、受拷打的、被囚禁的欧洲。就是这些人,今天不得不教育人并且在原子毁灭威胁下的世界上进行工作。我认为,谁也不能要求他们是温情主义的……

这和中国文革题材中的一些少年儿童形象异曲同工。比如,张贤亮的《青春期》中的那些凶神恶煞的"红小兵"。世界大战彻底暴露了人的兽性,人类文明和道德在野蛮的战争中奄奄一息。不少人文知识分子面对满目疮痍的世界,苦于找不到出路。他们对人类生存的地方充满了愤怒和绝望,于是,他们把思考的重心转移到人迹罕至的大海或荒岛,从而表现人在绝境中暴露出的冷酷、野蛮的心理状态和异变的行为方式。这就是文学理论意义上的"把人物打出常规的生存环境"——只有在反常态的环境中,人物的本真性格才能暴露无遗。比如,海明威 1952 年发表的《老人与海》。这是人所无法规避,甚至难以超越的生存困境! 人类的发展始终与战争如影随形,一部人类文明史就是一部血腥与野蛮的战争史。

戈尔丁写作《蝇王》,还与英国文学传统中的"荒岛文学"一脉相承。作为一个老牌资本主义国家,作为一个航海业发达的岛国,英国诞生了不少知名的水手和航海家。他们经历和讲述的传奇故事,成为英国荒岛文学的宝贵素材。其中,最为著名的当属笛福的《鲁滨孙漂流记》。传统的"荒岛文学"多讲述开拓者征服自然,超越自我的奋斗历程,表达了人类智慧和精神力量的伟大,文明必定战胜野蛮,以及"人定胜天"的豪迈激情。总之,这些作品的叙述目的在于:文明、理性和基督教的信仰总会战胜野蛮、本能和图腾崇拜。《蝇王》的创作灵感直接来源于英国文学史上另一部著名的"荒岛文学"作品《珊瑚岛》(1857,巴兰坦)。这部儿童小说讲述了拉尔夫、杰克和彼得金 3 个少年因船只失事流落孤岛,他们团结互助,智胜海盗,帮助土著人的传奇故事。《蝇王》中的几位主人公的名字与《珊瑚岛》相同,可以说《珊瑚岛》是孕育《蝇王》的母体,只不过这个"母亲"孕育出了一个"逆子"——《蝇王》与《珊瑚岛》在创作趋向上可谓背道而驰。

2.《蝇王》的隐喻性——蝇王;人物形象;现实主义表现手法

蝇王即"苍蝇之王",源自希伯来语 Baalzebub(一说源自阿拉伯语)。在《圣经》中,Baal 被当作"万恶之首"。在英语中,蝇王乃粪便和污秽之王,其同义词为"丑恶"。《蝇王》以"蝇王"命名,取"兽性战胜人性之意"。孩子们害怕荒岛上莫须有的野兽,殊不知真正的野兽却是潜藏在他们心中的兽性。尽管孩子们作为战争的受害者流落孤岛,远离了成人世界的规约和倾轧,他们本应过得自由自在,然而,沉埋在血液中的兽行却让他们把乐园变成了屠宰场。他们本可以尽情舒展童心,享受童趣,却让童心和童趣丧失殆尽。

拉尔夫和杰克的矛盾冲突,是《蝇王》中推动故事情节发展的重要线索。金发少年拉尔夫出身于中产阶级家庭,心地善良,有主见,象征着文明与理性。而杰克是个瘦高个儿的红头发少年,是教堂唱诗班的领队,象征着野蛮和专制(是对基督教的讽刺)。拉尔夫获得了象征权威的海螺,能发出响彻岛屿的声音,如同孩子们平时听见学校上课下课的铃声,得到了它就等于拥有了权威。他最关心如何才能离开孤岛,因此,他坚持保持火堆不灭,以便发出求救信号。他要求大家建茅屋躲避风雨,不随地大小便。很明显,这一切都代表着文明的理性。而杰克却对狩猎(猎杀野猪)着迷,不关心别的。孩子们吃腻了野果,想吃肉,杰克因此日益得势。而矛盾冲突的焦点在于火堆熄灭和对野兽的恐惧。在孩子们的想象中,野兽来自海洋和空中(这种想象显然与孩子的天性相吻合)。但是,野兽子虚乌有,真正的野兽存在于人的心中,或者说就是人自身。杰克等的童心显然被污染了,而相对理性的拉尔夫和猪崽子,因为无意中参与了杀害西蒙的迷狂舞会,他们的童心亦被污染。拉尔夫和猪崽子的区别在于,拉尔夫终于认清了:嗜血和恐惧代表着人性的阴暗。嗜血从杰克开始,逐步蔓延,成为他手下那一帮猎手的共性;而恐惧从害怕野兽开始,最终成为一种支配孩子们的异己力量。在嗜血和恐惧的双重作用下,孩子们把脸涂得五花八门,看上去比野兽还要狰狞。躲在假面具后面,他们摆脱了羞耻感和自我意识,继而兽性大发。这标志着猎手们异变为野蛮人。拉尔夫反对涂脸,实为坚守着文明的最后一道防线。而猪崽子至死都相信人性是善良和美好的。

　　猪崽子和罗杰分别依附于拉尔夫和杰克。猪崽子早熟,善良,肥胖、体弱,有哮喘病。出身下层,操伦敦郊区口音,戴深度近视眼镜(是生火的工具,象征着文明)。尽管如此,他始终遭受大家的嘲笑、挖苦,原因在于他太相信科学的力量而忽略了人性的黑暗。而且,他过分依赖成人世界,没有意识到是大人们发动这场恐怖的核战争而导致他们无家可归。事实上,大人并不比小孩高明多少,在许多情况下大人甚至不如小孩。罗杰阴险、凶残,是刽子手,真正的不良少年。他验证了帮凶往往比元凶更可怕,是他把巨石撬下山岩,砸死了猪崽子。

西蒙是一个先知先觉的神秘主义者,腼腆,不善言辞,有正义感和洞察力。当大家争论野兽为何物时,他率先说出"野兽或许就是咱们自己"。他说最肮脏的东西就是人本身的邪恶,遭到了孩子们的围攻,就连猪崽子都说他"放屁"。为了探究野兽的真相,他独自上山,在林中的一块空地上发现一个叮满了苍蝇的猪头(杰克等供奉给野兽的供品)。天气闷热,他的癫痫病发作。神志恍惚之时,他感觉到猪头如同一个巨大的会说话的"蝇王"。此时,作者借"蝇王"之口,说出野兽就是人的一部分,点明了小说的意旨。同时,预告了西蒙将被众人打死的悲剧。西蒙苏醒之后,继续向山上爬,终于发现真正的野兽不过是一具飞行员腐烂的尸体。他迫不及待地下山告诉大家真相,不料雷雨交加,孩子们在狂舞,误把他当作野兽打死(他们打死了一个本可以让他们免于与野兽为伍的人)。西蒙的悲剧,是许多先觉者的共同宿命,所谓"枪打出头鸟"。小孩子们原本是一些几乎没受到成人世界污染的稚子,然而,在这个荒岛上完全沦丧为小野蛮人,从而旁证了作者"人性向恶"的论点。

3. 自助成长的失范与人性之恶——作为成长小说的《蝇王》

第三次世界大战(核战争或未来战争)期间,疏散孩子的飞机被击落,一群6~12岁的男孩流落到荒无人烟的孤岛。因为害怕野兽,孩子们分裂成两派:"狩猎派"和"护烟派"(或称"专制派"和"民主派")。杰克(罗杰)等是前者的代表,而拉尔夫(猪崽子、西蒙)等是后者的代表。为了争夺统治权,这群原本童心未泯的孩子之间发生了血淋淋的杀戮。猪崽子被打死,拉尔夫孤军奋战侥幸逃脱。后来,他们被路过的海军发现,孩子们集体获救。但是,谁能拯救孩子们已被污染的心灵?谁能理解拉尔夫的悲泣?——为童心的泯灭和人性的扭曲。可见,《蝇王》中的成长主人公是一群6~12岁孩子,即处于稚纯的童年和即将进入青春期的少年。作品讲述了他们身处荒岛、为求生存而残酷争斗的成长故事。随着童心的泯灭,他们的成长都失效,未能真正长大成人。按照作者的意图,如果他们战胜了内心的邪恶,就能长大。但是,只有拉尔夫意识到了人性之恶,意识到了童心的泯灭(是一种顿悟)。由于他曾参与谋杀西蒙的活动,注定亦难以真正长大。

事实上,《蝇王》探索了一条"自助"的成长之路。即"自助成长"——成人缺席背景下的成长——流落孤岛,成人缺席,只有儿童。这是成长的重大转折,是成长小说"离家出走"模式的变体。在经典成长小说范本中,离家出走似乎是长大成人的必然。离家出走,回归自然、原始、本真,催生成长,缩短了成长的周期。事实上,因为有了引导者精细的呵护,人的成长在一定程度上显得太漫长。成长者们不但没有找寻到真正的自我,反而丢失了自我。成人的缺席,看似为《蝇王》中的成长者们迎来了"自助成长"的良机。自救或自助成长,是成人缺席的成长者的本能反应。"那么,我们只好自己料理自己的事情了"(第18页);"咱们该想想定一个办法,想想怎么才能得救?"(第19页)这是一种想象性的成长,戈尔丁探讨了这种成长状态的可能性和有效性。

男孩似乎都有"打倒(超越)父亲"的心理动机(原欲),超越父亲是成长的分水岭。父亲的缺席导致了成长参照系的崩溃,然而,《蝇王》中"父亲"的存在是不合法的。他们的集体缺席,导致了他们作为精神导师的失职。尽管文本结尾处成人(代表"父亲")在场,但是,这些父亲们仍旧是一具空壳,因为他们不懂得孩子们的哭泣。他们的出席仍旧无效,有名无实,因为,他们不配为成长者的参照物。而且,导致这一悲惨境遇的元凶正是这些父亲们,是他们发动了这场可怕的战争。遗憾的是,在父亲缺席的成长环境中,成长者的成长无序、失范,并未迎来长大成人的契机。获得自由成长之后,他们竟然感觉到不自由。因为没人管了,他们本能地感到恐慌,四处寻求带喇叭的大人,惶惑地问"一个大人也没有吗"。可见,成人崇拜是成长者难以消除的心结,是妨碍率性成长的元凶。

《蝇王》中的成长者们流落荒岛,这里没有父亲,也没有母亲,是清一色的男性世界。母亲(女性)的彻底缺席,意味着成长者们与母体彻底决裂。在一个女性被彻底隔绝的世界里,自然就意味着温情的缺失和暴力的滋生。按照弗洛伊德的精神分析学理论，无以释放的力比多冲动是滋生暴力事件的导火索。所谓"男女搭配，干活不累"。性张力的释放不仅仅是两性交合，还体现在两性的非"零距离"接触。异性的身影、声音、气息等都是映照自性的灵丹妙药。性别失衡的环境，必然会导致性别发展的畸形——害怕异性，依恋同性，同性相碍。《蝇王》是遵循了"战争让女人走开"的铁律，还是表现了潜隐的"男性中心主义"？母亲（成人）的缺席似乎可以理解，但女孩的缺席显然暴露了戈尔丁的男性话语霸权。

在成人缺席的环境中，拉尔夫和杰克是异变的少年和速成的成人，亦是失去了引导力的成长的引导者。巴赫金说过，成长不仅仅是私人事件，人在社会中成长。尽管孩子们生活在孤岛，远离了社会规约，或者说社会规约已经被颠覆，但是，"社会"和"规约"却被他们自己建构了起来（"我觉得该有个头儿来对某些事情做决定"）。验证了只要有人的地方，就会有社会生成。即或是在动物世界，也有属于它们的生存规则。从而确证了"自助成长"不过是一种乌托邦想象：人千方百计冲破社会羁绊，又唯恐被社会抛弃；推倒权威而又自设权威。这是人面临的困境！人的许多悲剧宿命往往是由自己设置的。孩子们选头目的活动，就是一场游戏。然而，现实生活中许多事情，就是一种一本正经的游戏，只不过主导和参与游戏的人是成人。自发的选举活动预示着权力崇拜是人的天性。动物世界的王者往往是那些最具原始力量的大家伙。而人类社会中那些孔武有力和智慧过人的人，往往成为人上人。在权力面前，人和动物的游戏规则有相似性。

此外，通过《蝇王》中的成长者失败的自助成长景观，可以审视人性之恶是如何萌芽、成长的？男孩与生俱来的探险欲望，驱使他们巡游荒岛。他们喊出"这个岛是咱们的"，映照了人的占有欲。他们发现野猪的同时，开始害怕更为凶猛的野兽。生存的本能欲望改变了孩子们的正常习性。他们吃腻了野果，想吃肉。于是，他们大开杀戒，捕杀野猪。起初，他们吃不上肉，因为"没有一刀刺进活物的那种狠劲,因为受不住喷涌而出的那股鲜血"(第30页)。但是,严酷的生存困境改变了他们,他们学会了忍耐和适应,也学会了杀戮成性。随着第一次狩猎成功,野性即复苏。杀戮逐渐成为他们乐此不疲的快乐游戏。"杀野猪哟。割喉咙哟。放它血哟。"(第74页)杀戮的歌谣弥漫荒岛,野蛮的茁壮成长让文明和理性没有了立足之地。嗜血的孩子们不再遵守文明规约,一任兽性膨胀。他们面涂油彩,装扮得比野兽还野兽。他们在野性图腾中、狂舞中迷狂。这戏拟的游戏把他们的兽性膨胀到极致——崇尚暴力,人性覆灭,进而为满足权力欲望而蓄意杀人。当人把人当野兽一样追杀时,人也就异化为野兽了。这是人的兽性的总爆发!更为可悲的是,拉尔夫即使遭受群体的杀戮也不愿意离开群体,除了害怕死亡,人最害怕孤独。成长者甚至可以忍受人性之恶,只要不被人抛弃。这是浸透骨髓的悲哀!

三、文明时代之后成长的隐喻和想象:《玛拉和丹恩历险记》①

2007年诺贝尔文学奖得主、英国女作家多丽丝·莱辛的《玛拉和丹恩历险记》,是一部有关地球文明未来命运的长篇小说,具有深厚的隐喻性和睿智的预言性。从某种意义上说,这是一部与高端科技文明相背离的不是科幻胜似科幻的科幻成长小说。该作品故事梗概如是:下一次冰川纪来临之后,北半球冰封雪冻,地球上只有赤道和低纬度等狭窄区域供幸存者苟延残喘。艾弗里克洲(可推测为当今的非洲大陆)乃故事发生之地,时值罕见旱灾,河流干涸,百草枯死。主人公玛拉和弟弟丹恩,是生活在大陆南端的莫洪迪部族的公主和王子。玛拉7岁那年,处于被统治地位的石人谋反,莫洪迪人战败。玛拉父母双亡,姐弟俩流落到石人村,为居于此地的莫洪

---

① [英]多丽丝·莱辛:《玛拉和丹恩历险记》,苗争芝译,南京:译林出版社,2007年。

迪孤寡老妇戴玛收养。在干旱、饥馑、毒虫猛兽侵袭和种族歧视、追杀的困厄中,姐弟俩举步维艰。干旱向北方蔓延,慈祥、仁爱的戴玛辞世,姐弟俩被迫向北方流浪,寻找传说中的水源。一路上,他们历尽磨难:遭遇强人险些死于非命,遭逢政变差点儿沦为孤魂野鬼,周遭遍布的巨龙、毒蝎对他们时时虎视眈眈垂涎三尺,等等。流落至大陆中部,丹恩阴差阳错当上了阿格尔人的将军,玛拉则无奈成为敌方的女间谍。玛拉厌倦战争,痛恨杀戮,渴望自由和温暖的人性,怀着对美好生活的憧憬,感召着时时抵挡不住诱惑的丹恩,义无反顾一路向北。其间,玛拉以常人难以想象的坚毅,挣脱了沦为哈隆德人生育工具的羁绊,抗拒了"复兴"莫洪迪王族必须"兄妹通婚"的宿命,克制了难以克制的姐弟恋情等。最后,九死一生的姐弟俩终于到达北方水草鲜美之地,并找到了各自心仪的爱人,新生命已经孕育。遥望远方,冰川消融,阳光明灿,河流吟唱着久违而古老的歌谣,一个新的文明正在大地上生长。总之,《玛拉和丹恩历险记》把当今世界存在的诸如环境恶化等全球性问题书写到了无以复加的程度。尽管作品采用了虚拟手法,企图将想象的智慧发挥到淋漓尽致,但它仍不啻为一部具有警策当下意义的现实性文学作品,因为所有的虚拟和想象都是基于现实的合理而可预见的推测。

  本书从成长小说维度解读这部作品,主要体现在以下三方面:其一,文明的危机和时间的惊悚。人是文明的起点,亦是文明的终点。但是,自然环境往往主宰了人的生存与毁灭。不言而喻,自然灾难、战争和人类的贪欲等是摧毁文明的元凶。多丽丝·莱辛将目光从当下投射至遥远的未来,目睹人类对地球家园的肆意破坏,忧惧当下文明的未来命运。其二,成长的艰辛和人性的挣扎。置身文明社会语境,人类引以为豪的终极关怀成为决定人之为人的精神高标。尽管我们不得不承认,我们拥有的独一无二的理性终究无法超越我们自身的局限,我们追求的永恒也许不过是西绪弗斯式的徒劳,但是,这是我们必须去做的一件有价值的事,如同爱因斯坦所说,"人只要有一件合理的事去做,人生就会显得特别美好"。然而,当文明遭逢灭顶之灾、文明消失之后,一切回到原点,世界再度回归荒芜、混沌,衣食住行等最基本的物质欲望赤裸裸暴露无遗,不顾一切地活下去成为生存的唯一法则。人性与兽性伯仲难分,人性的所谓尊严、高贵跌入谷底。显而易见,当我们食不果腹或不得不茹毛饮血之时,终极关怀等并非当务之急,诸如环境、食物等"初级关怀"[1]问题则迫在眉睫。《玛拉和丹恩历险记》正是在"初级关怀"层面上呈现成长的艰辛,挖掘人性的苦苦挣扎。其三,女性成长的涅槃和人性的光辉。或许是身为姐姐的缘故,玛拉自小就表现出远比弟弟丹恩坚韧、独立、睿智的品性。童年时代,为了让自家的奶牛多产奶,她不得不委曲求全,请求恶人库利克提供种牛交配。这一事件是玛拉长大成人的标志。兴许是作者的女性身份,在《玛拉和丹恩历险记》中,多丽丝·莱辛有意无意强化了女性的重要性,女性甚至是伟大、崇高。她笔下的小姑娘玛拉、少女玛拉、少妇玛拉、老妇戴玛,还有妓女利塔,以及沦为生育工具的许多女性,她们大多聪颖、睿智,而非传统意义上的弱者。即或害怕怀孕,但从某种意义上说,怀孕非但不是她们的阿喀琉斯之踵,反而增加了她们存在的意义。

综上所述,英国成长小说有如下值得商榷的"问题":第一,"成长本位"意识的不足,许多作品本意不在成长本身,而在于反映成长语境。成长语境应成为成长者的陪衬,而不应成为主角。比如《蝇

---

[1] 严志军在《神话与隐喻——〈玛拉和丹恩历险记〉代译序》中写道:"读《玛拉和丹恩历险记》,就仿佛在聆听一位睿智的老人用一生的经历来探讨人类的一个永恒话题:生命。小说貌似简单的叙事手法在西方文坛标新立异的浪潮中显得清新而自然。在当代社会政治、权力和信仰的一片喧嚣之中,莱辛以未来的灾难警醒人类,不要再对意识形态方面的次级关怀进行无休止的争执,而应该关心决定地球生命得以延续的初级关怀:环境、食品、温暖、自由以及人与人之间的关爱。"

王》。第二,对"成长者"的界定较为宽泛,年龄意识淡薄。对青春期的把握力度不够,尤其是对青春期的生理、心理问题关注较粗疏。第三,成长的问题意识淡薄,解决问题的意识和能力不足。成长者的困惑在文本结束时往往仍旧是困惑。这有悖于成长小说的教育功能。第四,惯于把成长者置于特殊语境,从成长的独特性去发现普遍性,有"无巧不成书"的意味。因此,关注的人物大多很特殊——"孤儿"、"孤女"。比如《呼啸山庄》、《简·爱》和《蝇王》等。成长的环境亦然,成长环境极端恶劣。成长主人公有着沉重的苦难意识,成长受难,非同寻常。第五,用现实性消解了成长的诗性,或者说诗性被刻意生成。

第十一讲
美国文学成长书写嬗变

较之于德国和英国,美国成长小说属后起之秀,却呈现出后来居上之势。成长小说这一小说门类之所以在美国文坛枝繁叶茂,从某种意义上说,概因经典成长小说中成长主人公成长的心路历程,是大多数美国人成长的缩影。作为一个移民国家,大多数美国家庭在美国的成长历程,与成长小说中的成长主人公的成长之旅异曲同工。也就是说,每一个美国家庭都有一部情节跌宕的成长史,或因政治避难,或因被当作奴隶贩卖,或因淘金梦……来自世界各地不同种族、民族的人聚居于此,出发的那个国度回不去了,或者说不想回去,别无选择在这片陌生的土地上白手兴家。从社会的最底层逐渐跻身主流,应该是每一个移民家庭碌碌打拼的动力和终极目标。一个人的奋斗史,就是一部起起落落的成长史,折射出一个家庭或家族的成长命运。从这个角度说,大多数美国人都有着深厚的成长情结,成长意识沉潜于他们的血脉之中。

作为一个多民族、多种族混居的新兴国家,从某种意义上说,美国可谓移民梦想的天堂。来自各个地方的移民怀抱形形色色的梦想,渴望在此落地生根、萌芽开花直至长成参天大树。他们的集体、国家观念淡薄,关注自我,保持个性,不愿为他者同化。如若皈依,只能皈依于一个新兴的融合了众多民族、种族文化元素的文化观念之中。诸如,务实、注重个人隐私等。这种新兴文化随着一代代移民的成长而成长——一代代新老移民纷至沓来,杂交出一种多元性文化。事实上,大多数移民以叛逆者/开拓者/追梦者的姿态来到美国。这个年轻的国家相对于那些历史文化传统深厚的国度来说,显然患上了成长焦虑症。这种病症自然会折射到个体身上,表现如斯:他们意识到自己的不成熟,渴望长大,渴望成为引领世界或主宰世界的强者。但是,他们往往不愿意臣服于各种规约。因为他们大多为了自由和民主而来,不愿向社会妥协,常常流露出拒绝成长的心态。

纵观美国史,它成为一个独立主权国家不过 200 多年。200 多年,对于一个国家来说是非常短暂的。很明显,美国是一个年轻的国家。历史短暂,没有太多的历史负重,没有过多的束缚。国家、民族如同一个少不更事的年轻人,正在成长。因此,美国人骨子里崇尚年轻,因为年轻意味着活力,年轻意味着无限的可能性。膜拜青春,在西方文化中渊源颇深。比如,英国著名诗人华兹华斯于 1802 年曾在诗中写道:"孩子乃成人之父。""这个新民族像个踌躇满志但涉世未深的青年,带着年轻人特有的鲁莽,无所顾忌,登上了历险探索之路,去寻找向往之地……著名诗人卡尔·桑德堡生动描述了青年美国的特征,他说:'我是个理想主义者,虽然还不知去向何方,但我已经上路。'……美利坚民族的主体从欧洲移植而来,新大陆的土壤、气候和黄金能够使它发育成为一个新的品系。在这个渐进的'成型'过程中,民族需要定义,'美国人'的概念需要界定。对于群体或个体,身份意识的生成从来是理智成长的一个重要组成部分。美国的成长小说通过鲜活的个案,书写和见证了作为个体的美国人和作为群体的美利坚民族成长的心路历程"①。

成长成为美国作家最敏感最惯于书写的主题。美国成长小说在各个时期名家辈出,经典名作琳琅满目。"美国历代最著名的小说家中,只有亨利·詹姆斯一个人可以不算在儿童作家之列,即使

---

① 孙胜忠:《美国成长小说艺术与文化表达研究》,合肥:安徽人民出版社,2008 年,序。

是霍桑,虽然不同于马克·吐温和麦尔维尔,其声誉也建立在他那些以青年人为题材的儿童所喜爱的小说上……美国人总是憧憬着童年。在我国文化遗产里为数不多的伟大著作中,有两本最令人神往的书,看见他们摆放在儿童图书的书架上没有谁会感到吃惊。这里指的当然是《白鲸》和《哈克贝利·芬历险记》"。①(哈克贝利·芬也译为《哈克贝利·费恩历险记》)

最早涉及成长主题的作品是《瑞普·凡·温克尔》,作者为有"美国文学之父"之称的华盛顿·欧文(1783～1859)。早期的美国文学深受英国文学的影响,自华盛顿·欧文出现以来,美国文学开始摆脱了效仿,找到了属于自己的发展道路。欧文率先挖掘本国题材,赞颂美国自然景色和风土人情,塑造了美国"童年"的形象,为美国民族文学的发展奠定了基础。如前所论,"离家出走"是成长小说基本的情节模式。在美国文学中,欧文的《瑞普·凡·温克尔》无疑是最早涉及这一主题的作品。成长主人公瑞普·凡·温克尔因无法忍受妻子过分的唠叨、挑剔,跑到树林里喝下了一种神奇的酒,长睡不醒。瑞普·凡·温克尔试图以酣睡来逃避令其抓狂的现实生活,他的行为验证了成长小说中主人公"拒绝成长"的成长心态。

此外,有"美国的司各特"、"美国小说的鼻祖"之美誉的詹姆斯·费尼莫尔·库柏②(1789～1851),也是最早涉及成长主题的作家之一。其代表作是表现美国边疆生活的系列小说《皮袜子故事集》。其由《拓荒者》(1823)、《最后的莫希干人》(1826)、《草原》(1827)、《探路者》(1840)和《打鹿将》(1841)组成。主人公纳蒂·班波绰号叫"皮袜子"。在《打鹿将》中,作者着重描写了青年班波在原始森林中的狩猎生活,以及他和印第安人之间的情谊,清晰地记载

---

① [美]莱斯利·费德莱尔:《好哈克,再回到木筏上来吧!》,见叶舒宪选编《神话——原型批评》,西安:陕西师范大学出版社,1987年,第340～341页。
② 库柏开创了美国文学史上的三种不同类型的小说样式:(1)革命历史题材小说(《间谍》);(2)航海生活题材小说(《水手》);(3)边疆题材小说(《皮袜子故事集》)。

了其成长的生命轨迹。

本讲将粗略梳理美国成长小说发展的历史脉络,并对美国成长小说的书写特点予以观照。

第一节 早期(19世纪):赎罪、在路上和日常生活

美国文学对成长问题的全方位关注,始于19世纪中叶。此时期,美国完成了工业革命。不过,工业革命的兴起和奴隶制的废除,使北方工业资产阶级和南方种植园主之间的矛盾激化,内战爆发。由于美国领土从大西洋沿岸扩展到太平洋沿岸,"淘金热"迅速升温,西进运动风起云涌,越来越多的移民怀揣金色的梦想涌入美国,美国的经济、政治和宗教等领域发生了前所未有的震动。作为一个移民众多的国家,美国的宗教文化异常复杂。因为历史的原因,基督教自然成为第一大教派。强调悲悯与救赎的基督教,事实上对于其他教派持有强烈的排异态度,甚至将所有基督教以外的宗教视作"异教"。许多狂热的基督教徒坚信基督教是最伟大的宗教,对异教徒非常歧视,甚至仇恨。随着越来越多的新移民的到来,美国的宗教问题亦变得越来越复杂。基督教不再唯我独大,不得不做出相应的调整。成长中的美国的许多问题,包括其中最为敏感的宗教问题,率先被一些敏锐的小说家书写进成长小说文本中,从而生成了早期美国成长小说书写的第一个关键词——赎罪。

一、赎罪

人何以有罪?按照《圣经》的解释,上帝在伊甸园制造了圣洁而永生的亚当和夏娃,他们本无罪。上帝叮嘱他们只能吃生命树的果

实,否则将大祸临头。然而,撒旦引诱亚当和夏娃偷吃了分别善恶之树的果实,罪便蹿入他们的心灵。这所谓的罪过,意指违背律法和良心。人都不可能是完美的,人人都是罪人。不过,上帝并没有放弃罪恶缠身的人,而是尽力拯救重罪之人。信仰上帝,上帝将适时对人进行救赎,从而将人引入极乐世界。成长小说书写赎罪意识的文本,以霍桑(1804～1864)的《红字》(1850)为代表。"从美国小说史的角度看,第一位关注青年人成长问题,并通过小说成功地予以表现的作家是霍桑"。① 纳撒尼尔·霍桑是美国19世纪影响最大的浪漫主义小说家,他受新英格兰清教主义思想的影响颇深。不过,他拒斥狂热的宗教信徒,对某些宗教信条的狭隘和伪善坚决抨击。此外,加尔文教派的善恶观成为其基本的人生观和世界观。"他的作品中渗透着加尔文教派的'人性本质'和'原罪'的观念"(作家赫·梅尔维尔语)。这在一定程度上导致了霍桑的守旧,比如,他抵制生产的发展和技术的进步,消极对待社会改革,甚至无法理解废奴运动等。当然,他的作品具有独特的艺术品格,长于表现人物的"心理罗曼史"。

长篇小说《红字》是霍桑的代表作。17世纪中叶,波士顿的夏日清晨,某小镇的居民们拥挤在监狱大门前的草地上。一位怀抱婴儿的年轻女子缓缓走出监狱,她胸前带着一个鲜红的A字。这个女人是海丝特·白兰太太,因为犯了通奸罪被审判,并将永远佩带这个象征耻辱的红字。她走到绞刑台上,面对总督贝灵汉和约翰·威尔逊牧师的威逼利诱,面对众人敌视和鄙视的目光,她忍受了难以忍受的一切。年轻牧师丁梅斯代尔站在她的身旁,忧心忡忡、惊慌失措。海丝特·白兰凝视着年轻牧师说:"我永远不会说出孩子的父亲是谁!"海丝特·白兰在人群中发现了她那失踪两年的苍老、丑陋的丈夫齐灵渥斯,他是一位学识渊博的医生。他示意海丝特·

---

①芮渝萍:《美国成长小说研究》,北京:中国社会科学出版社,2004年,第51页。

白兰不要声张,打算报复海丝特·白兰和她的情人。齐灵渥斯以医生的名义去狱中看望海丝特·白兰,但她仍旧不愿说出真相,还坦言自己从来没感到齐灵渥斯的爱。齐灵渥斯威胁海丝特·白兰不要泄露他们之间关系,海丝特·白兰答应了。出狱之后,海丝特·白兰带着女儿离群索居,伴着耻辱艰难度日。丁梅斯代尔牧师年轻俊美,学识渊博,极善辞令,威望颇高。自从海丝特·白兰受审以来,他忧惧如焚,身体每况愈下。齐灵渥斯嗅出其中的奥秘,以医生的名义时常出现在他身边。海丝特·白兰的女儿渐渐长大,活泼可爱。贝灵汉总督和神甫约翰·威尔逊认为这个孩子应该与她那有罪的母亲分开。海丝特·白兰以死反抗。丁梅斯代尔牧师不能帮助海丝特·白兰。一天,趁丁梅斯代尔牧师沉睡之时,齐灵渥斯发现了他胸口上有着和海丝特·白兰一样的红色标记。于是,齐灵渥斯开始精心设计复仇计划。他取得丁梅斯代尔牧师的信任,丁梅斯代尔向他吐露真情。尽管在精神上饱受折磨,但丁梅斯代尔牧师却在圣职上成就辉煌。信徒越是景仰他,他越是感觉罪孽深重。一个漆黑的夜晚,丁梅斯代尔牧师梦游般走上绞刑台,泣血呐喊。海丝特·白兰和女儿小珠儿刚好路过此地,丁梅斯代尔邀请她们登上绞刑台,向母女俩坦陈自己的怯懦。7年一晃而过,尽管海丝特·白兰在屈辱中生活,但她与世无争,与人为善,赢得了人们的好感,似乎没有人再提起她曾经的罪过。齐灵渥斯更加苍老,越发阴险。海丝特·白兰请求齐灵渥斯不要再摧残丁梅斯代尔牧师,但齐灵渥斯不为所动。于是,海丝特·白兰决定将齐灵渥斯的真实身份告诉丁梅斯代尔。海丝特·白兰与丁梅斯代尔在森林里见面,诉说衷肠。她告诉丁梅斯代尔,她和齐灵渥斯原本是夫妻。海丝特·白兰希望丁梅斯代尔离开这里,开始新的生活。他们决定乘船返回欧洲,丁梅斯代尔打算在演讲后告别。海丝特·白兰了解到齐灵渥斯将同他们一同离开,彻底绝望。丁梅斯代尔牧师的宣讲非常成功,但负罪感迫使他登上了绞刑台,说出了埋藏多年的秘密,随即与世长辞。把复仇当作生活目标的齐灵渥斯再也找不到复仇的乐趣,迅速枯萎,很快死亡。海丝特·白兰带着女儿出走,有关红字的故事被人们淡忘。多年之后,海丝特·白兰佩戴着红字重返波士顿……

在这部小说中,主人公弱女子海丝特·白兰无疑具有高贵的人格魅力。她敢恨敢爱,勇于担当。面对铜墙铁壁般的现实,面对非人道的清规戒律、传统习俗,她戴罪认罪,但始终不低下高贵的头颅。面对冷语白眼,她以不卑不亢和善良,最终获得了世人的认可。而包括她的情人丁梅斯代尔牧师在内的身居高位的强势男人们,大多表里不一,虚伪、残忍。他们在这个看上去只能任人宰割的弱女子面前,何其委琐和卑鄙。在海丝特·白兰的感染下,丁梅斯代尔牧师终于战胜了怯懦和虚荣,从而确立了正直的人格,完成了成长。按照成长小说的模式分析,海丝特·白兰无疑充当了丁梅斯代尔牧师成长的引路人。此外,"霍桑对青年人成长过程的关注,集中体现在人性的邪恶和灵魂的拯救上,因为在他那个时代,清教主义的影响在新英格兰地区依然强劲。他的切入点虽然具有明显的宗教关怀,但是他对灵魂自救和人性的探索,对启迪年轻人的成长还是具有普遍意义:善恶是可以转化的;为善的路要靠自己走。霍桑开创了美国成长小说的'内在塑造型'传统,即外在的经历和见闻成为内心审视的背景。这里有德国教育成长小说的明显印记,即坚持对抽象理念(如善与恶)的追问,注重内在的思辨和灵修,追求道德完善和精神自由"[①]。

除霍桑外,斯蒂芬·克莱恩(1871~1900)继承了"赎罪"这一成长书写的衣钵。长篇小说《红色勇士勋章》乃斯蒂芬·克莱恩的代表作。小说以美国南北战争为背景,农妇的独生子亨利·弗莱明对战争充满了奇异的幻想,渴望从军,并弃母亲于不顾,毅然决然参加了北方军队。作品以亨利·弗莱明的眼光洞察战争的悲苦,细腻地描摹了置身阵地前沿的士兵的恐惧、悲伤、懦弱和勇敢。在血与火

[①] 芮渝萍:《美国成长小说研究》,北京:中国社会科学出版社,2004年,第53页。

的战斗中,亨利·弗莱明了解了战争究竟意味着什么,否定了曾经关于战争的瑰丽幻想,并对心魂予以深度拷问。

二、在路上

在路上,是一个具有深厚哲学意蕴的成长命题。人们常常把人生比作一段或长或短的旅程,人在旅途,都不过是匆匆过客。我们都奔波在路途中,为了各自形形色色的梦想上下求索。欲长大成人,必须离开家独自闯荡。因此,经典成长小说常常让幼稚的成长主人公离家出走,甚至风餐露宿,在路上一点点积累人生经验,一点点告别年少的幼稚,逐渐长大成人。在路上,既意味着风险与挑战,也意味着迎来蜕变的契机。前面已经论及,以移民为主体的美国,几乎每一个移民自从踏上北美大陆那一刻起,就怀抱着瑰丽的"美国梦"艰难奔波在路上。从某种意义上说,也许没有哪一个国家的人民比美国人更具有"在路上"的意识。因此,"在路上"这一主题便成为美国文学中不可或缺的一隅。特别是在成长小说领域,"在路上"更是成为一个弥久恒新的主题。书写成长主人公"在路上"的种种挫折,并在挫折中获得顿悟、新生的契机,是美国成长小说书写的重要内容之一。在美国早期成长小说作家中,赫曼·麦尔维尔(1819~1891)是书写在路上主题的重要作家,长篇小说《白鲸》(1851)是其代表作。

少年伊什梅尔厌倦陆地生活,尝试做捕鲸海员。他到达新贝德福特认识了魁魁格,两人结伴前往南塔基特,如愿当上了裴廓德号船员。船长亚哈是一个老海员,他的一条腿曾被一头名叫莫比迪克的鲸鱼咬断。船长耿耿于怀,一心想复仇。裴廓德号出海,他们一边捕鲸,一边寻找白鲸莫比迪克。当船接近日本海时,他们终于和白鲸相遇。他们追逐白鲸,白鲸机智逃脱。第三天,白鲸弄翻了所有的小船。此时,白鲸意识到大船才是主要攻击目标。于是,白鲸咬破了大船。最后,伊什梅尔侥幸逃脱,其余船员全都葬身海底。

少年伊什梅尔目睹船长的复仇行为和悲剧结局,意识到人性的偏执和违背自然法则的恶果,从而改变了人生观和世界观。

《白鲸》对于美国成长小说的影响颇深,芮渝萍在《美国成长小说研究》(第54页)中从三个维度赞扬了它的功绩。其一,成长者退居次席,作为旁观者获取"自我成长"的经验。这种新思维大大影响了《了不起的盖茨比》(成长主人公尼克)、《老人与海》(成长主人公马洛林)、《最蓝的眼睛》(成长主人公克劳迪娅)等成长小说。其二,开创了美国成长小说以"出行"为轴心的叙事传统。"出走"、"冒险"、"远行"等成为其后美国成长小说叙说的关键词,成长主人公往往在路上历经磨难,得以顿悟,长大成人。其三,处于从属地位的成人黑奴充当了白人少年的引路人,乃《白鲸》的首创,并成为其后美国成长小说中的一种常见模式。

麦尔维尔的另一部成长小说《莱德伯恩》,展现了成长主人公莱德伯恩告别纯真的童年世界,步入龌龊、卑琐的成人世界,从而感受到成长之痛。

除麦尔维尔之外,马克·吐温①也是一位成就斐然的书写"在路上"的成长小说作家。他的长篇小说《哈克贝利·费恩历险记》既是一部典型的书写"在路上"的成长小说,又是美国成长小说史上第一部具有成长小说审美规范的范本。《哈克贝利·费恩历险记》自诞生以来,一直被视作美国文学的经典。"一切美国现代文学都来自马克·吐温的一本书,叫作《哈克贝利·费恩历险记》。……一切美国文学创作都从这本书而来。在此之前是一片虚无,在此之后也没有一本堪与匹敌的书问世"(海明威语)。

少年哈克贝利·费恩的母亲早亡,父亲是酒鬼,经常揍他。道格拉斯寡妇希望能拯救哈克这只迷途的羔羊,收他作干儿子,并教

---

① 马克·吐温(1835~1910),原名塞缪尔·朗赫恩·克莱门斯。主要作品有长篇小说《汤姆·索亚历险记》和《哈克贝利·费恩历险记》。他是美国批判现实主义文学奠基人,世界著名短篇小说大师,被称为"美国文学中的林肯"。

他各种教养规约。哈克感觉非常不自由,不听从她的管教,难以理解她的宗教信仰。一天深夜,哈克和汤姆躲过黑奴杰姆的搜索,与一帮少年伙伴相聚,成立了强盗帮。因为没有干过任何抢劫和偷盗的事,哈克很快就退出了这个帮派。当哈克得知父亲即将到来时,便设法把自己的钱在名义上归撒切尔法官所有。哈克的父亲状告撒切尔法官,不准哈克上学,并将哈克藏进密林深处的一座旧木屋里。哈克制订出逃计划,制造了自己遭杀害并沉尸河底的假相。接着,他划着木排逃到一小岛上,巧遇出逃的黑奴杰姆。当哈克得知人们正四处捉拿杰姆时,立即与杰姆坐木排沿密西西比河漂流。他们发现了一个漂流的木屋,但哈克并不知道里面那个死人就是他那醉鬼父亲。他们接着遇到了一艘破船,船上的歹徒们因分赃而相互残杀。他们侥幸逃脱,但哈克在大雾中丢失了木排,并和杰姆失散。幸运的是,他们很快重逢,并找到了木排。哈克的恶作剧让杰姆伤心,但杰姆原谅了哈克。他们计划漂流到凯劳,那里买卖黑奴是非法的,杰姆可以获得自由。但是,哈克内心一直在斗争,究竟要不要帮助杰姆?因为道格拉斯等曾经教化哈克,包庇黑奴的白人死后将下地狱。不过,哈克最终还是决定帮助他。哈克失足落水,阴差阳错到了葛伦裘福德家,受到了热情款待。然而,葛伦裘福德家与谢柏逊家有世仇,哈克目睹他们互相残杀,葛伦裘福德上校和三个儿子皆被杀害。哈克在那里幸运地找到了杰姆,两人结伴离开了是非之地。继续漂流途中,他们搭救了两个被追赶的人,四人同行。被搭救的人自称是落难的"国王"和"公爵",不过,哈克清楚他们是流氓和骗子。镇上的人揭穿了他们的诡计,哈克趁机溜走。两个骗子恼羞成怒,狠心卖掉了杰姆。哈克得知杰姆被卖后,经过再三权衡,他还是决定搭救杰姆,宁愿下地狱也在所不惜。为了找寻杰姆,哈克来到了费尔普斯农庄,赛莉姨妈误将他当作即将来访的汤姆·索亚。于是,哈克冒充汤姆·索亚住了下来。当汤姆·索亚到来时,便冒充哈克的弟弟锡德·索亚。汤姆得知哈克的经历后,愿意一起救出被关在费尔普斯农庄小木屋里的杰姆。汤姆坚持要按书上的方法爬避雷针救杰姆。这种恶作剧使看管杰姆的黑奴以为自己鬼怪缠身。此外,他们还做了一系列恶作剧,令赛莉姨妈一家胆战心惊。他们终于救出了杰姆,但汤姆被子弹误伤。杰姆全心全意照顾汤姆,不惜被抓。赛拉斯姨父将哈克赎回,汤姆和杰姆被医生送回了费尔普斯农庄。昏迷中的汤姆说出了真相,赛莉姨妈明白了一切。汤姆还说杰姆的主人在遗嘱中已归还了杰姆的自由。赛莉姨妈揭穿了哈克和汤姆的真实身份,并证实杰姆的自由。杰姆对汤姆的精心照料感动了赛莉姨妈,他们待杰姆非常好。杰姆告诉哈克,哈克的父亲已经死了。杰姆、汤姆和哈克打算结伴溜走,出去干一番惊天动地的冒险事业……

成长主人公哈克离家出走,在密西西比河上漂流。在漂流途中历经挫折、磨难,尤其是在拯救黑奴杰姆的过程中,他抛弃了头脑里固有的"黑人天生为奴"的俗念,完成了思想的超越,从而确立正确的价值观,长大成人。无论是情节结构,还是成长主人公成长的结果,皆与经典成长小说的审美规范相吻合。此外,黑人杰姆以他的善良、正直、淳朴,无声地导引着哈克,让哈克感受到了这个黑奴导师的人格魅力。杰姆是成长主人公哈克成长之旅中的引路人。

三、日常生活

尽管"赎罪"和"在路上"是美国早期成长小说书写的重大命题,且烙印了明显的美国特色,但是,这些重大主题书写依然未能突破德国和英国等老牌成长小说王国书写的传统。不管是《红字》还是《白鲸》,依稀都有《心路历程》和《鲁滨孙漂流记》等的影子。然而,早期美国成长小说对"日常生活"的书写却别具特色。也就是说,成长主人公在成长之旅中并未经历"宗教迫害"、"跌宕的人生磨难"等特殊事件,始终生活在平静、安详的日常生活中,甚至并未产生离家出走的冲动。但是,平淡、平常的日常生活却不动声色地让成长者感受到了成长的真谛。成长主人公在风平浪静中完成了成长,这样的成长书写看似平常,实乃更切近大多数成长主人公的成长状貌。因为平淡和平常是大多数成长主人公的成长本相,也是现实生活的本相。火山、地震等灾难性气候,以及政变、战争等非常事件,不过是庸常生活中的意外插曲。将"日常生活"作为成长书写的关键词,无疑是美国早期成长小说书写的重大突破。成长真正回归到普通人之中,是芸芸大众的成长。成长者不再充当时代或一代人的缩影。在美国早期的成长小说作家中,女作家易萨·梅·奥尔科特(1832~1888)乃书写日常生活的代表作家之一。《小妇人》和《小男人》是其代表作。

《小妇人》是一部具有自传体性质的长篇小说,着力展现了生活在美国的马奇一家四姐妹成长的历程。父亲参加南北战争常年征战,四姐妹与母亲生活在小城镇。四姐妹互助互爱,自强自立,恪守伦理道德。大姐梅格婚后相夫教子,勤俭持家,是典型的贤妻良母。作为作品中主角的二姐乔,开朗、豁达、独立、自尊,她靠写作获得稿费贴补家用。老三贝思,性情内敛,有音乐天赋,但体弱多病,年少夭折。四妹艾米,举止端庄,爱慕虚荣,酷爱艺术。母亲努力培养女儿们,尤其注重培养她们的美德。邻居劳伦斯家只有祖孙二人,爷爷劳伦斯慈祥,孙子劳里为人热情。劳伦斯家境富裕,但不骄矜。两家人相处愉悦。《小妇人》之所以取得了成功,在于作者还原了当时普通人家的生活场景,真诚、真实,让读者感受到了现实生活的精彩。从成长小说的维度考察,处于成长之中的四姐妹,在母亲的督导之下,互相帮助,互相烛照,从而克服了各自的缺点和弱点,确立了正确的人生观和世界观。

作者继《小妇人》之后,又创作了《小男人》。这部作品在一定程度上是对《小妇人》的摹写,通过描写日常生活,展现了四个少年的成长风景。

书写成长主人公在日常生活中完成成长的作品,除了易萨·梅·奥尔科特的《小妇人》和《小男人》之外,还有另一位颇具代表性的女作家萨拉·奥恩·朱厄特①的《乡村医生》(1884)。作为19世纪下半叶美国最为出色的"乡土文学"女作家,萨拉·奥恩·朱厄特作品的叙事背景多为新英格兰乡村。自然、简朴、唯美,是其作品的主要风格。半自传体小说《乡村医生》,叙说了女主人公楠的成长故事。楠的双亲和祖母去世后,乡村医生莱斯利将其抚养成人。楠经常跟随莱斯利行医,从小就立志当一名乡村医生。不过,她的志愿遭到了许多人的怀疑和否定。楠与从未见过面的姑姑取得了联系,在姑姑家她认识了青年乔治·盖瑞,两人坠入爱河。楠不得不在婚姻和事业之间做出选择,最终,楠不顾世俗偏见,走上了成为一名乡村医生的道路。

作为书写女性成长历程的成长小说《乡村医生》,塑造了自我意识觉醒之后的女性成长主人公楠面对强大的父权制,勇于跨越两性界限,从而实现了作为女性的独特的自我价值。"朱厄特不是有很强烈的女权主义意识的作家,也不在那些为争取妇女个性解放和平等权利摇鼓呐喊的女权斗士之列。她是一位从女性视角进行创作作品,带有女性话语典型特点的作家"。②然而,Josephine Donovan认为,《乡村医生》中的苹果树如同希腊神话伊甸园中的智慧树,苹果树隐喻着女性群体,主人公楠面临的抉择犹如阿特兰提是否放弃手中的金苹果。也就是说,楠如果想成为乡村医生,就必须放弃女性这一群体,才有资格与男性比肩而立③。不管是展现了女性意识还是女权意识,《乡村医生》都在少女楠的成长背景之上,书写楠"化

---

① 萨拉·奥恩·朱厄特(1849~1909),美国女作家,乡土文学作品的代表人物。主要作品有系列小品文《尖枞树之乡》(1896年)、《小品和短篇故事集:新老朋友》(1879年)、《白鹭鸶》(1886年)和《王后的孪生姐妹》(1899年)等,长篇小说《乡村医生》(1884年)、《沼泽岛》(1885年)和《保守党的情人》(1901年)等。

② 金莉:《从〈从尖尖的棕树之乡〉看朱厄特创作的女性视角》,载《国外文学评论》,1999年第1期。

③ Donovan, Josephine. Nan Prince and the Golden Apples. Colby Library Quarterly, 1986(1): 17~27.

蛹为蝶"的成长蜕变,对于楠自助成长、自我教育的成长状态的书写,无疑使其成为此时期女性成长小说的独特风景。

女作家威拉·凯瑟的《我的安东妮娅》(1918),亦将主人公的成长舞台搭建在日常生活中。在维多利亚时代妇女地位低下,因为经济不独立,她们在家庭和社会中扮演着从属角色,成为男性的陪衬。不管是在社交场合中,还是在日常生活中,她们大多不过是男性的附属品。作为女性作家,威拉·凯瑟具有强烈的女性意识。在她的许多作品中,都呼吁树立女性的独立和平等意识,希图改变女性从属于男性的不公平的生存状态。她的代表作《我的安东妮娅》乃美国西部拓荒小说的重要代表作,展现了女性追求自我、独立和平等的心路历程。

《我的安东妮娅》叙说了成长主人公波希米亚女孩——安东妮娅从少女时代至长大成人的心路历程。当大批移民蜂拥至美国时,安东妮娅随父母从北欧移民到内布拉斯加大草原。父亲亡故后,她被迫进入农场工作,维持家庭生计,渐渐完成了由家庭配角到主角的转换。当她来到黑鹰镇做女佣时,受到守旧者的歧视。她勇于挑战传统,充分展现了独立和自我意识。即或被情人无情抛弃,她仍旧自强不息,带着身孕重返农场,找到了曾一度丢失的自我。最后,安东妮娅找到了理想的伴侣,组建了和谐、幸福的大家庭,夫妻共同经营农场。至此,安东妮娅完全实现了自我价值,完成了成长。这是一个经典的追寻"美国梦"并最终梦想成真的成长故事。成长主人公懵懂少女安东妮娅,虽历尽坎坷、挫折、磨难,但她永不放弃,在拥有了土地的同时,也拥有了新的生命,从而成长为一位实现了自我价值的新型女性。作者还将女孩安东妮娅置身于西部广袤的土地上,让其在经历风吹雨打的同时,也获得了自由成长的契机。从某种意义上说,这部作品突破了维多利亚时代传统的女性书写藩篱,作者威拉·凯瑟因此成为与同时代的伊迪斯·沃顿和艾伦·格拉斯哥并肩的标志性作家。

西奥多·德莱赛①(1871~1945)的处女作长篇成长小说《嘉莉妹妹》(1900)讲述了这样一个成长故事:19世纪80年代末至90年代初,美丽的农村姑娘嘉莉来到芝加哥寻求梦想中的幸福生活。然而,城市既光怪陆离,又异常残酷、冷漠,迎接她的是失业和病痛。贫病交加,她被迫当上了推销员杜洛埃和酒店经理赫斯渥的情妇。她与赫斯渥私奔来到纽约,她因为美丽和歌唱天赋成为红极一时的明星,步入上流社会,从而实现了梦想。作品细腻地描摹了农村少女嘉莉从社会底层登上百老汇红舞星宝座的心路历程。嘉莉的堕落,无疑是20世纪初人们狂热地追求"美国梦"的悲剧缩影。"德莱塞于30年前写作了他的处女作《嘉莉妹妹》,而我在25年前就读到了它;它像一股自由、强劲的西风吹进闭塞、沉闷的美国,给我们滞塞的个人天地里带来了自马克·吐温和魏特曼以来的第一缕新鲜空气"(美国第一位诺贝尔奖获得者辛克莱·刘易斯语)。

长篇小说《珍妮姑娘》(1911)是《嘉莉妹妹》的姊妹篇,讲述了一个贫穷的城市姑娘成长的艰难历程:天生丽质的女孩珍妮出身卑微,迫于生活压力,18岁的她被迫委身于参议员布兰德。布兰德暴死之时,她已有身孕。珍妮的生活再度陷入窘境,面对父母的责骂和公众的鄙视,天生乐观的她顶住压力,将孩子生下来,给予孩子全部的爱。然后,她邂逅富家子莱斯特,与其同居12年后沦为弃妇。对于珍妮来说,命运如同无法破除的魔咒。尽管她天性纯洁,但为了生计她不得不委身于人。尽管她一心一意与诱惑他的人一起过着平常而幸福的日子,但命运总是和她开着无法承受的玩笑。这个弱小的女子不得不臣服于命运的安排,她的成长举步维艰,甚至停滞不前。

---

①他与福克纳、海明威并称为第一次世界大战后美国三大小说家。主要作品有长篇小说《嘉莉妹妹》(1900)、《珍妮姑娘》(1911)、《金融家》(1912)、《美国悲剧》(1925)、《巨人》(1914)、《"天才"》(1915)、《堡垒》(1946)、《斯多噶》(1947)等。瞿秋白在《美国的真正悲剧》一文中称,德莱塞的"天才,像太白金星似地放射着无穷的光彩……是描写美国生活的极伟大的作家"。

总的说来,此时期以"日常生活"为书写关键词的成长小说大多是女作家,且多展现女性的成长景观。较之于成长之中的男孩来说,成长中的女孩的叛逆性、冒险性和离家出走的冲动性等皆较弱,她们在成长过程中所遭遇的挫折因而不具备巨大的杀伤力。她们成长的重大转折往往体现在纠正自身的缺点或错误,失去了"化蛹为蝶"的阵痛与裂变。而对于那些遭逢了切肤之痛的女孩来说,大多未能迎来长大成人的契机,此亦此时期美国成长小说对经典成长小说的反动。

第二节 成熟期("一战"/"二战"):"迷惘"与"垮掉"

进入 20 世纪,由于两次世界大战等的影响,以及一系列重大的政治、社会变革事件所带来的巨大冲击,世界呈现出斑驳、芜杂的态势。20 世纪的美国,由于在两次世界大战中扮演的特殊角色,大发战争财,一举确立了世界霸主的地位。整个 20 世纪,与美国相关的重大事件可谓层出不穷。诸如,"一战"和战后的繁荣;30 年代的经济衰退和社会变革;"二战"和战后重建;50 年代的朝鲜战争和麦卡锡主义;60 年代的民权运动和女权运动;70 年代的越南战争和石油危机;80 年代的军备竞赛;90 年代的东欧剧变和苏联解体;世纪末的"9·11 恐怖袭击事件"……随着科技的大发展,尤其是互联网的兴盛,在相当大的程度上改变了人们的生活/生产/思维方式。同时,对社会组织形式亦带来了前所未有的革命性冲击。因此,置身于此种文化背景中的 20 世纪美国文学,获得了大发展的契机,呈现出色彩斑斓的风景。从文学思潮来说,先后出现了"现实主义"、"自然主义"、"现代主义"、"后现代主义"等;从文学团体来说,先后诞生了"美国梦的幻灭"、"迷惘的一代"、"黑幕揭发者"、"无产阶级激进派"、"垮掉的一代"、"黑色幽默"等;从文学流派来讲,先后出现了"南方文学"、"黑人文学"、"妇女文学"、"犹太文学"、"亚裔文学"等。与此相伴生的,则是美国成长小说的成熟,呈现出多元格局,空前繁盛。尤其是在第一次世界大战和第二次世界大战之后,美国成长小说皆发生了质的飞跃,迎来了成熟期。

一、"一战"与"迷惘的一代"的成长

"迷惘的一代"(Lost Generation)又称"迷失的一代",是诞生于第一次世界大战之后的一种美国文学流派。这个名词源自侨居巴黎的美国女作家格特鲁德·斯泰因,她曾对海明威等人说:"你们都是迷惘的一代。"海明威的长篇小说《太阳照样升起》的题词便使用了这句话,"迷惘的一代"借此得名。此流派代表作家多为当时的青年作家,比如海明威(1899~1961)、福克纳(1897~1962)、约·多斯·帕索斯(1896~1970)、菲兹杰拉德(1896~1940)和诗人肯明斯(1894~1962)等。他们大多亲历过"一战",对于战争的灾难和悲苦有切肤之痛。他们曾经生机勃勃,对未来充满激情和理想,甚至怀着对民主、自由的憧憬奔赴战场。然而,他们逐渐发现参与的是一场血腥的大屠杀,所谓"拯救世界民主"的口号不过是政府发动帝国主义战争的幌子,而他们不过沦为战争的牺牲品。被欺骗、被损害的挫折感郁积于胸,以至于他们不再相信任何政治策略和法令法规,可谓"一朝被蛇咬,十年怕井绳"。然而,置身于被他们怀疑甚至厌恶的现实环境中,他们又找不到光明的方向,迷茫、悲观、彷徨、抑郁。于是,这种以"迷惘"为核心的情绪体现在创作中。尽管他们没有统一的组织和纲领,但他们不约而同表达了反对帝国主义战争,鞭挞战争的灾难、阴影和对一代青年人的毒害等情绪。他们鄙视所谓的"崇高","什么神圣、光荣、牺牲这些空泛的字眼儿,我一听就害臊……我可没见到什么神圣的东西,光荣的东西也没有什么光荣,至于牺牲,那就像芝加哥的屠宰场,不同的是肉拿来埋掉罢了"(海

明威语)。他们提倡语言的简约和口语化写作。因为"迷惘",看不清现在和未来,索性表达零度情感,含蓄、内敛,结尾戛然而止,从而生成了强劲的艺术张力。比如,海明威提出了写作的"冰山"理论,即只表现露出水面上的1/8,剩余的7/8由读者自己去补白。此外,他们还勇于进行大胆的文体创新,试图通过新颖的作品表达形式获得对一切的准确认识,从而不再"迷惘"。

"让她(斯泰因)说的什么'迷惘的一代'那一套跟所有那些肮脏的随便贴上的标签都见鬼去吧。"(海明威《流动的圣节》)尽管海明威等人并不赞同为他们贴上"迷惘的一代"之标签,但对于"迷惘的一代"的过往评价,概括来说主要有两种倾向:即肯定其"反战情绪"和对所谓"美国梦"之幻灭的揭露;而批判其烙印着个人主义情绪的逃避和悲观。其中,亨利·F·梅的《美国天真时代的终结》一书,对这一文学流派的批判相当深入。从18世纪以来,美国形成了以"清教伦理"和"资本主义理性"为核心的文化体系。这一体系在经历了"一战"后,受到了前所未有的挑战,并产生了巨大的文化断裂。传统文化价值体系崩溃了,以现代意识为根本的新文化正在形成之中。在这个新旧转折点上,"迷惘的一代"作家扮演了文化的急先锋角色。从某种意义上说,他们的社会影响远在文学成就之上。比如,当海明威的《太阳照样升起》问世之后,"青年男子试着像小说中的男主角那样沉着冷静地喝醉酒,大家闺秀则像小说中的女主角那样伤心欲绝地一个接一个地谈情说爱,他们都像海明威的人物那样讲话"①。

"迷惘的一代"之所以扮演了新文化先行官的角色,还与当时日益兴盛的科技与物质文明密不可分。电影、汽车、无线电、新闻媒介、广告和推销术等新兴媒介,皆推动了以"消费"、"及时行乐"为表征的新文化的传播。这种新观念与提倡勤勉、节俭的"生产道德观"相悖。"迷惘的一代"在迷惘中将自己流放。"格林尼治村的道德标

---

①[美]马尔科姆·考利:《流放者归来》,张承谟译,重庆:重庆出版社,2006年。

准是在商业主义的'促销'努力下传遍全国的。巴黎左岸是他们养成了新的消费习惯后又想延续这样的生活而不得不去的地方。与其说他们走在时代前头,领导了战后文化潮流,不如说1920年代快速的经济发展怂恿了他们,造就了他们,而他们的言行又为勃然兴起的消费文化推波助澜。"①尽管清教传统和中产阶级的商业保守文化的强势地位被削弱,甚至被颠覆,但美国文化并没有迎来成年契机,仍旧处于青春躁动期。因此,"一战"后,美国成长小说的主题是表现"迷惘的一代"的成长之惑,代表作品有被誉为"爵士时代的歌手"的菲茨杰拉德的《人间天堂》(1920)和《了不起的盖茨比》(1925),法雷尔的《斯塔兹·朗尼根》(1932~1935)三部曲(关注恶劣的成长环境给青少年成长造成的创伤),海明威(硬汉性格的塑造者)的《太阳照样升起》(1926)、《杀人者》(1927)等。

(一)菲茨杰拉德的成长书写:金钱的腐蚀与成长

弗·司各特·菲茨杰拉德(1896~1940),美国小说家。其作品主要表现"一战"后美国年轻人的"美国梦"之幻灭。长篇小说《人间天堂》(1920)是其处女作,亦是其成名作。长篇小说《了不起的盖茨比》(1925)是其代表作。"一战"结束(1918)之后,经济大萧条(1929)尚未到来。以清教道德伦理为核心的文化体系崩溃,享乐主义风行。"这是一个奇迹的时代,一个艺术的时代,一个挥金如土的时代,也是一个充满嘲讽的时代。"(菲茨杰拉德语)置身这样的时代语境,他敏锐地捕捉到了这一时期美国社会尤其是年轻一代的迷惘。他们表面的繁荣掩盖不了内里的虚空,醉生梦死的生活无法满足心灵的空虚。因此,他在作品中致力于表现年轻人对于理想的渴望和追寻,以及找不到前进方向的迷惘。尤其值得强调的是,他的大多数作品都具有自传或半自传性质。

---

①虞建华:《"迷惘的一代"自我流放原因再探》,载《外国文学研究》,2004年第5期。

阿莫瑞·布莱恩出生于富裕之家,天赋颇佳,得到了母亲无微不至的关爱。他中学时代的生活比较单调,进入普林斯顿大学后热衷于参加各种社团组织以获取名利。由于学习成绩不好,这一"理想"破灭,只好追寻所谓爱情的快乐而蹉跎岁月。所幸的是,牧师达斯呵护他的成长,给予他父亲般的爱。大战爆发,他怀着理想从戎。然而,战争结束之后,阿莫瑞却发现自己竟然面临一无所有的窘境——因父母双亡而丧失了稳定的经济来源;他经营的广告公司入不敷出;心仪富家女罗莎琳达,因经济拮据而未能遂愿;牧师达斯撒手人寰……面对一系列的打击,他翻然省悟,意识到自己从前太以自我为中心,太依赖他人的帮助,根本不关心身边那些为自己默默奉献的人。尽管他的思想意识并未获得实质性升华,但他已经开始转变。总之,《人间天堂》描摹了青年阿莫瑞·布莱恩成长,着重展现其满怀理想却最终理想破灭的心路历程,隐寓了那一代年轻人的"美国梦"之幻灭。阿莫瑞·布莱恩等成为那一代"迷惘"的大、中学生的代表性人物。

作为菲茨杰拉德代表作的《了不起的盖茨比》,历来受到各方面的好评。《牛津美国文学词典》评点:"《了不起的盖茨比》是他(菲茨杰拉德)最好的小说,该书敏锐地抓住了当代社会生活的主题,并以象征手法展现了'美国梦'传奇之下的嘲讽及悲怆。"T. S. 艾略特盛赞:"《了不起的盖茨比》是自亨利·詹姆斯以来美国小说迈出的第一步,因为菲茨杰拉德在其中描写了宏大、熙攘、轻率和寻欢,凡此种种,曾风靡一时。"海明威不吝溢美之词,"既然他能够写出一本像《了不起的盖茨比》这样的好书,我相信他一定能写出更好的书"。

尼克离开位于美国中西部的故乡,来到了灯红酒绿的纽约,比邻盖茨比的豪宅。在一次盛宴上,尼克结识了盖茨比,逐渐了解到盖茨比的成长故事:年轻时的盖茨比曾是一名少尉军官,并不富有,与尼克的远房表妹黛茜彼此倾心。大战爆发后,盖茨比被征调到欧洲。因此,黛茜与他分道扬镳,嫁给了富家纨绔子弟汤姆。因汤姆有情妇,黛茜非常抑郁。盖茨比非常难过,笃定是金钱令黛茜变心,开始努力成为富翁,并取得了成功。于是,他在正对黛茜府邸处修建了一幢豪华大厦。盖茨比一掷千金,企图引起黛茜的注意,并找回昔日的爱情。尼克感动于盖茨比的痴情,拜访黛茜,转达盖茨比的真情。黛茜与盖茨比重逢,黛茜使用花招将盖茨比掌控。盖茨比却以为自己与黛茜再续前缘。事实上,黛茜早已失落了纯真,只不过将盖茨比当作唾手可得的艳遇对象。尽管尼克明察秋毫,却爱莫能助。黛茜开车轧死了丈夫的情妇,盖茨比替黛茜担责。然而,黛茜铁了心将盖茨比抛弃。汤姆挑唆情妇的丈夫枪杀了盖茨比。更为悲哀的是,盖茨比至死不知真相。当盖茨比下葬之时,黛茜和丈夫却去往欧洲旅行。尼克目睹了这一切的虚假和丑恶,满怀愤懑和悲伤,毅然离开了这浮华、喧嚣、冷漠、虚假的纽约……盖茨比成长的悲怆结局在于,他一直生活在自己编织的梦想中。为了所谓的梦想,他失去了理性和方向。他的悲剧人生如烟花般璀璨绽放,继而永恒幻灭,令人扼腕。

总之,菲茨杰拉德所塑造的成长主人公形象,多为"一战"后追梦的青年人。菲茨杰拉德着重展现他们生活境遇/心灵世界的冲突,以及理想在现实面前的彻底破灭。菲茨杰拉德无疑成为"迷惘的一代"的标志性作家,亦为美国"浮躁的20年代"的代言人。

(二)海明威的成长书写:战争对成长的扭曲

欧内斯特·米勒尔·海明威(1899~1961),美国小说家。获1954年诺贝尔文学奖。参加过"一战"。晚年疾病缠身,过度抑郁,1961年自杀。长篇小说《太阳照样升起》(1926)和《永别了,武器》(1927)乃描摹"迷惘的一代"的重要作品。此外,他还创作了长篇小说《第五纵队》和《丧钟为谁而鸣》。其最为著名的作品是《老人与海》(1950),塑造了桑地亚哥这位"可以把他消灭,但就是打不败他"的"硬汉形象"。作为"迷惘的一代"的代表作家,海明威的长篇小说《太阳照样升起》对"迷惘的一代"的深入书写,以及其提倡的创作的"冰山原则",确立了其在欧美现代文学史上的地位。

"一战"结束后,一群来自英国和美国的青年人流落至欧洲。其中,美国青年杰克·巴恩斯在战争中身负重伤。战争结束后,他作为驻欧记者移居法国。事实上,因为受到战争阴影的影响,他对生活已经丧失了激情和信念,始终被巨大的毁灭感包裹。尽管他迷恋勃瑞特·艾希利,然而战争摧残了他的身体,他无法和心爱的女人享受鱼水之欢。极度的沮丧使得他借酒浇愁,希望能麻痹自己,减缓心灵的熬煎。事实上,像巴恩斯这样的成长主人公并非个案,具有相当的普遍性。他们注定孤独、彷徨,找不到出路,只能在幻想或麻醉中求得自我慰藉。通过这部具有自传性质的作品,海明威遵循自己所推崇的"冰山"创作理论,含蓄地折射出"迷惘的一代"畸形的心理状态和虚无的现实生活:他们只能随波逐流,只能做无望的挣扎。总之,《太阳照常升起》通过描写战争给男主人公杰克·巴恩斯和女主人公勃瑞特·艾希利所造成的生理/心理创伤,从而展现了他们的迷惘、厌倦和幻灭感。作为"迷惘的一代"的代表作,一出版便引起了广大青年人的共鸣和追捧。

此外,小说家福克纳(1897～1962)的短篇成长小说《熊》,讲述了成长主人公艾尔克从"顿悟"到"遁世"的成长经历。法雷尔的《斯塔兹·朗尼根》(1932～1935)成长小说三部曲,讲述了恶劣的成长环境给青少年造成创伤的成长故事。

二、"二战"与"垮掉的一代"的成长

"二战"后,美国的成长小说多表现"垮掉派"的成长。1948年,小说家杰克·凯鲁亚克与约翰·克莱隆·赫尔墨斯在一次对话中首次提出了"垮掉的一代"(或"疲惫的一代")(Beat Generation)[①]这

[①] Beat 有"敲打"、"失望"、"失败"和"放弃"之意。美国人常说 I'm beat,表示"我累坏了"。可见,beat 本身蕴含的意义比"垮掉"更丰富,中文翻译为"垮掉"乃约定俗成。

一概念。当时,"二战"刚刚结束,战争梦魇仍旧萦绕在人们心头。而以美国和苏联为首的两大势力集团处于"冷战"对峙局面,新的世界冲突似乎一触即发。美国国内,麦卡锡主义①喧嚣,文化思想界的进步人士遭到疯狂迫害。美国文坛风声鹤唳,一派肃杀之象。内忧外困,加上战争阴云挥之不去,使得一些追求进步的年轻人不满美国的现状。他们质疑美国现行的社会制度、道德准则和价值观念,甚至采取极端的方式宣泄不满情绪。这些与传统的主流文化相对抗的新的社会文化现象,以"垮掉的一代"之标签出现在文学作品中。

担当"垮掉的一代"文学先锋的是青年人,他们或正在上大学,或刚刚走向社会,以巴罗斯、凯鲁亚克、金斯堡、卡萨迪等人为代表。因为感到现实的极端压迫,愤而以笔为武器,在文学作品中肆意宣泄心中的憋屈。由于找不到出路,他们在现实生活中彻底沉沦:不修边幅、放浪形骸、性放纵、搞同性恋、酗酒、吸毒……总之,他们试图嚎叫当歌,涂鸦为画,并记述下自己的怪诞经历。他们鼓吹性解放和"开放的人生",主张冲破文学的传统藩篱,随意随性抒发胸臆。他们呼告"我们的生活就是我们的作品,我们的作品就是我们的生活"。无论是在生活中,还是在作品里,他们都表现出颠覆传统的姿态。1956 年,金斯堡的诗集《嚎叫及其他》在旧金山出版。1957 年,凯鲁亚克的小说《在路上》出版。1959 年,巴罗斯的小说《赤裸的午餐》问世。这三部小说作为"垮掉的一代"的代表作,无论形式还是内容皆惊世骇俗。

"垮掉的一代"与"迷惘的一代"相映照。"迷惘的一代",指的是在"一战"之后成长起来的年轻人(包括海明威在内)。由于世界大战的阴影挥之不去,他们失去了生活的信念。尽管海明威等作家偏

---

①麦卡锡主义指 1950~1954 年间掀起的反共、反民主逆流,主要表现为诽谤、迫害共产党和民主进步人士,以及持不同意见的人。其影响波及美国政治、外交和社会生活等方面。作为专有名词的"麦卡锡主义",等同于"政治迫害"。

爱远离尘寰,对人性的真善美等品性倍感失望,但他们并未完全丧失对美好人性的渴望。相反,大多数"垮掉派"对美好人性彻底丧失了信心,甚至对人性之善不再抱以幻想。之所以称他们为"垮掉的一代",是因为公众对这一代人的失望和不满。时至今日,对这一代人较为公允的评价是:他们曾经以惊世骇俗的言行反抗铜墙铁壁般的严酷现实,对美国社会的革新起到了积极的推动作用。他们以糟蹋自己的美好年华为代价的"愤青"言行,在伤害自己的同时亦对社会风气造成了负面的影响。而今,当年不少"垮掉"分子已成为美国社会的中坚力量。这在一定程度上佐证了青少年亚文化对主流文化的积极补充和匡正。凯鲁亚克①的《在路上》(1948)和塞林格的《麦田守望者》(1951)正是在这种背景下产生的。

(一)《在路上》②:生机勃勃而又杂乱无章地成长

《在路上》是克鲁亚克的自传体代表作,他花了3个星期在1卷长达30米的打字纸上一气呵成。它同马克·吐温的《哈克贝里·费恩历险记》和弗·斯科特·菲兹杰拉德的《了不起的盖茨比》并称为美国的文学经典,被视作探索"个人自由"、拷问所谓"美国梦"的杰作。其于1957年问世,舆论哗然,毁誉参半。毫无疑问,这部小说确实影响了整整一代美国人的生活方式,成为20世纪60年代美国"嬉皮士"运动的经典。在20世纪60年代,它曾遭受资本主义和社会主义两大阵营不约而同的批判,不啻为一道奇观。当今,《在路上》、《嚎叫》和《裸露的午餐》仍然拥有众多读者。20世纪80年代以来,以《在路上》为代表的"垮掉派"文学经典影响了部分当代中国作家。比如王朔、王小波等。

《在路上》具有浓郁的自传体色彩。很明显,萨尔·帕拉迪斯就

---

①[美]杰克·克鲁亚克(1922~1969),美国"垮掉派"作家。青年时代生活放浪,做过各种杂工,曾遍游全美及墨西哥,著有小说18种,后死于酗酒。主要作品有长篇小说《在路上》、《镇与城》(1950)等。

②[美]杰克·凯鲁亚克:《在路上》,文楚安译,南宁:漓江出版社,2001年。

是作者克鲁亚克,而狄安·普里亚蒂就是现实生活中的卡萨迪。萨尔因为标新立异追求个性,与狄安、玛丽露等几个年轻人沿途搭车或开车,几次横穿美国大陆,最终到达墨西哥。一路上,他们狂歌滥饮,吸食大麻,玩弄女人,畅谈东方禅宗。累了,便挡道拦车,或借宿村庄……小说共分五部分。第一部分叙述1947年萨尔和狄安相识于纽约,他们首次相伴从东往西横越美国大陆。这次旅行,萨尔与墨西哥姑娘特丽相恋并分手。萨尔在狄安的鼓动之下开始了西部之旅,"我(萨尔)将步狄安后尘远行"。从此,萨尔骨子里的狂放不羁彻底稀释于似乎没有终点的漂泊。从丹佛到纽约,从旧金山到堪萨斯,他追随狄安马不停蹄。穿梭于漫漫州际公路,成为他的主要生活方式。第二部分讲述萨尔返回纽约,到姑妈家。1948年圣诞,狄安突然拜访萨尔。他驾驶破旧的车,还带着女友玛丽露。萨尔和狄安结伴第二次去西部,然后返回纽约。第三部分讲述萨尔1949年再次到达丹佛,与狄安的友谊更上层楼。萨尔对狄安有了深入的认识,包括狄安的疯狂。他们第三次横越美国大陆。第四部分讲述萨尔和狄安前往墨西哥。第五部分讲述狄安将萨尔留在墨西哥。接着,萨尔独自返回纽约。他们最后一次相见。

  从第三部分起,萨尔和狄安的关系发生了微妙的转变。萨尔到达旧金山,再次遇见狄安,不久,他们遭到了狄安女友的驱逐。虽然无处可去,但萨尔第一次邀请狄安上路。萨尔说:"在过去沉重的生活之下,我从来没有对他作出过什么承诺,而且如此坦率。"此前,狄安一直是萨尔的引导者,他被萨尔的邀请惊呆了,但他还是接受了邀约。事实上,随着在路上奔波,萨尔日渐成熟。从本性上说,他比狄安更明白"去哪里"和"干什么"。因此,他比狄安自律、坚强。一路奔波,车窗外尘土飞扬,树木、山脉和平原不停地被甩在身后。然而,他们渴望的美好生活始终在不知道的别处,他们不得不马不停蹄前寻,始终不能停下来。其实,他们并不明白究竟需要什么样的生活,他们只知道他们厌倦眼前的生活——政治空气的紧张,工业经济的复苏,混合成一种类似于中世纪宗法制的虚假繁荣。他们大多刚刚从战争的灾难中回过神来,诚惶诚恐地守护着看上去好起来的日子,根本来不及思考这种平静如死水潭的生活。可是,萨尔们嗅出了静谧中的火药味,不甘臣服于高压。他们感觉到了寒冷,却苦于找不到温暖的火炉。因此,他们只能自我麻醉,麻醉于爵士乐、酒精和汽车的轰鸣声中,沉溺于与同性和异性疯狂做爱。他们不害怕"堕落"这个字眼儿,他们把自己当作汽油熊熊燃烧,激情勃勃地观看燃烧自己的焰火。也许他们曾经追问过明天在哪里,但他们知道谁也不知道明天在哪里。没有谁会告诉他们明天在哪里,那就索性假装不在乎,假装从来就没思考过这样的问题,用疯狂的放纵和及时行乐来麻痹无法麻木的神经。在《在路上》的结尾处,萨尔道出了潜藏于心灵深处的焦虑、苦闷和彷徨:"在衣阿华州,孩子们放声恸哭,可谁都无动于衷;难道还有谁不知道,上帝就是那精疲力竭的大熊星座吗?我怀念狄安·莫里亚蒂。我甚至还怀念老狄安·莫里亚蒂,我们从来没有找到过他。我思念狄安·莫里亚蒂。"①

其一,萨尔和狄安奔波"在路上"的隐寓性。我们都是生命的匆匆过客,奔波"在路上"。只要"在路上",就意味着有多种可能性,就意味着憧憬和希望。——"我是作家,还年轻,我渴望上路"。(第11页)"在路上",聚散离合,乃常情常态。"在路上"遇见的大多数人,不会有再见的机缘。因此,萨尔和狄安"在路上"随意碰见的那些只能见一面的人,是现实人生生存本相的一种原生态展现。也许再见并不重要,重要的是我们已经相见,或者说我们曾经相遇过。其二,萨尔和狄安:成长的两极。作为作品中的两个主要的成长主人公,萨尔和狄安个性几乎完全不同。尽管他们是奔波于路上的伙伴,或互为引路人,但他们呈现出的成长姿态可谓泾渭分明,代表了成长的两极。狄安非常感性,具有酒神式的放纵和迷狂。其歇斯底里式奔波于路上,似乎没有任何明确的目的。萨尔理性,似乎更切

---

① [美]杰克·凯鲁亚克:《在路上》,文楚安译,南宁:漓江出版社,2001年,第323页。

近于日神精神。他奔波"在路上",始终不忘写作,奔波的目的相对比较明确。总的说来,他们代表了成长的两极——迷狂与清醒,堕落与自律,虚无与务实。互为补充,互为参照。如果说狄安的成长具有飞蛾扑火般的悲壮,那么萨尔的成长则葆有一份难得的明智。当然,不管是在放纵中沉沦,还是在清醒中放纵,他们从终点到起点,再从起点到终点,他们甚至已经找不到何处是终点何处是起点。生命就在如此漫无目的的奔波中轮回,于风餐露宿的跋涉中将青春蹉跎,无所皈依的奔波映照的是成长的凄惶和绝望。在那特定的成长语境中,在那种特定的躁动不安的情绪的刺激之下,狄安和萨尔注定永远奔波"在路上"。他们匆匆远去的成长背影,是一道令人扼腕的风景——生机勃勃而又杂乱无章。他们早就顿悟了,但顿悟后却发现无路可走。因此,他们只能继续沉沦、堕落。这样的成长怎一个"疼"字了得? 其三,成长的疯狂和堕落。很明显,这是一群疯狂甚至是迷狂的奔波"在路上"的青年。他们吸毒、酗酒、偷盗、淫乱、飙车、斗殴……但凡人世间的所有疯狂行为他们都一一尝试过。疯狂已成为他们习以为常的行为方式,似乎只有在疯狂中他们的生命才能得以旺盛地燃烧,他们似乎才能借此找寻到一丝安全感和自由感。

总之,《在路上》书写了"垮掉派"生机勃勃而又杂乱无章的成长,一种找不到彼岸的成长,一种自杀式的叛逆——从没有未来的憧憬走向毁灭。克鲁亚克及其"垮掉派"的言行方式颓废、消极,却产生了巨大的社会影响,波及至今。与《麦田守望者》相比,《在路上》更概念化、抽象化,反文化意识更自觉、更浓郁。也因如此,《在路上》在一定程度上丧失了文学的质感。

(二)《麦田守望者》[①]:霍尔顿的成长暗影

《麦田守望者》作为一部成长小说经典,是美国文学十大名著之一,影响了几代人。塞林格凭借这部作品蜚声世界文坛。小说中塑造的成长主人公霍尔顿,是美国文学史上第一个反英雄形象[②]。霍尔顿在满目疮痍的成长经历中,洞察生存环境的伪善与荒谬,企图超越现实生活的围困,以寻求日渐稀薄的真情和纯真。然而,他却进退维谷,陷入两难之境。一方面,他竭力反抗,但他深知一切皆为徒劳;另一方面,他似乎明白妥协乃别无选择之选择,但他始终不愿妥协。于是,他选择以消极的方式宣泄愤怒和绝望,一步步把自己逼入绝境,最后得了神经病。塞林格用满不在乎的口吻写透了青春的迷惘、愤怒。这是一个具有普遍意义的沉重命题,关乎成长、社会和人生,但行文并不凝重,可谓举重若轻。通过诸多看似纷繁、琐屑的细枝末节,却写活了置身于混乱不堪年代的一个美国少年举步维艰的生存本相。

1. J. D. 塞林格其人其文

J. D. 塞林格(1919~2010),美国小说家。生于纽约一富裕犹太商人(干酪进口商)家庭。他在曼哈顿上流社会的环境中长大,辗转于各大学预科读书。1934年进宾夕法尼亚州瓦利福奇军事学校住读,1936年毕业。1937年去波兰学做火腿,不久回国继续读书,先后进了3所学院,都未毕业。其中包括进入哥伦比亚大学学习。不过,他在哥大选修的一门写作课成绩优异,巩固了他自少年时便萌生的写作兴趣。1942年从军,被派往欧洲做反间谍工作。1946年退伍回到纽约,专事写作。

---

①[美]J. D. 塞林格:《麦田里的守望者》,施咸荣译,北京:译林出版社,1998年。本书凡引自该版的引文,均只标记页码。
②在行为、性格、思想观念等方面,反英雄通常表现出与传统英雄迥异的特征。反英雄通过解构传统英雄,从而颠覆了传统价值观念。文学作品中的反英雄形象,在一定程度上补充、丰富了传统英雄形象。

J. D. 塞林格与戈尔丁(《蝇王》作者)的经历相似,亦深入书写人性之恶。1951年他出版长篇小说《麦田守望者》,一举成名。1965年,他发表了"格拉斯故事"系列之《哈普沃斯26,1924》,广受抨击,便隐居乡间,离群索居,成为著名的遁世作家。据说,数十年来他每天在一间只有一扇天窗的斗室中写作,却再难有作为。迄今为止,塞林格结集问世的作品不多。除了《麦田守望者》外,只有三本薄薄的小书,分别是1953年问世的短篇小说集《九故事》,1961年问世的中篇小说集《弗兰妮与卓埃》,以及1963年问世的《木匠们,把屋梁升高;西摩:一个介绍》等。他的后期作品有浓郁的宗教情怀,东方哲学和佛教禅宗在其作品中时隐时现,但没有一部作品能够超越《麦田守望者》。有人说他自知江郎才尽,主动退隐江湖。但他几次公开声明,仍在创作,读者只能拭目以待。这个敏感的人,也许厌烦了舆论的喧嚣,不想再在生前为他人打扰,因为有关他的任何蛛丝马迹都会成为媒体的重要炒作点。他确实为声名所累,大多数无名之辈很难体会他的痛苦经历。

塞林格为何遁世,一直令世人猜想。细心的作者不难在《麦田守望者》中发现其避世的蛛丝马迹。J. D. 塞林格的女儿玛格丽特·塞林格在传记《梦幻守望者》①中,就描写了一个恶魔般的偏执狂父亲——J. D. 塞林格。玛格丽特·塞林格自称,她是一个被当作菲碧(《麦田守望者》中主人公霍尔顿的妹妹)那样完美的孩子来抚养的。她在与世隔绝的环境里成长,从小就挣扎于彼此仇恨的父亲和母亲之间,从小就经受着父亲严苛的爱的洗礼。她讲述的无疑是一个残酷的父爱故事。除塞林格本人,但凡生活在他身边的人,或多或少皆受到他的伤害。玛格丽特在传记中既颠覆了有关父亲的神话,又让人们窥破了作为隐居作家的塞林格诸多的阴暗,从而惊异于其品性的瑕疵。很明显,玛格丽特·塞林格笔下描写了一个永远长不大

---

① [美]玛格丽特·塞林格:《梦幻守望者》,潘小松、刘晓洁译,北京:十月文艺出版社,2005年。

的孩子,他比《麦田守望者》和《九故事》中所塑造的人物更为孤僻、冷漠和乖戾。不言而喻,那个孩子就是现实生活中她的父亲塞林格。透过玛格丽特所披露的大量生活细节,读者不难发现,这位似乎特别了解年轻人且特别擅长写年轻人的文学大师,却是一个地地道道的生活低能儿。在玛格丽特看来,拥有这样一位艺术家父亲确实是一种不幸。玛格丽特曾说,"我父亲在小说里找到的出路,一旦面对现实就瓦解了……他把极端自恋都神圣化了。如果可以选择,我宁愿选择从未诞生过"。玛格丽特声称,《梦幻守望者》一书献给她的儿子,期望他不再重蹈自己生活的覆辙。J. D. 塞林格对女儿的伤害可谓刻骨铭心。

2. 霍尔顿的成长暗影

《麦田守望者》以成长主人公霍尔顿自叙的口吻,讲述了他被学校开除后在纽约城游荡近两昼夜的经历和情感波澜。故事发生在20世纪50年代,美国潘西中学秋季学期末至圣诞节来临前的几天里。16岁的中学生霍尔顿出身于富裕的中产阶级家庭,比同龄人高出一头。他整日穿着风雨衣,戴着鸭舌帽,东游西荡,不愿读书。他对学校里的一切——老师、同学、功课、球赛等,全都腻烦透了,3次被学校开除。又一个学期结束了,他又因4门功课不及格被开除。和室友打了一架之后,他深夜离开学校,回到纽约,但他不敢贸然回家。他住进了一家小旅馆,看见了许多不三不四的人。比如,穿戴女装的男人;相互喷水、喷酒的男女等。这些人寻欢作乐,丑态百出。霍尔顿既惊讶,又恶心。因为无聊,他去夜总会厮混。返回旅馆时十分烦闷,稀里糊涂答应电梯工毛里斯帮他找妓女。当他面对妓女时,又紧张害怕。想打发妓女走,却遭到了敲诈。第二天是星期天,霍尔顿四处游荡。先是为修女捐钱,然后陪女友萨丽看戏、溜冰。他觉得萨丽虚情假意,便和她争吵后分道扬镳。霍尔顿独自看完电影后,接着在酒吧里喝得酩酊大醉。他去卫生间用冷水浇头,慢慢清醒过来。走出酒吧,冷风吹过,霍尔顿的头发结了冰。他怀疑自己可能因此患肺炎死去,害怕再也见不到心爱的妹妹菲碧。

因此，他鼓足勇气回家，和她诀别。好在父母都不在家。霍尔顿唤醒菲碧，向她诉说衷肠。他说："我想做一名麦田守望者。"当父母回家时，霍尔顿便躲进了壁橱。然后，他离开家，去一向尊敬的一位老师家借宿。半夜醒来，他怀疑那位老师可能是同性恋者。于是，他逃离老师家，只好在候车室过夜。他不想回家，也不想读书，打算去西部闯荡。他还是想见妹妹一面，便托人捎给她一张便条，约她在博物馆的艺术馆门口见面。菲碧姗姗来迟，拖着一只硕大的箱子，坚持要和他一起去西部。他无法劝说妹妹回家，只能放弃西部之行。最后，他不得不跟着妹妹回家。回家后不久，他大病一场，不得不接受精神治疗……

《麦田守望者》初版时，美国工业经济处在萌芽时期，社会准则开始成型，呈现出繁荣气象。这部作品因为充满了俚语、秽词，以及涉及敏感的性问题，而遭到了相当一部分人的反对，甚至被列入禁书黑名单。然而，随着二十世纪五六十年代反社会运动的高涨，《麦田守望者》得到了越来越多的人追捧。霍尔顿作为与社会格格不入的反叛者形象，得到了广大青少年的崇拜。他们模仿霍尔顿的装束，像"霍尔顿一样"讲话。时至今日，这部作品已成为美国"现代经典小说"之一，大多数中学和高等院校将其列为必读的课外读物，"几乎大大地影响了好几代美国青年"。一方面，因为它能帮助青少年加深对芜杂现实生活的认识，并探索属于自己的前进方向；另一方面，它能让成年人更为深入地了解青少年。

《麦田守望者》采用第一人称叙事方式，以成长主人公霍尔顿的口吻，讲述了他的所见所闻所思所想，表达了他对伪善的成人世界的批判。一方面，他纯真、善良，对生活和世界充满了美好的憧憬；另一方面，他放纵、堕落，对他人和社会抱以苛刻的审视态度。他无法原谅他人，也无法原谅自己。这是一个殊为复杂的成长主人公形象，历来读者和论者大多对霍尔顿抱以过多的理解和同情，而忽略了霍尔顿自身存在的不可遮掩的硬伤。本书将从以下几方面深入解读其被误读的芜杂的成长景观：

其一,"叛逆"与青少年亚文化。人类所创作的精神财富,诸如思想意识、观念形态、宗教信仰、社会规范、社会习俗及科学技术等,是文化的重要一极。所谓反文化,既指称为亚文化(居于非主导地位,不具普遍性),又影射着文化内部摧毁其终极价值规范的倾向。例如,20世纪60年代发生在美国的校园民主运动等。而所谓文化终极关怀,是源于人的存在的有限性而企盼无限的超越性本质,是人类超越有限、追求无限达到永恒的一种精神渴望。对生命起源和死亡价值的探索,构成人生的终极性思考。这是人类作为万物之灵长的哲学智慧。寻求人类精神生活的最高寄托,以化解生存和死亡尖锐对立的紧张状态,这是人的超越性价值追求。

叛逆,是青少年成长的重要行为特征。由于生理与心理的成长,他们求知求新欲望强烈,反对一切文化的束缚,片面追求自由自在,而全然不顾一切社会规约。叛逆是青少年亚文化的重要表征,其处于文化边缘,受制于主流文化。不过,它对主流文化是一种激活。这种文化从总体上说是一种亚文化,不大可能跻身于主流。青少年亚文化大多无害。从美国"跨掉派"来看,他们中大多数人后来成为社会的中坚。亚文化往往通过文化反哺来影响主流文化。这种文化之间的代际差异永难消弭,但不会出现分庭抗礼的局面,最终会自动消解。一方面被主流方认可、接受(即文化反哺现象),另一方面进行自我调整。而《麦田守望者》中的成长主人公霍尔顿的叛逆,正好是青少年亚文化之重要例证。

从某种意义上说,霍尔顿是典型的"愤青"、"不良少年"。这位自身存在着诸多瑕疵的成长者,作为文本的唯一叙述者,其诸多看上去卓尔不群、离经叛道的言行,不过是其单方面的告白,从而缺少了应有的批判性,容易引起青少年读者的片面追捧。《麦田里的守望者》之所以同金斯堡的诗歌和披头乐队的歌曲一样,被当时的青少年视作《圣经》,在很大程度上表明了他们对霍尔顿的囫囵接受和片面理解。昆德拉说过:"青春的罪恶感归结为期待着长大的烦躁不安,从而与周围的一切格格不入。"霍尔顿身心疲惫、伤痕累累的成长,除却社会应承担的那部分罪责,还因他本人并非是纯粹的无辜羔羊。

其二,偏执让霍尔顿濒临绝境。霍尔顿的英文名全称为 Holden Caulfield(霍尔顿·考尔菲德)。Holden 有死守之意;Caul(考尔)本意指胎儿出生时覆盖在头部的一层膜,是纯洁无瑕的象征。由此可见,他的名字的字面意义可理解为"死守着纯真",可引申为不会变通,无法顺应环境的变化而成长。"死守",影射了他的盲目和刚愎自用。从某种意义上说,这部小说夸大了童年的美好,夸大了成人世界的伪善,对成人世界的复杂性准备不足,体现了霍尔顿幼稚甚至是偏执的一面。尽管从生理上他已迈入成人之门,但在心理上他还停留在童年。生理和心理发展的不同步,导致了他最终的心理崩溃。聪明、敏感的霍尔顿,却偏执、愤世嫉俗,疲惫不堪。他无法忍受身边的虚伪和丑陋,企图通过愤世嫉俗来保护自己,远离成人世界的浊污。然而,当他批判周围那些令他疯狂、绝望的人时,同时发现自己身上竟然有了和他人一样的污浊——他发现自己软弱、虚伪、吝啬、肤浅。在不能与社会和平共处之时,也无法和自己和谐共生,腹背受敌、进退维谷之惑令其濒临绝境。

偏执的霍尔顿以愤怒、绝望的心态去感受、发现生活的丑陋、平庸和下流,绝少能看见生活的光亮。把所有的消极因素片面扩大,催生了他的消极反抗。加上青春期固有的焦躁和反叛情绪,使得他为自己不肯好好读书和不求上进,甚至寻求刺激和沉沦低级趣味找到了借口。他的言行怪癖到不可理喻。他喜欢坐在盥洗室,不停地开关水龙头;他对《圣经》中的十二门徒都嗤之以鼻,"我最最喜欢的要数那个疯子,就是住在坟墓里不断地拿石头砍自己的那个人。这个可怜的杂种,我喜欢他要胜过那些门徒十倍。"(第 113 页)"我最讨厌人家用不值钱的手提箱。这话听起来的确很可怕,可我要瞧着不值钱的手提箱,甚至都会讨厌拿手提箱的人!"(第 122 页)"我让火柴一直烧到手握不住为止,随后扔进了烟灰缸。"(第 145 页)霍尔顿甚至把他所认定的虚伪、欺骗等绝对化。比如,他觉得老师、父母要他读书、上进,无非是想他出人头地,以便将来可以买辆混账凯迪拉克。他认为成人社会里没有一个人可信,全是"假仁假义的伪君子",连他唯一敬佩的那位老师,也被他怀疑是个同性恋者。种种迹象表明,霍尔顿误解了他的老师,并把老师的谆谆教诲视作耳旁风。读者常会情不自禁把自己等同于叙述者"我",而沉浸于故事之中,完全忘记了对于自己的反省、批判。

霍尔顿的偏执还体现在放大了现实生活的恶俗、龌龊,具有审丑倾向。《麦田里的守望者》无以复加地展现了现实生活中的恶、丑,无情地撕开"文明的面纱",让恶之花肆意开放。比如,老斯宾塞穿着破烂不堪的浴衣的瘦骨嶙峋的身体,掏鼻子;室友阿克莱牙齿像长了苔藓、满脸粉刺、吃相可怕,还下流得令人毛骨悚然;室友斯特拉德莱塔外表漂亮,但内里肮脏,一身光鲜,但剃须刀"像块烂铁,沾满了肥皂沫、胡子之类的脏东西……是个邋遢鬼。而且,疯狂地自恋、色情狂。要求我代他写作还不能写得太好"。在霍尔顿看来,除了妹妹和琴,再没有丝毫美好的气息。他认为整个世界都在变态,但他的灵魂却不愿意被世俗玷污。他生活在梦想中,拼命逃离现实,尽管他始终发现自己无处可逃。还好,希望仍旧在他的灵魂中生长——做一个麦田的守望者。

其三,极度自恋和极度自我孤立。因为感觉到周围的一切都是虚假的,"问题少年"霍尔顿在现实生活中难觅知音。尽管他十分渴望与人交流,但孤独始终包裹着他。于是,他以"孤独者"的姿态,游荡在自己狭窄的生活圈子里。事实上,他是一个极度自我、甚至极度自恋的人。在他眼里,除了菲碧和琴,这个世界上再没有清白、正常的人。自视甚高的他,不屑与身边的人同流合污。虽然现实生活的确存在丑陋、污秽的一面,虽然他所接触的一些人的确钻营尔虞我诈如同行尸走肉,但他们并非是他所认为的那般一无是处。他把自我和自恋演绎到了极端的程度,从而把自己与他人完全对立,把自己逼入孤立无援的境地。当然,霍尔顿的自我孤立是其采取的自我保护措施。他处心积虑要向他人显示自己的特立独行和卓尔不群,用孤立的姿势向他人证明自己非同寻常。可见,"他的孤立是他生活中仅有的那点儿稳定因素的源泉。而他的孤立是他的大部分痛苦之因。他不顾一切地需要与人接触,需要爱,但他那堵愤懑的保护之墙又阻止他去寻找这样的交流。孤立是他的力量,也是他问题的根源。比如,他的孤立促使他与萨丽约会,但他对孤立的需要又使他去侮辱她,赶走她;他渴望与琴约会,但他又不安于和她联系,以至不敢真正与她取得联系。——他依赖自己的孤立,但孤立摧毁了他"。①

其四,儿童崇拜与拒绝成长。从成长主人公霍尔顿的所作所为不难看出,他在成长过程中日渐丧失了长大成人的勇气,属于典型的"拒绝成长"的成长者。他恐惧变化,无力应对光怪陆离的社会生活。他幻想一切能像博物馆里的爱斯基摩人和印第安人的塑像一样简单明了。在无法理解周围变幻不定的一切时,他甚至无法认清自己。因为他发现他所唾弃的人身上的丑恶,竟然在自己身上也出现了。于是,他害怕自己。但要命的是,他不敢承认这一事实。比如,他瞧不起他的一位舍友,鄙视他是色情狂。他说:"性这种东西,我的确不太了解。我可以对天发誓我不太了解。"(第 71 页)可是,他自己对性又非常感兴趣,与人交谈时,总喜欢诱使他人谈论性话题。此外,他因为害怕承认成人世界让他坐立不安,从而臆断成人世界除了虚伪和浅薄便一无是处。而且,他对童年的崇拜达到了痴狂的程度。一厢情愿笃信儿童世界是绝对纯洁无瑕的,天真无邪的孩子们需要像他这样高尚的人来保护。因此,他渴望做一个"麦田守望者"。在霍尔顿身上,烙印了明显的儿童崇拜情结。"他把童年幻想成一个田园诗般的麦田,孩子们在那里嬉戏、玩耍;对于这个世界里的孩子,成年世界就如同死亡——是致命的一跌,跌落到悬崖

---

①②《哈佛蓝星双语名著导读·麦田守望者》,原著 J. D. Salinger, Jon Natchez Brian Phillips 导读,李晓霞译,天津科技翻译出版公司,2003 年,第 38~42 页。

的下面。他自己创造的对童年与成人世界的理解使他用愤世嫉俗的甲胄武装自己,把自己与世界分离。"②

> 灯亮后,我还看了她一会儿。她躺在床上睡得挺香,她的脸侧向枕头一边。她的嘴还张得挺大。说来好笑。那些成年人要是睡着了把嘴张得挺大,那简直难看极了,可孩子就不一样。孩子张大了嘴睡,看上去挺不错。他们甚至可以把口水流一枕头,可他们的样儿看上去仍挺不错。(第179页)

在他看来,菲碧无异于飞临人世的安琪儿。然而,事实并非他想象的那般。被他视作童真代言人的菲碧,比他圆滑、世故得多。她知道如何适应现实社会,才能找到有利于自己成长的位置。而被他误解的安多里尼先生,并非如同他所武断认为的那般守旧、变态。相反,他是一位能给予青少年理解和指导的精神导师。他是本色的,并不在意学生们深夜来电甚至来家里打扰,甚至不害怕将凌乱的家和苍老的妻子展现在霍尔顿面前。他对霍尔顿的劝勉并没用权威口吻,而是如朋友聊天般说出自己丰富的人生经验。可惜,霍尔顿因为自己的偏激而不能理解。当然,从某种意义上说,霍尔顿极度的儿童崇拜情结,是其绝望中的一线希望。

其五,顿悟之后依然未获得长大成人的契机。顿悟是指顿然破除妄念,觉悟真理,即所谓"灵光一闪"。常常发生在人物心理变化的关键时刻,有深化主题的作用。前文论及,顿悟是经典成长小说中的成长主人公长大成人不可或缺的环节。《麦田守望者》中展现了成长主人公霍尔顿的三次顿悟:

(1)隐居倾向。霍尔顿厌倦了现实世界和成人世界的蝇营狗苟,一心一意寻求逃离。因此,他说:

> 装作一个又聋又哑的人。这样我就可以不必跟任何人讲任何混账废话了。要是有人想跟我说什么,他们就得写在纸上递给我。用这种方法交谈,过不多久他们就会腻

> 烦得要命,这样我的下辈子就再也用不着跟人谈话了。人人都会认为我是个可怜的又聋又哑的杂种,谁都不会来打扰我……我用自己挣来的钱造一座小屋,终身住在里面。我准备把小屋造在树林旁边,而不是造在树林里面,因为我喜欢屋里一天到晚都有充足的阳光。一日三餐我可以自己做了吃,以后我如果想结婚什么的,可以找一个同我一样又聋又哑的美丽姑娘。她如果想跟我说话,也得写在一张混账纸上。我们如果生了孩子,就把他们送到什么地方藏起来。我们可以给他们买许许多多书,亲自教他们读书写字……(第226页)

去哪里隐居,隐居后的生活是怎样的情状,皆一目了然。尤其是把"孩子藏起来"教养,令人不寒而栗。也许大多数读者应该庆幸,幸亏没有遇到如此偏执的父亲。作者塞林格日后隐居乡间的生活,从某种意义上说实践了这部被称之为具有自传性色彩的成长小说中成长主人公霍尔顿的第一次顿悟。遗憾的是,这一次顿悟对于塞林格的女儿——一个自称被当作菲碧一样养大的孩子来说,却是一场不堪回首的噩梦。

(2)关于成熟与妥协的思考。霍尔顿迎来第二次顿悟的契机,在于安多里尼先生借助精神分析学家威尔罕姆斯塔克尔的一段话对其点化。即"一个不成熟男子的标志是他愿意为某种事业英勇地死去;一个成熟男子的标志是他愿意为某种事业卑贱地活着"(第214页)。这大概是霍尔顿那个时代美国社会的一种普遍价值观。而在霍尔顿看来,那些为某种事业"卑贱地活着"的人都是"假模假式"的伪君子——学校的校长是"假模假式的人物",学校的广告"完全是骗人的鬼话";父亲只巴结银行家却从不帮助穷人;哥哥不顾作家应有的职业道德,出卖自己的创作才能为好莱坞写恶俗的剧本赚钱;像霍尔顿这样的学生读书只是为了"将来可以买辆混账的凯迪拉克"……如果要在这样的群体中生存,并得到这一群体的认可,首先必须认同这一群体。但霍尔顿感受到的是社会的虚伪、丑恶、肮脏,他痛恨这种"装出来"的、"伪君子"式的生活方式。他找不到可以为之英勇死去的伟大事业,也找不到活着的意义。尽管他也试着寻找他所渴望的真正美好的事物与有意义的生命,从而能够使他贫乏、空虚的精神世界在现实中获得新的支撑,但当他怀着"寻求真正有意义的生命的热情"在现实世界中寻找时,他却没能获得支撑,遭受更大的打击。他不仅无法认同这个社会,而且企图逃避。于是,霍尔顿这个"不正常"的"异类"成了世人眼中的"坏孩子",他被送进医院接受精神分析家的治疗。在充斥着虚伪、冷漠、丑陋和罪恶的现实中,一个人单枪匹马企图冲破旧有的规范与秩序,寻找并建立一个真、善、美的新世界,这无疑是一种非常令人心动的乌托邦。

(3)只想做一个"麦田守望者"。"不管怎样,我老是在想象,有那么一群小孩子在一大块麦田里做游戏。几千几万呢,就站在那混账的悬崖边。我的职务是在那儿守望,要是有哪个孩子往悬崖边奔来,我就把他捉住——我是说孩子们在狂奔,也不知道自己是在往哪儿跑,我得从什么地方出来,把他们捉住。我整天就干这样的事。我只想当个麦田守望者。我知道这有点异想天开,可我真正喜欢干的就是这个。我知道这不像话。"(第196页)事实上,"麦田的守望者"暗含了霍尔顿的两个愿望:①躲在大自然的怀抱中寻求精神家园;②守望麦田,守护孩子们,守护纯洁的精神世界。霍尔顿的愿望带着些许无奈,他累了,他想逃离,他要治疗自己伤痕累累的心,他想为自己也为孩子们创造一个纯真的世界。"麦田是童年的象征:裸麦长得如此的高,以至于孩子们望不到外面的世界,就像孩子们无法穿越童年的界限一样。霍尔顿站在分隔童年的麦田和成年的悬崖边,想保护孩童的天真,使之不坠落于幻灭之中,而幻灭不可避免伴随着他通向成人之门。陷入两种状态中,霍尔顿的纯真落入险境,他想做麦田守望者,做救世主,挽救他周围的世界中所丢失的纯真,但这个世界让他独坠悬崖,落入成人世界。"①因为霍尔顿在顿悟之后感觉无路可走,因为他的偏激和极端自我,使得他在顿悟之后并没有迎来长大成人的契机。这是成长主人公霍尔顿的遗憾。

其六,"霍尔顿式语体"体现了霍尔顿的青涩。所谓的"霍尔顿式语体",是青少年典型的话语方式——全称判断和夸张——反讽、戏谑、调侃——语言粗鄙化。由于思想不成熟,人生观、世界观还在形成中,青少年对事物的认知缺乏充分的理性,爱冲动、易走极端,习惯于下最极端的结论,一元性地看问题。常用的词是"特"、"剧"、"最"、"高兴死了"、"无聊死了"等。比如,提到老斯宾塞一边说话一边点头的习惯时,"你这一辈子再也没见过还有谁比他更会点头";说老斯宾塞家的床"这是我有生以来坐过的最硬的床";面对老斯宾塞的说教,"我心里可真难受得要命";室友阿莱克看霍尔顿的女朋友萨丽的照片,"他拿起来至少看了5000次了"。夸张是青少年的重要特征,包括语言、行为、表情等等。比如,"在潘西你不是冻得要

---

① 一些论者认为,霍尔顿只想做一个麦田守望者并非缘于他的顿悟,而是出于他对罗伯特·彭斯的诗行上犯的错误——把"遇到了"用"捉到了我"来替换。"彭斯的诗歌《走过麦田》有几个版本,每个版本的歌词都有所不同:一个妇女在麦田里弄湿了衣服;一个妇女谈论外面麦田里发生的事情。但所有的版本都在问一个问题:如果你在田野里遇见了你喜欢的人,你去'问候'或'亲吻'他,即使你不把此事告诉世界上的其他人,也不对那人做出任何承诺,这样的行为是不是一个错误? 在引申意义上,诗歌在询问,随便的性行为,即没有承诺的性行为,是否总是个错误。于是,在彭斯的诗歌中,'遇见'的含义是与一个潜在的性伙伴相遇,而且这个词可以暗示性行为的发生。而贯穿小说始末,随便的性行为恰好是霍尔顿所感到的最令人失望的性行为。他的确想通过'捉住'孩子,使之不坠落悬崖,保护他们,使他们不至于失去纯真、落入成人世界。在第25章,霍尔顿更加明确地表示他尤其想保护孩子,不让他们去了解性。他把学校墙上的词'操你'都擦去,因为他担心有人会把它的意思解释给孩子听。这样,歌词对霍尔顿所意味的几乎恰好是与诗歌内容截然相反的东西。"见《哈佛蓝星双语名著导读·麦田守望者》,原著 J. D. Salinger, Jon Natchez Brian Phillips 导读,李晓霞译,天津科技翻译出版公司,2003年,第122～124页。

命,就是热得要死","可我知道萨丽是天底下最假模假式的女子","你可以拿把椅子砸在我父亲的脑袋上,他都不会醒来。可我母亲就不一样,哪怕在西伯利亚咳嗽一声,她都听得见你的声音","这是个最糟糕的学校,里面全是伪君子。还有卑鄙的家伙。你这一辈子再也没见过那么多卑鄙的家伙"。此外,"霍尔顿语体"蕴涵了反讽、戏谑、调侃、粗鄙化等旨意。"你一辈子大概没见过比我更会撒谎的人";"我竟对她说我爱她。这当然是撒谎,不过问题是,我说的时候,倒真是说的心里话。我是疯子了。我可以对天发誓我真是疯了。"用低俗的语言解构了高雅文化与通俗文化的界限,解构成人世界所谓的崇高,颠覆话语霸权。这是语言的狂欢化表征。

总之,不论是书写"迷惘"还是"垮掉",上述成长小说文本大多以个人成长事件为切入点,深入映照时代对个人成长的扭曲、迫害。尽管成长主人公大多走向了幻灭或毁灭,但他们展现出了与时代格格不入、不愿与社会同流合污的独特成长姿态。这些充满先锋意识的成长主人公所代表的亚文化,对于主流文化的冲击是前所未有的,在相当大的程度上推动了美国社会的变革。从此种维度上说,他们看似没能完成的成长却具有不可磨灭的功绩。这便是美国成长小说中的成长主人公承担的特殊功能,因此,美国成长小说塑造了具有独特审美价值的成长主人公形象,标志着美国成长小说走向成熟。

第三节 新趋向(20世纪80年代以降): 新移民的成长及其他

20世纪80年代以来,美国的成长小说多表现成长主人公的反文化倾向。作品中的成长主人公大多没有理想,没有生活目标,甚至没有是非观念,如同行尸走肉。代表作有杰·麦子卡艾那尼的

《明亮的灯,大都市》(1984)、布里特·伊斯顿·艾里斯的《不足为零》(1985)、尼尔森的《女孩》(1994)等。这些成长主人公似乎是以"新"的"垮掉"特征呈现在文本中,并被冠以"朋克"、"新新人类"等称谓。事实上,此时期具有社会和艺术价值的成长小说,当属新移民文学中的成长书写文本——展现移民特殊的成长经历。其中,最具代表性的是《芒果街上的小屋》(希斯内罗斯,1984)、《安琦拉的灰烬》(弗兰克·迈考特,1996)和《追风筝的人》(卡勒德·胡塞尼,2003)等。

一、《芒果街上的小屋》[①]:无法回归的成长

桑德拉·希斯内罗丝(1954~),美国当代著名诗人、小说家,墨西哥裔移民。她有6个兄弟姐妹,童年生活在贫民窟,常常居无定所,随父母迁徙于芝加哥和墨西哥之间。主要作品有中篇小说《芒果街上的小屋》(1984)、长篇小说《拉拉的褐色披肩》(2002)和短篇故事集《喊女溪及其他》等。其中,《芒果街上的小屋》是其代表作。

作为在多元文化背景的大都市芝加哥成长起来的女孩,希斯内罗丝与她在《芒果街上的小屋》中所塑造的成长主人公埃斯佩朗莎具有相似的成长伤痛。"我生活在拉丁裔聚居区,可是后来,我看到在我同代人的作品中,拉丁裔聚居区是一个五彩斑斓、芝麻街一样稀奇古怪的社区。而对我来说,它是一个很压抑的地方。对女人来说是相当可怕的。这里的女人的前景无从乐观。你不会在这里的街上游荡。你会呆在家里。如果你不得已要去哪里,就把小命攥在了手心里。所以,我想抗议那些灿烂的观点,那也许在某种程度上是真实的,但对我来说,却不是。"希斯内罗丝接受采访时曾如是说。

《芒果街上的小屋》是一部由44个相对独立的小短篇构成,讲

[①] [美]桑德拉·希斯内罗斯:《芒果街上的小屋》,潘帕译,南京:译林出版社,2006。

述了一个女孩在写作中寻求精神家园的成长故事。评论界声称《芒果街上的小屋》的文体难以界定,属于散文诗、小说和日记的综合体,或曰"诗小说"。成长主人公埃斯佩朗莎(西班牙语 esperanza 乃"希望"之意)居住在拉丁裔贫民社区芒果街上。作为墨西哥移民的后裔,她的有色人种身份决定了她属于美国社会的弱势群体。墨西哥传统文化对女性的歧视与桎梏,以及赤贫的生活境遇,让埃斯佩朗莎的成长天宇倾斜。天性敏感、自尊、好强的她,目睹生活在芒果街上形形色色的人们斑驳、芜杂、困顿的生活,打小就告诉自己,一定要离开这里。为了那个"离开的梦",她拼命努力学习,最终走出了芒果街,拥有了属于自己梦想中的大房子。

  作品通过埃斯佩朗莎的眼光,窥视某个人某件事某个梦,审视飘荡在芒果街上空的流云和生长在芒果街上的几棵树,给予他(它)们深切的同情之时,亦顾影自怜。埃斯佩朗莎的成长境遇令人担忧、怜惜,然而,不幸中的万幸,她依凭自己的坚毅和写作才华,一步步实现了梦想,找到了属于自己的精神家园,顽强地长大成人。此外,埃斯佩朗莎的成长还具有普遍意义。诚如作者所言,"我写的不单是美国的事情,也是你们的。我肯定,在中国,也有这样一条芒果街,陌生人去到那里时,会感到一种'恐外'氛围。尤其,在我们今天生活的世界中,如此多的群体在相互交融:城市居民与乡村居民、中产者与贫民、男人与女人。我们每天都在跨越疆域,甚至不用离开自己的家就这样做了"。

  作为移民后裔、有色人种的埃斯佩朗莎,尽管她依凭聪慧和坚韧长大成人,跻身于美国社会主流,但是,不知"乡关何处"的文化乡愁始终包裹着她。墨西哥是他父辈祖辈的故乡,她在墨西哥生活的时间很短。加上耳闻目睹墨西哥传统文化对女性的歧视,她显然无法从心底里认同自己是"墨西哥人"。她生在美国长在美国,将把终身托付给美国,美国是她不折不扣的故乡。然而,她的身上分明烙印着"墨西哥姑娘"。美国见证了她贫穷、困顿的成长,见证了她遭受的白眼和冷遇。她显然难以在这里找到慰灵安魂的皈依。概而言之,她始终感觉到自己是孤立的。种族身份的烙印注定了她难以融入以白人为主宰的主流社会,对墨西哥文化与生俱来的抗拒使得她成为一个无所皈依的流浪者。虽然她取得了巨大成功,却找不到可以和她分享的人(她的亲人们不能在精神层面上与她沟通)。所以,她会说,她的房子不是父母的,是我自个儿的,是家里的花草和早上出门脱在门边的拖鞋的。她说离开芒果街是为了回来,回来拯救那些无法离开的人。她确实也拯救了不少人,但是,她的心始终悬浮在回去的路途中,何处是她的故乡?何处有她的知音?从某种意义上说,一旦长大,一旦离开,就再也回不去了。无法回归的成长,应是成长的宿命。

二、《安琪拉的灰烬》[①]:在"苦难"的荒原上找寻"成长"的诗意

弗兰克·迈考特(1930~2009),美国小说家。1996年出版了自传体长篇成长小说《安琪拉的灰烬》,这是一个有关"成长"、"苦难"的故事,故事发生在20世纪30~40年代的爱尔兰。在这部"自传体"式的成长小说中,美国作者弗兰克·迈考特娓娓叙说了一个名叫弗兰基的男孩(4~19岁)成长的心路历程。

翻开首页,作者诉苦的冲动似已昭然若揭。"当我回首童年,我总奇怪自己竟然活了下来。当然,那是一个悲惨的童年,幸福的童年是不值得在这儿浪费口水的。比一般的悲惨的童年更不幸的,是爱尔兰人的悲惨童年;比爱尔兰人的悲惨的童年更不幸的,是爱尔兰天主教的童年"。读罢全书,才发现这部写于20世纪末的"苦儿小说",其成长主人公弗兰基所经历的深重的苦难,堪与诞生于19世纪末的任何一部"苦儿小说"相媲美。

打从弗兰基记事起,他的父亲便终日厮混于酒吧。父亲最大的

[①] [美]弗兰克·迈考特:《安琪拉的灰烬》,路文彬译,海口:南海出版公司,2006年。

人生乐趣,似乎就是把自己浸泡在酒精里。他无心好好工作,每月所挣的微薄的薪水大多被他"喝"掉了,甚至还会"喝"光救济金。没有工作的母亲除了终日为入不敷出的生计奔波、焦虑,便是没完没了地生孩子,家里终日弥漫着大大小小的孩子饥饿的哭叫声。在他们所生活的贫民窟中,弗兰基一家可以说是赤贫的。与食不果腹的日子相伴随的便是疾病,弗兰基的妹妹和两个可爱的双胞胎弟弟先后夭折于当时流行的肺病。弗兰基也险些被伤寒夺走了性命。但比疾病更可怕的,则是亲情的疏离和淡漠。弗兰基一家因无法维持生计不得不从美国回到爱尔兰,他们先投奔祖父母,后欲寄居于外祖母家篱下,但都遭到了似乎合情合理的拒绝。"当你11岁,你的弟弟们分别是10岁、5岁和1岁时,来到别人的家里,你会感到手足无措的,就算这个人是你母亲的妹妹。她命令你把婴儿车停在过道里,把婴儿抱进厨房,但那不是你家的厨房。进了厨房以后,你不知道该怎么做,害怕姨妈又会冲你嚷,打你的脑瓜子。"(第289页)在弗兰基的心中,姨妈是凶悍的,唠叨的外婆亦鲜有温情……他甚至不由自主在心里骂她们是"老婊子",尽管他并不想成为一个爱骂人的没有教养的孩子。很多次,为了抵制饥饿,他不得不放弃自尊而偷窃、乞讨……在4~19岁漫长的成长岁月里,苦难就像无人理睬的蒿草,肆无忌惮疯长在弗兰基成长的荒原上。显然,仅仅用"满目疮痍"一词的确不足以形容弗兰基所遭逢的苦难。

  但是,《安琪拉的灰烬》与以往以苦难为书写主题的经典作品的不同之处在于,文本对苦难本身所作的"淡处理",即苦而不怨、难而不馁。抑或有怨有恨,却隐忍不发。作者无意于再现、强调苦难的狰狞,而是将其作为生存世界中的一种习见的东西。作者没有浓墨重彩宣泄苦难的无以复加,以博取读者的一把同情之泪,而是始终以平和的语调叙说那一段已流失的成长岁月。这种对待苦难的心境,蕴藉了一种超然、一份达观:生存即折磨,苦难就是确证。我们既然已存身于世,别无选择,只能面带微笑,无怨无恨,默默承受。这不是对苦难的消极逃避,而是超越似乎难以超越的苦难的一种积极的生存策略。

　　成长主人公弗兰基在苦难的成长之路上,始终向往走向理想中的精神家园:喜爱诗歌,亲近基督。即或病入膏肓,他仍以读诗为乐;他对宗教精神的追逐不是狂热、盲目的,虔诚而不乏理性。他以一个未成年孩子的独特视角,不断质疑成人世界中诸多业已成公理的所谓"真理",甚至质疑不能质疑的"主"。"老师说为信仰而死是件光荣的事情,而爸爸说为爱尔兰而死亡是件光荣的事情,我想知道这个世界上还有没有人想让我们活。"(第129页)尽管文本自始至终都浸润着浓郁的宗教情绪,但绝不是对宗教条例盲目的信奉与演绎,而是融入了成长主人公最真切的生活/生命体验。可以说,弗兰基对诗歌和宗教的追随,是源自内心的一种需要。当他感觉做错了事,比如为了果腹而被迫偷窃,为了逃避粗蛮长辈的打骂而被迫撒谎时,他便迫不及待需要忏悔。在宗教和诗歌的抚慰之下,所有的苦难对于弗兰基来说,不再是一件无法忍受的事。生活的真谛恰好在于,无论在何种境遇中,都得想办法让自己好好地生活下去。这正是《安琪拉的灰烬》所漫溢的诗意的高贵!

　　这种诗意的高贵还体现在弗兰基那醉酒后就变成了恶魔的父亲身上。这个终日沉醉于酒精中的失职的父亲,他的心中竟然贮存着浓厚的宗教情怀。那不是一个醉鬼的忏悔,而是一个爱尔兰人对国家、民族的血浓于水的真情、真爱。不管何时何地喝醉了,他首先想到的便是为保卫自己的国家、民族而献出生命,甚至恨不得要求他那些还在襁褓中的婴儿为国家、民族宣誓尽忠。为了国家和民族,他可以放弃骨肉之爱,因为国家和民族才是他心中的至爱。宗教就是一种信仰,一个人的心中只要燃烧着不灭的信念之火,无疑就找寻到了属于自己的宗教——一种可以慰藉心灵的灵丹妙药。

　　此外,《安琪拉的灰烬》作为一部成长小说,尽管描述了一种特殊的成长语境,却表达出了一种永恒的成长深意,对当下成长者的成长无疑具有指导性和启迪性。成长小说若只关注生理的成长,这样的成长书写是不完整的。只有把生理和心理相统一的成长书写,才是对成长的全景观照。《安琪拉的灰烬》对成长的完整书写,除聚焦于生理/心理的成长,还表现在对"性的成长"的关注。尽管弗兰基的成长之旅中始终面临着"吃不饱,穿不暖"的窘境,但物质的匮乏却无法遮蔽成长于他身体之中的"秘密"。随着性意识的觉醒,他的身体也发生了相应的变化。在对性秘密的好奇、困惑中,他迎来了标志男孩走向成人的初次梦遗,虽然这一重要的生命仪式是在尴尬、龌龊中完成的。这种情状旁证了"性的成长"是无法回避、遮掩的事实,"无性成长"和"无性想象"是现代文明自设的陷阱。

总之,《安琪拉的灰烬》以隐忍的笔墨,再现了一段被湮没的成长往事。浅白的文字里,简单的叙事结构中,隐蓄着恢宏的生存世相。舒缓的叙事语调,显示了一种达观和通脱。不管所有的苦难是否有可能成为一笔宝贵的人生财富,但对苦难炫耀般的反复咀嚼显然不是最合适的方式。把在苦难之中所凝聚成的人生经验传达给后来者,无疑是留存给自己和他人的最宝贵的财富!

生活就是最好的老师,它教会成长者以最合理的方式面对自己的生活。在贫穷和苦难中,在缺少爱与呵护的成长语境中,在孤独与惶恐的岁月里,成长主人公弗兰基实现了人生顿悟——一点一滴地发现生活的奥秘——那就是支撑生命的诗意——一种生长于苦难荒原上的高贵的诗意。找寻成长的诗意,应该是成长书写的永恒主题!

三、《追风筝的人》[①]:成长的背叛、救赎及其他

按成长小说的美学特征框定,《追风筝的人》无疑是一部典型的

[①] [美]卡勒德·胡塞尼:《追风筝的人》,李继宏译,上海:上海人民出版社,2006年。本书凡引自该版的引文,均只标记页码。卡勒德·胡塞尼(Khaled Hosseini)1965年生于阿富汗喀布尔。他随父亲逃亡美国。毕业于加州大学圣地亚哥医学系。《追风筝的人》是他的第一本小说,出版后一度跃居全美各大畅销书排行榜榜首,好评如潮。同名电影于2008年上映。

成长小说。小说叙说了成长主人公阿米尔12～38岁之间所遭逢的"成长之殇",最终得以长大成人的故事。《追风筝的人》开篇便概说了成长主人公阿米尔直至38岁才"长大成人"的原因——"我成为今天的我,是在1975年某个阴云密布的寒冷的冬日,那年我12岁。我清楚地记得当时自己趴在一堵坍塌的泥墙后面,窥视着那条小巷,旁边是结冰的小溪。许多年过去了,人们说陈年旧事可以被埋葬,然而我终于明白这是错的,因为往事会自行爬上来。回首前尘,我意识到在过去26年里,自己始终在窥视着那荒芜的小径。"(第1页)阿富汗少年阿米尔12岁那年因背叛了哈桑(仆人兼玩伴)而悔恨、自责成疾。那是一场挥之不去的梦魇,伴随他度过了没有阳光的少年和青年时期,直至他步入中年。阿米尔童年的创痛和感伤堪比风烛残年,他的成长令人揪心。小说将"风筝"这一具有文化隐喻性的意象贯串文本始终,通过对成长的背叛与救赎的深度书写,以深挚的悲悯情怀探测了人性的温度与厚度,并以成长主人公成长的"私人事件"激活了"公共事件"。

（一）爱与背叛、背叛与救赎

爱与背叛、背叛与救赎,与成长主人公阿米尔的成长如影随形。"寻爱→爱殇→背叛→救赎",可简约勾勒出阿米尔长达26年的成长之旅。

寻爱。成长主人公阿米尔的母亲生他时难产而亡,缺乏母爱的他渴望父爱。可是,父亲对阿米尔或熟视无睹,抑或冷漠地要求他"走开,现在就走开"。(第4页)但父亲的漠视丝毫不能抑制阿米尔对父爱的渴求,可以说,整个童年时代阿米尔都在苦苦追寻。未能满足的爱的欲求,让阿米尔的成长天宇渐渐倾斜。

爱殇。爱,是阿米尔渴求的灵丹妙药,也是他难以承受的生命之重。最让阿米尔难以忍受的是,父亲居然对仆人的儿子哈桑关爱有加,他的眼神里时不时流露出对哈桑的赞许,甚至为哈桑请名医缝补好了兔唇。"我希望自己身上也有类似的残疾,可以乞换来爸爸的怜悯。太不公平了,哈桑什么都没干,就得到爸爸的爱护,他不就是生了那个愚蠢的兔唇吗?"(第46页)当然,阿米尔不得不承认哈桑比他聪明、坚强。"为你千千万万遍",是哈桑恪守的友情箴言。尽管哈桑待阿米尔情同手足,忠诚不贰,但阿米尔还是嫉恨哈桑,把他当作争夺父爱的"假想敌"。阿米尔希望哈桑远离父亲的视线,竭力阻止父亲带他和哈桑一同出游。阿米尔因"爱"而"殇",这"爱殇"进而癌变为灾难。

背叛。因为嫉妒,阿米尔百般欺愚哈桑——哈桑不识字,想知道阿米尔所读书中的故事。阿米尔故意歪曲原意,哈桑却深信不疑。阿米尔对哈桑的"伤害"在他12岁那年酿成了深重的罪孽——那是阿富汗一年一度盛大的风筝节,谁的风筝割断了最后一个竞争者的风筝,并能追寻到那只被割断线的风筝,谁就会受到众人的景仰。阿米尔和哈桑如愿割断了最后一只蓝风筝的线,追风筝的高手哈桑如愿追到了它。为了保护胜利果实,哈桑宁愿遭受被不良少年阿塞夫和他的哥们儿强暴的厄运。当哈桑被强暴之时,怯懦的阿米尔选择了逃跑。当他从哈桑的手中接过那只蓝风筝时,当他终于得到了父亲的赞许之时,罪恶感理所当然包裹了他的心灵。阿米尔无法原谅自己对哈桑的背叛,不敢面对哈桑那绝望而真诚的目光。他希望洗刷罪恶,他单纯地以为只要哈桑不在他的眼前晃动罪恶感就会减轻。于是,比背叛更为可怕的事发生了,他制造了偷盗假象诬陷哈桑。哈桑出乎意料承认了自己的"盗窃"行为,尽管父亲"原谅"了他,但哈桑父子却无法原谅自己,执意离开谢罪。不言而喻,哈桑的离去不但没有让阿米尔如释重负,却加重了他的罪恶感。

救赎。嫉妒、欺骗、背叛和诬陷,成了阿米尔成长的梦魇,多年来他背负着沉重的罪孽苦不堪言。阿米尔试图通过各种方式自救,未果。转眼他已18岁,到了长大成人的季节。然而,心灵的灾难延缓了他的成长。时逢苏联攻打阿富汗,阿米尔随父亲流亡美国。国破家亡,阿米尔没有过多的忧伤。相反,认为"美国是个埋葬往事的地方"的他,怀着依稀的愉悦奔赴美国。但他很快发现美国不能将他的往事埋葬,往事依旧像毒蛇缠绕在心头。尽管青年岁月很快离他而去,他也像大多数人那样成家立业,但深埋于心灵深处的罪恶让他始终无法自由呼吸,他依旧摆脱不了怯懦和自责,始终无法让自己的内心强大起来。其间,他所崇敬的父亲病逝,依然没能成为他人格独立的契机。

"自救"无门,阿米尔转而寄希望于"他救"。38岁那年,多年音信杳无的父亲好友拉辛汗来信,让阿米尔速到巴基斯坦见最后一面。拉辛汗揭开了一个弥天大谎——哈桑竟然是阿米尔的同父异母兄弟,让阿米尔如坠深渊。多年来伟岸的父亲形象顿时坍塌,阿米尔难以承受父亲的背叛。而且,这纠缠不清的血缘关系加重了阿米尔的罪恶感。好在拉辛汗为阿米尔指明了一条"自救"的道路——回到硝烟弥漫的阿富汗,从塔利班手中救出哈桑的儿子索拉博。阿米尔最终战胜了怯懦,九死一生,搭救出了已沦为玩物的索拉博。那囚禁了他长达26年的心魔,随着自闭的索拉博脸上露出笑容而烟消云散。历经漫长的成长之旅,人届中年的阿米尔终于"长大成人"。

少年重创→成长搁浅→成长延宕→长大成人,环环相扣的故事情节,触目惊心的爱恨情仇,《追风筝的人》演绎了一出"爱与背叛,背叛与救赎"的成长悲歌!

(二)对人性的温度和厚度的探测

倘若《追风筝的人》仅仅叙说了一个少年如何历经"天真→受挫→迷惘→顿悟→长大成人"的成长故事,并无高于惯常的成长小说之处,那么这部作品的艺术价值将会大打折扣。然而,这部作品却以阿米尔成长的心路历程为引子,自然、平实、深刻地探测了人性的温度和厚度,从而使得这部成长小说更加耐人寻味。根据上文的论述,不难发现作者探测的线索:失爱→寻爱→欺愚→背叛→诬陷→赎罪。按照这一叙述逻辑,读者很容易沉陷于以下的追问之中。

爱,因何变色、变味?阿米尔寻爱没有错,爱却让他坠入罪恶的深渊。何故？仅仅因为"人性之恶"？答案显然是不公允的。撇开命运的阴差阳错，不难发现阿米尔的父亲实难推脱其责。父亲与仆人的妻子偷情生下了哈桑，但父亲无力改变哈桑的仆人身份。因为无法忍受两个儿子迥异的命运，父亲企图通过冷落被命运垂青的阿米尔以减缓自己对哈桑的负罪感。父亲本应成为爱的使者，成为呵护阿米尔善良人性的庇护神，但因父亲心中有"鬼"，而将阿米尔的爱心扭曲。因此，失职的父亲不具有"父亲的温暖"，父亲的人性光辉因而晦暗不明，薄如蝉翼（父亲在美国时对阿米尔付出了一个称职父亲的所有能量，那是因为他远离了那个让他"眼不见，心不烦"的儿子哈桑，他那被扭曲的人性暂时恢复正常）。

　　守望，何以轻如鸿毛？"为你，千千万万遍"，哈桑为何守望忠诚？哈桑的守望何以不堪一击？应该说，哈桑的守望一半源于他善良、正直的人性，一半源于他卑微的身份地位。作为仆人的儿子，奴性改写了他的人格。他把所有的温暖供奉给了主人，全然不顾自己正衣不蔽体。从此种意义上说，哈桑的人性冰冷、轻飘，如同寒露。这注定了他的守望轻如鸿毛！

　　是血缘的力量，还是人性的复苏？如果说阿米尔对仆人哈桑的背叛尚能以"身份地位使然"开脱，那么阿米尔对异母弟弟哈桑的背叛却将他推向了万劫不复的深渊。如果说前一层面上的背叛还能让阿米尔强作镇静，那么后一层面上的背叛让他难以苟延残喘——背叛手足的罪恶感让阿米尔如坐针毡。与其说是阿米尔经过了漫长的"自救和他救"之旅后回头是岸，毋宁说是"血缘"唤醒了阿米尔沉睡的人性。可以大胆设想，如果索拉博不是阿米尔的侄子，阿米尔还能超越性格的懦弱而冒死搭救吗？答案肯定只有一个：不会！血缘，成了阿米尔的道德底线，是其得以自救的动力。可见，其人性的复苏是局部的，其人性中所散发出的热量只能温暖一个索拉博。不言而喻，这样的人性回归仍旧缺乏坚实的根基。

　　被扭曲的童心何时回归本真？尽管阿米尔是《追风筝的人》中的成长主人公，但小说却描摹了三个被扭曲的孩子（阿米尔、哈桑和索拉博)的成长之旅。被奴性化和遭遇了性侵犯的少年哈桑,随着他的夭亡,他那被扭曲的心灵和人性不会再有矫正的契机。遭受了家破人亡和性侵犯之痛的索拉博,自闭是他难以化解的心结。尽管阿米尔救他出苦海,他的脸上绽开了久违的笑容,但童年的惨痛记忆注定会伴随他的漫漫人生。很明显,并不是所有的经历都能成为一笔人生财富。那些痛彻骨髓的经历,注定会左右成长者的成长走向。令人倍感欣慰的是,成长主人公阿米尔那颗被扭曲的少年心在穿越了26年岁月后得以矫正。从这三个孩子恶劣的成长环境中,读者感受到了在种族冲突、民族战争硝烟中成长的阿富汗少年的凄楚命运。"在喀布尔,热自来水像父亲一样,是稀缺的产品"(第332页),他们的成长令人揪心!可见,《追风筝的人》能获得2006年联合国人道主义奖乃实至名归。

(三)"风筝"的文化隐喻性——成长的受挫与新生

长篇小说如若仅仅讲述令人动容的故事,字里行间若不能彰显文学的诗性,显然不能称其为优秀。《追风筝的人》讲述的成长故事令人心动、心碎,平和的叙说语调下隐藏着深沉的情感狂澜。整部作品结构完整,情节安排丝丝入扣。尤其值得称道的是,作品将"风筝"这一具有文化隐喻性的符号巧妙、自然地贯串于文本始末,从而营造了浓郁的诗性氛围。

风筝,作为一个核心意象在《追风筝的人》中象征着友情、亲情,正义、善良、诚实,以及勇敢、睿智等。对"风筝"的追寻,即对美好人性的追索。风筝,还是阿富汗这个国度的文化表征——一年一度的"风筝节"类似巴赫金式的狂欢节。从此种意义上说,"追风筝的人"隐喻着对民族文化的认同与追随。此外,对于阿富汗这个饱受动乱、战乱之灾的国家来说,国家的命运如同被拽在他人手中的风筝,抑或是断线的风筝随风飘摇。总之,"风筝"宛若柔韧的丝线,时隐时现伴随着成长主人公阿米尔的成长。

此外,《追风筝的人》着力渲染了成长主人公阿米尔两次追风筝的经历,隐喻了阿米尔成长的受挫与新生,抑或是成长的背叛与救赎。

成长主人公阿米尔第一次追风筝是在他12岁那年:

> 我逃跑,因为我是懦夫。我害怕阿塞夫,害怕他折磨我。我害怕受到伤害。我转身离开小巷,离开哈桑的时候,心里这样对自己说。我试图让自己这么认为。说真的,我宁愿相信自己是出于软弱,因为另外的答案,我逃跑的真正原因,是觉得阿塞夫说得对:这个世界没有什么是免费的。为了赢回爸爸,也许哈桑只是必须付出代价,是我必须宰割的羔羊……我在昏暗的光芒中眯起眼睛,看见哈桑慢慢朝我走来。在河边一棵光秃秃的桦树下,我和他相遇。他手里拿着那只风筝,那是我第一眼看到的东西……他站着,双腿摇摇晃晃,似乎随时都会倒下。接着他站稳了,把风筝递给我……我很感谢夜幕降临,遮住了哈桑的脸,也掩盖了我的面庞。我很高兴我不用看着他的眼睛……我能从他眼里看到什么呢?埋怨?耻辱?或者,愿真主制止,我最怕看到的:真诚的奉献。所有这些里,那是我最不愿看到的。(第77~78页)

显然,风筝得而复失。阿米尔未能追寻到理想中的风筝,却背负了沉重的罪孽,心灵遭受了严重的扭曲,成长因而受挫,延宕无期。

成长主人公阿米尔第二次追风筝是在他即将进入不惑之年:

> 我们身后的人们欢呼叫好,爆发出阵阵口哨声。我喘着气。上一次感到这么激动,是在1975年那个冬日,就在我刚刚割断最后一只风筝之后,当时我看见爸爸在我们的屋顶上,鼓着掌,容光焕发。
>
> 我俯视索拉博,他嘴角一边微微翘起。微笑。斜斜的。几乎看不见。但就在那儿。在我们后面,孩子们在飞奔,追风筝的人不断尖叫,乱成一团,追逐那只在树顶高高

之上飘摇的断线风筝。我眨眼,微笑不见了。但它在那儿出现过,我看见了。"你想要我追那只风筝给你吗?"他的喉结吞咽着上下蠕动。风掠起他的头发。我想我看到他点头。我追。一个成年人在一群尖叫的孩子中奔跑。但我不在乎。我追,风拂过我的脸庞,我唇上挂着一个像潘杰希尔峡谷那样大大的微笑。我追。(第359~360页)

26年后,成长主人公阿米尔在异国他乡追风筝,风筝可谓失而复得。阿米尔终于驱散了第一次追风筝时遭遇的心魔,实现了自我救赎,并拯救了自闭的索拉博。风筝,成了救赎灵魂的上帝,其文化隐喻性毋庸赘言。

(四)以成长者的私人事件激活了公共事件

如同巴赫金在《教育小说及其在现实主义历史中的意义》一文中所说,个人的成长"不是他(她)的私事。他(她)与世界一同成长,他自身反映着世界本身的历史成长"。[①] 也就是说,任何一个成长主人公,皆与其所置身的历史文化语境保持着千丝万缕的联系。《追风筝的人》对成长的深度书写,还表征为对这一成长规约的遵循。当然,作为一部典型的成长小说,《追风筝的人》并未本末倒置,始终以成长主人公阿米尔私人性的成长事件作为叙事的重心。而将与阿米尔成长相关的风俗习惯、宗教、种族、民族、血缘、血统等芜杂的文化景观,避实就虚、自然而然地投影于阿米尔成长的私人事件中。比如,阿富汗的风筝比赛、塔利班对通奸者惨绝人寰的杀戮等。此外,种族纷争(阿富汗普什图人和哈扎拉人的冲突、塔利班对阿富汗的铁血统治等)、民族战争(苏联、美国攻打阿富汗),以及国破家亡之痛(阿富汗而今满目疮痍、遍地饿殍的悲惨景象等)、文化身份的困惑与认同(阿富汗人流亡他国的尴尬境遇等)等多种公共事件杂

---

① [俄]巴赫金:《巴赫金全集(第三卷)》,白春仁等译,石家庄:河北教育出版社,1998年,第232页。

陈其间,从而增加了这部成长小说的厚度和深度。

总之,《追风筝的人》以阿米尔个人的成长经历为主线,一切文化因素、公共事件不过是其成长的背景。但是,这些似有若无的公共事件却举重若轻、以小见大地映射了与阿米尔成长息息相关的重大的社会历史事件,即以成长者的私人事件激活了公共事件。因此,这部小说超越了成长主人公阿米尔的私人生活,而具有厚重的文化意蕴。不论是对人性的深度追问,还是对成长的深度书写,皆具震撼性。

综上所述,美国成长小说具有如下特点:①成长小说是美国文学的中流砥柱,从某种意义上说,没有成长小说就没有美国文学;②成长小说中的成长主人公大多在经历挫折之后走向了毁灭,未能如经典成长小说中的成长主人公那般按时长大成人。这与美国"适者生存"的文化传统相关——别指望他人有义务帮助你,你若想取得成功得靠自助,哪怕你正处于需要帮助的青春年少阶段。因此,自助成长成为美国成长小说中的成长主人公主要的成长方式;③没有题材禁区,成长书写涉及成长的方方面面。尤其是对性、暴力和非常态下的成长事件的全方位、深入的描摹,常常呈现出惊世骇俗之状貌;④作为一个移民国家,美国成长小说对移民成长问题的书写,成为其得天独厚的资源优势;⑤作为一个多民族多种族混居的国度,美国成长小说往往将成长背景设置于多元文化背景之下,表现多元化的成长价值观。

第十二讲

俄罗斯文学成长书写嬗变

俄罗斯横跨欧洲和亚洲,俄罗斯民族融会了东/西方两种文化性格。他们注重精神生活,关注内心世界,具有深厚的文化底蕴和浓郁的生活情趣,尤其崇尚精神层面的单纯性和完整性,易自恋,有自传写作的情结。偏爱回顾,热衷于观照完整的历史与人生。"美好的童年"和"一去不复返的过去",是他们惯常的精神皈依。俄罗斯人惯于将成长理解为"回归"、"复位",但是,成长小说并非俄罗斯文学中单独的品类,有关成长书写的研究甚为洪荒。然而,俄罗斯文学作为世界文学的重镇,对其成长书写的研究无疑不可或缺。本讲拟通过解读20余部有关成长书写的经典作品,试图梳理出俄罗斯文学成长书写的全貌。

第一节 发轫期(19世纪中期~20世纪上半叶):成长的诗性书写

俄罗斯成长小说以托尔斯泰自传体"三部曲"《童年》(1852)、《少年》(1854)和《青年》(1856)为发端。此外,经典文本还有高尔基的"三部曲"(《童年》、《在人间》和《我的大学》)和《克里姆·萨姆金的一生》(1925~1936)、阿列克谢·托尔斯泰的《尼基塔的童年》

(1922)、诺贝尔文学奖得主蒲宁(一译"布宁")的《阿尔谢尼耶夫的一生》(1927)等。早期俄罗斯成长小说秉承俄国文学一贯的"浪漫"、"纯洁"气质,其思想主题和书写方式多以托尔斯泰自传体三部曲为基本范式。这些作品注重描摹成长主人公的心理,多以成年人视角、自传体式再现曾经的成长经历。其中,《尼基塔的童年》和《阿尔谢尼耶夫的一生》属"侨民文学",但就成长书写的状貌来说它们仍与托尔斯泰、高尔基等作家的作品一脉相承。而陀思妥耶夫斯基晚年创作的成长小说《少年》(1875)。巧妙地融合时代元素,通过虚构的故事情节表现了成长主人公思想性格的发展,不含任何自传色彩,在俄罗斯成长小说史上独树一帜。概而言之,此时期俄罗斯成长小说大致分为两派:一是以托尔斯泰自传体"三部曲"为代表的早期浪漫主义成长小说;二是"十月革命"后以蒲宁、阿·托尔斯泰作品为代表的"侨民文学"。

一、"自传体式"成长书写:关注心灵成长

前文述及,具有审美规范的成长小说发轫于18世纪末、19世纪初的德国,莫里茨《安东·赖绥》、歌德《威廉·迈斯特的学习时代》被视为源头。19世纪以前,俄罗斯文学一直落后于西欧。19世纪初期俄罗斯浪漫主义文学勃兴,俄罗斯文学异军突起。19世纪中期,俄罗斯文学中具有成长小说审美规范的作品诞生了,即列夫·托尔斯泰(1828~1910)的自传体"三部曲"(《童年》、《少年》和《青年》)。"三部曲"之后的《青春》因为种种原因没有完成。

"三部曲"(《童年》、《少年》和《青年》)是托尔斯泰的处女作,奠定了其在文坛的地位。"三部曲"之于俄罗斯文学意义非凡,是俄罗斯成长小说开山之作。托尔斯泰深受卢梭思想的影响,"三部曲"如同是歌德《威廉·迈斯特的学习时代》和卢梭《爱弥尔》的结合,成为独具一格的自传体成长小说。作品表现了成长主人公贵族少年尼古连卡性格形成和发展的过程。尼古连卡的童年原本幸福无比,但

母亲和老纳塔丽娅相继去世,他的童年生活蒙上了阴影。少年时期的尼古连卡坚守纯洁的道德理想,但他发现了人性的虚伪、人与人之间的鸿沟,周围的世界令他矛盾、困惑。青年尼古连卡懂得了学习和爱,以人性之善对抗烦扰和苦闷。尽管尼古连卡的成长故事没有写完,但其成长的脉络已清晰可见。"三部曲"最大的意义在于完美契合了经典成长小说的审美规范,成为俄罗斯成长小说的范本。其后的俄罗斯成长小说中时常能见到它的影子。

列夫·托尔斯泰"三部曲"之后,较为重要的成长小说文本是马克西姆·高尔基的自传体"三部曲"——《童年》(1913)、《在人间》(1916)和《我的大学》(1923)。马克西姆·高尔基(1868～1936)被列宁称为"无产阶级艺术最杰出的代表",他的自传体小说"三部曲"颇负盛名,常被冠以"苦难"之名,教导青少年品尝"过去的艰苦岁月",影响了一代人的成长,知名度远高于列夫·托尔斯泰的"三部曲"。此种解读显然具有政治功利,在一定程度上偏离了文学艺术的审美藩篱。事实上,高尔基书写"苦难"的方式相当独特——以诗意的笔触将往昔岁月娓娓道来,鲜有跌宕起伏的情节,却能拨动读者最柔软的心弦。比如,小说中塑造的外祖母形象一反"光辉"、"光彩照人"的流行基调,而是快乐与忧伤参半,是一个温柔而善良的邻家老奶奶。该作品的时代特征仅为其艺术特征的断面,真正能引起读者共鸣并具有永恒艺术魅力的是其情感经验。尽管作品的后半部分加入了革命情节(《我的大学》正式出版于1923年,而前两部作品写于"十月革命"爆发以前),但作者成长意识的自觉,以及对心灵世界的深度关注,与托尔斯泰"三部曲"的成长书写意旨一脉相承。总体说来,这两个"三部曲"形式相似,皆由三部中篇小说构成一个长篇小说序列。但是,二者对成长主人公成长趋向的书写则迥异。尼古连卡和阿廖沙的成长趋向完全不同,前者最大限度地保持了内心的完整性,后者在步入社会之后逐渐远离了最初的梦想。由此可见,高尔基的作品更接近现实,而托尔斯泰的作品更具浪漫主义色彩。

二、"侨民文学"中的成长书写

漫游,是俄罗斯民族典型的人文精神特征之一,尤其体现在俄罗斯作家、诗人身上。他们或主动漫游,或被迫去国离乡。侨居国外,并在国外写作的俄罗斯作家,首推16世纪的安德烈·库尔布斯基。此后,屠格涅夫、赫尔岑、奥加廖夫、高尔基等大名鼎鼎的俄罗斯作家,皆曾有过侨居经历。20世纪俄罗斯先后经历了"第一次世界大战"、"十月革命"、"国内战争"、"肃反运动"、"卫国战争"、"阿富汗战争"、"苏联解体"、"车臣战争"等重大历史事件,掀起了数次俄侨浪潮。大量文学工作者虽侨居他国,却心系俄罗斯。他们通过文学创作寄托对俄罗斯的拳拳深情,并将俄罗斯人文精神、文化/文学精髓传播到世界各地,形成了俄罗斯文学著名的"侨民文学"风景。

在俄罗斯20世纪20年代的"侨民文学"浪潮中,自传体中篇成长小说《尼基塔的童年》和自传体长篇成长小说《阿尔谢尼耶夫的一生》颇具代表性。虽然这两部作品创作于"十月革命"之后,并未受过多的意识形态干预,但具有托尔斯泰、高尔基等浪漫派气质。阿列克谢·托尔斯泰(1883~1945)和伊凡·阿列克谢耶维奇·蒲宁(1870~1953)都在"十月革命"后流亡海外,侨居巴黎。这两部小说都在异国他乡完成。因此,故国家园之思寄寓于童年回忆之中,展现了一幅幅生动的成长图景。《尼基塔的童年》运用"成长断面"和"碎片缝缀"方法,仅截取成长主人公尼基塔9岁那年的生活片段展开叙说。短短一年间,尼基塔学会了自立、勇敢,学会了通过努力实现梦想,学会了同异性相处和结交朋友,还体会到了背叛等负面情绪。面对斑驳的成长事件,尼基塔若有所悟。此种"断面式"的成长书写方式在俄罗斯成长小说中较为罕见。但是,无论谋篇布局,诗意想象和温情的笔触,甚至是"被家庭教师唤醒"这样的开头,《尼基塔的童年》都与托尔斯泰的"三部曲"异曲同工。

蒲宁的《阿尔谢尼耶夫的一生》在结构上中规中矩,完整地叙述了成长主人公阿尔谢尼耶夫的成长故事。小说以成长主人公阿尔谢尼耶夫的童年、少年和青年时代的生活经历为线索,运用第一人称着重讲述"我"(阿尔谢尼耶夫)对大自然、故乡、亲情、爱情和周围世界的感受,表现了青年知识分子成长的心路历程。其蕴藉的"永恒"主题、诗化的语言,使其从俄罗斯成长小说乃至俄罗斯文学中脱颖而出。蒲宁因此成为俄罗斯获得诺贝尔文学奖的第一人。尽管瑞典文学院未明确表示蒲宁获此殊荣是因为哪一部作品,但蒲宁曾对记者说:"……我深信瑞典文学院首先想要褒奖我的是最近的一部小说《阿尔谢尼耶夫的一生》。"[①]总体说来,不论是语言还是题材,《尼基塔的童年》乃成年人为青少年所写,是纯粹的儿童文学作品。而《阿尔谢尼耶夫的一生》的阅读受众更广,它不仅讲述成长故事,还描写了浪漫的爱情故事。它的叙事视角更为灵活、广博,对精神层面的探索更为深入,呈现方式也更为多元。

第二节 停滞期(20世纪20年代~前苏联时期):"类成长"书写

"十月革命"爆发后,俄罗斯文学在20世纪20年代逐渐步入苏维埃文学时期,俄罗斯成长小说亦进入新时代。奥斯特洛夫斯基的《钢铁是怎样炼成的》(1932~1934),成为此时期知名度最高的成长小说。尽管法捷耶夫的《青年近卫军》(1945)极具文学性、思想性和时代性,却因种种原因被文学史曲解、忽视。"卫国战争"后的20世纪中叶,成长小说在俄罗斯的发展是停滞的。1980年前后,以库兹涅佐娃作品为代表的一批"类成长小说"问世。从某种意义上说,此

[①] 伊凡·阿列克谢耶维奇·蒲宁:《阿尔谢尼耶夫的一生》,杨镕光、韩馥竹译,北京:作家出版社,2006年,第2页。

类苏联教育小说并非审美意义上的成长小说。

一、《钢铁是怎样炼成的》：被革命话语异变的成长书写

此时期的俄罗斯成长小说中，尼·奥斯特洛夫斯基（1904～1936）的《钢铁是怎样炼成的》声名最为显赫。小说的节选至今仍保留于中国的小学课本中，可见一斑。"人最宝贵的是生命。生命属于人只有一次。人的一生应当这样度过……"更是脍炙人口的名言警句，无数青年人将它视为个人奋斗的座右铭。

该作品讲述了成长主人公保尔·柯察金从一个懵懂的少年成长为一个忠于革命的布尔什维克战士。他虽双目失明，却坚强地创作小说，葆有钢铁般的意志。这部具有自传体性质的作品，礼赞了不臣服于绝望命运的坚强意志，鞭挞了资本家的飞扬跋扈和资本主义丑陋的社会现实，表现了无产阶级的反抗精神。但单从文学价值考量，其盛名之下却难副其实。若从少年儿童成长的角度观照保尔的一生，更不能算是成功的案例。

《钢铁是怎样炼成的》与中国的《青春之歌》有诸多相似之处。成长主人公的成长皆被革命话语改写，甚至异化。成长主人公将革命凌驾于感情之上，将集体凌驾于个人之上。即或对感情的背叛，同样被革命话语、政治权力合法化。无论是保尔抛弃冬妮亚，还是林道静抛弃余永泽，在革命话语的保护下他们是正确的——和"敌人"划清界限。然而，从人性的角度考察，这样的选择不禁令人唏嘘。事实上，个人的成长之于保尔和林道静这样的革命者来说，不过是"伪命题"。表面上看他们完成了成长，但在特定的"无我的时代"，一代人的成长实际上都夭折了。这既是成长者的悲哀，也是时代的悲哀。

二、《青年近卫军》：切近本体的成长礼赞

　　法捷耶夫(1901~1956)的《青年近卫军》更切近成长本性。这部看似名不见经传的小说，实乃优秀的青少年教育读本。小说细致描绘了"青年近卫军"之成长群像——美丽优雅脱俗的邬丽亚、善良正义的青年领袖奥列格、英勇顽强早熟的谢辽萨、热情泼辣而不失冷静的刘勃卡等。这些鲜活的生命一一远逝，悲剧性结局具有极强的震撼力。这部小说是法捷耶夫基于战地通讯稿创作完成的。法捷耶夫并未把成长主人公们塑造成保尔那样"根正苗红"的工人阶级，而是强调他们就是生活在我们身边的普普通通的年轻人。他们刚刚中学毕业，留恋记忆中的诗意童年。他们拥有纯洁的友情、爱情，感受着浓浓的家庭温暖，他们始终追求幸福生活……然而，当历史的浪潮席卷而来时，他们不可避免投入战争中，尝试以成人的眼光打量世界。在战争的裹胁之下，谁都不可能拒绝参与，所谓宁静、平安的生活根本不存在。他们特别渴望幸福、安宁，却不得不付诸所谓革命的、流血的、充满危险的行动。他们激情勃勃，朝着共同的方向努力，似已看见若隐若现的光亮，却在黎明来临之际死亡。随着生命终结，他们追寻的一切恍若烟云。事实上，他们取得了成功——在生命结束之前出色地完成了成长，发现了人生的真谛。这也许就是成长的悖论。很多时候我们无限憧憬、而为之不懈奋斗的，竟是那个已经逝去的世界——童年的世界，以及它所象征的一切美好事物。成长意味着童年的终结，而成长的终极又是为了回归到原始的精神家园。童年既是过去的，又是未来的。在这历史的无限回环之中，我们唯一能把握的就是过程的意义。

三、《教育诗》："类成长"书写

　　20世纪30年代俄罗斯出现了一类特殊的文学作品，以马卡连

柯(1888~1939)的《教育诗》(1933~1935)为代表。貌似成长小说，实际上是"一位教育工作者的工作日志"，或曰"类成长"小说（教育小说）。马卡连柯创作《教育诗》之际，恰逢他就职于高尔基儿童劳动教养院和捷尔任斯基公社。他根据自己接触流浪儿童的真实体验，探究了各类犯罪儿童不同的心理情绪和生命印记。《教育诗》由回忆录、随笔、特写、日记、政论、中篇小说等文体组成，塑造了一系列生动的儿童形象，语言轻松、幽默，艺术感染力上佳。总之，《教育诗》突破了传统教育理念，展现了马卡连柯的创造性教育观。高尔基曾给予马卡连柯高度评价。"这几百个受了生活那样残酷的、侮辱性的蹂躏的孩子，是谁能这样改造他们，使他们变得不可认识了呢？是教养院的组织者和院长安·谢·马卡连柯"(1928,《苏联巡礼》)。《教育诗》纪实性强，看似以孩童为重心，更多地体现了教育者本人的思想。

前文述及，成长小说和教育小说的概念最初是混同的。艾布拉姆斯在《欧美文学术语词典》中虽然分别设置了两个条目，"Bildungsroman（成长小说）"和"Entiwicklungsroman（教育小说）"，但它们都同样指称一个概念，即"主题是主人公思想和性格的发展，叙述主人公从幼年开始所经历的各种遭遇。主人公通常要经历一场精神上的危机，然后长大成人，认识到自己在人世间的位置和作用"。歌德的《威廉·迈斯特的学习时代》亦被称为"德国文学史上第一部最杰出的教育小说"。显然，成长小说是以"成长"为本位，成长主人公就是该作品的主人公；教育小说是以"教育"为本位，小说的主人公不一定是成长主人公，可能是一位成长的旁观者、他者，是一位成年人。由此观之，《教育诗》之类的小说尽管在文学史、政治生活史上有一定地位，却不能算作真正意义上的成长小说。

很长一段时间，俄罗斯成长小说一度进入困顿和停滞时期。诞生于50年代的世界名著《洛丽塔》(1955)仿佛有些微"成长小说"的影子，但因作者弗拉基米尔·纳博科夫(1899~1977)的美国国籍，以及成长视点等问题（小说主体并非表现洛丽塔的成长，而在于表现"我"如何看待洛丽塔的成长变化),这部作品同样难以进入俄罗斯成长小说的序列。直到80年代,库兹涅佐娃的作品只能算是打了"擦边球",像《深深的敬意》《共青团员的诺言》《你的家》《世上道路千万条》《生活在召唤》等鲜有中文译本。

综上所述,20世纪30年代之后的俄罗斯成长小说似乎慢慢滑入"教育小说"圈套,对于"教育性"的描述逐渐超过了"成长性"体验,关于未成年人成长的现实问题被变相悬搁。大多数俄罗斯成长小说并不追求故事的新奇与情节的引人入胜,讲述的多是我们身边每个人亲历的成长故事,颇具"自我之外无历史"的深刻意蕴。纵观19~20世纪俄罗斯成长小说,作家仿佛一直都在思考同一个问题——成长最初的母题,人类原初的自我意识。在这方面俄罗斯人似乎特别敏感,创造出了类型化的俄罗斯式成长小说,虽然形态各异,却指向相同的终极命题。

第三节 新纪元(世纪之交的当代俄罗斯文学):现代意义上的成长书写

直至20世纪90年代苏联解体,俄语文学受到前所未有的冲击,其受众的审美趣味与价值取向发生了空前变化。当代俄罗斯文学拉开序幕,成长小说在俄罗斯的发展进入新纪元。世纪之交的俄语文学遭遇了激烈的碰撞与重组,俄罗斯成长小说逐渐淡出受单一意识形态桎梏的创作模式,逐步走向新的繁荣。具有代表性的作品包括《奥蒙·瑞》(佩列文,1992)、《笼子》(阿佐利斯基,1996)和《您忠实的舒里克》(乌利茨卡娅,2004)等,再现了当代俄罗斯面临的诸多社会问题,大多具有后现代主义和女性主义倾向,为成长小说注入了新的活力。

在当代俄罗斯文学谱系中,涉及成长和成长主题的小说颇多。

前文已述,俄罗斯人普遍认为"成长"即"回归"、"回视"。经历了苏联解体这一巨大的社会动荡,俄罗斯文学的回望与反思顺理成章,掀起了"回望文学"之大潮。许多前苏联作家开始重新审视他们的作家身份与个体人格,不愿再充当"社会代言人"或"灵魂工程师"。认识到自己身上具有的"集体无意识",开始揭露苏维埃社会的种种弊端,逐渐崇尚"非意识形态化"的自由写作。自此,俄罗斯文学呈现多元的发展态势,不同倾向、不同风格的作家作品层出不穷。尤其值得关注的是,随着女性文学的崛起,俄罗斯成长文学中出现了全新的女性视角,其中柳德米拉·乌利茨卡娅(1943~)的作品备受关注。

1992年,А.季诺维耶夫发表中篇小说《灾难性的改革》,叙说了改革年代一系列"反道德"的成长故事。譬如,年轻姑娘决定当妓女;知识分子开始反叛"美德"等。1993年,著名的《旗》月刊发表Б.奥库扎瓦的家庭纪事小说《被取消的演出》(第一部),作品带有浓郁的自传性质,着重展现了成长主人公的父母遭受迫害的悲惨命运。1994年,В.索罗金出版《定额》和《罗曼》。前者分为八个部分,其中一部仿写蒲宁的小说《阿尔谢尼耶夫的一生》;后者主要描写了一个名叫罗曼的年轻人如何变成疯狂的杀人犯……1995年,《莫斯科》月刊连载Ю.科兹洛夫的长篇小说《夜猎》(已在中国出版①),讲述了主人公安东毕业后的生活。同年,《旗》月刊登载В.阿斯塔菲耶夫的中篇小说《真想活啊》,叙述主人公科里亚沙大学毕业直至退休后的生活。1995年,П.阿列什科夫斯基的长篇小说《弗拉基米尔·奇格林采夫》问世,讲述贵族出身的杰尔别捷夫的家族故事。1997年,А.雷巴科夫发表《回忆录小说》,作品贯穿了作者童年、青年时代的回忆,甚至难分"真实"与"虚构"。1998年,《新世界》月刊刊登С.瓦西连科的"圣徒传记小说"《女傻子》,叙述女孩甘娜的前世今生,具有魔幻色彩。1999年,М.希什金的长篇小说《攻克伊兹梅

---

① 详见[俄]尤·科兹洛夫:《夜猎》,郑永旺译,北京:昆仑出版社,1998年。

尔》,具有一定的自传性,描绘了俄罗斯社会生活的千姿百态。这些作品的成长意识虽明确却并非真正意义上的成长小说,概因主人公并非未成年人,他们在生理上早已度过了青春期。

比较说来,B.佩列文在1992年发表的《奥蒙·瑞》和A.阿佐利斯基在1996年发表的《笼子》属于真正的成长小说(中国尚未引进出版)。前者运用第一人称叙述,表现主人公奥蒙如何成长为苏维埃航空学校培养计划中"真正的人";后者从主人公伊万的童年写起,表现他成年之前经历的种种磨难。

"女性三杰"[①]之一的乌利茨卡娅是俄罗斯文学史上的独特存在。乌利茨卡娅生于犹太知识分子家庭,其创作彰显了成长意识,尤其关注女性命运和移民命运。主要作品有《索涅奇卡》(1993)、《美狄亚和她的孩子们》(1996)、《包心菜奇迹》(2003)、《库科茨基医生的命案》(2001)和《您忠实的舒里克》(2004)等。其中,《索涅奇卡》和《美狄亚和她的孩子们》关注妇女命运,涉及成长话题,但没有具体展开成长事件。而且,女主人公的第一身份是母亲,而非青春时代的少女。《包心菜奇迹》的副标题为"一本通往梦境的图文书",以6篇独立的故事再现了作者6岁时的记忆。《库科茨基医生的命案》则紧紧围绕"国家命运"和"个人生活"展开叙说,表现了妇产科医生库科茨基的家庭故事。而《您忠实的舒里克》或许能成为俄罗斯成长小说史上不朽的作品。舒里克的故事围绕着几重悖论展开,触及单亲家庭教育、性别比例失衡等社会问题,探讨了"真爱"与"性爱"的辩证关系,以及"幸福"的意义,直指生命与道德的终极命题。作品主要表现的8位女性性格迥异,都在不同程度上影响了舒里克的成长命运。对于这类"进攻型"女性的塑造,作品已经做到了极致。

[①]柳德米拉·彼得鲁舍夫斯卡娅、塔基雅娜·托尔斯泰娅和柳德米拉·乌利茨卡娅并称为当代俄罗斯文学中的"女性三杰"。

综上所述，俄罗斯成长小说在域外成长文学中占有重要地位，融通了东/西方成长文化的两面性格，具有以下特性：①关于人物形象。成长的"他者"即引路人形象多为女性，着重表现男性主人公的"恋母"与"初恋"情结，体现了独特的母体文化；②情节设置上突出表现主人公精神上的完整性，缺少顿悟环节，强调成长本身是一个渐进、混沌而漫长的过程；③叙述主题与风格上以自传性为基本特点，用情绪化的自传式书写冲淡故事性与情节性，诉说现实中的难言之隐，构筑全新的精神家园。

第十三讲

法国文学成长书写嬗变

惯于塑造个性已得到充分发展的主人公形象,乃法国小说的传统。而成长小说重在展现个性尚未定型、处于发展之中的主人公成长的心路历程,从此种意义上说,法国小说缺少书写成长的文化基因,属于成长小说的晚出之国。纵观法国文学的成长书写状貌,大致经历了四个时期:①发轫期(18~19世纪):蕴藉"自然教育"理念的成长书写;②奠基期(19世纪):聚焦"外省年轻人"的成长;③成熟期(20世纪):全景式深度成长书写;④新趋向(21世纪以来):"个人化"的成长书写。

第一节 发轫期(18~19世纪):蕴藉"自然教育"理念的成长书写

法国文学中的成长书写最早可追溯到马里沃的书信体小说《玛丽安娜的生活》(1731~1741)。其以伯爵夫人玛丽安娜与侯爵夫人书信往来的方式,展现了玛丽安娜"出生—青少年时期—成年初期"的成长历程。孤女玛丽安娜为摆脱心怀叵测的监护人,搬到修道院生活。在那里,她爱上了一个曾生活腐化后改邪归正的青年贵族,并结为伉俪。在这段关键的成长岁月里,主人公玛丽安娜的个性日渐定型,并确立了稳定的人生价值观。由于作品旨在讲述主人公的离奇遭际,而主人公成长的蜕变并非叙说的重心,因此,其对法国文学的成长书写并未产生深远的影响。

纵观法国文学史,法国成长小说的奠基之作当属让·雅克·卢梭的《爱弥尔》和《新爱洛伊丝》。小说体教育巨著《爱弥尔》出版于1762年,在文学和教育两个领域皆获得了世界声誉。全书共分为5卷,以"归于自然"和"发展天性"为主线,采取夹叙夹议的叙述方式。前四章借主人公爱弥儿的讲述,揭露了当时在男子教育方面存在的重大缺陷,并提出了有关自然主义的革新策略。第五章以对女子苏菲的教育为例,提出了革新女子教育的方案。作品通过爱弥儿和苏菲的成长,阐释了"幼儿的体育教育"、"儿童的感官教育"、"少年的智育教育"、"青年的德育教育"和"爱情教育"等重大教育命题。毫无疑问,《爱弥儿》是法国文学史上首部教育小说。正如狄尔泰在《体验与诗》中指出,"成长小说是在卢梭和德意志所发挥的影响下,在当时的社会精神朝内在的文化方向发展中产生的"。[①] 卢梭的《新爱洛伊丝》以朱丽、圣普乐和沃尔玛三人之间的友谊、婚恋为中心展开叙事,着重塑造了贤妻良母朱丽这一成长主人公形象。总的说来,这两部小说都在一定程度上彰显了卢梭的"自然教育"主张——青少年通过生活/人生的历练,逐渐由童年、青少年阶段成功过渡到成人世界,逐步从幼稚走向成熟。此外,1829年歌德的成长小说巨著《威廉·迈斯特的学习时代》法译本问世,推动了法国文学的成长书写。

前文已述,以卢梭为代表的浪漫主义儿童观,强调尊重儿童天性,提倡对儿童的教育应顺其自然。他认为被教育成型的儿童并不是坏事,若将儿童培养成畸变的成人那就非常可怕。体谅、好奇和自动、自发等,是儿童与生俱来的能力。此前,教育是以成人的能力

[①] 买琳燕:《从歌德到索尔·贝娄的成长小说研究》,吉林大学博士学位论文,2008年,第72页。

和需要为标准,卢梭呼吁打破这一传统。"出自造物主之手的东西,都是好的,则一到了人的手里就全变坏了。他要强使一种土地滋生另一种土地的东西,强使一种树木结出另一种树木的果实;他将气候、风雨、季节搞得混乱不清……他不愿意事物天然的那个样子,甚至对人也是如此,必须把人像练马场的马那样加以训练;必须把人像花园中的树木那样,照他喜爱的样子弄得歪歪扭扭。"①自此,儿童成为一个不可忽视的教育群体,儿童的时代接踵而来。这为成长的文学书写提供了重要的理论支撑,拓宽了成长小说作家的成长书写视野。

第二节 奠基期(19世纪):聚焦"外省年轻人"的成长

法国文学进入19世纪迎来了光辉岁月,成就斐然的文学大家辈出。囿于法国小说的叙事传统,即主人公"通常就作为一个充分发展了的人物而演出他的全部事迹"②,主人公的性格在文本中缺少变化,因此,符合审美规范的成长小说作品并不多见。涉及成长主题的作品倒是不少,往往会展现主人公在某个人生阶段的性格转变。雨果、缪塞、乔治·桑、维尼等浪漫主义文学大家,几乎从未问津成长小说。巴尔扎克、司汤达、福楼拜等现实主义或批判现实主义大师,推崇文学作品的"介入"意识,强调写作的旨意在于全面、深入地反映并批判法国社会中诸多政治、经济、军事、宗教、文化等问题。这些偏好于宏大叙事的文学巨匠们,似乎无暇关注个体生命的

---

① [法]卢梭:《爱弥儿》,李平沤译,北京:人民教育出版社,2001年,第1页。
② [瑞士]弗朗西斯·约斯特:《比较文学导论》,廖鸿钧等译,长沙:湖南文艺出版社,1988年,第184页。

成长。即或偶涉主人公的成长事件，不过是为表现作品的宏大主题作铺垫。尽管如此，几部重要的成长小说文本的出现，确立了成长小说在法国的合法身份和地位。换言之，19世纪是法国成长小说的奠基期。

批判现实主义文学大家司汤达的长篇小说《红与黑》(1830)和《昂立·勃吕拉传》(1890)，是经典的成长小说范本。《红与黑》通过描写于连两次受挫的爱情，塑造了"少年野心家"于连这个经典的成长主人公形象。于连是木工的儿子，年轻、英俊，精明能干，有远大抱负，打小就笃定努力奋斗跻身于上流社会。这个来自外省的年轻人满怀激情与梦想，来到充满了机会和陷阱的位于法国与瑞士接壤的维立叶尔城。当时法国政治空气令人窒息，现实社会黑暗、腐败、残酷，于连备受挫折、磨难。理想难以实现，无路可走，最终不得不选择自杀，结束了22岁的生命。作品充分展现了于连如何由浅入深接触社会，不断审视自己的梦想，并作出相应的调整。在追求人生理想和实现宏大的政治目标的奋斗过程中，他不断反思社会。面对铜墙铁壁般的权力体系，他最终沦为政治、宗教倾轧和森严的等级制度的牺牲品。他看清了当权者的虚伪、奸诈，看清了社会结构的不合理，看清了伦理秩序的阴森，看清了自己对德·莱纳夫人的真爱……彻底醒悟的他，竟然无路可走，只能清醒地崩溃，自杀是他别无选择的选择。他选择死亡，既是其不愿浑浑噩噩的呐喊，又是对黑暗的现实社会有力的控诉。

司汤达曾追随拿破仑南征北战，曾支持烧碳党人的自由解放斗争，皆以失败告终，不得不接受逃亡或被逐的命运。年近半百的司汤达已不再有征服的欲望和雄心，失意和困顿早已抵消了一度拥有的辉煌。不过，一心成为伟大文学家的精神犹在。于是，他开始醉心于写《自我崇拜回忆录》。写作中，他模仿卢梭的《忏悔录》，但决意超越《忏悔录》。暴露自己的全部弱点，不会像卢梭那样在上帝和人类面前自我辩护。他既要和同时代的人对话，又要和所有人对话。自传起于幼年时代，止于随拿破仑翻越阿尔卑斯山，总共17

年,展现了其成长的至关重要的时段。他的长篇自传体小说《亨利·勃吕拉的一生》,便是在他写作自传期间写成的。从某种意义上说,自传是其自传体小说的前奏。司汤达的长篇自传体小说《亨利·勃吕拉传》虽系仓促写成的手稿,但被誉为"可以当之无愧地同歌德一再修改润饰过的《威廉·迈斯特的学习时代》并列"[①]的佳作。

巴尔扎克的中篇小说《高老头》(1834)所塑造的成长主人公拉斯蒂涅,是继于连之后又一个经典的"外省年轻人"形象。小说着重描摹了拉斯蒂涅如何征服巴黎实现其野心的详尽的心路历程。21岁的破落子弟拉斯蒂涅到巴黎上大学,雄心勃勃征服高傲的巴黎,获得扬名立万的契机,重振家业。拉斯蒂涅聪明、英俊、热情,富有才华,一心发家致富。他研修法律,梦想通过努力和才学改变卑微的处境。然而,在物欲横流、金钱至上的巴黎,拉斯蒂涅欲凭借真本事步步高升无异于痴人说梦。面对残酷的现实,拉斯蒂涅空有抱负,理想破灭,不得不彻底改变自己,以适应蝇营狗苟的社会现实。于是,他先是听从鲍赛昂夫人的指使,以色相勾引富有的纽沁根太太,把她当作高升的跳板。后来,他又听信公寓里的苦役犯伏脱冷的教唆,追求银行家的女儿,并设计害死银行家的儿子,获取了丰厚的遗产。拉斯蒂涅目睹他同情的高老头在贫病交加中死去,备受打击。在成长之旅中,拉斯蒂涅这位有为的外省青年不得不臣服于现实,在妥协中逐渐堕落。他看清了巴黎资本主义社会的尔虞我诈、寡廉鲜耻,自己却不择手段跻身于巴黎上层社会,为了实现野心不惜同流合污。他的成长被扭曲被异变,映照了当时充满浊污的成长环境。此外,巴尔扎克于1837~1843年间创作的中篇小说《幻灭》,塑造了外省青年吕西安这一成长主人公形象,他和拉斯蒂涅一样,在实现征服巴黎的野心过程中彻底堕落。

福楼拜于1843~1869年间创作的小说《情感教育》,塑造了成

[①][瑞士]弗朗西斯·约斯特:《比较文学导论》,廖鸿钧等译,长沙:湖南文艺出版社,1988年,第192页。

长主人公外省青年——弗雷德里克·莫罗这一成长主人公形象。他求学于巴黎,被巴黎腐败、堕落的社会环境所侵蚀、同化。他攀附贵妇人,获取名利,跻身资产阶级上流社会。最终,他一事无成返回本省,在落寞与悔恨中度过余生。自然主义大家左拉的《萌芽》创作于1884~1885年间,被誉为"世界文学史上,第一部正面描写产业工人罢工的小说。它成功地再现了罢工的过程,从而展现了当代资本主义社会的重大社会现象,提出了令人振聋发聩的社会问题"。[1]作品塑造了法国文学史上第一个有阶级觉悟的工人形象艾蒂安。正直、善良的机械工艾蒂安来到蒙苏煤矿之后,加入了国际工人联合会,组建了支部并领导工人运动。他钻研马克思主义,曾受到蒲鲁东理论的迷惑。但是,他克服了缺点,战胜了挫折,在领导工人罢工的斗争中积累了经验,在充满坎坷的成长之路上受到了革命的洗礼。他日渐确立了个人的人生价值,具有较高的政治觉悟,最终认识到工人是最伟大的。"唯有他们才是最高尚的阶级和能够使人类自强不息的力量。"此外,出生于矿工家庭的年轻工人马赫,在艾蒂安的引导下走向革命。马赫的妻子在丈夫去世后顶替其工作,经历了一系列悲剧后,这位善良、勤劳的劳动妇女终于发出了愤怒的呼喊,"体现了矿工们逐步觉悟的形象"[2]。

埃克多·马洛的长篇小说《苦儿流浪记》(1878)叙说了一个被拐卖后又遭遗弃的流浪男孩雷米的成长经历。成长主人公雷米出生于富裕之家,五六个月大时被拐走,遗弃在巴黎一花园门口。雷米被一农家收养,养父热罗姆·巴尔贝伦长期在巴黎当建筑工。雷米与巴尔贝伦奶妈在乡下相依为命。乡村生活虽然艰苦,但雷米却得到了家的温暖和奶妈博大的母爱。8岁那年,热罗姆·巴尔贝伦因伤致残,返回乡村。迫于生计,不得不将雷米卖给了意大利卖艺人维泰利斯。尽管雷米跟着维泰利斯流浪卖艺,饱尝酸甜苦辣,但维泰利斯心地善良,还教会他唱歌和演奏乐器,教他识字,他逐渐洞

---

[1][2] [法]左拉:《萌芽》,黎柯译,北京:人民文学出版社,1982年,第4、11页。

察了诸多人生哲理。雷米日渐适应了卖艺生活,然而,维泰利斯却冻死在巴黎近郊的一花农家门口,雷米侥幸存活。花农收留了他。在花农家生活的2年,雷米重新找到了久违的家的温暖。然而,冰雹来袭,花农破产,无力还债被捕入狱。雷米不得不离开花农家,重新踏上了流浪之路。直到13岁那年,雷米找到了生母,结束了苦儿的流浪生涯。小说着力刻画了雷米这个命运多舛的坚强流浪儿形象。在苦难的成长岁月里,他经历了磨难,学会了坚强和承担,始终乐观向上,最终成长为不向苦难低头的坚强少年。

欧仁·勒儒凡的长篇小说《雅古复仇记》(1899)在法国可谓家喻户晓,是法国中学生必读书之一。雅古祖祖辈辈都是普通佃农,南萨克伯爵拼命迫害雅古的双亲。他的父亲死于苦役犯监狱,穷困潦倒的母亲撒手人寰。他打小就成了孤儿,居无定所,四处流浪,尝尽世间疾苦。雅古结识了众多患难之友,体验了爱情的美好和坎坷。历经风雨如晦的成长岁月的洗礼,雅古终于从一个怯懦的小男孩逐渐成长为一名果敢的青年。他逐渐摈弃了为父母报仇的狭隘,成长为体恤劳苦大众、领导农奴起义的英雄。

综上,19世纪是法国成长小说的奠基阶段,对成长的书写具有如下特征:①具有一定的自传性色彩;②结构与模式较为程式化,成长主人公大多为"外省来的年轻人";③充满了强烈的爱憎情感,无情地批判、讽刺资产阶级,对小资产者的夭亡抱以深深的同情,对劳动人民抱以深切的怜悯,赞美有思想有抱负的正直青年等等;④大多属于现实主义或批判现实主义之作,故事多围绕当时法国社会突出的政治、经济、宗教、制度等重大现实问题展开叙事,以揭露、批判资产阶级的丑陋、罪恶为目的,成长主人公成长的心路历程大多不是作品表现的重心。

第三节　成熟期(20世纪)："全景式"深度成长书写

和德国、英国等老牌成长小说王国相比，法国的成长小说属于晚出的文学类型。概因法国小说惯于表现"一个充分发展了的人物而演出他的全部事迹"，而成长小说中那种带有"脸谱化"、"类型化"特征的成长主人公形象往往被小说家们忽略。直到20世纪《追忆似水年华》等作品的出现，成长小说才得以在法国文学中占有一席之地。瑞士文学批评家约斯特在《德、英、法诸国的教育小说》一文中论及，成长小说"这一类型在法国从未演变到形成一个稳定而连贯的文学传统，直到最近它才在法国的文学批评中取得合法地位"。[1] 因此，20世纪是法国成长小说的成熟期。对于成长主人公成长历程的全景式纵深书写，标志着法国成长小说形成了自己独特的审美品格。

从某种意义上说，19世纪法国的许多所谓成长小说不过是"类成长小说"。作品涉及成长主题，但成长显然不是作者深度书写的目标。进入20世纪，法国成长小说迎来了黄金岁月。作品数量大大增加，许多文本具有成长小说审美特征，且产生了世界性的影响。

罗曼·罗兰的长卷成长小说《约翰·克利斯朵夫》(1912)和马塞尔·普鲁斯特的长卷成长小说《追忆似水年华》(1913)，被传统文学史称为"长河小说"，是法国成长小说的经典名著。作品卷帙浩繁，数以千百万字计。此外，两部作品都属自传体小说，成长主人公皆以作者为原型。

---

[1] [瑞士]弗朗西斯·约斯特：《比较文学导论》，廖鸿钧等译，长沙：湖南文艺出版社，1988年。

《约翰·克利斯朵夫》中的成长主人公约翰·克利斯朵夫出生于德国莱茵河畔一贫穷音乐教师之家,天赋异禀,加上受到悉心教导,少年成名,获"在世的莫扎特"之美誉。由于家境清寒,他不得不外出工作养家糊口。从此,他开始了动荡、坎坷而又充满活力与自由的人生。克利斯朵夫天性真诚、善良,始终保持着作为天才音乐家高贵、圣洁的灵魂。不管社会多么黑暗,不管统治阶级的压迫多么深重,他从未放弃过对音乐和人生信念的美好追求。在成长之旅中,他经历了事业的沉沉浮浮,遭逢了爱情和友谊的跌宕起伏,遭遇了贫困的折磨和敌对势力的追捕打压……他迷惘、困惑,巨大的挫败感包裹着他,甚至怀疑过自己的追求。但是,不论生活给了他多大的痛苦折磨,坚忍、执着的他始终不愿放弃。他虽一生坎坷,但晚年归于平淡、超然。他百折不挠的奋斗经历,留给世人无穷无尽的精神动力——他从未停止前进,他的灵魂也从未停止过生长。他属于经典成长小说中通常塑造的那一类从幼稚走向成熟的成长主人公形象。

《追忆似水年华》以成长主人公"我"(马塞尔)的口吻,详尽叙说了"我"的所见所闻所思所感。既是马塞尔认识自我的心路历程的记录,又是对当时社会生活的真实描摹。成长主人公马塞尔出生于富裕之家,自幼体弱多病。他热衷于写作,并未少年成名。他经常出入巴黎上流社会,曾与犹太富商的女儿吉尔伯特恋爱,后痛苦地分手。他回到家乡贡柏莱小住,在海滨胜地巴培克疗养期间结识了少女阿尔伯蒂。阿尔伯蒂是同性恋,他决心娶她为妻,以纠正她的所谓"变态心理"。他将阿尔伯蒂禁闭在家中,阿尔伯蒂成功逃脱。他四处打听她的下落,得知阿尔伯蒂骑马摔死。极度悲痛的他突然意识到自己的禀赋在于写作,自己经历的悲欢离合正是文学创作的丰富素材,只有文学创作才能将昔日失去的东西找回来。这不能不说是成长主人公马塞尔的翻然醒悟(或顿悟)。法国文学评论家拉蒙费南岱曾指出:"《逝水年华》写的是一个非常神经质和过分受溺爱的孩子缓慢成长的过程,他渐渐地意识到自己和周围人们的存在。"①

女作家茜多妮·柯莱特的长篇小说《流浪女伶》(1910)亦属自传体成长小说。成长女主人公勒内经历了漫长的婚姻折磨,终于认识到女性独立、自主,且与男性拥有平等的社会地位的意义。这是法国成长小说史上较早涉及女性成长主题的佳作。现代主义作家阿兰·傅尼埃的长篇小说《大莫纳》(1913),营构了一个法国版"桃花源",讲述了一个神奇的成长故事。倔强而憨厚的17岁少年莫纳到乡村上学,一次偶然迷途,莫纳进入了一个以孩子们为主宰的神秘庄园,度过了浪漫、神奇的两天。在那里,他邂逅了美少女依冯娜和她的弟弟弗朗茨(一个有着诡异思想而不愿长大的男孩)。这场奇妙的经历最终在弗朗茨未婚妻逃婚的结局中画上了句号。事后,莫纳一心找到消失的庄园和恋人,却苦于找不到那条通往神秘庄园的路。几年后,几经周折,莫纳终于找到了神秘庄园,恋人依冯娜也出现了,并深深爱上了痴情的他。17岁的奇遇彻底改变了莫纳,童话般的奇遇成了莫纳一生的理想追求,他拒绝接受平凡的现实。当他发现日思夜想美轮美奂的孩童世界和他钟情的女孩,在现实世界中不过是平庸的存在,他濒临崩溃。从此,他把自己封闭在想象的世界中,不断地失踪、历险。最后,他抛弃了家庭和朋友,带着女儿消失了。也许,他在找寻他心中永远的"桃花源"……莫纳无疑属于"拒绝成长"的成长主人公代表。

早夭的天才作家雷蒙·拉迪盖的长篇小说《魔鬼附身》以"一战"为背景,以青春期的成长之"性"为重心,讲述了一个16岁男孩与19岁少妇玛特短暂的私情。少年由男孩成长为"男人",属于"顿悟式"类型的成长小说。小说具有自叙传色彩,是作者根据自己15岁时的爱情经历写成的。不伦的恋情充满了危险,16岁的男子汉的本能却帮助他在两性关系上占了上风。他的成熟与练达令他自

---

① [法]普鲁斯特:《普鲁斯特作品选集》,巴黎:伽玛利出版社,1928年,第8页。

己都难以置信,不禁自问"难道我就是魔鬼"。他不是魔鬼,却似魔鬼附身。安德烈·纪德的长篇小说《伪币制造者》(1926)以"一战"结束后的法国为背景,叙说了斯托洛维鲁、日里大尼索、裴纳尔和爱德华等4个青少年的成长故事。通过展现战后年轻人的困惑与反抗,以及他们如何在道德沉沦、价值失范的社会里不断摸索又不断迷失,映射了"一战"后资本主义社会的精神危机("人人都在弄虚作假")与传统价值观念的崩溃。这些孩子在经历了迷惘的岁月之后,大多步入了社会的正常轨道。

以"二战"为背景的成长小说有罗贝尔·萨巴蒂埃的"童年三部曲"(《瑞典火柴》、《荷棒糖》和《野使子》)、女作家蕾吉娜·德芙热的《莱娜》"三部曲"(《蓝色天使》、《与魔共舞》和《最后的笑》),约瑟夫·若福的《弹子袋》(1973)和获诺贝尔奖的勒·克莱齐奥的《流浪的星星》(1992)等。《瑞典火柴》以"二战"前后法国的蒙玛特尔为背景,叙述了丧母后的小男孩奥利维埃的成长故事。奥利维埃不断被人领养,过着漂泊不定的生活。在好心人和同龄朋友的帮助、引领下,他逐渐拥有了独立生活的能力,还学会了承担、求知和爱护他人。《莱娜》"三部曲"中的女主人公莱娜则被称为法国版的"乱世佳人"。17岁的少女莱娜·德尔玛经历了"二战",从战前不谙世事的少女,成长为与敌人巧妙周旋,营救同志的机智勇敢的莱娜小姐,以及巴黎解放后参加了红十字救护团的成熟战士。她的生命与爱情在战争中得到了洗礼与升华。《弹子袋》以一个10岁犹太男孩若福的口吻,叙说了他10～13岁期间,与比他大两岁的哥哥在躲避战乱和种族迫害的流浪途中的所见所闻。《流浪的星星》讲述了犹太女孩艾斯苔尔和阿拉伯女孩萘玛在"二战"期间颠沛流离的悲惨生活,以及战争带给她们的悲剧命运。勒·克莱齐奥的《金鱼》讲述了一个名叫莱拉的非洲少女所遭遇的辛酸的成长经历。莱拉6岁时就被拐卖到摩洛哥,因为不满女主人左娅的虐待而出逃,从此颠沛流离。从摩洛哥到法国,从美国再到法国,这个命运多舛的非洲女孩历尽苦难,逐渐成长为一个坚强、独立的女性,并实现了自己的人生理想。

总之，20世纪是法国成长小说的成熟期，名家、名作辈出。这些作品多全景铺叙成长主人公成长的心路历程，并涉及成长的方方面面的问题，形成了如下风格：①具有浓郁的"自传体"色彩；②大多呈现出"全景式"、"连续性"的特点，篇幅宏大，内容广博。尤以"长河小说"为代表；③深受传统现实主义或19世纪批判现实主义文学和现代主义文学影响，诸多成长小说作家尝试用现代主义的艺术手法来结构并点染作品。比如，普鲁斯特的《追忆似水年华》最先使用了"意识流"的创作手法；纪德的《伪币制造者》具有探索小说本源写作的"元小说"特质。

第四节 新趋向（21世纪以来）："个人化"的成长书写

进入21世纪以来，法国成长小说越来越远离宏大叙事，日益"个人化"。

女作家阿尔玛·布拉米的长篇成长小说《他们把她留在那儿》(2007)，讲述了一个名叫蒂波拉的8岁小女孩的成长故事。因患自闭、妄想症，蒂波拉被父母送进了精神病院。得不到父母的关爱，蒂波拉的童年是孤独、寂寞的。祖母和舅舅雷米倒是关心她，是她深深的依赖。当祖母过世后，她沉浸在痛苦中难以自拔。更为不幸的是，曾经给予他父爱的舅舅雷米竟然强暴了她，并畏罪自杀。她彻底崩溃，只能幻想出一个叫罗曼的男孩来陪伴她、安慰她、保护她。在医生、护士的帮助下，加上她的父母翻然悔悟，给予她安慰，她最终敞开了心扉。女孩蒂波拉特殊的成长经历，可谓法国成长小说日益"个人化"叙事的缩影。

女作家安娜·科西尼的长篇成长小说《永恒的父亲》(2007)是一部书信体小说，叙说了法国犹太女孩苏菲9～31岁期间漫长的

"寻找父亲"的心路历程。苏菲具有典型的"恋父情结",她9岁丧父,因成长路上没有父亲的陪伴和呵护身心疲惫。从此,她的心永远奔波在寻找"父亲"的漫漫路途中。找不到父亲,她的心结难以打开。直到30岁那年,她遇到了真心爱她的男人,结为伉俪,生下了孩子。苏菲按犹太人的丧葬习俗重新埋葬了父亲,在经历了20多年"恋父—寻父"的心灵熬煎之后,她终于接受了父亲死亡的事实,回到了正常的生活轨道上。在经历了漫长的延宕之后,她得以完成成长,长大成人。

弗雷德里克·贝格伯德的长篇成长小说《一部法国小说》(2008)与纪德的《伪币制造者》异曲同工。小说展现了一个生活在现代社会中的叛逆男孩弗雷德里克的成长经历。由于父母离异,童年的弗雷德里克身心皆受创。童年的创伤成为弗雷德里克成长的羁绊,走过青春期和成年期的他,始终走不出童年的阴影,一再错过了长大成人的契机。后来,他锒铛入狱。出狱后,他已经是一个老男孩了。当他面对自己天真、活泼的女儿时,不由得想起了自己不堪回首的童年岁月,不禁泪流满面。至此,他慢慢放下了埋藏在内心的巨大痛苦,开始了新的生活。

阿兰·福莱歇的长篇成长小说《穿短裤的情人》类似于雷蒙·拉迪盖的《魔鬼附身》,讲述了一个与成年女孩芭芭拉发生不伦之恋的少年的成长故事。索尔·夏朗东的长篇成长小说《小玻奇》则叙说了12岁男孩杰克的成长故事。杰克患有口吃病,他想改掉这个毛病让父母开心。事实上,当他与好朋友玻奇讲话时,他就不会口吃。这无疑是一部"心灵治疗书",温情而诗意。虽然没有激烈的成长事件,但对于每一个存在各种各样不足的成长者来说,无疑是一碗滋补的心灵鸡汤。

总之,21世纪以来,法国的成长小说书写呈现出回归个人、规避重大社会问题的倾向。成长小说自诞生以来有诸多定义,大多强调外部环境、社会关系对成长主人公性格形成的影响。随着时代与文学的发展,现代人思想观念的变化,成长小说愈来愈倾向于书写成长主人公的内省与顿悟。法国当下成长小说的发展正好体现了这一趋向,即将主人公的成长由与环境的冲突转入主人公内心、精神上的自我解脱与救赎。

综上,法国成长小说呈现出以下特点:其一,主题丰富。①女性成长;②恋爱与性;③种族(宗教)与战争;④友谊与家庭。其二,辐射了所有成长者的成长状貌。可归纳为以下三种类型:①顿悟者。比如,于连(《红与黑》)、拉斯蒂涅(《高老头》)、裴奈尔(《伪币制造者》)、若福兄弟(《弹子袋》)等。②延宕者。最终克服精神障碍,经历了长长的成长之旅,得以完成成长。比如,公勒内(《流浪女伶》)、苏菲(《永恒的父亲》)、艾斯苔尔(《流浪的星星》)和莱拉(《金鱼》)等。③夭折者。因内、外在原因,成长者拒绝成长,或者说丧失了长大成人的良机。比如,莫纳(《大莫纳》)等。

第十四讲
拉美文学成长书写嬗变

由于历史原因,拉丁美洲文化主要由宗主国西班牙与葡萄牙文化、欧洲文化、印第安土著文化和非洲文化融合而成。它本质上不是国家/民族文化,而是一种区域文化。① 虽然人种混杂,经济落后、社会问题多多,但是,共同的遭遇,相同的语言,相似的历史背景、宗教信仰和经济结构,使得各国间文化交流十分便捷,以上四种文化并存于不同国家。除巴西、墨西哥、阿根廷、智利等国家的文学较为全面地为世界所知,更多的国家由于经济、文化落后,文学亦默默无名。"现实是如此匪夷所思,生活在其中的我们,无论诗人或乞丐,战士或歹徒,都无需太多想象力,最大的挑战是无法用常规之法使人相信我们真实的生活。"②这便是加西亚·马尔克斯所谓拉丁美洲之孤独的症结。就拉丁美洲文学的中文译本而言,大多是获得国家甚至世界级文学大奖的作品。最为切实可行的,是将拉丁美洲文学作为一个整体来研究。这里的整体不是忽略差异不分界限,而是将拉丁美洲文学置于经济、政治、历史、文化等大环境中加以考察。既找到共性,又发现不同国家的差异。

本讲以小说研究为主,史诗、戏剧等为辅,沿着历史演变的轨

---

① 王向远:《宏观比较文学讲演录》,桂林:广西师范大学出版社,2008年,第208~209年。
② [哥伦比亚]加西亚·马尔克斯:《拉丁美洲的孤独》,李静译,海口:南海出版公司,2012年,第24页。

迹，试图梳理出拉丁美洲文学成长书写的脉络。拉丁美洲文学中的成长书写由不自觉到自觉大体可分为四个阶段，即萌芽期、发展期、承接期和黄金期。

第一节 萌芽期（16世纪前）：散见于史诗、戏剧中的成长母题

"就所有实际目的而言，我们可以认为美洲曾经是独立发展的，没有来自欧洲、非洲或亚洲的'帮助'或干涉。"①早在哥伦布发现新大陆的20000多年以前，被误称为印第安人的土著居民（玛雅人、基切人、阿兹特克人、印加人等）就已定居美洲，并且独立创造了辉煌的古代文明。神话、史诗和戏剧是这一阶段最主要的文学体裁——由广大群众集体创作，题材多是世界由来、怪力乱神和部落战争等，大多以口头传诵的形式流传。由于尚处于氏族公社和奴隶社会时期，生产力不发达，人们以通婚、血脉作为联系纽带，没有明显的自我意识。直至16世纪殖民国家入侵，原住民遭到驱逐、奴役和屠杀，古印第安文学在动乱中几乎被消灭殆尽。仅有零星古老传统因素残存下来，见证文化的藕断丝连。之后的文学由于殖民文化的渗透而不再纯粹，出现了断层。就成长书写而言，成长已进入拉丁美洲文学书写视阈，主要体现在以下几方面：

一、成长母题的隐寓：来自何方？民族/种族的成长

"母题表现了人类共同体（氏族、民族、国家乃至全人类）的集体

---

① [美]谢里尔·E.马丁、马可·瓦塞尔曼：《拉丁美洲史》，黄磷译，海口：海南出版社，2007年，第32页。

意识,并常常成为一个社会群体的文化标识。"①处于生产、经济、文化都欠发达环境之中的人们,在特定时期具有了"成长"这种集体意识和社会心态,首先表现出对人类起源的揣测和想象。与世界上大多数地区一样,拉丁美洲在尚未提出进化论的年代,土著人选择"神创说"作为解释自己祖先诞生的理论依据。如同作家回忆过往一般,人们回溯人类的童年,祖先即童年时代的自己。基切人史诗《波波尔·乌》描绘了世界的创造和人类的起源问题,造物主淘汰了不会称颂神灵的动物,先后改用泥土、木头和玉米制造人类,最后获得了成功,世界上便有了最早的四个男人。史诗中还提及了基切民族的由来、各部落和历代酋长的名字,以此形成时间线索,可以窥见基切人眼中本民族的发展和演变,即一个民族的成长过程。

二、主人公在挫折中成长

无论是史诗还是戏剧,都以讲述英雄的事迹为旨归。他们拥有超人的力量和高尚的品德,是力与美的结合体。这些故事常常是英雄个人经历的总结。英雄们作为故事的主角,被描绘得血肉丰满。比如,《波波尔·乌》(危地马拉玛雅文明基切人的圣书)讲述的最有趣味的就是英雄胡纳波和伊斯巴兰盖的故事。暴君当权,他们的父亲被杀。一位少女因接触了悬挂他们父亲头颅的树而怀孕,历尽千辛万苦生下他们兄弟俩。他们通过了酷刑的考验,终于替父报仇,推翻了暴君统治。在印加帝国戏剧《奥扬泰》中,英雄奥扬泰战功赫赫,赢得了公主的芳心。他明知这段感情为国法教规所不容,却依然请求皇帝批准,体现了他的一往情深和超凡勇气。

此外,英雄们通过排除各种阻碍,获得精神上的飞升。在《波波尔·乌》中,人类在成长之初就面临两大阻碍:灾难和信仰。造物主

---

①陈建宪:《论比较神话学的"母题"概念》,载《华中师范大学学报》,2000年第1期。

用一场洪水毁灭不称颂他的动物和其他残次品,改用玉米造人。作为人类始祖的四个男人被剥夺了能看透一切的洞察之眼,却获得女人作为伴侣。他们走遍山南海北,依靠狩猎生存下来,从此,坚定了对造物主的虔诚信仰。因为灾难而懂得优胜劣汰的道理,因为信仰而获得上苍的眷顾,体现了先民对自然发自内心的崇拜和敬畏之情。《奥扬泰》中奥扬泰求婚不成是他遭遇的第一次受挫。他起兵谋反,发誓铲除森严的等级制度。第二次受挫是敌方将军诈降,奥扬泰中计被俘,却因祸得福见到妻女,并且得到禅让的王位。他的成长伴随着自身的受挫和社会的暴动,人物性格也因强烈的反抗精神而愈发突出。

三、个人在社会中成长

早期作品对个人/社会关系的处理较为简单化、理想化,往往将社会发展和历史进步的力量归谬于神化了的英雄。英雄依凭过人的勇气和智慧发起暴动,实现自我价值的同时完成了社会变革。英雄人物生来背负着使命,即使功未成身先死,也会在最后时刻以壮烈牺牲完成自我的成长。史诗《阿劳加纳》塑造了许多这一类的英雄形象,诸如骁勇善战的阿劳加首领考波利坎、机智勇猛的大将劳塔罗、视死如归的战士加尔瓦力诺等。他们体现了该民族尚武的风貌,绝不向侵略者妥协、反抗到底的精神。这场先进的资本主义与落后的小农经济之间的较量,结果显而易见,后者失败是必然的。但是,他们从未认为反抗徒劳,越挫越勇,成为西班牙殖民过程中的最大阻碍。尽管他们失败了,但在后人的眼中他们却永垂不朽。

总之,此时期史诗和戏剧中的成长书写具有如下特点:①地区的封闭、时代的局限使成长被普遍的人类起源探索和英雄主义叙事、抒情所掩盖,成长仅存模糊的影子;②作品以记录重大事件为主要目的,偶涉成长不过是无意为之;③英雄所遇到的阻碍乃自然环境、社会体制等外在的、固有的、难以撼动之物的化身,体现出人对所处世界的焦虑感。对自然始终抱有敬畏之心,信奉宿命;④英雄形象高大完美,是理想的化身。虽有鲜明的性格,却是集体意志的体现。他们更像是集体的传声筒,没有明确的自我意识。

第二节 成熟期(发现新大陆到独立运动爆发):切近本体的成长书写

随着欧洲封建主义社会向资本主义社会过渡,哥伦布一行人踏上了新大陆。作为殖民时期创作主体的殖民者大都无暇顾及文学创作,只留下一些记录性的实用文字。遭受灭顶之灾的古印第安文学在很长一段时间内隐匿,但并未消亡。同时,以文艺复兴运动为代表的殖民文化将人文主义扩散到新大陆。从此,拉丁美洲文学告别闭塞和狭隘,迎来了开放、包容、多元的新时代。

从发现新大陆到独立运动爆发的300多年里,战争使拉丁美洲文学没落、中断。以1790年海地革命为序幕,西班牙、葡萄牙所属殖民地区人民纷纷揭竿而起,殖民势力土崩瓦解,各地纷纷建立起共和国。启蒙主义和古典主义作为独立运动的思想基础和理论支柱,在此地区蓬勃发展。然而,领导独立运动的不是受压迫的印第安人,而是西班牙人在美洲的后裔。封建统治仍旧继续,革命并不彻底,拉丁美洲地区没有得到真正的解放。"和启蒙学者的华美预言比起来,由'理性的胜利'建立起来的社会制度和政治制度竟是一幅令人极度失望的讽刺画。"①人们对以启蒙运动理念所建立的理性王国感到失望,对资产阶级掌权后引发的社会问题不满。但是,开放的社会文化环境让英、法、德等国的思想文化得以传播,浪漫主义

---

① 中共中央马克思恩格斯列宁斯大林著作编译局:《马克思恩格斯全集》(第20卷第3编),北京:人民出版社,1971年,第193页。

文学开始大行其道。成长书写亦随之发生了变化,主要表现在以下几方面:

一、关注普通人的完整成长

西方人文主义关注个性,挖掘人的内涵,表达了实现平等和自我解放的美好愿望,主张发挥主观能动性认识和改造世界。"我知道,上天使我睁开了眼睛,只是和爱神打开了我的翅膀。人间超凡的美丽最终将要死亡,所有的星星必然都要归于天网。其他那些数不清的形式不同的,高尚而又永恒的美丽和善良,都是我的智慧所不及的,我的肉眼都看不见的模样……因为纸笔不能逾越人的才华,当人们睁开眼睛看见太阳时,所见之物太少,那是因为阳光太亮。"[①]此阶段的作品中极少围绕历史上的某位英雄、集体意识展开叙述,而是开始集中反映普通人的生活,展现普通人成长中的苦难和烦恼,个人不再失语。比较接近巴赫金的所谓"漫游小说"。"主人公是在空间里运动的一个点,它既缺乏本质特征的描述,本身又不在小说家艺术关注的中心。他在空间里的运动——漫游以及部分的惊险传奇,使得艺术家能够展现并描绘世界上丰富多彩的空间和静态的社会。"[②]但是人物已经脱离静态,成为成长的人。

墨西哥作家利萨尔迪的《癞皮鹦鹉》被公认为是拉丁美洲第一部小说,也是拉丁美洲成长小说的开山之作。主人公佩德罗出身于小康之家,父母的体弱多病和家庭的溺爱造就了他的恶劣品行。父母去世后,他挥霍了全部家产开始流浪。经典成长小说中的成长主人公大多经历现实或精神的流浪,流浪的过程就是成长的过程。主人公佩德罗在1000多次夸张的生死冒险经历中,他的思想和品行

---

① [意大利]彼特拉克:《歌集》,李国庆、王行人译,广州:花城出版社,2000年,第444页。
② [俄]巴赫金:《巴赫金全集(第三卷)》,白春仁、晓河译,石家庄:河北教育出版社,2009年,第215页。

逐渐改变,整体上呈现出波浪形:上升(受牧师启发向善)→下降(和坏小子哈努阿里奥混在一起)→上升(父亲去世,决心好好做人)→下降(自身懈怠,忘记承诺)→上升(照顾守寡的母亲)→下降(败光遗产,气死母亲)→上升(蒙冤入狱,受狱友触动决心从善)→下降(跟着伪善公证人学坏)→上升(受军队上校感化,走上正道)→下降(挪用主人家业,被揭发)→上升(逃亡成功,自省后重新做人)。

类似的成长书写还有阿根廷作家坎巴塞雷斯的自然主义小说《无目的》,主人公安德烈斯的成长过程也呈现相似的情况:上升(为摆脱空虚来到潘帕斯草原隐居,生活安康)→下降(剥削奴隶、勾引又抛弃多纳塔,回到都市奢华放纵)→上升(感到抑郁,开始自责并回到草原)→下降(女儿患白喉夭折,对生活失去信心而自杀)。此外,还有巴西作家阿泽维多的《穆拉托》、智利作家布莱斯特·加纳的《马丁·里瓦斯》等与之相类。作者通过对成长过程的全景式描写,全方位多角度地展示了独立运动前后的社会状况,以及生活在其中的人们的苦恼与挣扎。成长不再一蹴而就,而是受到太多不确定因素的干扰。

二、塑造球形性格,关注心理成长

此时期成长书写意识的觉醒,表现在成长主人公不再像历史、神话中的英雄和暴君通常被既定的正义、勇敢或邪恶、阴险的性格所限制,不过是具有华丽外壳的塑像而缺少丰富的变化。他们没有预知未来的超能力,在人生道路的交叉点经常迷惘。因此,读者既能看出一个人久经波折缓慢向善的过程,又可看出一个人由好变坏的过程。《癞皮鹦鹉》中的佩德罗和《无目的》中的安德烈斯即为例证。

成长主人公的性格变化,自然体现在其心理的律动。在心理描写方面最为突出的当属巴西作家阿西斯的小说《沉默先生》。作品以第一人称展开叙述,成长主人公本托很少出门,更不善言语,很少娱乐，生活单调，号称"沉默先生"。"我的目的是把我人生的起点和终点连接起来。在暮色晚年重温青春年少的旧梦……倘若我仅仅没能复原别人的形象，倒还凑合，因为一个人忘却一些人在一定程度上是种安慰。然而，我忘却的却是我自己。"①作品最引人瞩目的是对本托的醋意的描写。比如，在枯燥的神学院生活时，本托思念卡皮杜，但他生来多疑的性格让纯洁的思念变为忧虑，最后发展成了心理暴力。"我自己跟自己说话，我自己责备自己，我自己扑到床上，在床上翻滚、恸哭，用被单角塞在嘴里，堵住呜咽声……我发现我曾经两度使劲咬牙，似乎她在上下牙齿之间……我的想法是用手指甲掐住她的脖子，用尽平生之力把指甲插入她的咽喉，直到她咽气……"(第178页)读者跟随本托的脚步，看着他在自己的世界里越陷越深，甚至怀疑儿子是妻子和好友所生。爱情的花朵在他的心魔影响下一点点枯萎。"成见难改。但是，成见还是在改变，尽管不像演戏那样突如其来……当妈妈和孩子都不在我身边时，我真是怒发冲冠，发誓要把他们母子两个杀死。"(第287~288页)即使在文本最后，他依然抱有怨愤心态。"无论是哪种解决办法，只有一件事情是至关重要的……那就是把命运是否想让我的第一个女朋友和我最要好的男朋友，两者既奔放热情、又相亲相爱，联合起来、共同蒙骗我弄个水落石出……安息吧！"(第317页)可见，再美好的爱情与友谊，一旦遭遇妒忌、怀疑又不加以疏导，就会异变为可怕的厌恶和仇视。作品通过当事人由恋人变成仇人的描写，逆向书写了另一种成长。

三、以女性为主角的成长书写

女性在人文主义影响下的共和国时期与男权主义至上的封建

---

① [巴西]马查多·德·阿西斯：《沉默先生》，李均报译，北京：外文出版社，2001年，第4页。本书凡引自该版的引文，均只标记页码。

时代相比,虽然没能实现独立自主,但地位开始提高。女性不再是男性世界的陪衬,她们美丽的外表、勇敢的性格等形成了靓丽的风景。比如,智利作家布莱斯特·加纳的小说《马丁·里瓦斯》中的女主人公丽奥纳和男主人公马丁·里瓦斯一样,是受欧洲资产阶级思想影响的青年的典型。她是百万富翁的掌上明珠,殷实的家境、美艳的外貌和父母的宠爱造就了她的自负、骄傲和任性,甚至敢对父母颐指气使。但是,她好打抱不平,毅然帮助表姐和贫穷青年相爱,体现了她的聪明、善良。面对家境贫寒、地位低下的青年的求爱,她欣然接受。从资产阶级小姐成长为英勇无畏的热血青年,爱情成为引导其成长的关键因素,也体现了小说的浪漫主义情调。哥伦比亚作家伊萨克斯的小说《玛丽亚》同属浪漫主义经典之作,但女主人公的性格则完全不同。玛丽亚生活在考卡河谷的天堂庄园,如同名字所暗示的那样,宛若圣母般美丽、纯洁。失去双亲后,她搬到埃夫拉因,也就是"我"家居住。两小无猜暗生情愫,但阻隔美好恋情的是疾病和距离。玛利亚的成长表现在面对阻碍时,一向柔弱爱哭的她变得异常坚强。与情人离别时她说,"我知道,要有勇气对待这一切"。[①] 在撑着最后一口气等待与恋人相见时,她说"不在这里再见他一面,我是死不瞑目的!"(第 304 页)"为了不离开他,我作了拼命的挣扎……他的孤独比死亡本身更使我感到可怕……"(第 305 页)

  此时期还出现了以女性为绝对主角、描写其生活经历的作品,达到了较高的艺术水平。最突出的非巴西作家吉马朗埃斯的《女奴伊佐拉》莫属。小说围绕女奴伊佐拉与庄园主莱昂休之间的矛盾展开叙事,伊佐拉对奴隶制的反抗贯串始终,并且由强到弱、愈演愈烈。伊佐拉是家奴与管家爱情的结晶,她的出身本就带有反抗色彩。她受艾斯泰尔夫人照顾而幸福地长大,艾斯泰尔夫人晚年一直希望她能获得自由。她的成长是僭越等级制度的奇迹。她面对莱

[①] [哥伦比亚]伊萨克斯:《玛丽亚》,朱景冬、沈根发译,北京:人民文学出版社,1985 年,第 223 页。本书凡引自该版的引文,均只标记页码。

昂休的纠缠毫不动摇,即使被罚做苦工也甘心情愿。她和父亲一起逃出庄园来到异地生活,并与出身于名门望族的阿尔瓦罗相恋,历经千辛万苦惩罚了恶人,两人终成眷属。小说通过伊佐拉的反抗斗争控诉了奴隶制的黑暗与罪恶,表达了对平等、光明社会的向往,是时代精神的最佳体现。

四、隐寓于成长书写中的社会批判意识

此时期对成长的书写往往有明确的目的性,即批判社会不良现状,抒发个人情感。"按照独立运动所开创的准则,文学和政治经常结合在一起。"①重大历史题材让位于现实社会题材,对后者的反映更加深入。如巴西作家阿泽维多的《穆拉托》就是反映种族歧视的经典自然主义小说。穆拉托是黑白混血儿的意思,原名叫拉依蒙多。他一直在为寻找自己的身世奔走,在探望老师的旅途中遭遇了各种种族歧视却浑然不知。直到在叔父家遇见爱人安娜·罗莎,家人的激烈反对使他终于明白,是自己的出身造成了此种情状。真相大白之时就是梦醒时分,他决心以私奔来抗争,却牺牲在了家门口。小说描写了一个有为少年在高压造成的畸形社会中艰难成长、寻找真理的过程,可惜他的成长夭折了。通过悲剧性的结局,作者控诉了专制制度和种族歧视的丑恶嘴脸。

处于古典时期和浪漫主义时期的拉丁美洲成长文学,与上一阶段相比,从人物性格的精细塑造、成长过程的细致描写,到时代因素的有机融合和表现形式的丰富多样,都有了明显的进步。尤其是出现了女性角色和成熟的心理描写,是前所未有的突破。这不仅归功于拉丁美洲文学对人文主义等先进思想理论的继承和发展,而且与社会进步所伴随着的动荡不安密不可分。诚然,从《癞皮鹦鹉》开始,拉丁美洲文学的成长书写逐步走上成熟。但是,拉美文学依旧

---

① 刘文龙:《拉丁美洲文化概论》,上海:复旦大学出版社,1996年,第200页。

没有明确提出成长的概念或者相关理论;拉丁美洲动荡的社会环境、纷繁复杂的社会问题,以及严重滞后的经济,使得拉美文学的发展始终保持在低速率状态。

第三节 承接期(19世纪下半叶~20世纪下半叶):寄寓于本土文学中的个人—社会成长书写

19世纪下半叶,随着资本主义进一步发展,英、法等国步入资本主义的最终阶段——帝国主义,经济和政治垄断使殖民压迫和金融遏制形势愈演愈烈。原本崇拜欧洲资本主义文化的拉丁美洲人看清了方向,对救世发展之路的寻求由外向内转变。这在文学上主要体现在两方面:其一,对印第安文学的回归和溯源,出现了一批具有浓郁地方特色和民族风情的作品。比如短篇小说《虎孩》(又名《胡安·达里恩》,乌拉圭,奥拉西奥·基罗加)、《佛罗里达的鹰》(阿根廷,贝尼托·林奇)、《青铜的种族》(玻利维亚,阿尔西德斯·阿格达斯)、《旋涡》(哥伦比亚,何塞·欧斯塔西奥·里韦拉)、《堂娜芭芭拉》(委内瑞拉,罗慕洛·加列戈斯)和《堂塞贡多·松勃拉》(阿根廷,里卡多·吉拉尔德斯)等。这些作品从不同的角度描写了土著人群的生活状态和成长烦恼,在原汁原味的本土环境中展开叙事,真实、亲切。其二,由对资产阶级及其社会发展的失望转变为对资产阶级革命的否定。资产阶级正面人物极少,往往通过劳动人民的生活现状极其艰难成长过程批判帝国主义和封建主义的统治,具有浓厚的革命意味。代表作有中篇小说《蓝眼盗》(墨西哥,阿尔塔米拉诺)、《在低层的人们》(墨西哥,阿苏埃拉)、《圣女》(墨西哥,甘博阿)、《静思姑娘》(墨西哥,桑托斯)、《近乎天堂》(墨西哥,斯波塔)、《堂拉米罗的荣誉》(阿根廷,恩里克·拉雷塔)、《愤怒的玩偶》(阿根廷,阿尔特)、《凡绿无不衰》(阿根廷,爱德华多·马列亚)、《马丁·

菲耶罗》(阿根廷,埃尔南德斯)、《石人圈》(巴西,莉吉娅·法贡德斯·特莱斯)、《深沉的河流》(秘鲁,何塞·玛丽亚·阿尔格达斯)、《盗贼之子》(智利,罗哈斯)、《加冕礼》(智利,何塞·多诺索)、《马里奥·巴雷达》(巴拉圭,加夫列尔·卡萨克西亚)等。总之,此时期文学中的成长书写具有如下特点:

一、烙印着地域特色的成长书写

"平原的歌手倾泻出安达鲁西人的自负的欢乐,顺从的黑人的微笑的宿命观点,和印第安人的忧郁的反抗。"[①]此时期,不少作品中人物的成长环境被放置在拉丁美洲这片广袤的土地上。《佛罗里达的鹰》和《堂塞贡多·松布拉》中广阔的潘帕斯草原大牧场,《青铜的种族》中雄伟的安第斯山脉,《堂娜芭芭拉》中蛮荒的阿布雷大草原,《漩涡》中吞噬一切的大森林……拼接成一幅整体的、原始的、野性的、充满生机的自然图景,突破了以精致的花园、阳光明媚的绿草地和清澈缓慢的河流等元素所构成的传统审美阈限,向世界展现出拉丁美洲这片土地的独特魅力。那里充满苦难,也生长着爱与希望。主人公的成长总是与大自然相关联,那里不仅是他们生活之地,还是探索、征服之所在。比如《堂塞贡多·松布拉》中的成长主人公弃儿法维奥·卡塞雷斯,主动放弃城市生活,来到草原上的加尔万庄园,接手了围群、赶牲口、驯服小马等工作。他掌握了一个牧民最基本的生存技能,学会了对抗恶劣的自然环境,并且在和堂塞贡多·松布拉朝夕相处的5年里,懂得许多做人处事的道理,最终成长为一个真正的高乔人和庄园主。

同样的主题意蕴亦体现在《堂娜芭芭拉》中。委内瑞拉草原的当地人崇尚力量,谁能承受繁重的体力劳动、驯服和掌控牲畜、战胜

[①][委内瑞拉]罗慕洛·加列戈斯:《堂娜芭芭拉》,白婴、王相译,北京:人民文学出版社,1979年,第273页。

凶猛的大自然,谁就是胜利者。当代表城市先进文化的鲁萨多来到这里改革时,遭到了牧民的怀疑和蔑视。他们牵来马匹让他驯服,鲁萨多完成了挑战,而且赢得了威望。而堂娜芭芭拉之所以能成为草原一霸,不仅因为她的美丽和智慧,还因她拥有高大健壮的身材和强烈的侵略性,驯兽跑马之类的事情不在话下。由此可见,自然作为人物成长的重要环境,对人物性格的塑造有着重大影响,成长书写也印刻上浓厚的拉美地方风情。

二、聚焦心灵创伤和成长受挫

此时期的许多作品不约而同深入挖掘成长主人公的思想和感情,对主人公成长过程中可能遇到的挫折和困境作出各种设想。比如,《蓝眼盗》中铁匠尼古拉,面对是选择骄傲、漂亮、拜金的姑娘马蕾拉的难题,还是选择谦虚、朴实、单纯的蓓拉的难题,表现出内心欲望和价值观的冲突;《圣女》中美丽天真的桑塔在遭遇爱情的背叛、丧子的悲痛和丑闻的困扰后,是坚强面对还是沦为卖笑女子?抑或在真爱再次来临之际选择偷情、麻木地度过一生?《愤怒的玩偶》中阿斯铁尔成立过盗窃小组,在书店打过工,做过机械师,屡遭失败,连自杀也没有成功。面对在成年后的一次偷窃行动,他是完成历险还是告密⋯⋯这些困惑丰富了人物的经历和内心世界,而使得人物形象更加立体。

此时期的作品多借鉴欧洲现代派文学的创作手法,即"反映帝国主义社会里人与社会、人与人、人与自然和人与自我四种关系上的尖锐矛盾和畸形脱节"。[1] 很多作品体现出悲观主义倾向,表现在情节发展的急转直下。比如,《圣女》中桑塔的从行为到内心的逐渐堕落。《凡绿无不衰》中阿加塔对自己的婚姻生活不满,杀死了冷漠

---

[1] 吴守琳:《拉丁美洲文学简史》,北京:中国人民大学出版社,1985年,第291页。

的丈夫,只身来到最向往的布兰卡港,遇见了一个花心男人惨遭抛弃。绝望与孤独让她疯狂,使她走上了自杀的道路。《近乎天堂》中主人公阿马德奥出生于随军途中,社会环境决定了他的性格。母亲去世后他走上邪途,成为骗子。他改名乌戈·孔蒂攀附上流社会,抛弃爱人,事情败露遭到驱逐,依旧不思悔改。

很多作品以第一人称视角讲述作者自己的真实经历。比如,《石人圈》以女性视角透视一个普通家庭的日常生活,纷繁复杂的关系在维吉尼亚眼中展现出来。她渴望走进五个小伙伴的生活,千方百计与他们结交,最后却发现他们空虚、脆弱、放荡的生活并不是自己想要的,她从小到大坚持和追求的信仰就此倒塌。《广阔的腹地:条条小径》中里奥巴尔多讲述了他年轻时代的土匪生涯。他到老仍旧在思考与魔鬼所签契约是否为实,却始终没有结论,体现了对人生、世界的迷惘。而《盗贼之子》通过回顾少年往事,突出反映了社会对一个孩子心灵的荼毒。进入监狱成为家常便饭,他变得颓废、圆滑。《阿尔特米奥·克洛斯之死》运用倒叙手法,忏悔之情浓郁。"我在嘲笑我自己,嘲笑你们……我在嘲笑我自己的生活……是的,生活本来会是另外一个样子……不是这个奄奄一息人的生活……哎,多么使人失望……既不活又不死……"[①]他参加革命,是位斗志昂扬、敢于牺牲的好战士。但是,革命队伍里错综复杂的权力关系,以及对利用革命满足私欲者的妥协,让他学会了投机倒把,赢得了金钱、美女和名声。精神的空虚、肉体的衰老,他成为一具空壳。人物结局包含宿命色彩,有逃避不了却又不能改变的无力感,令人扼腕叹息。《静思姑娘》中的女主角为曾做过召集天主教头目的女将军和残酷的复仇经历而忏悔,选择在一家庄园里清贫、安静地度过余生,却因与青年罗伯托的爱情而暴露真实身份。面对幸存者的指责,她绝望地进入深山老林做了修女。这部小说中的所有人物在性

[①] [墨西哥]卡洛斯·富恩特斯:《阿尔特米奥·克洛斯之死》,亦潜译,北京:外国文学出版社,1983年,第279页。

格上都是不完整的,都通过自我发掘、自我悔悟来完成成长。迫于社会的黑暗和时代的压力,这些挣扎大都以失败告终,这在一定程度上体现了作者对社会前途的担忧。

三、寻求被社会规约认同的成长

从某种意义上说,成长小说在"成长"和"教育"两个维度上彼此映照。人的成长表征为日益社会化,不断向各种社会规约妥协或超越社会规约。尊严是人存在的某种价值体现,而人的价值往往依靠财富、地位得以实现。此种成长主题意蕴在此时期的成长书写中频繁出现。《虎孩》中老虎得到上苍恩赐变为人形,语言、行动与人没有差别。天性温顺,不会对人造成伤害。但是,以警察为首的人坚决排斥异类,把它逼到死路现出原形。伴随着复仇行动,虎孩的兽性苏醒。虎孩完成了内在成长,却得不到社会的认可。经过兽性——人性——兽性的转换,映照了个人价值在集体意志的暴力面前被撕裂的残忍。《堂娜芭芭拉》中主人公年轻时被强奸的遭遇使她滋生了对男人的仇恨,她对洛伦索的勾引、利用完全基于此种心理。她终于成为草原一霸,看到对手鲁萨多与女儿倾心相恋,勾起了她对初恋的美好回忆。"凝望着牲畜的这种顽固的怪癖,心中怀着自己处境相同的感触……她顽强地热衷于要尝尝那把她毁灭了的爱情的甜味,结果却是这样"。(第396页)后来,她摆脱草原,自我放逐。当社会环境对人产生无可挽回的伤害之时,被伤害者处于尊严和价值俱失的窘境,报复社会的同时也在惩罚自己。在《青铜的种族》里,既有安静、祥和的田园牧歌,又有饱受压迫的绝望控诉。对个人价值的探求还体现在渴望称霸一方,成就一番事业,以此得到社会认同。但是,只有少数人可以如愿。这不是真正的成长。成长是思想的成熟、良知的觉醒和某种境界的生成。在《加冕礼》里,艾斯黛拉通过激烈的内心斗争,拒绝了偷取财产的诱惑而选择告密。她虽然贫穷,但拥有良知;反观《阿尔特米奥·克洛斯之死》中的阿尔特米奥·克洛斯,他玷污了革命精神换得物质财富,在临死之际只有无限的惶恐与悲哀。可见,唯有克服贪念、自私、怯懦等心理,才能获得内在成长,进而可以谈及尊严,实现被社会所认同的价值。

综上所述,此时期的成长书写较之于前既有延续又有创新。在继承了对个人成长经历的关注、侧重于透视人物心理成长的基础上,更加注重成长本身,更多关注成长者的内心变化,从自身出发探索、改进,达到完善性格的目的。以感伤基调的作品居多。此外,此时期的成长书写加大了对社会问题反映、思考的力度。作品极力描写拉丁美洲自然/人文环境,回归古印第安文学,加上现实主义、现代主义文学在艺术表现手法上的标新立异,比如夸张、虚构等手法的运用和对抽象、唯美的意象的青睐等,为下一个黄金时代的到来做好了准备。

第四节　黄金期(20世纪下半叶～至今):多样性的成长书写

20世纪下半叶以降,拉丁美洲文学迎来黄金季节。在反动政府的高压下,作家无法将满腔愤懑和怒火直白地诉诸笔端,只能运用异化、夸张、虚构、陌生化等手法,曲折地批判政治制度和社会现状、寄托忧国情思。其中,魔幻现实主义令世界为这片神奇土地惊叹。这些作品发出了自己的声音,具有鲜活的生命力。虽然没有明确的共同主题,却独具一格。此时期有关成长书写的小说,在数量、质量、社会影响力等方面都十分出色。从某种意义上说,世界对拉丁美洲文学的关注和学习从这里开始。敢于试验,勇于创新,题材进一步扩大,逐步呈现出多元的趋势,是此时期成长书写的主要特点。

一、时空位移视阈下的成长书写

　　魔幻现实主义文学的出现与繁荣,促进了此时期的成长书写。哥伦比亚作家加西亚·马尔克斯的长篇小说《百年孤独》无疑是代表作。作品叙写了一个庞大家族七代人在100多年中的成长与消亡,影射了哥伦比亚从19世纪到20世纪的盛衰荣辱,展现了人生百态,窥透了世间凄凉。"上帝仿佛决心要试验人类惊奇的极限,令马孔多人时时摇摆于欢乐与失望、疑惑与明了之间,结果再没有人能确切分清何处是现实的界限。"①落后、守旧而不思进取,与世隔绝而缺少交流,马孔多人引以为傲的不羁的个性造就了孤独,导致了被连根拔起的命运。"羊皮卷上所载一切自永远至永远不会再重复,因为注定经受百年孤独的家族不会有第二次机会在大地上出现。"(第360页)从夫妻拌嘴到自由党革命战争,作者以如椽大笔细致勾勒了近百号人的生活图景。通过布恩迪亚家族的世代更替,从整体上完成了落后种族的成长书写。显而易见,他们的存在被忽略了,成长失败。

　　这种全方位、多角度的整体性成长观照,在其前辈胡安·鲁尔福的《佩德罗·帕拉莫》中则转化成对时间的打乱和重组。作品叙写佩德罗·帕拉莫的一生,囊括了他所有的成长经历。但是,作者打破了成长叙述的模式化结构,完全隐去了叙述者的身影,采用倒叙和插叙相结合的手法讲述故事,有意留下结构上的空白,需要读者补白。小说开篇就提醒,"看来村子里无人居住。不是看来,确实是没有人住在这里。佩德罗·帕拉莫已经死了好多年了。"②作为他儿子的年轻人实际进入了一个看似热闹、实则荒凉的亡灵之村,通

---

①[哥伦比亚]加西亚·马尔克斯:《百年孤独》,范晔译,海口:南海出版社,2011年,第199页。
②[墨西哥]胡安·鲁尔福:《人鬼之间》,屠孟超译,北京:人民文学出版社,1986年,第6页。

过耳边断断续续的呓语和与鬼魂的交谈,这个孤独、凶残的庄园主的一生就展现在读者面前——童年乖巧、懂事;曾深深爱着母亲和恋人苏珊娜;有独到的经营才能。但是,父母亡故令他性情大变,他依靠狡猾的头脑和狠毒的作风成为土霸恶绅,为非作歹,被刺身亡。于是,成长书写第一次打破了时空、生死、幻想与现实的界限。作者试图通过形式创新带给读者不同寻常的成长体验,成为魔幻现实主义的开山之作和传世经典。

二、寄寓于隐秘爱情中的成长书写

处于黄金时期的拉丁美洲文学,成长书写整体上采取了散点透视的方法,尤其体现在对人性问题的细致分类和多角度探讨上。尤以"恋情与成长"的书写为代表。加西亚·马尔克斯的《霍乱时期的爱情》以弗洛伦蒂诺和费尔米娜长达半个世纪的恋爱经历为主线,其间穿插了若干小故事。雷米亚斯与情妇同居20年未被发觉,打算60岁自杀;乌尔维诺对妻子没有爱情,发生婚外恋后依旧选择不与妻子分开;弗洛伦蒂诺倾心于费尔米娜,但是从未停止过和其他女人滥交;寡妇纳萨莱大胆地修建房屋,迎接自己喜欢的男人……马尔克斯曾说,"这是一部写给男人,叙述被强奸而失贞的男人人生的书。"[1]从青葱岁月到垂垂老矣,通过他们丰富的成长经历(爱情)来展现社会百态,更体现出成长与人性的多面性和复杂性。

同样是爱情,同样跨越了漫长的岁月,秘鲁作家马里奥·巴尔加斯·略萨在《坏女孩的恶作剧》中叙说的则是一个"好男孩"对"坏女孩"的无尊严、放纵的爱情。成长女主人公莉莉拜金、贪婪、自私,坏到极致。里卡多·索莫库西奥克服惶恐,追随她走遍秘鲁、法国、英国、日本等地。他对莉莉的纵容、庇护可谓痴情,"是一种爱情故

---

[1] 何燕李:《罗兰·巴尔特解读〈霍乱时期的爱情〉》,载《剑南文学》,2009年第8期。

事,一种现代爱情,之中受到我们所生活的世界条件约束的爱情。这种爱情比起以前文学作品中的浪漫主义爱情要贴近现实得多。"①女性肆意玩弄男性,一方完全主导,另一方全盘接受,纯属畸恋。独特的不仅是爱情的形式,还有性别、年龄等,作品以独特方式书写了成长主题。

智利作家何塞·多诺索的《淫秽的夜鸟》则通过成年人的视角,透视儿童的成长环境。同时,作品运用了魔幻现实主义的手法,铺写在鬼怪横行的世界里一切皆有可能。博伊是参议员唐赫罗尼莫和最美的姑娘依内斯所生,却奇丑无比。为了让儿子不受歧视,自信成长,父亲专门制造了鬼怪世界林孔达奥让他居住。一天博伊溜出庄园,在外5天的经历彻底颠覆了他15年的生活。然而巨大的打击让他拒绝成长,对善恶的分辨、对父亲的复杂感情成为回归的障碍。通过对博伊奇特成长经历的描述,可以窥见社会主流价值观念对人的巨大渗透力,不是单靠财力物力虚构出一个孤立的世界能阻挡。此外,巴拉圭作家加夫列尔·卡萨克西亚的《烂疮》、智利作家斯卡尔梅塔的《火热的耐心》,以及伊莎贝拉·阿连德的《夏娃·鲁娜》(又名《月亮部落的夏娃》)等都从各个角度叙说了形形色色的成长故事,反映了作家无限的创意和极强的个性。"拉美的文化已达到了它的成熟期,特别是它的小说为世界文化增添了宝贵的财富。"②

总之,此时期拉美文学以全新的面貌轰动世界,让人们感受到拉丁美洲的独特魅力。其中的成长书写,也带有同样的火热与力度,成为不可忽略的一道风景线。鲜活的创意、鲜明的特点、深度的挖掘、多角度的体现等,让成长的内涵和主题得到扩充。尤其是在批判现实社会的基础上更侧重于对成长的多样性的探讨,创作手法

---

① [秘鲁]马里奥·巴尔加斯·略萨:《坏女孩的恶作剧》,尹承东、杜雪峰译,北京:人民文学出版社,2010年,第383页。
② 刘文龙:《拉丁美洲文化概论》,上海:复旦大学出版社,1996年,第339页。

尤其绚丽多彩,使得成长书写更为厚重。

　　时至今日,拉丁美洲虽然地大物博,但经济发展缓慢、社会矛盾突出。殖民历史的伤痛不曾被抹杀,这块"向所有人奉献出一切,又几乎向所有人拒绝一切"①的土地上布满了受辱的痕迹。"我们的失败总是意味着他人的胜利;我们的财富哺育着帝国和当地首领的繁荣,却总是给我们带来贫困。殖民地和新殖民时期的炼金术使黄金变成了废铜烂铁,粮食变成了毒药。"(第2页)拉丁美洲的不发达养活了他国的发达,这一现状还在继续。但是,随着拉美地区民主意识日益深化,世界一体化进程促使文化交流速度加快,文学黄金期之后各国对拉美文化的研究、模仿,拉丁美洲文学迎来了新一轮高潮。拉丁美洲文学对成长的书写,随着社会的发展和时代的变迁,思想内容由浅入深,题材由狭窄至广阔,整体呈螺旋状稳定上升之势——从萌芽期对人类成长的无意识描写,到发展期关注个体发展、初步体现教育性,到承接期对人物、主题意蕴、立场等多方面深入探讨,再到黄金期对成长书写手法的突破创新。有着深厚历史文化底蕴的成长书写在这片神奇的土地上已然找到了一条属于自己的路,探索还在继续,这不仅标志着它迈入了成熟阶段,而且作为一种有着充沛生命力和独特审美内涵的文学表达形式,将被演绎得更加丰富多彩。

----

　　①[乌拉圭]爱德华多·加莱亚诺:《拉丁美洲被切开的血管》,王玫等译,北京:人民文学出版社,2001年,第5页。

外篇

中国文学成长书写嬗变

中国古代成长被放逐,成长书写殊为荒芜。但是,荒原中有孤芳奇葩。比如,《西游记》中的成长书写颇为深入。《红楼梦》中的成长书写,可谓登峰造极;清末民初至现代中国,"教育救国"理念推动了成长的发现,而被发现的成长因"救亡图存"的国家使命被再度悬搁;"二十七年"时期,成长被剥离了个人性而沦为一种公共话语;新时期以来,成长书写挣脱宏大叙事羁绊,日益个人化、私人化;20世纪末期,"70后"作家将性作为一种写作策略,性放纵一度导致成长失范、无序;中国儿童文学视阈中的成长书写呈现出断面化倾向,而中国式成长小说书写面临诸多瓶颈。

第十五讲
处于成长之中的中国成长文学书写

由"社会教化"转向"自我体悟",是成长小说流变的总趋势。在成长小说发展过程中,"教育"和"自省"两种功能如影随形。对于"自省"而言,是基于所有成长者注定是幼稚的这一前提,而成长者们注定会摆脱幼稚,走向成熟。不同成长者的区别仅在于"醒悟"过程的长短,以及结局的差异。没能如期长大成人,抑或永不可能长大成人,并不能否认他们曾经成长过,或试图长大成人。而对于"教育"来说,笃定成长者必须在社会中成长,与各种社会规约同步,甚至妥协,方能长大成人。成长者势必以牺牲个性为代价,才能获得模式化的共性,乃此种成长小说书写的旨归。

清末民初,为救亡图存,唤醒愚钝的国民,在"西学东渐"的大背景下,一些有识之士将成长小说这一小说样式引入中国。此种情状与18世纪德国成长小说的兴起如出一辙。很明显,实现"教育"功利,是中国成长小说的源发动因。"五四"时期,崇尚"民主"、"自由"的青年知识分子个体意识空前膨胀,彰显个性而"自省"式成长是此时期成长小说的新面貌。随着抗日战争、国内革命战争的全面爆发,"革命文学"空前繁盛。"覆巢之下安有完卵",个人在时代的激流面前已无足轻重,成为大时代激流中的一朵浪花才具有存在的价值和意义。于是,成长小说重返"教育"之道,意在教育成长者抛弃"小我",塑造"大我",努力成为社会主义新中国这个庞大、神圣、庄严的国家权力机构的一颗闪闪发光的螺丝钉。"二十七年"时期①,在"建设社会主义新中国"这一恢宏的公共命题的指引下,所有的成长者皆被视作"社会主义事业的接班人",他们必须又红又专地成长,必须彻底清除"小我"而张扬"大我"。如果说清末民初成长小说强调的是"知道",那么"革命时期"的成长小说强调的则是"行动"。由"知"到"行",乃成长小说实现教育功利的飞跃。

　　沐浴改革开放春风的新时期,西学再度席卷中国。"人性"、"自我"等成为中国文学书写的关键词,中国成长小说也真正迎来了黄金时期。或控诉一度被扭曲、被放逐、被扼杀的青春,或张扬卓尔不群、与成人社会规约格格不入的个性,但都是为一个相同的叙事目的——摆脱政治权力话语的干扰,表现作为生命个体独特的成长风景,尤其是将"性的成长"这一敏感、核心事件作为成长书写的重中之重,是此时期成长小说产生裂变的关键。随着市场经济时代的来临,商业社会的生存法则改变了中国人传统的价值观,成长小说中展现的大多是芜杂的成长景观,"拒绝成长"等反成长叙事将这一小说样式推向了风口浪尖。于是,当成长小说不再担当"启蒙"、"教化"等宏大叙事使命时,一些评论者认为其日益个人化、私密化的叙事趋向可能导致这一文体样式的消亡。但成长是一个永恒的命题,成长小说面临新的成长问题不得不与时俱进,不断调整新的叙事策略,乃适者生存抑或大势所趋,亦是成长小说获得新生存空间的必由之路。

第一节　古代中国:被放逐的成长

　　成长小说对于中国文学来说是舶来品。作为文学术语的成长

---

①通常把中国1949～1976年这一时期称为"二十七年"时期。

小说,大概在20世纪90年代才被中国文学正式接受。此前,它一直有实无名。事实上,在漫长的中国文学史上,成长主题书写基本上处于自发状态。作为一个不注重个性成长的民族,汉民族的成长不啻为一部自我放逐的历史。不少社会学家认为,汉民族文化具有早熟性。因为较早形成了以儒家、道家思想为根本的伦理体系,汉民族便失落了人类童年时代的诸多本性。"大一统"的思维模式,抑制个性、彰显共性的社会价值观,以"存天理、灭人欲"为轴心的集体意识,囚禁了几多自由和率真,扼杀了多少想象性和创新力。尤其是游戏精神的失落,使得汉民族不可避免呈现出少年老成或未老先衰之态,几乎与"血性"、"朝气"、"激情"等绝缘。"君臣父子"、"三纲五常"、"克己复礼"等伦理体系,是不得不"洞明"、"练达"的沉重文章、学问。孩子甫一懂事,成人便会迫不及待教导他们修习各种成人规矩、礼数。一部《二十四孝经》,桎梏了多少孩子原本无忧无虑的童年。成长,这一具有文化隐喻性的主题不过是一个抽象代码,或者说是一种摈弃了私人生活的共同的文化想象。

近年来,美国学者尼尔·波兹曼在《童年的消逝》①一书中述及现当代文明对人类童年的裹胁,即印刷传播媒介制造了童年概念,而日益兴盛的电子媒介却正在无情地杀戮童年,童年面临消失的危机。此种论调绝非空穴来风、哗众取宠!对于中国古代的孩子们来说,生活在农耕文化氛围中的他们,面临的恶性成长环境无疑与上述情状类似。他们在几千年前就不曾有过真正意义上的"童年",此乃不争的事实。因此,中国文学在相当长一段时期内疏离了成长主题。没有童年经验的成人,自然不会想到把童年归还给自己的孩

---

① [美]尼尔·波兹曼:《童年的消逝》,吴燕莛译,桂林:广西师范大学出版社,2004年。尼尔·波兹曼运用大量历史学和人口学史料,落笔于"童年"的社会源起,勾勒出"童年"发生、发展的历史沿革:童年作为一种社会结构和心理条件,由最初的虚无存在到无可避免地诞生,以至面临"消逝"窘境。而近代印刷媒介的发展和当代电子媒介的兴盛,是人类童年所遭遇的双刃剑。事实上,该书的主要功绩不在断言童年正在消逝,而在于举证了这种现象发生的原因。

子,不可能把自己的孩子当孩子看,仍旧同祖辈父辈一样把孩子当作"非人"或"缩小的成人"(鲁迅语)。不管是在体力还是心智能力方面,皆要求他们一步跨入成人之门,或一夜之间就长大成人。13岁,便是他们成年的界标。苛责他们想成人之所想,像成人一样说话做事,甚至承担"齐家治国"的重大使命。因此,他们的成长被无情缩略,甚至被残酷放逐。从《诗经》起,中国文学作品中就存在为数不少的经典少年形象,但这些少年形象大多不过是成人的翻版。不管是生存智慧还是卓著武功,皆与成人难分伯仲。比如,《世说新语》中"除蛟杀虎"的少年周处,以及王维诗作《少年行》中的那位"虏骑千重只似无"的少年将军等。可见,本体意义的成长仍游离于成长主题之外。所幸的是,《西游记》和《红楼梦》是惊人的例外。

一、《西游记》:孙悟空的成长蜕变

在中国古代小说中,《西游记》堪称第一部涉及成长主题的作品。其中,最具成长小说范型的成长主人公形象无疑是孙悟空。在成长道路上,孙悟空历经无以复加的挫折、磨难。像经典成长小说中所有少不更事的成长主人公一样,起初他无法忍受各种束缚,敢于藐视权贵,勇于"路见不平,拔刀相助",却因莽撞、冲动而备受打击。后得遇良师,修得一身盖世本领。然而,导师突然隐遁,他实际上被逐出师门,相当于被迫离家出走。懵懂、混沌的他无人管束,无法无天,自在逍遥。直至被迫成为唐僧的大徒弟去西天取经。唐僧的出现,乃孙悟空成长的里程碑事件,预示着他从此告别了无忧无虑的童年时代,迈出了走向成熟的至关重要的一步。从此,他跋山涉水,九死一生,百折不挠,忠心耿耿。他逐渐摆脱了极度的叛逆、极端的自我,尝试着遵守各种社会规约,最终由顽童成长为一名取经英雄。他在取经路上完成了成长蜕变,虽然乐观、顽皮的心性始终不变,但盲目、冲动、撒野、不羁等劣根性却得以彻底剔除。当他认可了"自在不成人,成人不自在"的人伦道德秩序时,也就意味着

他学会了妥协和退让。仅从成长小说维度探察,孙悟空这一成长主人公形象的性格特点前后可谓发生了质的飞跃,这与成长小说多塑造不定型的成长主人公形象这一特质相吻合。

此外,按照经典成长小说"天真→受挫→迷惘→顿悟→长大成人"的结构模式观照,《西游记》在塑造孙悟空这一成长主人公形象时,也大体遵循这一叙事程式。在遇见唐僧之前,孙悟空顽劣成性,率性不羁,处于天真的童年时代。师傅太乙真人突然隐遁,他被逐出师门,被迫离家出走。被套上紧箍咒是其遭受的第一次重大挫折,从此,他必须接受"自在不成人,成人不自在"的人伦法则。数次遭遇昏庸唐僧的无端指责,他迷惘无助,几度彷徨,甚至重返花果山,重新过着"山中无甲子,寒尽不知年"的自由自在生活。然而,几经指引、点化,他得以"顿悟",毅然离开花果山,重出江湖,辅佐唐僧一路西行,直至修成正果,长大成人。

二、《红楼梦》:贾宝玉的顿悟

如果说《西游记》开启了中国文学的成长之门,那么《红楼梦》的问世则为中国成长小说书写树立了一座难以逾越的丰碑。尽管此时期作为概念的成长小说之于中国文坛不过是天方夜谭,但《红楼梦》无愧为一部典型的成长小说。小说为一群生活在中国古代贵族家族的青少年男女谱写了一曲曲成长的青春挽歌,所谓"千红一窟(哭)"、"万艳同杯(悲)"。

《红楼梦》塑造了一大批各具特色的成长主人公形象,其中,贾宝玉这一人物形象尤为丰满。他出自名门望族,锦衣玉食,娇生惯养,虽受封建礼教裹胁,却未能"克己复礼",不羁的个性并未遭到禁锢。相反,他敢于逾矩越礼,处处特立独行。比如,他厌倦功名,对科举考试无动于衷;生长于男性拥有绝对权威的伦理社会中的他,敢冒天下之大不韪,竟有"女儿崇拜情结",即或对婢女、戏子等亦呵护有加;尤其是在爱情选择上,他拒绝"金玉良缘",笃定"木石前盟"

……他的所思所想所作所为,皆因其卓尔不群的个性使然,拒绝被种种龌龊的清规戒律、社会规约桎梏、同化。然而,他终究无法抗拒强大、残酷的伦理体制,他不得不眼睁睁看着与其耳鬓厮磨的那些聪颖、灵秀的女孩子们一个个被损被毁。除了悲伤,除了哀悼,别无选择。直至他自己也沦为被侮辱、被损害者——一个巧夺天工的"掉包计"彻底葬送了他的爱情,也沉埋了他混沌、迷茫的青春岁月。

遭遇婚姻陷阱,是贾宝玉成长的重大转折。如果说此前他的心智尚处于愚顽状态,那么此后他翻然醒悟。他终于明白所有以爱的名义伤害他的那些人,苦心孤诣将他推向了痛苦的深渊,万劫不复。从此,他不再是那个"痴癫"、"乖戾"承欢膝下的乖乖仔,不再是那个懵懵懂懂"不务正业"的纨绔。加上家族罹难,家道中落,为了家族的希望,为了拯救身边那些需要拯救的人,他学会了妥协、退让和隐忍。发愤读那些曾被他视作"混账"的书,参加那曾被他鄙夷的"劳什子"科举考试。他之所以能成为文学史上难以复制的"这一个",恰好在于他并未像大多数成年人那样,彻底抛弃曾经的叛逆而随波逐流。当他和贾兰双双及第、家族复兴指日可待时,他却在世人欣羡、惋惜的目光里悄然隐遁。如果说默默承受婚变之痛乃他的第一次顿悟,那么功成名就之后遁世则是他的第二次顿悟——比前一次更为决绝。

总之,贾宝玉成长的轨迹与经典成长小说中的成长主人公如出一辙。考虑到《红楼梦》成书于1784年,可以说,中国成长小说无论是起源时间还是早期所取得的艺术成就,皆可与德国这样的成长小说王国比肩。而《红楼梦》一直被成长小说研究者忽略,原因在于中国成长小说命名的滞后。更为遗憾的是,随后的中国小说家并没有承接曹雪芹的衣钵,使得中国小说仍旧冷漠于"成长"书写,直至清末民初。

近年来,随着中国学者对成长小说研究的日渐深入,一些论者试图探索中国古典小说中所蕴藉的"成长"书写意旨。由于成长小说所承担的"教育"功能,使得其与道德教化存在千丝万缕的联系。

因此,一些论者甚至把中国古典小说中所有包孕"道德训诫"主题的小说皆纳入"成长教育小说"范畴。其中,具有代表性的论文有《宋元教育小说研究》(孟丽,河北师范大学 2005 年硕士论文)、《清代教育小说研究》(刘莉,河北师范大学 2005 年硕士论文)等。当然,这些论述中所阐释的"教育"与成长小说所承担的"教育"功能有质的区别。前者忽略受教育者的个性,而将血肉丰满的各自不同的成长者模式化。而后者注重成长者的个性特质,即或相似的成长语境,往往生成迥异的成长结局。当然,这些论文在一定程度上拓展了中国成长小说研究的视野。

第二节　清末民初至现代中国:"教育救国"与成长的发现、悬搁

　　理论研究滞后于作品这一文学规律,决定了作为概念的成长小说晚出于中国成长小说的生发。直到近现代,在启蒙思潮的涤荡之下,中国人的成长意识渐渐觉醒。其中,梁启超那篇文采斐然、激情澎湃的《少年中国说》,高举起了一个民族倡扬成长的旗帜,显然具有划时代深意。

> 　　使举国之少年而果为少年也,则吾中国为未来之国,其进步未可量也;使举国之少年而亦为老大也,则吾中国为过去之国,其澌亡可翘足而待也。故今日之责任,不在他人,而全在我少年。少年智则国智,少年富则国富,少年强则国强,少年独立则国独立,少年自由则国自由,少年进步则国进步,少年胜于欧洲,则国胜于欧洲,少年雄于地球,则国雄于地球。……美哉,我少年中国,与天不老! 壮哉,我中国少年,与国无疆!

从某种意义上说,《少年中国说》昭示了一个民族正视成长的开端。但是,回归童年,还成长以本来面目,这一重大历史使命则是由"五四"新文化运动的先驱们完成的。中国知识界发现了"人",进而发现了成人之外的人——儿童、少年和一部分青年(统称为"未成年人")。作为生命个体的成长,开始在中国文学中呈现。鲁迅说:"往昔的欧人,对于孩子的误解,是以为成人的预备;中国人的误解,是以为缩小的成人"(见《鲁迅全集·我们现在怎样做父亲》)。鲁迅率先强调了"儿童(成长)本位意识",指出成长对于未成年人来说是一件殊为重大的事情,这可谓对中国人成长事件的发现,从而将中国人的成长提高到了前所未有的重要地位。

1904年10月30日,《申报》发布"上海商务印书馆征文"启事,拟征四类小说。其中,与成长小说有着姻亲关系的"教育小说"首当其冲。征文要求此类小说,"述旧时教育之情事,详其弊害,以发明改良方法为主"。清末民初社会动荡,救亡图存乃中华民族别无选择的自救之道。作为唤醒愚昧国民灵魂的成长小说,因与当时推行的"教育救国"理念不谋而合而被引入。同时,还与中国文学"文以载道"的传统异质同构。由于对此种舶来品的小说样式认识的误差,成长小说甫一登上中国文坛,便有"家庭教育小说"、"历史教育小说"、"女子教育小说"[①]等多种别称或变种。

"现代教育小说"研究已成为探讨现代中国成长小说的代名词。比如,夏志清的《教育小说家金溟若》[②]、蔡世连的《冷嘲热讽声中为旧教育送葬——现代教育小说简介之一》、《迷梦中的徘徊——现代教育小说简介之二》和《低谷中的挣扎与高峰上的努力——现代教育小说简介之三》[③]等。包天笑的《苦儿流浪记》、《馨儿就学记》和《埋石弃石记》(合称"三记"),通常被看作中国最初的"教育小说"。

---

① 陈大康:《关于"晚清"小说的标示》,载《明清小说研究》,2004年第2期。
② 夏志清:《人的文学》,沈阳:辽宁教育出版社,1998年。
③ 这3篇文章分别刊登于《山东教育杂志》2001年第14、17、29期。

其阐释的教育理念为:摈弃僵化、腐朽的传统教育,提倡充满生机活力的新式教育。

除包天笑外,叶绍钧是另一位颇有成就的教育小说家。他是"新文学运动以来,写教育小说最勤的一位"。① 代表其教育小说的最高成就的是长篇小说《倪焕之》。阿英称其为"一部很有力量的反封建势力的教育小说"。成长主人公倪焕之崇尚"理想教育"——理解和感化儿童,主张创办"理想学校"。"'教育题材'由此升华为'教育维度',而且与表现个体精神境界、思想觉悟提高的'成长维度'水乳交融,成为严格意义上的成长小说。"② 此外,还有《转变》(陈鹤翔)、《二月》(柔石)、《老张的哲学》(老舍)、《赵子曰》(老舍)等。

除了教育小说外,属于成长小说范畴的还有表现主人公个性/人格成长的一些系列短篇小说。这与成长小说多为长篇小说的西方传统迥异。比如冰心的《超人》、《斯人独憔悴》,冯沅君《隔绝》、《隔绝之后》等。这些作品着重表现成长的"自我"、"个性",成长多为个人的私事,似乎与他者无关。这些作品可谓中国最早的"女性成长小说"。

然而,"大革命"铩羽之后,一些作家意识到个人的成长不能脱离时代语境,因此往往把主人公置于滚滚社会浪潮中。比如蒋光慈的《少年漂泊者》(1926)、叶永蓁《小小十年》(1929)和路翎的《财主底儿女们》(1945)。真正以处于"青春期"的成长主人公为主角的成长小说,郁达夫的《沉沦》无疑是先行官。郁达夫之于中国成长小说的书写堪称惊世骇俗,令人瞠目结舌。这主要体现在其着力描写"性成长"的苦闷、焦虑和彷徨。此外,还有巴金的"爱情三部曲"、茅盾的《蚀》等。

不过,刚刚被发现的成长,因如火如荼、救亡图存的民族革命战

---

① 夏志清的《教育小说家金溟若》,见夏志清:《人的文学》,沈阳:辽宁教育出版社,1998年,第99页。
② 徐秀明:《20世纪中国成长小说研究》,上海大学博士论文,2007年,第26页。

争,以及数次国内革命战争而再度悬搁。为了国家、民族的命运,孩子们同成年人一样肩负历史重责,以羸弱之躯为保卫国家、捍卫红色政权献祭了童话般曼妙的童年。"危巢之下,岂有完卵?"此时期成长被发现,很快又被悬搁起来,实乃时运不济。不过,一些学者、作家再度将"成长小说"这一舶来品引入中国。1943年,冯至在其译作《维廉·迈斯特的学习时代》序言中,率先介绍了成长小说这一西方文学新样式。"德国有一大部分长篇小说,尤其是从17世纪到19世纪这300年内的代表作品,在文学史上有一个特殊的名称:修养小说或发展小说(Entwicklungsroman)。它们不像许多英国的和法国的小说那样,描绘出一幅广大的社会图像,或是单纯的故事叙述,而多半是表达一个人在内心的发展与外界的遭遇中间所演化出来的历史。这里所说的修养,自然是这个字广泛的意义,即是个人和社会的关系,外边的社会怎样阻碍了或助长了个人的发展。"[①]冯至强调了成长小说展现的"个人与社会"的互动关系,应属中国译介西方成长小说第一人。遗憾的是,这一小说样式并未引起当时中国文坛的过多关注,自然未能在中国文坛迅速成长。

第三节 "二十七年"时期:被公共化的成长

在20世纪50～70年代特定的历史文化语境中——从建国伊始提倡的"保护红色政权"、"做社会主义事业的接班人"、"为实现共产主义而奋斗终生",到随之而来的史无前例的"文化大革命",皆以"摈弃私人事件"而"一心为公"为主旨,从而创生了恢宏的公共文化想象空间——为新中国当家做主,为解放全世界所有受苦受难的同

[①] 冯至:《〈维廉·迈斯特的学习时代〉中文译本序言》,引自《冯至学术论著自选集》,北京:北京师范大学出版社,1992年,第358页。

胞而奋斗,为共产主义的美好明天而献祭青春和热血,童年和成长仍旧与孩子们离散。尽管此时期诞生了《青春之歌》这样的经典成长小说,但总体说来,成长已不再是成长者的私人事件。与年轻的共和国一同成长,才是成长者成长的使命。倘若个人的成长未能融入国家、集体和人民等公共话语之中,就不具有合法性,将被贴上"自私自利"的标签。也就是说,"成长小说"这一文学概念作为舶来品,在进入中国之后,经过意识形态干预、改造,便具有了中国特色,或者说是"中国式成长小说"。其中,《青春之歌》和《欧阳海之歌》等,可谓此时期最具典型意义的成长小说范本。

在那个文学书写"无性"的非常年代,《青春之歌》①不但叙说了"性的成长",而且叙说的还是发生在成长女主人公林道静与三个男人(余永泽、卢嘉川和江华)之间的情感纠葛。可以将《青春之歌》的叙事情节简化为:一个女人和三个男人的爱恨情仇、悲欢离合。其中,还掺杂了即或在当下亦多被主流意识形态所诟病的"同居"(林道静与余永泽的结合)和"婚外恋"(林道静与卢嘉川暧昧的恋情)故事。这样一个令人瞠目结舌的多角情爱故事,竟可以发生在20世纪50~70年代的中国,竟成为影响了一代人的"成长圣经",②的确令人匪夷所思。

一、余永泽:失却了政治权力话语保护的真爱悲情

时过境迁,重新审视成长主人公林道静的三次恋情,她与余永

---

① 杨沫:《青春之歌》,北京:作家出版社,1958年。本书凡引自该版的引文,均只标记页码。
② "《青春之歌》出版后受到热烈欢迎,多次再版,发行量逾500万册。……赢得了自上而下的一片叫好,周恩来、彭真、周扬、茅盾等都在各种场合褒扬这部作品,共青团中央号召全国团员青年学习这部作品。1959年,《青春之歌》被改编成同名电影搬上银幕后,更成为家喻户晓的作品。将《青春之歌》称为'影响了一代人的作品',恐怕并不过分。"李扬:《50~70年代中国文学经典再解读》,济南:山东教育出版社,2003年,第133页。

泽的结合似乎最符合自然人性,尽管这段恋情多年来一直为作者和读者所不齿。因为特定时代政治权力话语的注解,他们两情相悦的自然结合,一直被误读为余永泽对林道静的引诱和蓄意占有。事实上,林道静、余永泽二人初相遇时,两情相悦的信息弥漫字里行间,已经为二人日后"相知→相思→同居"的情感历程埋下了伏笔。谈文学、谈理想、谈人生,显然是那个时代青年男女心灵撞击出火花的燧石。如此自然、惬意、美好的交谈,让两个萍水相逢的年轻人相见恨晚。不经意间已播下的爱的种子,让林道静忘却了烦恼,让两个人都忘却了时间。不知不觉"上弦的月亮已经弯在天边",只有和心仪的人在一起才会感觉时间的脚步太匆匆。"喜悦"、"欣幸"、"知己"、"钦佩"等语词所表达的情感,是意动情摇的少女表现出的常见征候,是一种情难自禁的情感流泻。别忽略了,她感觉和他"志同道合",而且,在"短短的一天时间,她简直把他看作理想中的英雄人物了"。如果说恋爱是一种"病",那么与余永泽初相遇的林道静,显然已病得不轻。这是一个经典的谈情说爱的场景,也是对一见钟情的准确注释。在合适的时间合适的地点合适的情境中,两个年轻人适时相逢,自由结合似乎水到渠成。

然而,作者竭力运用暗示笔法,急欲指出余永泽对涉世未深的林道静的觊觎动机。为爱慕的女子而"一阵心跳",欲倾诉爱慕之情却欲言又止,只能在心里默默地念想"含羞草一样的美妙少女"。余永泽面对林道静时的这些心理律动,非但看不出淫亵之意,反而显露出了一种人之常情。作者表达的初衷与文本自动生成的意义之间,形成了颇具反讽意味的落差。形成这种尴尬情状的原因很简单:作者为了实现某种更为合法、有效的写作旨意(即所谓的"主题先行"),落笔之时就将余永泽定性成动机不纯的引诱者。

爱情原本是排他、自私的,这是人难以超越的本性。然而,在一个反常的时代,所有自然情欲因为失却了政治权力话语的保护,便显得卑琐、渺小和脆弱。不可否认,余永泽对林道静的爱情乃出自真心,是真爱。虽然文本不惜笔墨渲染了他的自私、平庸和政治觉悟不高,但这些都不过是附丽于纯正爱情之上的"槲寄生"。相爱本身是没有理由的,爱就是爱,爱就是莫名其妙地相互吸引、喜欢和欣赏。或许,这就是爱的本色。然而,在特定文化语境中,那些"槲寄生"却成了余永泽真爱难以生长的障碍。原因很简单,他的爱缺少了政治权力话语的保护,便失去了合法性,继而失去了稳定性和有效性。政治权利话语对自然情感的挤兑是如此残酷无情,余永泽痛苦地感觉到林道静一天天离他越来越远,却爱莫能助。

卢嘉川因被追捕而藏匿在余永泽和林道静家中,在卢嘉川的要求下,林道静告诉正在北大看书的余永泽晚一点回家。余永泽知道后,除了愤怒,没有任何办法。因为他面对的不只是两人之间的情感纠葛,他对抗的是一个强大的政治伦理系统。他不在这个集团之内,他的爱自然得不到任何保护。因此,他失去她是必然的,是迟早会发生的事实。尽管从情感上来说他是爱她的,而且爱得很深,但这种爱却被政治权力话语打上了引号。事实上,林道静对余永泽的情感初始也是纯洁的,是一见钟情。"同居",由林道静主动提出。为了爱情而以身相许,这种惊世骇俗的壮举与一个情欲初开的少女的自然人性相契合。但是,这种纯粹的爱情遭遇了更为"纯粹"的政治权力话语,自然就发生了质变、裂变。新的"诱惑"就在眼前,"婚变"即将发生,在所难免。

二、卢嘉川:作为以政治权力话语诱惑的"第三者"

尽管不能排除卢嘉川最初接近林道静的确是出于纯粹的政治目的,但不可否认,林道静美好的形象却隐约激起了他作为"男性"的异样感觉。于是,他激情勃勃向她"布道"(宣传革命等进步思想、借给她革命书籍等),甚至一而再、再而三地以"单身男子"的身份,闯进了有夫之妇林道静之家。并在其丈夫余永泽下了逐客令之后,竟然有违常情地"赖"着不走。公然闯入他人的私人空间,不在意单身男女独处的瓜田李下之嫌。当着丈夫的面与其妻子侃侃而谈,虽然言辞彬彬有礼,但不管不顾丈夫的不悦。这若无其事的背后潜隐着一种居高临下的优越感——皆因有了政治权力外衣的武装,使其倍感强大和理直气壮。卢嘉川身上所展示出来的"强势"与余永泽的"弱势"相比,自然而然就动摇了林道静的心思。卢嘉川显然比余永泽更具魅力,因为他代表了政治权力话语。

从某种意义上说,卢嘉川正是借助政治权力话语,对作为有夫之妇的林道静进行冠冕堂皇地引诱的"第三者"。这种引诱与余永泽对林道静的诱引相比,其动机显然更不纯粹。如果说余永泽的诱引乃受情欲驱动,那么卢嘉川的诱导则是将真实的情欲目的用政治伦理进行了伪装。前者更直白、更本真、更纯粹,而后者无疑更功利。后者的强势诱导一点一滴地深入林道静的灵魂,使其逐渐感觉到余永泽的狭隘、自私,以及与余永泽同居的草率。同时,她为自己政治觉悟低下而羞愧。余永泽的"矮小"衬托出卢嘉川的"高大",林道静对余永泽曾经的崇拜和依赖渐渐荡然无存,自然就将崇敬的目光投注到卢嘉川身上:

> 仿佛这青年身上带着一股魔力,他可以毫不费力地把人吸在他身边。果然,道静立刻被他那爽朗的谈吐和潇洒不羁的风姿吸引得一改平日的矜持和沉默……(第51页)

这是两人第一次相见,林道静聆听卢嘉川谈论国家大事时心中荡漾着的涟漪。这与林道静初次倾听余永泽谈论文学和人生时的情景如出一辙。那之后,他们的每一次交谈都让林道静感觉"心灵开了一个窍门"。卢嘉川似乎总能找到和她单独交谈革命和人生抱负的时机,而她的心中明显也扑腾着渴望这种倾心交谈的下一次机会。他们每一次容易令人"误会"的单独约会,都被政治权力话语还他们以"清白"。因为他们每一次交谈的内容都是"革命"、"时局"、"政治"等,绝对与"爱情"无关。但促成他们频频约会的潜在心理欲望,显然是无法遮掩的。可以设想,倘若卢嘉川不被捕入狱,接下来发生在他和林道静之间的这一曲青春恋歌,肯定就是另一种版本。

但是,这曲华美的恋歌在即将达到高潮处突然中止了。不过,作为成长主人公林道静的青春恋歌并没有结束,另一个更加耀眼的男主角已经登上了舞台(下文即将述及)!

林道静对余永泽的背叛,因为始终伴随着"追求思想进步"、"政治觉悟逐渐提高"而名正言顺。所谓夫妻之间所应承担的彼此忠诚的义务,以及在任何条件下都不离不弃的誓言,在政治伦理面前不再生效。林道静终于找到了离开余永泽的最充分的理由,因而格外心安理得,没有丝毫内疚,甚至没有一点留恋(俗话说,"一日夫妻百日恩"哪)。林道静对爱情的第二次选择,契合了"趋利避害"原则。在政治伦理话语的保护之下,她不自觉地运用"性"的优势,实现了对政治伦理的依附。在"性"与政治、爱情之间,她似乎找到了平衡和结合点。尽管文本勉力修饰林道静"情变"的隐在动机,但她抛弃余永泽而倾心于卢嘉川,其政治功利性一目了然。

三、江华和林道静:在政治权力话语荫庇之下的情欲狂欢

所谓狂欢,必然忘情,没有任何牵碍。林道静与余永泽的结合,因为余永泽的"落后"和林道静的"上进",两人的情感世界产生了难以缝合的裂痕,他们的情欲注定难以达到狂欢状态。同居后不久,不甘寂寞的林道静率先发出了危险的信号。然而,发生在林道静与卢嘉川之间那段没有挑明的恋情,因为卢嘉川革命政治理论还不够成熟(或者说是"半成品"),在《青春之歌》这个"性"与"政治"联姻的文本中,他们注定不能突破情欲禁忌。卢嘉川作为处于成长之中的革命者,他在处理个人情欲问题的态度与其不圆熟的革命态度一样,表现出了犹疑不决。事实上,他是深爱着林道静的。否则,他不会如此执着地向林道静宣讲革命道理,也不会三番五次与其单独约会。但是,他始终难以跳出政治伦理的栅栏,难以在交谈"革命"话题的间隙,不着痕迹地向林道静袒露心迹。他始终没有说出,或者说是没有给自己机会说出心中最想说的话。但他对林道静的心思,

可谓"司马昭之心——路人皆知"。即或他的战友罗大方热心帮助他勇敢地追求爱情时，他仍旧选择了沉默和逃避。

在与罗大方的一次交谈中，卢嘉川心中压抑着的激烈的矛盾冲突袒露无遗，其革命的不彻底性也充分暴露。在革命与爱情之间，他显然没有把革命放在第一位。因为按照罗大方等"革命者"的逻辑，卢嘉川对有夫之妇林道静的爱情，是对林道静的"革命式"拯救，无异于将她从余永泽的火坑中拯救出来（"你忍心叫这女孩子被余永泽毁灭了吗？"），根本不是抢夺人妻，根本无关道德。在掌握了革命强势话语的革命者罗大方眼中，余永泽不过微如草芥，完全可以不屑一顾（"那个余永泽吗？去他的吧！"）。而且，革命者对于"爱情"的革命也应该"摧枯拉朽"。然而，我们的革命成长主人公卢嘉川，却无法如此毫不留情地将革命进行到底，"革命伦理"尚未能完全替代其内心的道德伦理，温情和同情还弥留在他彷徨不定的心中（"别瞎扯！你不知道人家有丈夫吗？不，我不愿意看见别人的眼泪，连想都不愿想。"）。因此，卢嘉川在沉默中选择了逃避（"已经好久不见啦"、"我已经有意识地和她疏远了"）。在卢嘉川这里，由于道德伦理压制住了革命伦理，注定了他和林道静之间的爱永远不能说出口。他们不能走到一起显然是历史的必然，所谓"情欲的狂欢"或许只能存在于幻想之中。

但是，这段不得而终的恋情，在渴望"革命"、"政治"的林道静心中却留下了深深的印记。即便在卢嘉川入狱、遇难之后，林道静仍旧沉湎于对其思念之中。这既是对革命者的崇敬，也是对自己难以实现的革命欲望和世俗情欲的伤怀。这种类似于"永失我爱"的复杂情绪，让林道静毅然拒绝了一个叫许宁的漂亮同志的求爱。

许宁，我愿意做你的妹妹，做你的好朋友，但是其他关系我们却无法谈到了。这不是你不配，而是，你知道——你也许根本不知道，我早就有了一个深深使我热爱的人。不管这个人生也好，死也好，他是永远活在我的心里，并超过我身边的任何人的。说到这点，我很抱歉，但是你可以

相信我的真诚的友情。(第 454 页)

可想而知,江华怀着彻底的革命家的成熟,被一心追求革命的美丽女子林道静所触动之后,尽管他已经是共产党的县委书记,但他面对着的那个潜在的强大的"情敌",绝不是区区一个"余永泽"可以相提并论的。事实上,此前,卢嘉川可以说轻而易举就俘获了林道静的芳心,他和余永泽的竞争关系因为林道静的反戈并没有真正形成,反而形成了他和林道静合谋对抗根本没有对抗能力的余永泽的局面。但是,真正的革命家自然具有与众不同的气度和策略,知难而上正是革命家的硬派作风。县委书记江华不可谓不知道攻克林道静的难度,但他坚信一定能获得胜利。江华对林道静发动的攻势仍旧借助的是革命政治话语。掌握了更为全面、进步的革命话语的江华,易如反掌地让林道静感觉到了自己的不足。"平日,道静自以为读的大部头并不少。辩证法三原则,资本主义的范畴和阶段,以及帝国主义必然灭亡、共产主义必然胜利的理论,她全读得不少。可是,当江华突然问到这些中国革命的具体问题,问到一些最平常的斗争知识的时候,她却蒙住了。"(第 246~247 页)一如当初被卢嘉川的"革命政治话语"所震撼一样,对革命政治话语渴慕已久的林道静仿若久旱逢甘霖,对江华的崇敬更是五体投地。尤其是在江华介绍她加入了日思夜想的中国共产党之后,林道静对江华的权威崇拜自然超过了卢嘉川。卢嘉川在她心中留下的影子蓦地消失,她甚至迫不及待地向江华表达了心中的崇敬,"老江,我真羡慕你。……我渐渐觉得你比老卢更……"(第 516 页)尽管她不好意思说下去,但一切已不需她说出口。由此,我们不难看出,林道静对男人的拒绝和追随,都与"革命政治话语"有关。拒绝的理由和追随的理由竟然同一,可以说,她放弃的是爱情而追随的却不是爱情,或者说是被"政治权力话语化"了的爱情。

江华与卢嘉川相比,他的成熟恰好在于他把政治权力话语有效地运用于个人情欲之中,适时将二者水乳交融,浑然天成。于是,在林道静主动表示对他的崇敬之情的同时,他不失时机暂时跳过革命话语而直奔情欲主题。他说,"道静,我想问问你——你说咱俩的关系,可以比同志的关系更进一步吗?"事实上,他已无需林道静明确答复,情欲狂欢的序曲已经落幕,狂欢即将上演。革命家江华同志面对成长主人公林道静同志"那双湖水一样澄澈的眼睛……苍白俊美的脸……坦率而热情的举止和语言"(第464页),潜藏、压抑已久的原始情欲终于破笼而出,"对她望了一会儿,突然伸出坚实的双臂把她拥抱了"(第485页)。此时,"革命"、"政治"已经知趣地退出了舞台,"身体"的禁忌已经冲破,两个青年男女旺盛的情欲之火已经燃烧了起来。读者看见的不再是两个革命者的堂皇对话,而是两个最世俗男女的世俗性爱场景:

> 夜深了,江华还没有走的意思,道静挨在他的身边说:"还不走呀?都一点了,明天再来。"
>
> 江华盯着她,幸福使他的脸孔发起烧。他突然又抱住她,用颤抖的声音在他耳边说:"为什么赶我走?我不走了……"
>
> 道静站起来走到屋外去。听到江华的要求,她霎地感到这样惶乱、这样不安,甚至有些痛苦。
>
> ……
>
> 一到屋里,她站在他身边,激动地看,激动地看着他,然后慢慢地低声说:"真的?你——你不走啦?……那、那就不用走啦!"她突然害羞地伏在他宽阔的肩膀上,并且用力抱住了他的脖颈。(第486页)

可以作一次大胆的设想,如果这段场景不是发生在两个革命同志身上,肯定会被视作"偷情",或者说"乱搞男女关系"。然而,因为有了革命政治权力话语的保护,同样的场景却成了革命同志之间爱情升华的隆重仪式。即或在那样一个"无性成长"的非常时代,如此煽情的情欲狂欢场景居然能够被留存在文本中,居然能够被视作"革命+爱情"的经典范本,的确令人颇费思量。因为江华更为权威的中心话语身份,从而确保他和林道静的欲望狂欢不存在任何障碍。在经历了长长的一段"政治调情"之后,他们终于回归到"性爱"的终点站,在政治权力话语的保护之下得以狂欢。

尽管成长主人公林道静在成长之路上与三个男人先后发生了一系列"性"与"政治"纠葛,尽管从理论和实践上林道静已成长为一个"革命者",但林道静的"主体性"仍旧没有生成,仍旧处于成长之中。或者说,她迷失了主体,甘愿丧失主体,以"政治话语"代替真正的主体。也就是说,林道静本是成长的主体,但因受到了卢嘉川、江华等的无微不至的关怀,一点一滴的点拨、教诲,"长大成人"(由腐朽的资产阶级小姐变成革命女性)的林道静所有的"思想"竟然与"自我"无关,卢嘉川、江华等的思想即为她的思想。很明显,林道静的成长之旅从实质上说是由他者代其走过的,林道静本人只不过充当了成长的"道具",她的主体性完全被导引者遮蔽。这既是时代的悲剧,也是以林道静为代表的一代人的成长悲剧。

总之,在中国新时期之前的所谓成长小说文本中,作为主体的成长者甚至完全处于缺席状态,从而使得成长仅有能指,而不具有本体意义上的所指。成长者在成长之旅中由于精神导师如影随形,不可避免地越俎代庖,由成长者的导引者异变为另一个"成长者"。与其说是成长者在成长,毋宁说是成长者的导引者在成长。即或成长者的"主体性"得以生成,但这个主体充其量是其导引者的一个副本。这样的成长因为完全借"他者"之力,从而消解了成长的本质意义。显而易见,这样的成长并没有实现本质上的飞跃,成长仍旧处于成长之中。

第四节　新时期以来:成长书写个人化/私人化

沐浴改革开放春风的新时期,西学再度席卷中国。"人性"、"自我"等成为中国文学书写的关键词,而中国成长小说真正迎来了黄金时期。或控诉一度被扭曲、被放逐、被扼杀的青春,或张扬卓尔不群、与成人社会规约格格不入的个性,但都是为了一个相同的叙事目的——摆脱政治权力话语干扰,表现作为生命个体独特的成长风景,尤其是将"性的成长"这一敏感、核心事情作为成长书写的重中之重,是此时期成长小说产生裂变的关键。

新时期以降,随着中国社会变革的日新月异,价值观由一元趋向多元,童年和成长亦行进在回家的路上。当年那一代代被忽视被损害的成长者们已为人夫(妻)、人父(母)了,或者已错过了成长的鼎盛时段。成长之于他们来说既是一种未能治愈的沉疴,又是一个崭新而棘手的难题。没有成长的成长岁月,自然未能积淀下成长经验,却又不得不面对子一代的成长。值得庆幸的是,1976年之后的新时代,为他们营造了关注成长的和谐氛围,他们得以倾诉远去的成长岁月中被压抑的成长欲望,得以袒露曾经秘不示人的成长之痛之苦之惑,得以反思时代与一代人/个人之成长的姻亲关系,从而以开放的心态面对当下的成长。

一、"右派作家群"的成长书写:伤怀之美

新时期以来的一些小说对成长主题的开掘,显然是一场与成长的深度对话。加入此种对话场景的主角无疑是"右派作家群"(代表作有张弦的《被爱情遗忘的角落》和张贤亮的《青春期》等)和"知青作家群"(代表作有梁晓声的《一个红卫兵的自白》、老鬼的《血色黄昏》和王小波的《黄金时代》等)。前者的成长岁月已远逝,而后者的成长岁月刚刚擦肩而过。但是,他们都曾有过或深或浅或长或短的成长之殇。"成长"的创伤是许多"右派作家"郁结难开的心病,囿于写作惯性和文化传统,大多数作家仍旧不能敞开心扉,裸露成长的所有伤痕,尤其是有关"成长之性"的创伤。大多数作品虽聚焦于非常年代风声鹤唳的成长环境,展示被扭曲的人性和心灵,但很少触

及更为真实更为微妙更为隐秘的私人空间,即性的成长。随着新时期和暖春风的深入人心,一些更具胆识、更为敏锐的作家,开始抚摸隐藏在心灵深处的那一块玄黑的巨石,文本中所展现的有关"性的成长"的真实情状,以及与之相律动的心理真实和人性挣扎,的确振聋发聩。张弦和张贤亮是其中最具代表性的作家。

(一)张弦:控诉——为被戕害的成长

《被爱情遗忘的角落》所讲述的成长故事是由母女三人共同完成的。30年时空位移,成长始终是悲剧舞台上的主角,母女三人似乎始终都无法摆脱轮回的悲情命运:大女儿存妮16岁那年与同村小伙儿小豹子的越轨行为,导致她含苞待放的青春猝然夭折。因为一次偶然事件,点燃了两个身体发育正常的少男少女旺盛的欲望之火,他们一次次在惊恐中欲罢不能地偷尝禁果。东窗事发,存妮难以承受巨大的舆论压力投水自尽,而小豹子则被指证"强奸致死人命"锒铛入狱。二女儿荒妹作为姐姐存妮悲剧命运的目击者,姐姐的死在其心中投下了浓重的阴影。多年来,姐姐作的"孽"像沉重的大山压在她的心头,以致她一直努力躲避着男人,也躲避着防不胜防的流言蜚语。然而,她的青春期还是不可抗拒地来临了。梦里,生平第一次出现了男人(同村小伙荣树)的身影。为此,她终日惶惶,"怨恨自己,为什么竟然会喜欢一个小伙子?这是多么不应该、多么可耻呀!"她甚至痛骂自己,"不要脸!喜欢上了一个男人!……不要脸!!"就在荒妹因喜欢上荣树而自责之时,媒人捎过来的聘礼,以及母亲微笑着所说的话,"(男方)端午节来见见面,送衣裳来。16套!……订了婚,再送500块现钱",让荒妹陷入悲痛的深渊。她激动地喊,"钱,钱!你把女儿当东西卖!"女孩到了谈婚论嫁的年龄,常常会成为一种商品而被"嫁"(交易)出去,这似乎是一种约定俗成的规矩(即当时贫穷、落后的农村盛行的"买卖婚姻")。在荒妹的喊叫声中,母亲菱花的心被深深刺痛了,因为她仿佛看见了从前的自己,她也曾像女儿这样喊叫过。读者难以从文本中猜想母亲菱花当年是否屈从了这种规矩,也无法确证荒妹最终是否打破了规矩,却见识了又一出轮回的血泪斑斑的成长悲剧!

因为置身1979年刚刚解冻的时代氛围,张弦对《被爱情遗忘的角落》中的"成长之性"显然只能作"边缘化"处理。"性"作为成长主人公悲剧命运的导火索,不过是一种只能意会的存在(实为不在场)。其对"成长之性"的关注是粗线条的,向外转而非向内转。也就是说,文本旨在控诉、呼号,企图向那个野蛮的时代讨回公道,从而达到警世策人的功利目的。作者在文本中所表露的代言冲动,正好与写作时的时代整体氛围相契合。作者似乎无心沉潜于文本的审美意蕴营造,作品所流露出的审美缺陷也就可以理解了。同这一时期大多数伤痕文学作品一样,《被爱情遗忘的角落》的文本意义明显大于其文学意义!在"右派作家群"中,张弦以作家的人文良知和敏锐的洞察力,直闯创作禁区的风暴中心,大胆关注"成长之性",无疑是第一个敢于吃螃蟹的人。如果说卢新华以短篇小说《伤痕》担当起了中国新时期以来伤痕文学的旗手,那么张弦显然是中国新时期以来关注"成长之性"的第一人。《被爱情遗忘的角落》因此具有划时代意义。

(二)张贤亮:成长的伤怀之美

作为"右派分子"的张贤亮,他的青春成长岁月被囚禁于劳改农场。失去了人身自由,失去了人格尊严,也失去了作为人所应有的最基本的生存权。高强度的劳动改造与无处不在的饥饿感,如不散的阴魂伴随着他的成长。成长的切肤之痛像毒蛇一样盘踞在心头,在他获得了人身自由之后,这种渗入骨髓的创痛令他难以释怀。因此,在《绿化树》①和《男人的一半是女人》②等文本中的受难主人公、"右派分子"章永璘身上,读者不难发现张贤亮本人的影子。事实上,比苦难的成长岁月更为凄苦更为惨痛的,是曾经遭受的压抑

---

①②张贤亮:《感情的历程》,北京:作家出版社,2005年。

和磨难,如同被推倒的多米诺骨牌,一直波及现在。

张贤亮以悲悯情怀予以章永璘深情抚慰,为的是给予绝望的章永璘以希望。在章永璘的性功能没有恢复之前,张贤亮浓墨重彩地渲染章永璘"性的伤怀(伤残)之美":绕开性能力的生理残缺,深刻挖掘残缺背后蕴藏着的政治权力话语体制违背人伦的狰狞;饱蘸"诗性"的笔调则为"伤痕"与"残缺"附丽了一抹迷人的色彩,一如断臂的维纳斯和被缚而受难的普罗米修斯;用《资本论》(一种精神权利话语符码)为濒临崩溃的章永璘注射了强心剂;渲染黄香久的粗俗、不洁,为章永璘的性功能障碍(阳痿)开脱(其潜台词是:作为知识分子的章永璘从生理上是拒绝庸俗的黄香久的,只有在精神上能够与章永璘共鸣的女性才能和他实现灵与肉的完美结合);最终,在一次"事故"中章永璘终于变成了一个真正的男人。至此,章永璘对不洁、粗俗的黄香久的抛弃虽毫不留情,但"名正言顺"。

《绿化树》和《男人的一半是女人》中漫溢出的成长的"性殇",张贤亮刻意强化了其"伤怀之美"。这种曲笔让张贤亮在获得如潮的好评之后,也招致了铺天盖地的苛责。①"右派作家群是一个偶合集团,他们对大集体——哪怕是受难的集体——有一种归属感。对于主流意识形态,他们根本不存在任何与之决裂的可能性。他们使用的一样是'十七年'的历书;对'文革'这个其实远为复杂的历史事件,一样把它作为闹剧和悲剧进行简单化的叙说。"②不排除张贤亮在写作《绿化树》和《男人的一半是女人》时有应景的苦衷,咀嚼苦难

---

①如果说在《灵与肉》和《绿化树》中,张贤亮还在为知识分子构造一个完整的唯物论者的神话,那么,在《男人的一半是女人》里,张贤亮已经抛弃了这段历史的起源与构造逻辑性,他把"伤痕的美感"从知识分子受难史的背景中剥离出来加以放大,变成了娓娓动人的性的幻想。唯物论者的受难不再经历着灵与肉的分离与重合的二元对立统一过程,"受难"被全部压缩到肉体里去,现在,展示肉体的革命史替代了知识分子的思想改造史。(见陈晓明:《表意的焦虑》,北京:中央编译出版社,2003年,第16页。)

②林贤治:《五十年:散文与自由的一种观察》,载《书屋》,2000年第3期。

之时亦玩味苦难,抚摸伤痕的同时亦为伤痕涂抹了美丽的色彩。这种表述始终迎合着一种政治伦理无意识——一种政治功利所需要的控诉——一种不同于声嘶力竭呼告的诗意的控诉。而且,将所有的苦难和伤痕升华到一种冠冕堂皇的高度——一部知识分子崇高的"受难史"和"自慰史"。

好在张贤亮对被放逐的青春期和被扼杀的成长的回望仍在继续。《男人的一半是女人》问世14年之后,他推出了自认为"比《男人的一半是女人》有所提高,至少不比它逊色"的《青春期》。① 这部诞生于世纪之交的文本,因为远离了20世纪80年代中国文坛激越的宏大叙事激情,因为受20世纪90年代"私人化"叙事风潮的影响,其表述的欲望显然更具本色。尽管从审美层面上观照,《青春期》显然没有超越《绿化树》和《男人的一半是女人》,甚至难以与之同日而语,但《青春期》作为一部经典的成长主题小说文本,对已逝青春期的凭吊与追怀,对受重创的"成长之性"的细致咀嚼与深沉反思,既展现了特定时代"成长之性"的成长状貌,又昭示了个人命运与时代政治话语千丝万缕的联系。

《青春期》与《绿化树》、《男人的一半是女人》在处理"成长之性"这一主题事件时的不同之处在于,其主旨不在控诉和呈现伤痕,对于青春期的苦难和伤痕不再功利性地予以诗意拔高,而是返回到一个血肉丰满的真正的人的最真实的记忆和体验之中,全景展现了作为成长主人公"我"的"性成长史"。因为被放逐的青春期情绪始终如鲠在喉,许多被压抑的青春欲望始终盘旋在心灵的死角。《青春期》所暴露的隐私,显然是与自我灵魂的一次最真实的碰撞和对话。张贤亮写作这段尘封的青春岁月时已步入花甲之年,新的时代提倡张扬个性,个人和时代已发生翻天覆地的变化。因此,《青春期》在

---

① 张贤亮等:《青春期——当代情爱小说珍藏版(上、下)》,北京:九州出版社,2004年。张贤亮的《青春期》收录在上卷中。本书凡引自该版的引文,均只标记页码。

暴露隐私的同时,始终沉浸在一种郁结难开的反思情绪中:

> 到80年代初,我已活了50多岁,才知道有"青春期"这个词,过去只知道有个词叫"青春"……(第1页)

> 我不知道自己的青春从什么时候开始,也丝毫没有觉得什么时候我的青春期就算结束了。好像我一辈子从来就没有过青春期,又好像青春期单薄地平铺在我一生的全过程,所有的日子都像一块青灰色的铁板,坚硬、冷峻而索然无趣,就这么肤皮潦草地过到今天。(第4~5页)

> 想不到我该度"青春期"时没有"青春期",年过花甲以后却常在"青春期"当中,或者说我度过的不正常的"青春期"正好培养了我现在善于对付不正常的事……(第31页)

和张弦的《被爱情遗忘的角落》相比,《青春期》对"成长之性"的书写更全面更细致更深刻。可以说,是张弦所抛出的《被爱情遗忘的角落》这块"砖",引出了张贤亮精心打磨出的《青春期》这块"玉"。尽管《青春期》所叙说的"成长之性"带有几分原生态的粗鄙,但因渗透了作者深沉、坚执的反思意识,规避了庸俗和卜作,从而具有了强劲的艺术表现张力。这种暴露不同于当下许多明星在出名之前需要大爆隐私,或为了更加星光灿烂而蓄意大爆猛料,也与部分70、80后作家笔下放肆书写的"残酷的青春"异质。

总之,从《初吻》到《绿化树》、《男人的一半是女人》至《青春期》,张贤亮完成了对青春期的回顾与凭吊,完成了对"成长之性"的记忆缝合,或者说寻找回了失落的成长记忆,完成了从想象的"性的伤怀之美"回归人性真实的沉思。既是对"我"的青春期作了一次总结,也是对一代人的成长作了一次历史的盛殓。面对滚滚而去的历史,个人的确无足轻重,所有成长的血泪斑驳的往事,只能化作"长遗恨"尘封于个人的记忆中。历史和时代,以及作为肇事元凶的政治话语,不会为个人的成长之痛埋单,也没有谁会为那不能愈合的伤口疗伤。也许似水流年才是最好的疗伤剂,逝去的青春才能慰灵安魂。

二、"知青作家群"的成长书写：无悔与忏悔

在"右派作家群"袒露个人/历史伤痕的同时，中国当代文坛的另一支生力军——以"知青"为主体的"知青作家群"，亦跃入了那场声势浩大的文学/政治的新浪潮中。这两个作家群体似乎灵犀相通，不约而同凭吊已逝去的青春期。他们见证了同一个非常年代，都曾遭受过切肤之痛。因此，他们袒露伤痕的情绪都是真诚的，都企图依凭个人的记忆再现那一段苦难的红色历史。因为个人记忆的似真性，以及回忆所特有的美丽色彩（所谓"距离产生美"），他们笔下的非常岁月往往呈现出令人惊异的美感，即所谓的"伤痕之美"和"伤怀之美"。这种写作初衷与文本意义之间生成的巨大落差，验证了个人记忆的不可靠，以及对历史时空书写与复制的艰难。

在那非常年代，"右派作家群"中的大多数人已是成年人，少数人也已到达青春晚期。而"知青作家群"以"老三届"为主体，年龄在15～20岁之间，成长才刚刚开始。因此，他们的人生观和世界观还没有定型。对于那场史无前例的"文化大革命"和"上山下乡"运动，他们基本上不具备判断是非的能力，理所当然以100％的热情和虔诚，响应号召。他们大多怀着把自己改造成大有作为的好青年的理想和激情，懵懵懂懂就把正在成长的青春供奉给了一个虚幻的祭台。一个人在青年时期所遭逢的动荡和危机，往往决定了其成长的走向，即个性/人格的生成。而知青作家所追忆的知青岁月中的成长往事，大多曲折、坎坷，甚至令人惊悚。其生命体验的亲历性和感悟的深刻性，皆别具特色。这便是"知青文学"存在的价值。"知青小说"（亦为成长主题小说）对"知青岁月"的书写，大体说来呈现以下几种趋向：1.诉说——青春无悔；2.忏悔——拷问；3.以"性"的名义抗争、反思等。

(一)诉说——青春无悔

知青们在响应毛主席的"上山下乡"运动之前,刚刚经历过3年自然灾害,他们处于成长中的身体遭受了严重阻碍。"17岁的我,……身体发育不良,还没长到一米六。吃野菜造成的浮肿虽已消退,对饥饿的印象却镂刻在大脑皮层上。"①然而,比身体受难更惨痛的则是精神世界的"虚胖"。"(我)如同纤纤少女般瘦削单薄的肩膀扛着一颗自以为成熟了的头。全中国和全世界装在里边儿。它仿佛随时会被种种热忱和种种激情一下子鼓破。"②离开父母,离开熟悉的城市,满怀豪情的他们被放逐于祖国的山山岭岭。一切都是陌生的,恶劣的生活环境,超负荷的劳动强度,各种政治运动阴魂不散的阴霾,还有复杂的事态、人情的冷暖和人性的倾轧。所有的苦难他们都不得不默默承受,像柔弱的草芥顽强成长。

时过境迁,当知青们回眸那段流放岁月时,冲决于心的自然便是诉说冲动。诉说的动机在于释放心中的憋屈,发泄难以找到实实在在的迁怒对象的愤懑。毕竟,他们在成长岁月里遭受了物质、精神的双重压抑和戕害,而岁月已不知不觉流失,他们不知道可以向谁索取"青春损失费"。事实上,除了他们自己,谁也不会为他们枉费的青春埋单。唯有诉说或沉默无语,才是他们别无选择的选择。但他们毕竟还没到只能空嗟叹的风烛残年,也清楚祥林嫂式的诉说毫无意义。虽然成长岁月已远去,但他们毕竟正值壮年,未来对于他们来说仍旧充满希望。因此,沸腾于心的纯粹的诉苦冲动逐渐消隐,取而代之的是另一种更为有效的诉说话语——满怀理想主义激情宣告"青春无悔",从而自我慰藉,自我激励。他们呼告的"青春无悔"大致蕴藉三种意义:①经历就是财富。知青生活让他们深入了解了社会,增强了对现实的认知能力。无论是知青中的精英分子还

---

① 梁晓声:《一个红卫兵的自白》,西安:陕西出版社,1993年。
② 梁晓声:《一个红卫兵的自白》,西安:陕西出版社,1993年。

是普通人,大多具有这种意识。②知青生活历练出了诸多品性,比如,"务实"、"不怕吃苦"等,成为知青们可以炫耀的资本。③对"人性"有了更深刻的认识。同伴之情、与老乡之间的友谊等,让他们长久挂念。显而易见,这"无悔"所包含的深意,已偏离了知青当年下乡时的初衷。①

基于这样一种诉说的文化心理,"知青小说"对被压抑、扭曲的成长的书写,控诉情绪被理想主义的自豪激情所覆盖。文本中流泻出一种战胜了情欲冲动的自豪和得意,折射出一种被损害的"伤残之美"。

作为"知青小说"的代表作家,梁晓声对成长的压抑和扭曲也曾有过喷火般的控诉,"社会对我们实施了何等严重的'异化'教育!它几乎抽掉了我们的性别,视我们为中性,除了争做'三好学生'、'毛著标兵'以外,男女青少年没有别的方式来向异性展示自己,凸显个性。因而他们本能地将'文化大革命'当作一次天赐良机,宣泄'一切个性,一切才情,一切自我表现的欲望'。"②在《这是一片神奇的土地》③一文中,梁晓声叙说了女知青的"中性化"趋向:"不照镜子,不抹香脂,不穿花衣服,竭力把自己改造得更符合劳动者之美。"更多的时候,他失去了控诉的欲望,转而渲染一种悲剧英雄式的悲怆之美。在《一个红卫兵的自白》一文中,他叙说了"我"最初性萌动的诱因,是中国古典色情小说《肉蒲团》,而非同龄少女的青春面容。"它拨乱了早已内置在一代红卫兵思想中的'中国最传统的对性的伦理观念和道德准则'。虽然欲望被视作'罪恶'而狠狠地压制下去,但却在潜意识深层萌动着、汹涌着。'我'曾在大串联火车上和一个少女紧紧挤到一起,彼此喜爱,'我'产生了无数狂乱的'邪淫'

---

① 刘亚秋:《"青春无悔":一个社会记忆的建构过程》,载《中国社会科学》,2003年第3期。
② 李学武:《蝶与蛹:中国当代小说成长主题的文化考察》,北京:中国社会科学出版社,2003年,第112页。
③ 梁晓声:《这是一片神奇的土地》,载《北方文学》,1982年第8期。

的念头,但在行为上毫无越轨。尽管作者也认为这种精神阉割是悲剧性的,但字里行间却有种为自己的'纯洁'而潜抑不住的自得。"①其潜隐的文化心理还在于:被扭曲被压抑的"性"似乎微不足道,真正值得炫耀的则是"我"最终战胜了色欲的蛊惑而成长为一个作风正派的青年。"我"的行为无疑是高洁的,"我"对被损害的"性"无怨无悔!

"知青小说"漫溢着的这种"无悔"意识,一直为知识界所诟病。批评的焦点在于:1.为控诉而控诉。他们的文本中没有一个明确的"迫害者"形象,顶多把一切罪愆推向一种虚无的概念——时代和政治运动。而且,他们似乎"伤疤未好就忘了疼",竟然以"无悔"的激情重写苦难的记忆。2.缺乏明确、深刻的忏悔意识。知青作为历史的被迫害人,他们中的每个人显然应该思考自己是否应该对历史负责?怎样负责?而不是"只记吃而不记打"地叫嚣"无怨无悔"。

(二)忏悔——拷问

知青作家梁晓声们呼告"青春无悔",拒绝以个体的名义追问时代的是非曲直,竭力回避个人理应承担的历史罪责,拒绝忏悔。因为持有这样一种文化心态,他们无论诉苦,抑或曲意粉饰"伤痕之美",都把作为当事人的知青们(包括写作者本人)描述成一群"无辜"、"不幸"的弃儿。但他们绝少提及"知青们"(至少说是一部分)在那非常年代曾亲手制造的罪孽。也许他们会以"年幼无知"为自己开脱,或者把个体的罪责刻意转嫁于一个不具有承担责任能力的抽象的时代。这种做法显然不光明磊落,缺乏责任感!理性地看待知青岁月,我们不可否认知青们属于"被损害"的一代,的确被一个变态的时代所摧折。然而,不管时代如何狰狞,作为生命个体的人之本性(包括真、善、美)完全是可以通过个人的操守而坚守住的。

---

① 李学武:《蝶与蛹:中国当代小说成长主题的文化考察》,北京:中国社会科学出版社,2003年,第110~111页。

也就是说,"我"无力改变时代、社会和他人,但"我"可以约束自己,不做危害社会/他人的事,所谓"穷则独善其身,达则兼济天下"(《孟子·尽心上》)。事实上,他们中的相当一部分人,往往身先士卒地响应"号召",成为"批斗"、"专政"的凶悍先锋。曾经青春年少的他们,专过亲人的"政",批斗过自己的师长,打倒过时代精英(所谓的反动权威),甚至出卖过朋友,损毁过珍贵的文化遗产……可以说,他们中相当一部分人背负着不可原谅的罪孽!"年幼无知"绝不是借口,因为并不是所有年幼的人都曾助纣为虐。即使"年幼无知"可以理解,"过失犯罪"也不意味着不是犯罪,不能逃脱法律的惩罚。从此种意义上讲,他们不但没有不忏悔的理由,而且必须忏悔!时过境迁,我们可以原谅他们曾经制造的罪愆,也没有必要追究他们作为单个人所应承担的罪责,但作为一个群体,他们必须反省。所谓个人对历史负责,显然不能抱有"在我死后哪管洪水滔天"(法国国王路易十五语)的畸形、偏狭心态。作为一群受害者,他们的反思和忏悔显然有助于建构一个更加人性/理性的文明社会,有助于督导后来者茁壮成长。然而,这一个群体使命意识的淡薄,显然令人失望。而今,他们大多已到了知天命的年纪,作为社会的中坚,也作为当下最权威的"父一代",笔者常常不由得感到心酸——为作为他们直接的"子一代"悲哀。面对一群不具备"反省"意识的父亲们,"子一代"心中必然会产生的那种崇父情结,就只能是一个虚幻的梦。这种悲哀在于他们没有遇到一位富含人格魅力的父亲,如同他们的父亲没有赶上一个美好的时代一样。

  再来看看"知青作家们"着力展示的他们曾经"吃过的苦"吧。的确,精神的苦难最令人难以消受,他们所遭逢的"精神之苦"应该倾诉。而物质上的苦难,委实不值得大书特书。从横向比较,当时他们再苦,也苦不过当地的农民。农民们和他们干一样的活,大多有妻儿老小需要抚养;从纵向比较,即或当下许多生活在偏远山区的农民正经历着的苦难,实乃知青们所难以想象的。有那么多人在吃苦,为何唯独他们耿耿于怀?甚至将其作为炫耀的资本?这种诉苦的冲动还潜隐着一种优越的文化心态：我们本是"城市青年"，我们理应不受那样的苦，那样的苦只该农民去吃！由此观之，知青作家的成长主题小说创作的症结便一目了然。他们大多只关注苦难的表象，而不愿追究潜藏在苦难背后的东西。这样的文本只能感动人于一时，不可能具备震撼一代代读者的经典性。

稍感欣慰的是，我们读到了老鬼的《血色黄昏》。同样是书写"知青岁月"，文本中却流泻出了些许拷问和忏悔之意，尤其是对扭曲的成长的拷问与忏悔。

《血色黄昏》开篇便流露出了"忏悔"之意："我"——"知青"林鹄（文本中的叙述主人公），细致交代了自己曾对牧主贡哥勒的灭绝人性的毒打。而在其他"知青文学"文本中，绝少看见这种由成长主人公（知青们）亲手制造的血腥场景。作为林鹄好友的徐佐，却无法容忍林鹄的残忍，在阻止其行凶无果后，毅然与其断绝了朋友之情。而后，当林鹄在运动中挨整，与同样落难的贡哥勒相遇时，贡哥勒并没有表现出对他的憎恨和嘲笑，让林鹄顿生悔意：

> 没挨过整的人很难体会挨整的难受劲儿。过去自己曾积极参加"挖肃"，把老蒙都看成坏蛋，瞎折腾半天，最后把自己折腾进小牢房里。这真是活该！整人必害己。一种发自内心的悔恨，使我对这些垂头丧气，形容枯槁的人们充满恻隐之情。……天天早晨，他们灰溜溜排成一行，从我们窗前鱼贯而过。每个人都低着头，穿得破破烂烂……联想到那次抄牧主的家，我也觉得打贡哥勒不对。牧主怎么啦？也是人，不能像牲口一样抽。①

此外，林鹄曾经残忍地加入到打倒自己母亲的行列。当他落难时，母亲却适时地向他伸出了救援之手，让林鹄悔愧交加……

---

①老鬼：《血色黄昏》，北京：中国工人出版社，1989年，第197页。本书凡引自该版的引文，均只标记页码。

《血色黄昏》对成长的拷问，主要表现在以下两方面：

其一，对性欲冲动时的淫邪行为的拷问。"我"因为挨整，经常只能独处。身陷囹圄，令"我"饱受人格丧失和性欲折磨之苦。许多时候生理的冲动难以抑制和消解，只能靠无节制的手淫和意淫来发泄。"一个人独自生活久了，天长日久变得十分无耻。……我常常站在山顶，解开裤子，朝着光灿灿的太阳撒尿……孤独啊，把人的兽性全孤独出来了。青春的欲火常常把我烧得坐卧不宁，只好幻想着与女人性交，经常手淫，有时一天三四盘儿。如果这时山上出现一个女人，那我真会像老虎一样扑过去，强奸了她……夜晚，每逢抚摸着自己直棒棒的小二哥时，我就悲愤地想：'妈的，反革命长这东西有什么用？活受罪！'"（第406～407页）这种非常态的性行为往往会加重心理上的负担，相伴生的是难以化解的罪恶感和不洁感。林鹄在单恋上了女知青韦小立之后，他对这种行为的忏悔尤其明显。"……除了忏悔，最大的痛苦是她带来的。"（第197页）在忏悔的同时，他也学会了理性的反思，并为自己的所作所为"开脱"。

其二，代"女知青"忏悔。因为她们中的一些人为了得到世俗利益，不惜以"性"作为交易，主动向当权派投怀送抱。《血色黄昏》对某些女知青依靠"性"资源牟取世俗利益的叙说，撕破了"年幼无知"的借口，直指个人操守的失范。其他文本在处理类似事件时，大多叙说纯洁的女知青要么受到当权派的诱惑，要么惧怕当权派的淫威而失去了宝贵的童贞，而鲜有展现她们人格中固有的瑕疵。《血色黄昏》则是一个例外，小说叙说了一心想入党的小齐姑娘（齐淑贞），被老沈（沈指导员）"以一本正经加嬉皮笑脸加老婆的一件毛背心"就搂进了怀抱。"立竿见影，第二天老沈就给了她入党登记表……并且还到团里做工作，呼吁为解决先进典型的组织问题开绿灯。"（第297页）"性"在此充当了"物"，一种实用的等价物。作为成长主人公的女知青们，在以"性"牟取利益之时，似乎没有任何犹疑，且目的性极强，甚至带着强烈的攻击性。她们视宝贵的童贞如草芥，世俗的利益显然高过一切。文本绝不护短地曝光了她们的不洁行为，既还原了生活真实,又代替她们忏悔。毕竟,世俗利益不过是过眼烟云,而心灵的创伤甚至会绵延一生。以"性"做交易的代价委实不小,"年幼"的荒唐虽然情有可原,但郁结于心的追悔却不可逃避。

《血色黄昏》的拷问和忏悔,显然填补了"知青文学"叙说策略的一种致命缺憾,尽管这种拷问和忏悔的力度还不够强劲、深刻。

(三)以"性的狂欢"对抗"性政治"

同样是追忆"青春岁月",但王小波所书写的被扭曲的成长显然是一个异类。既不同于张弦们的"控诉"和"呐喊",又别于梁晓声们"无悔"的理想主义情怀,还异质于老鬼们沉痛的忏悔,而是任"性"放纵,以处于弱势地位的"性"为武器,通过巴赫金式的狂欢,实现对抗政治话语和伦理秩序的目的。其著名的中篇小说《黄金时代》即为隐喻着此种文化因子的文本。

《黄金时代》叙说了一个知识青年触目惊心的情爱故事:男知青王二在云南插队时,和女青年(不是"知青")陈清扬邂逅。两个"被侮辱被损害"的青年男女,面对四面楚歌的生活环境,因同病相怜而碰撞出了一段反常态的激情恋歌。

成长主人公王二因"名声不好",一直遭受重重压力,是一个"多余人"。这种压力体现在以下三方面:

其一,以"队长"和"军代表"为代表的领导对王二的"忽视"和"侮慢"。比如,当北京派人来视察知青生活状况时,队长为了遮掩王二被人打晕的事实,而蓄意制造出王二不存在的假相。

其二,当地人对知青有陈见,认为他们不务正业,经常偷鸡摸狗。王二就是这样的典型。因为抢夺耕牛与当地青年打架,王二被扣上了"殴打贫下中农"的罪名,被当地人开批斗会批斗;因与陈清扬"搞破鞋",而被无休止地捆绑、批斗。

其三,王二亦被知青同仁(似乎只有罗小四例外)所不齿,大家认为他是个二百五,把他当作缺心眼儿的"炮手"。比如,和当地人打架时,膀大腰圆的王二经常"身先士卒",等等。

备受挤兑的小人物王二处处挨整,人格尊严亦被肆意作践。即便患了腰病,还得承担最繁重、最肮脏的劳动。"我在队里喂猪时,每天要挑很多水。这个活计很累,连偷懒都不可能,因为猪吃不饱会叫唤。我还要切很多猪菜,劈很多柴。喂这些猪原来要三个妇女,现在要我一个人干。我发现我不能顶三个妇女,尤其是腰疼时。这时候我真想证明我不存在。"①王二被安排到山上去养猪,那儿荒无人烟,只能见到"破鞋"陈清扬一个人。

莫名其妙就被大家当作"破鞋"的女医生陈清扬,和王二理所当然就产生了惺惺相惜的情感。"同是天涯沦落人",两个被舆论所攻击、抛弃的孤男寡女,就这样阴差阳错撞在了一起。那时候,成长主人公王二还是个童男子,但身体的欲望已空前膨胀。"我一生中经历的无数次勃起,都不及那一次(21岁生日那天)雄浑有力,大概是因为在极荒僻的地方,四野无人"(第7页),似乎只有"小和尚"还有充分的自由,可以随心所欲地勃起而不受干扰。而急于证明自己不是"破鞋"的陈清扬,则希望通过王二证明自己不是破鞋,两个人因此接触频繁。可是,事与愿违,王二不但不能证明她不是破鞋,反而被大家传出他们在一起"搞破鞋"的谣言。谣言越传越凶,激起了公愤,两个人被一次次捉奸,被一次次专政,被一次次关起来没完没了地写交代材料。

出于物极必反的心理,也出于精神空虚和极端的压抑,两个"无辜的人"索性"把生米做成了熟饭",我行我素地在性放纵中狂欢。事实上,王二和陈清扬从被诬"搞破鞋"到破罐子破摔真正"搞起了破鞋",这一事件的背后隐藏着非常复杂的文化心理:以个人的"性话语权"(性的恣肆狂欢)实现对"性政治"话语和伦理秩序的对抗。在文明社会中,性显然是建构政治权力机器的一种工具。所谓"性

---

①王小波:《黄金时代》,广州:花城出版社,2000年,第19页。

政治",凯特·米利特①认为其指称的是在男权社会中男性对女性施行的"性统治",也就是因性别差异而进行的"男尊女卑"的等级划分。性的本质是追求快乐、自由和个性,反抗权威。因此,从此种意义上说,"性政治"还包含更深层的含义,即政治话语对个人的控制,包括对"性自由"的约束。也就是说,政治话语对个人的控制是全方位的、系统的。尤其是在王二所生活的那个极"左"年代,政治的血腥暴力无处不在,政治权力话语对个人的控制无孔不入、密不透风,"搞破鞋"这种严重的作风问题被千夫所指也就不足为怪。

成长主人公王二自知通过正常途径无力抗拒政治权力的强暴,其放荡不羁的秉性,促使他走上了以反常的思维逻辑和放浪形骸的性活动对抗强大的"性政治"的不归路。既然不能证明自己清白,那就只好证明自己不清白,这便是王二的逆向思维逻辑。他运用这种逻辑"自嘲"、"自虐"开导陈清扬。

王二甚至"不要脸"地向陈清扬提出"性交"建议,尽管陈清扬认为王二胡说八道是个恶棍,但王二的"强盗逻辑"显然对她起到了"启蒙"作用。因为她一直困惑,"所有的人都说她是一个破鞋,但她以为自己不是的。因为破鞋偷汉,而她没有偷过汉"(第3页)。而且,"她丝毫也不藐视破鞋。据她观察,破鞋都很善良,乐于助人,而且最不乐意让人失望。因此,她对破鞋还有一点钦佩。问题不在于破鞋好不好,而在于她根本不是破鞋"(第4页)。出于此种复杂心态,她最终和王二"搞起了破鞋"。繁重的劳动,人格尊严被肆意践踏,潜藏在身体里的原始欲望唯有通过疯狂做爱才能发泄,才能获得片刻解脱。

性的狂欢既消解了政治话语的崇高、严肃和权威,又反证了它的荒诞和滑稽。尤其是在逼迫他们写交代材料时,他们始终只写搞破鞋的事实,而且写得不堪入目,让审查的人读了脸红得像勃起的

---

①美国女性主义理论家,因出版《性政治》([美]凯特·米利特:《性政治》,宋文伟译,南京:江苏人民出版社,2000年)一书而闻名。

"小和尚"。王小波竭力让王二的言行粗鄙、淫邪,从而戏谑、消解权威话语,使其实现巴赫金所谓的狂欢化。这种作践自己也糟践了政治权威的言行,让他和陈清扬最终获得了全面的胜利。

三、"60年代作家群"的成长书写:成长之艰与女性意识的成长

"知青作家群"的成长岁月大多被一个疯狂的"红色时代"肆意改写,他们作为成长主人公个人的成长记忆支离破碎。而时代/集体记忆幽灵般潜伏于心灵深处,恰似不堪回首却始终挥之不去的梦魇。因此,"知青作家群"在书写成长记忆时,情不自禁将诉说欲求聚焦于时代,文本中激荡着"保护现场"的激情——企图还原时代曾对个人成长施暴的真实场景。于是,成长主人公的成长不仅仅是其自身的私人事件,还隐喻着一代人的成长悲歌。作为生命个体的"我"的个人性因素,不再是文本诉说的主要目的。"我"的"集体性"才是书写的终点。在那个没有"自我"的时代,所有的个人记忆自然只能被历史记忆所取代。文本中的每一个"我"似乎只有生理差异而无精神区别,或者说只有先进/落后、好/坏之异。因此,"知青小说"对成长的书写,总体说来是类群特征代替了个性色彩。

出生于中国20世纪60年代的作家们尽管也曾遭遇"红色时代"的狂飙,但他们的成长记忆却与"知青作家群"大相径庭,文本所呈现的成长则多姿多彩。其原因在于:20世纪60年代作家群大多处于"红色时代风暴"边缘("知青作家群"则处于风暴中心),他们中的一部分人顶多作为"红小兵"而懵懂地追随红色时代"闹革命"。由于年幼,他们的"小闯将"言行显然难以成为恐怖时代的得力帮凶,他们身心所遭受的扭曲程度相对来说也就轻了许多。所谓的"革命"在他们眼中,不过比"过家家"之类的童年游戏高级一些罢了。而革命的庄重性和崇高感,差不多被他们"儿戏"掉了。而且,他们大多没有经历过"上山下乡"之类的切肤之痛,时代记忆未能烙印于心灵之壁,却支离破碎地散落在渐行渐远的岁月里。他们迎来

了生命中的成长高峰时段（即"青春期"），同时也迎来了一个崭新的新时代（即新时期）。新的时代沐浴了"拨乱反正"的春风迅速恢复了常态，善良、正直、美好等被扭曲的人性正在回归，所有违背人之常情的禁忌皆得以解放。如此欣欣向荣的新时代开始正视成长主人公们的个性，把属于个人性的成长归还给了成长者。因此，他们的成长记忆不再苍白，不再被时代记忆所遮蔽。当他们拿起笔书写刚刚擦身而过的青春期时，自然不愿过多提及那个抽象、空洞且游离于个人记忆之外的时代。尽管他们的成长无一例外都遭逢了各种各样的创痛，但他们似乎宁愿把这一切看作长大成人必然会经受的考验，而不愿归罪、迁怒于一个子虚乌有的时代（所谓"自我之外无历史"，"历史就是个人的成长记忆"），甚至没有丝毫控诉欲求。文本书写的所有欲望不过是对记忆的拾掇，对逝去的青春时光的缅怀，以及对曾经的生命体验的一种"知其不可为而为之"（《论语·宪问》）的追寻。他们对人生苦短与岁月难再的悲剧性宿命的伤怀，显然取代了个人言说历史的宏大野心。如同每个人的生活都是一口深井，每一个成长主人公的成长也异彩纷呈。成长的复杂性、艰难性和个体差异性，成为他们笔下的成长主题小说着力表述的目标。20世纪60年代作家对成长的书写，因为性别差异呈现出不同的成长景观。其中，男性代表作家有余华、苏童、王刚等，女性代表作家有陈染、林白、虹影等。前者醉心于书写成长的艰难与凶险，而后者则热衷于表述"女性意识"的成长。

（一）成长的艰难与凶险

余华的《在细雨中呼喊》[①]被誉为中国20世纪90年代最值得纪念的小说，这是一部典型的成长主题小说。文本中充满了芜杂的"呼喊"——既是沉沉浮浮的生命不愿臣服于宿命的呼号，又是懵懂无助的成长者挣扎于艰难的成长之途所发出的令人惊悸的呐喊。

[①] 原名为《呼喊与细雨》，载《收获》，1991年第6期。

余华无意于与时代面对面,他只在乎记忆。"我想,这应该是一本关于记忆的书。它的结构来自于对时间的感受,确切地说是对已知时间的感受,也就是记忆中的时间。"①文本中虚构的那些鲜活的生命形象,不过是对记忆的一次艰难的追寻和缝缀。事实上,一切都不是真实的,所谓的真实只能发生在当下。而"当下"稍纵即逝,很快就成为一种记忆。记忆显然不可靠,有意无意背叛着真实。但是,记忆往往又是我们不得不赖以求真求证的唯一选择。这正是余华所遭遇的难题:他企图沿着记忆的轨迹去拼贴已逝的成长岁月,尽管记忆始终将其篡改、遗忘。还好,他的生命体验连同他所虚构的那些人物仍旧鲜活地呈现于文本中。

> 有时候我幸运地听到了他们内心的声音,他们的叹息喊叫,他们的哭泣之声和他们的微笑。接下来,我就会获得应有的权利,去重新理解他们的命运的权利……我回忆他们,就像回忆自己生活中的朋友,随着时间的流逝,他们容颜并没有消退,反而在日积月累里更加清晰,同时也更加真实可信。现在我不仅可以在回忆中看见他们,我还时常会听到他们现实的脚步声,他们向我走来,走上了楼梯,敲响了我的屋门。这逐渐成为我不安的开始,当我虚构的人物越来越真实时,我忍不住会去怀疑自己真正的现实是否正在被虚构。(第1~2页)

也许,真实与虚构皆不重要,重要的是存在于真实与虚构之间的那些成长者发出的呼喊声。那些声音穿过岁月之墙,穿过文本栅栏,撞击了与其不期而遇的读者剧烈跳动的心脏。这是一种何等芜杂、失范、无助、无奈的成长图景,每一个曲曲折折的成长故事的主题都赫然书写着"艰难"和"凶险"。而"成长之性"无疑是《在细雨中

---

① 余华:《在细雨中呼喊》,海口:南海出版公司,2003年,第3页。本书凡引自该版的引文,均只标记页码。

呼喊》中的成长者所面临的最大的困境!成长主人公孙光林既经历着自己艰难的成长岁月,又见证了身边形形色色的成长者形形色色的成长之痛。孙光林7岁时被送给他人作养子,养父死后他回到了生身父母家中。因此,他无法真正融入这两个让他童年漂泊不定的家,他是一个"姥姥不疼,舅舅不爱"的"多余人"。父亲鲜有温情,母亲自怨自艾无暇顾及他,哥哥和弟弟瞧不起他的寡言和懦弱。这一切造就了孙光林的孤僻和抑郁。一次发高烧,苏医生抚摸过他的额头,竟让他感觉到了从未有过的温暖和亲切。除此之外,还有故乡南门那口池塘,以及早夭的少年知己苏宇,也曾温暖过他的童年。

"父亲"的名存实亡,是造成孙光林成长困窘的主要原因。父亲孙广才是一个十足的无赖,他游手好闲,委琐而滑稽,鲜有父爱,不履行父责,有严重的人格和个性缺陷。他与寡妇偷情,经常公然把家里的东西搬到寡妇家。更为恶劣的是,他居然能容忍大儿子孙光平也爬上了寡妇的床,对于"父子同嫖"的乱伦行为无所谓。孙光林孤独无援地摸索在漆黑的成长之路上,他唯一能做的便是躲开他人,在那些不为人知的角落无声无息地成长。而潜藏在他身体里的欲望,悄无声息地撞击着他羸弱的成长天空。面对那难以压制的欲望之火,他胆战心惊,诚惶诚恐,甚至生不如死。如果说"耳闻目睹"是孙光林获取性成长经验的间接渠道,那么他直接的性体验则来自于"自我探索"。那一年,孙光林看见身穿碎花布衫的冯玉青的乳房在衣服里颤动而感到头皮一阵阵发麻,"内心针对冯玉青的情感已不再那么单纯,来自生理的最初欲念已经置身其中"(第20页)。那以后不久的一个黑夜,他终于无师自通地发现了潜藏在身体里的那个令他战栗的"秘密":

> 我14岁的时候,在黑夜里发现了一个神秘的举动,从而让我获得了美妙的感觉。那一瞬间激烈无比的快乐出现时,用恐惧的方式来表达欢乐。此后接触到战栗这个词时,我的理解显然和同龄的人不太一样……
>
> 后来随着对身体颤抖的逐渐习惯,我在黑夜来临以后

不再那么惧怕罪恶。我越来越清楚自己干些什么时,对自己的指责在胜利的诱惑面前开始显得力不从心。黑夜的宁静总是给予我宽容和安慰……那个庄严地审判着自己的声音开始离我远去。

然而清晨我一旦踏上上学之路,沉重的枷锁也就同时来到。我走进学校时,看到那些衣着整洁的女同学不由面红耳赤。她们的欢声笑语在阳光下所展示的健康生活,在那时让我感到前所未有的美好,自身的肮脏激起了我对自己的愤恨……我避开了内心越来越依恋的朋友苏宇,我认为自己不应该有这么美好的朋友……(第83~86页)

这无疑是一段充满荆棘的成长之旅,从"梦遗"到"手淫",少年孙光林挣扎在欲望、无知、悔恨、自责、内疚等情绪之中,甚至感觉生死难由自己。孙光林不得不把这一切"罪恶"向好友苏宇倾诉,当苏宇告诉他这就是"手淫"时,他也这样做时,孙光林的眼泪立即夺眶而出,所有的重负立即解除。这无疑是一种及时雨似的拯救。然而,郑亮所说的一番话,"那种东西,在人身上就和暖瓶里的水一样,只有这么多。用的勤快的人到了30岁就没了,节省的人到了80岁还有"(第91页),又把孙光林打入了十八层地狱。担心那东西被自己挥霍光的恐惧一直盘旋在孙光林的心头,直至他考入了大学。

在孙光林们的成长之路上,始终没有出现成年人的呵护。相反,与他们相关联的成年人,不过是孙广平一类的无赖、龌龊之徒。他们不但不能成为导师,反而误导了他们。除了痛苦地摸索,除了成长者的相互传导,别无他援。因此,他们的成长注定充满艰辛。被自我折磨和同伴误导的孙光林,居然没有像苏宇等人一样沉沦,的确是一个意外。和孙光林一同成长的那些成长者,大多成了成长的牺牲品,而置身于恶劣生存环境中的孙光林却能够歪歪扭扭长大成人,考上大学,开始了阳光灿烂的人生。也许,我们只能将孙光林误打乱撞走出"性"的泥淖归结为命运的垂青。

如果说余华通过成长者"自我探索"表述成长之艰难,那么苏童则聚焦暴力、肮脏和丑陋,以展现成长面临的重重危机和凶险。

如同蝉蜕,女孩子在青春期将经历一场身体"裂变",尤其是"初潮"的来临,往往让她们感觉已变成另一个"我"。然而,对处于青春期的男孩来说,他们不会遭遇这样的巨变,即或是"梦遗"和"手淫",亦难让他们感觉到自己大异于从前。毕竟,他们无从感受到"鲜血"的刺激,"梦遗"和"手淫"所引发的"射精"快感及排泄物,经常会被他们视作尿出的另一种"尿"。但是,随着体内荷尔蒙的积聚,青春期男孩的"力比多"冲动往往会以暴力形式发泄出来。尽管男性具有好斗天性,但青春期无疑是男性暴力发作的高峰期。相当一部分男孩会躁动不安,甚至变得性格古怪,脾气暴躁,浑身像绑上了烈性炸药,一触即发。

波伏娃说过:"暴力是一个人忠实于自己、忠实于自己的热情和意志的真实凭据;对于这意志的根本否定,就是使自己拒绝接受任何客观真理,从而将自己禁闭于一种抽象的主观性中;不能输入于肌肉中的愤怒与反叛则留存为想象力的虚构。"[①]青春期男孩表现出的暴力倾向,似乎可看作人类远古的一种遗传记忆的复苏——通过诉诸暴力,炫耀身体优势,从而获得各种权力。远古人类的动物性争斗,目标在于食物和性。在蒙昧和野蛮时代,暴力显然是解决一切冲突、调和各种矛盾的最佳选择。文明社会中的少年嗜好暴力,其潜隐的文化心理动机或许正在于此。那些少年帮会的"老大",大多是"不怕死"的武斗高手,无一例外都获得了两种心理满足:一是权力,即被尊为"老大",众星拱月,出入前呼后拥,可以一呼百应;二是性,即被异性喜欢、崇拜。

苏童的大多数成长主题小说,叙说的便是这样一群生活在暴力世界中的少年。《刺青时代》[②]和《舒家兄弟》,即为确证。

---

① [法]西蒙娜·德·波伏娃:《女人是什么》,王友琴等译,北京:中国文联出版公司,1998年,第110页。
② 苏童:《刺青时代》,上海:上海文艺出版社,2004年。本书凡引自该版的引文,均只标记页码。

《刺青时代》讲述了生活在香椿树街上的一群男孩的成长故事。青春萌动的他们崇尚暴力,企图通过暴力实现征服他人和世界的梦想。他们简单的头脑里充满了血腥,空虚的心灵中没有温情、善良。他们把潜藏着的兽性全都释放出来,狰狞、恐怖。他们终日与棍棒、刀枪为伴,在肉搏中流汗、流血。他们似乎不知道什么是死亡,甚至视生命如同草芥。他们像毒草一样在香椿树街那些荒僻的角落里疯狂蔓延,他们的青春在南方潮湿的空气中发霉、化脓、溃烂。

《刺青时代》中的成长主人公小拐,从小就被暴力病毒感染。及至青春期,"暴力症"疯狂发作,小拐最终被暴力所吞噬。小拐的成长悲剧,隐喻了成长绝非易事,成长者周围始终危机四伏,只有得到导师的导引,或"自律"、"顿悟",才能长大成人。缺少了外因和内因的双重督导,小拐注定无法长大成人。小拐出生后不久,母亲就死去了。小拐的父亲王德基性情粗暴,鲜有温情,责骂和毒打孩子乃家常便饭。一次偶然事件,九岁的小拐失去了一条腿。小拐的哥哥王天平是"野猪帮"的老大,暴死于与"白狼帮"的一次血肉横飞的火并事件。从此,小拐失去了保护伞。"那是小拐童年时代最灰暗的日子,几乎每一个男孩都敢欺负王德基的儿子小拐,他姐姐秋红和锦红对他的保护无法与天平活着时相比……小拐已经成为一种羸弱无力备受欺辱的象征"(第14页),"这个文静腼腆的男孩从此变得阴郁而古怪起来,他拖着一条断腿沿着街边屋檐游荡,你偶尔和他交谈几句,可以发现这个独腿男孩心里生长着许多谵妄阴暗的念头"(第5页)。于是,小拐一心想报复所有欺负过他的人。他拜师习武,师傅同情他、教导他,"既然所有人都来欺负你,那我就教你去欺负所有的人"(第15页)。有了师傅撑腰,小拐因此镇住了香椿树街上的男孩,成为新"野猪帮"的老大。然而,"白狼帮"的红旗出狱之后,便宣告了少年小拐"英雄生涯"的结束。之后,他遭了暗算,险些失去了另一条腿,还被红旗等在他的额头上刺上了"孬种"二字。从此,小拐"怕人注意他的前额而留了奇怪的长发,但乌黑的长发遮不住所有耻辱的回忆之光,孬种小拐羞于走到外面的香椿树街上去,渐渐地变成孤僻而古怪的幽居者。……似乎成了一个卧病在家的古怪的病人"(第33页)。丑陋、龌龊,处处是危险,成长是如此艰难!

(二)"女性意识"的觉醒与"私人化写作"①

世界阴阳相谐、两性并存,男性和女性共同缔造了文明的历史长空。但是,两性世界的矛盾冲突从未停歇。而且,自人类诞生以来,两性之间似乎从不曾有过真正平等的对话。生理上的差异导致两性在社会劳动体系中分工的不同,因而各自所取得的社会地位亦差别明显。经过数千年文明史的演进,及至高度文明化的当下,男性仍旧保持着对女性的支配优势,两性之间的"性别大战"仍旧在继续。事实上,性别差异的存在,决定了两性间矛盾的消弭不过是一种乌托邦想象。

在一个以男性为中心的社会伦理体系中,男性自然很少关注另一种性别对自己的威胁。性别差异对于男性来说,可以不屑一顾或熟视无睹。通常说来,真正关注这种差异的大多是女性,而且是女性中的精英。因为她们感受到男权社会的强大压力,希望能与男性

---

① 1996年,陈染出版了长篇小说《私人生活》,引发了激烈的争论。由此,陈染被称为"私人化写作"的始作俑者。"私人化写作"(或曰"个人化写作"),实为20世纪90年代的"女性写作",即回归女性内心和女性自我发现的一种写作趋向。"个人化"对于文学创作来说不可或缺,意指作家的创作个性和风格。但一些女性作家对"个人化"的理解却别有新意,往往将其等同于"私人化"、"私密性",或者说将"个人性"缩小为每一个生命个体特有的生命体验等。"私人化写作"的另一个代表作家林白认为,"个人化写作建立在个人体验与个人记忆的基础上。通过个人化的写作,将包括被集体叙事视为禁忌的个人性经历从受到压抑的记忆中释放出来,我看到它们来回飞翔,它们的身影在民族国家、政治的集体话语中显得边缘而陌生,正是这种陌生确立了它的独特性。"这种写作策略是对公共叙事的颠覆和解构,是对种种私人生活禁忌的僭越,使文学创作卸下了种种功利性而向本体回归。但许多作家一味沉溺于暴露个人隐私,使得这种写作平庸、琐屑、无聊,甚至粗鄙。

平等对话,找回女性自我。从此种意义上说,作为小说家,男性作家和女性作家在思维方式和叙说策略上烙印着明显的性别差异。对于大多数男性作家来说,他们倾心于在文本中建构一个恢宏的世界。这个世界既是虚拟的,又是现实之一种。对于大多数女性作家而言,尤其是活跃在中国20世纪80年代以降的女性作家,大多醉心于营造一个属于自己、属于女性的自足的(私人化)世界——娓娓叙说作为女性的丰盈的内心世界——尽情展示属于女性的喜怒哀乐、爱恨情仇。从某种意义上说,这些女性作家的创作可以颠覆现实社会中男性话语霸权,抑或游离于"男权"规范之外。

1949年至新时期伊始这一较长的时期内,中国当代文坛的大多数女性作家的写作呈现出明显的"雄性化"趋向。她们努力像男性作家那样思考、叙事,无论是思想境界还是行文风格,基本上做到了与男性作家同一。其中,一些女性作家取得了不小的成就,甚至令许多男性作家难以望其项背。但是,这种情状对于纯粹的文学世界来说,实为可悲、可叹。失却了性别特色的写作,无疑让文学作品丧失了丰富性和多种可能性。所幸的是,这种尴尬局面在新时期以降的女性作家笔下得以改观。生于20世纪60年代的女性作家,显然是书写"女性意识"的生力军。在她们的成长主题小说文本中,对女性"性别身份"的自我认同,以及对女性"性意识"、"性欲望"的成长之旅的细致描摹,自恋般欲罢不能。陈染和林白是最具代表性的女性作家,作为"私人化写作"的倡导者和实践者,前者的《与往事干杯》和后者的《一个人的战争》,显然都带有"自传体"色彩,叙说了女性曲折、坎坷的性成长史。成长主人公都经历了一段艰难的性历险,在欲望中挣扎、迷失、顿悟。

1. 《与往事干杯》:在"男性恐惧→恋父→审父"中长大成人

陈染称自己"不算是一个更多地为时代的脉搏和场境的变化所纷扰所侵蚀的作家",她努力让自己沉静,始终保持内省姿态,体悟作为"一个个人自身的价值,导索着人类的精神家园"。作为一位女性作家,陈染在20世纪90年代的中国文坛确实具有独特的价值。

她"对于小说实验性、先锋性和新潮性的偏执与坚守,使她的写作带上某种极端的意味,自然而然地成为各种文化潮头所无法回避的一种尖锐的存在,它的自由写作的文人姿态,单纯而又边缘化的女性文本经验,以及前卫性的话语方式,却无疑构成了90年代女性文学的一大奇异风景。……她勇敢地暴露和敞开了她所体验和感受的全部生命之痛,把一个女人的欲望、心智、孤独、恐惧、病态、阴暗等等一切的本来面目都呈现出来(吴义勤语)。"作为成长小说的《与往事干杯》[①],即为这样的文本。

《与往事干杯》中的成长主人公肖濛,她的成长岁月始终为男性阴影所笼罩。男性对于她来说,既是一个纠缠不清、挥之不去的梦魇,又是一种蠢蠢欲动、欲罢不能的欲望。潜意识里她拒斥男性,而又不得不默认依恋男性的心理欲求。伴随肖濛成长岁月的男性,或令她恐惧,比如父亲;或为善良、温情的诱奸者,比如尼姑庵男人;或者是一个不具备男人"实质"的准男人,比如老巴;唯一一个"挺拔、端庄、高贵"的男人——母亲的外交官情人,甫一出场,很快就病逝了,只留下伤感的背影。这些男性既是肖濛成长之旅的路障,又是她得以长大成人直接或间接的导引者。他们分别扮演了不同的角色,即或是伤害者,也客观地为肖濛积累了成长经验(即所谓成长必然会付出的代价)。恐惧→疏离→依恋→超越,肖濛就在对男人的含混、暧昧的情绪中渐渐长大成人,怀着"天凉好个秋"的心绪,与所有的成长往事干杯!

肖濛的性别意识的苏醒,始于"男性恐惧症"。因为父亲性情古怪,父母很早就分居了,肖濛的童稚岁月便失却了风和日丽、五颜六色。在父亲母亲终于走出了困苦的婚姻围墙之后的某一个午后,小女孩肖濛已经摇身成为一个亭亭玉立的高中女生,在街市川流不息的人海中与父亲邂逅。外形破败不堪的父亲拉住她的胳膊,老泪纵

---

① 陈染:《与往事干杯》,北京:作家出版社,1997年。本书凡引自该版的引文,均只标记页码。

横。然而,她却吓得拔腿就跑。很明显,坏脾气的父亲留下的阴影,遮蔽了肖濛无忧无虑的童年天空。尽管成年后的肖濛已能理解、宽容父亲曾经的古怪性情,因为他那时候"书被抄了,头被剃了,手里的笔变成了镰刀、铁锹,落得鸢飘凤泊之境地,这种尊严的毁灭与人格的侮辱使他的性情变得暴躁如雷、粗蛮无理,病态到与全世界对立"(第16页)。然而,父亲无意中将他的不幸扩散到了女儿身上,那些不幸在女儿身上发生了惊人的裂变,竟然成为女儿成长之旅中的第一块、也是永远无法修复的伤疤。理解和接受了父亲之后,肖濛心头仍然横亘着诸多欲说还休的心结——因"父亲缺席"而郁结的硕大、沉重的结!这种对父亲的惊恐,扩散为对一切男性的拒斥。她片面地认为只有女性才是温暖、安全的,这种心理状态甚至导致其一度性取向紊乱。

在对男性病态的恐惧心理的驱使之下,肖濛生理上的成长如期而临。当含苞待放的少女花季,在每一寸生机勃勃的皮肤下蓄势待发时,莫名的忧伤与无所依傍的脆弱心思亦如影随形。但"忧伤的性情压抑不住一个风华正茂的少女胸前那两朵美丽的花朵如期开放"(第18页)。"初潮"不知不觉来临的那一天,极度的无知、无助和极度的恐惧、羞耻、罪恶感,让肖濛如同坠入水深火热般的炼狱——"想象自己就要死了,只有等待,等待那无法预知的结局"(第15页)。在肖濛感到崩溃、绝望之时,母亲阴差阳错及时回家,帮她渡过了"难关"。这无形中更加助长了她对女性的依赖,以及对男性的疏离。"幸亏是母亲先回家了"(第16页),她惊慌失措地赶在父亲回家前,把"浸润过自己的鲜血的双手洗得洁白如初"(第16页),好让父亲觉得什么都不曾发生。这种不愿让父亲知晓自己成长秘密的心理,与肖濛对父亲(男性)的排斥心态相吻合。

初潮过后,肖濛抑郁的青春期综合征接踵而至。父母离婚后,肖濛和母亲搬进了母亲单位的仓库——一个废弃了的阴森恐怖的尼姑庵。家庭变故、生存环境恶劣、高考压力……像大多数步入青春期的女孩子一样,肖濛的神经异常脆弱,她甚至稀里糊涂产生了自杀念头。因为英语老师（又一个男性）偶然的一句不是奚落而又似奚落的话，极度自尊的肖濛神情恍惚来到冬日光秃秃的湖边，决定跳湖。恰巧母亲单位一个同事撞见了她，随口问了她一句"濛濛你一个人在这儿玩儿什么"（第23页），竟然无意间打消了她自杀的决心。这无疑是大多数成长者在遭遇挫折时所表现出的一种普遍征候——那样的年纪是"多么容易决定一件大事，又多么容易放弃一件大事啊！"（第23页）

在与男性的对立情绪中，肖濛确认了自己的性别身份。随着初潮的来临，悄然生长的"性意识"和"性欲望"倏至，肖濛潜意识中对男性的恐惧竟然不医自愈。肖濛对男性产生了一种本能的渴望，一种弗洛伊德式的畸形的"恋父"情绪。倘若把"初潮"视为女孩迈入成年之门的开始，那么，"初夜"则可谓女孩走向成熟的重大转折。这无疑是每一个女孩性成长之旅中最重大的成人仪式！郁郁寡欢的肖濛怀着对男性畸形的恐惧心理，不知不觉落入了一个男人温柔的"陷阱"——青涩的她提前迎来了自己的"初夜"。一切就像一个高明的导演精心策划的一场情景戏：荒僻的尼姑庵，一个缺少父爱、正在失去母爱（那时候母亲正忙着和她的外交官情人坠入情网）的青苹果般抑郁的初春少女，一个与妻子时常发生战争、时常独居一室的中年男子，暧昧地相遇了。

尽管少女肖濛的心中盘旋着对男人的恐惧阴影，但是青春期萌动的欲望却不可遏止地把她的目光扭转到男性身上。"父亲"在她心中留下的难以愈合的伤痕，让她本能地在另一个与父亲一般年纪的男人身上寻求补偿。此时，这个父亲一般的中年男性伟岸的身体，不再是梦魇，而是一个欲求甚解的"谜"。不觉间，潜藏在肖濛心中所有对男人的恐惧化作对男人的欣赏。仍旧是在不觉间，又转化成接近男人、被男人"触摸"的欣喜和渴望。当那个作为邻居的中年男人，似乎是以父亲般的爱怜捏了捏她细细的脖颈时，她的心中立即荡漾起了愉悦的浪花。这种父亲般的爱抚，让肖濛感觉到的不仅仅是"父亲"的温情，还有不知不觉降临的"异性"魔力。她眼中的这个父亲一样的男人,不单单具有父亲一般的慈爱,还有让少女春心荡漾的、致命的"英俊"。她对他的观看,含混着女儿和情人的复杂情绪,也验证了"父亲是女儿隔世的情人"之传说。对这个父亲一样的男人的依恋,迫使她一次次主动走进他的书房借书。而且,借的是有关妇科和生理方面的书(他是医生)。不知不觉间,肖濛已被这个父亲一样的男人温柔地"俘虏",身体和心理的欲望正在茫然失措地膨胀、漫溢。在和他一次次交往中,肖濛渐渐由"仇父"走向"恋父",性意识和性欲望含苞待放。让少女肖濛茫然失措的性欲望得以满足的父亲一样的男人,既是肖濛性的温情的导师,又是一个蓄意制造了"诱奸事件"的强暴者。他既是天使,又是魔鬼。那提前到来的"初夜",既是对"乱伦禁忌"的颠覆,又是一个充满温情、愉悦的"性游戏"。但是,仇父与恋父情绪始终在肖濛心中纠缠不清。她恐惧父亲,爱恋这个父亲一样的男人,并与他乱伦式地鱼水交欢。这爱恋中还夹杂着混沌的"审父"意识:因为在她的成长之旅中,"父亲"这一角色事实上一直处于缺席状态,而这个父亲一样的男人虽然见证了她的成长,但只扮演了"诱奸者"角色。这个温情的诱奸者,温情的背后还潜隐着不配为"男人"的怯懦——出于性情中善良的怯懦(要"保护"这个小女人,让她将来能完好无损地去嫁人),出于对强大的世俗压力的畏惧(害怕承担责任),他不敢完全占有女孩的童贞。这种胶合了善良与罪恶的举动和心理,使得他即使作为流氓似乎还不够格。这种潜隐的审父意识背后,还潜隐着对"男权"的颠覆与消解。在这个文本中,男性对于少女肖濛来说始终是一个爱恨交织的矛盾体,她陷入了对男性的欲罢不能之境。肖濛无法走出对男性的依恋、崇敬,对"诱奸者"始终怀着一种美好的记忆。即或若干年后,她与那个已经变成了老男人的诱奸者重逢,对他依旧怀有爱恋的情绪。

陈染作为文本的操纵者,似乎预知肖濛会有这样一种丧失了"女性"自觉的"犯贱"言行。因此,刻意安排了她和那个男人的儿子老巴阴差阳错的异国相逢、相爱。后一次乱伦,显然是对前一次乱伦的复仇,也是对男性霸权的一记重拳。她同样爱着老巴,即使在她无意中发现了这两个男人之间存在的匪夷所思的秘密之后。但这个男孩似乎比他的父亲更不济,是一个性无能者,甚至需要得到她的爱抚和拯救。在她离开他之后,他似乎是因为精神恍惚而死于车祸。由此,肖濛从一个被男性导引的成长者,成长成为一个导引男性的导引者。她最终怀着乱伦的负罪感和与心爱的人永诀的伤感情绪,决绝地离开了这两个男人。种种迹象表明,肖濛似乎已经成长为一个真正的女性。

2.《一个人的战争》:男性误读→自恋→自闭→未完成的成长

前面述及,女性意识的觉醒表征为两个方面,即"女性性别意识"和"女性性意识"的萌发。新时期以来,中国女性的女性意识蓬勃生长,但一开始就先天不足。也就是说,为数很少的一部分所谓女性精英,她们所寻找和确证的女性身份,始终无法摆脱男性阴影,甚至情不自禁就以男性作为参照。尽管她们摆出了反动男权中心的决绝姿态,甚至在一定程度上颠覆了所谓的男权神话,但她们所确立的女性自我,不过是对男权的一种复制,或者说把自己变异为另一种男性。这种情形类似于农民怀着当地主的梦想(过上地主一样的幸福生活),揭竿而起造了地主的反,而后终于当上了地主。这显然与革命的真正主旨——推翻无道的政府、颠覆不合理的社会体制相去甚远。

林白的成长小说《一个人的战争》[①],叙说了女孩多米从5岁到30岁的性成长史。在这段复杂、隐秘、幽深的生命体验中,多米的"性意识"和"女性自我"如影随形地胶合在一起。多米长逾20年的性成长史,可简约勾勒出"男性误读→自恋→自闭"这一线路图。不论是表现出"自恋"还是"自闭"倾向,都无法摆脱"男性"的介入(隐形或显形),都与对男性的误读相关。作为女性,因为生理上处于弱

---

① 林白:《一个人的战争》,北京:十月文艺出版社,2004年。本书凡引自该版的引文,均只标记页码。

势地位,很少能像男人那样主宰世界。因为占领外部空间的能力不强,这便给了女性专注于经营内心世界的契机。这是一片无形、无垠的广袤世界,培育了女性敏感、丰富、充盈的情感世界,以及赋予了女性细致、深刻的感悟生命本体的机缘。因此,通常说来,女性心智的发展较之于男性早,生理发育和性意识的生发亦相应提前。她们大多视情感为生命存在的意义,甚至将其作为终身追求的目标。因为女性思维的焦点在于"内在"(心灵),"我"就是世界,就是存在的中心,"我"之外似乎都与己无关。这种思维方式决定了女性的一种普遍心理征候:自恋。当自恋倾向发展到了极端时,往往就异变为"自闭",甚而"自虐"。

多米的性意识的生发始于5岁,她在幼儿园里发现了抚摸自己身体的快感(即"手淫")。6岁时,与女伴莉莉做性游戏,并从中获得了快感。8岁时偷窥女人生孩子,并开始思考"生"与"死"等重大的人生问题。多米无疑是一个早慧、早熟的女孩子,这与其非同寻常的生存环境相关:她3岁丧父,母亲经常不在家,只能与年迈的外婆相依为命。缺少了呵护的多米,被迫对自我拔苗助长,以求让自己尽快强大起来,以面对人生的风风雨雨。缺少爱的童年,让多米感觉孤独,皮肤的饥饿感甚至蔓延至成年之后。因为这浓重的孤独感,多米感到世界异常冷漠,心理上渐渐发生了畸变。为了寻求与他人、世界的沟通,并与他人和世界保持亲密关系,或者说有肌肤之亲,她甚至幻想自己被强奸。在这种真实、狰狞的心理欲求的暗示之下,多年后多米在大学校园的小山后遭遇了一个陌生男子的强暴,她竟然没有表示反抗,后来还把这个强奸犯当作"男朋友"。

父亲缺席,生活中缺乏男性关爱和导引,自然无法寻求男性依附,多米因而对常态下的男性和两性关系的理解,一直存在着明显的偏差。多米的身上似乎很早就形成了一种"男性气质",她似乎天生就不会撒娇。当然,她几乎没有撒娇的机会。8岁时,同学肥头(男生)的妈妈居然把他托付给多米,乞求她照顾他,因为他晚上不敢独自睡觉。这无意中助长了多米身上的男性气质,因为保护男性而在潜意识里将自己身上的女性气质弱化。这是作为女孩的多米，她的"女性性别"所遭遇的最严重的一次篡改。女性性别被篡改的同时，加重了多米心理上对男性的误读，从而导致了她长到30年似乎没有喜欢过任何一个男人，甚至怀疑自己天生就具有同性恋倾向。

多米对男人的误读，一方面源于与男性的疏离，另一方面因为遭遇了女性的"诱惑"。很小的时候，多米就迷恋上了一个女演员美丽的身体。这种心理趋向正好验证了赫洛克所说的"牛犊之恋"（见绪论），同时也与多米没有父亲、缺乏与男性相处的成长经验相吻合。那似乎是出于本能，多米的目光一直追逐着那个美丽的女演员，从台前到幕后，甚至在她卸妆时情不自禁地伸手抚摸她。多米成年之后，遭遇了21岁的女大学生南丹疯狂的追求。南丹对多米发动的爱情攻势，无异于陷入情网的小伙子追求心仪的姑娘般狂热、忘我。南丹的出现把多米对男人的误读推向了极致，尤其是在受到了南丹的关于不爱男性的理论教导之后。"男人的身体太硬……极不舒服。女人的身体柔软富有弹性，只要一触就能产生感觉。"（第63页）尽管如此，多米对于同性之爱仍旧持怀疑和恐惧态度。慑于文化传统，多米害怕自己是同性恋者，她本能地抗拒着南丹的爱情，却又半推半就地与南丹保持着"无性"的同性恋情。因为她只爱（或者说欣赏）女性的美丽，而对她们产生不了所谓的性欲望。

在对男人误读的岁月里，多米终于迎来了她的初夜。那是在一次孤独的旅途中，多米在江轮上遭遇了一个中年男人的引诱。那个陌生的男人抓住了多米的懦弱和犹疑，近乎残暴地夺走了多米的初夜。这痛苦的初夜记忆，把多米好不容易产生的对男人的好感又遮蔽了。然而，多米对男人的误读达到变异的程度，是在她疯狂地爱上了一个名叫N的男人，却被他无情地抛弃之后。从此，她不再爱任何男人。虽然她最终嫁给了一个老头子，但是，这个老男人不过是一个男性符号而已，暗示了多米始终无法摆脱男性、始终在寻求着男性依附的心理欲求。不管怎么说,多米"还是宁愿要一个父亲"(第96页)。这个代表着男性符号的老头子,不过是充当了满足多米此种心理欲求的道具。与其说多米是嫁给了一个"男人",不如说多米嫁给了一个男性符码。至此,多米把自己关进了一个与男性貌合神离的铁屋子里。她虽然嫁人了,却无法真正与异性水乳交融。在两性关系中,她无疑患上了无法治愈的自闭症。她和自己的肉体进行着无休止的"战争",这是"一个人的战争",也是多米的"自恋"和"自虐"。就在这种充满了孤独和空虚的自恋、自闭和自虐的"一个人的战争"中,多米的成长夭折了,或者说她的成长永远无法完成。

第五节 "70后作家"的成长书写: "性"是一种写作策略

随着市场经济时代的来临,商业社会的生存法则改变了中国人传统的价值观,成长小说中展现的大多是芜杂的成长景观,"拒绝成长"等反成长叙事将这一小说样式推向了风口浪尖。于是,当成长小说不再担当"启蒙"、"教化"等宏大叙事使命时,一些论者认为日益个人化、私密化的叙事趋向可能导致这一文体样式的消亡。成长是一个永恒的命题,成长小说面临新的成长问题不得不与时俱进,不断调整新的叙事策略,乃适者生存抑或大势所趋,亦是成长小说获得新生存空间的必由之路。

20世纪90年代以来,在计划经济向市场经济转型、物欲凌驾于精神之上、集体性被肢解为个人性、大我被小我所取代、由利他向利己转向的历史文化语境中,出生于20世纪70年代的中国人迎来了他们成长的鼎盛时段。此时,文学由权力话语的宠儿沦为弃儿,自然就丧失了宏大叙事的激情。新时代日新月异的芜杂景观,让大多数70年代生人无力把握属于时代/个人的共性,所谓"不是我不明白,这世界变化太快"。新时代似乎是不可言说的,尽管他们有着言说的冲动和想象。相反,言说个人、彰显个体面对时代的生命姿态,对他们来说既是一种无奈又是一种别无选择的选择。通常说来写作就是回忆,是对已逝人生经历的追忆和想象。对于"70后作家"来说,相对深刻的人生记忆大多只能是成长,或者说是正在发生的青春期故事。因此,成长成为他们不约而同的写作起点,所谓"成长之外无故事"。"如果我有一种激情,那么,这就是想告诉你,我所有青春年少时的梦魇"(卫慧语)。"好孩子没故事","70后作家"的成长小说中的主人公,几乎为清一色的"问题男孩"或"问题女孩"。代表作有卫慧的《上海宝贝》和棉棉的《糖》等。对性成长残酷真相的原生态展示,是"70后作家"的一种流行的写作策略。换句话说,除了性,他们似乎没什么可写,写作的冲动和激情亦不复存在。造成此种唯"性"不写情状的原因,可大致归纳如下:

他们没有经受过时代的创伤,没有见识过动乱、饥馑,基本上过着衣食无忧的生活……这样的成长经历自然是苍白的!而且,他们浅陋的人生阅历使得他们无力把握一个正在剧烈变化的时代,无力反思所存身的文化语境。当然,时代似乎暂时还不需要他们反思什么,时代的汹涌浪潮正推动着他们向前(钱)看、奔小康、跨世纪……还有什么值得书写?那就写写自己吧!写什么?经受了商品大潮的洗礼,他们深得自我包装、作秀之道,彻知唯一可以拿得出手的便是成长之中的"性殇"。于是,他们写性——让父一辈匪夷所思又感慨自己"白活了一次"的性。毋庸置疑,与之前任何一个时代的成长者相比,70年代生人享受了前所未有的性的开放、放纵和满足。他们中相当一部分人的性经历,是"父"一代中大多数人所无法想象的。"父"一代在批判他们所经历的残酷的青春性殇之时,多少隐含着嫉妒、羡慕和窥淫动机。性的成长成为他们"文学秀"的时尚外套,他们竭尽全力,不惜暴露个人隐私而把性写到极致,甚至不回避性的变态和淫乱。只要能吸引眼球,惊世骇俗,哪管什么是"无耻"

和"道德底线"？哪管什么是真正的文学，以及文学所应承担的最基本的审美意旨？相反，他们唯恐读者不信以为真，而刻意标榜作品为"自传体"或"半自传体"。写作的终极目的是赚取最大限度的世俗利益，所谓"出名需趁早"，"笑贫不笑娼"。由是观之，"70后作家"所书写的成长小说，大多不过是寄居于文学华氅下的一种槲寄生！不过，冯唐(代表作《万物生长》)、雷立刚(代表作《爱情和一些"妖精"》)等作品，因对成长的深度挖掘和对"性"的严肃书写，而具有鹤立鸡群之姿。

无法回避"70后作家"已经生产出的作品的文本(社会学)意义。很明显，无耻是需要勇气的。没有廉耻的坦诚，是对真实的极限挑战。大多数人不敢说出潜隐在心中的欲望和罪恶，而他们全都说出来了。他们说出了无耻的真话，而且用的是自甘堕落、不要忏悔和拯救的语气。欲望的压抑与放纵，似乎是一对永难消弭的矛盾。压抑住了欲望的人，可以获得一种圣人般的想象情怀；而放纵欲望的人，同样可以获得一种生理上的放松以及精神上的麻醉。性欲的压抑与放纵，表征为不同的存在方式和生活情态，横亘其间的是道德标尺。前者顺应道德法则而得以安然无恙，后者因与道德忤逆而备受苛责。

性的放纵若冲破了道德底线，不啻为放虎归山、引狼入室。当那些维系文明社会正常运转的道德准则不再有效时，从潘多拉魔盒里蹿出来的恶魔势必随心所欲、恣肆妄为。如此放纵的70年代生人，他们所身体力行的"动物派对"、"一夜情"和"无爱之性"等，不过是把身体变异为超能量的性欲机器和欲望吸盘。这被过度开发的性张力究竟能膨胀到何时？他们在不久的将来如何承担"父"之责？如何督导弟弟妹妹们，以及他们的孩子的成长？他们曾经残酷的青春性殇，是否会在后来者身上重演？面对这也许会轮回上演的性殇，他们会是一种什么样的心境？倘若这种放纵发展到一种无法收拾的状态，他们作为始作俑者，如何对历史负责？

第六节　中国儿童文学视阈中的成长书写和研究

前面的讲述中已经探讨了成长小说与儿童文学之间的姻亲关系。儿童文学作家对成长的书写，主要体现在少年小说文本中。以秦文君(《男生贾里》)、陈丹燕(《上锁的抽屉》)和丁阿虎(《今夜月儿明》)等为代表的一批作家，大多书写当代中学生的成长故事，展现新时代中学生成长的风采，呵护他们成长的欢笑和泪水。当下，以曹文轩(《红瓦》)、常新港(《女生苏丹》)、饶雪漫(《QQ兄妹》)等为代表的一批以成长为书写主题的少年小说作家的作品，备受广大青少年喜爱。这些作品在一定程度上担当了青少年成长的精神导师角色。

中国儿童文学作家的成长书写，具有以下几方面的特点：①由于"以儿童为本位"的儿童文学之年龄上限为18岁，因此，大多数儿童文学作家的成长小说所描写的成长主人公并未超过18岁。前面的讲述中已经论及，成长并非一蹴而就，亦非如生理学所规定的那般准时，因此，大多数儿童文学作家书写的所谓成长小说，并未展示成长主人公由幼稚走向成熟的全貌，不过是展现了其成长片段。严格意义上说，这样的成长书写不过是成长小说的雏形。②对当下青少年成长问题的关注，使得作品具有极强的当下意识，尤其能引起广大中学生的共鸣。比如《女生贾梅》(秦文君)、《花季雨季》(郁秀)等。③缺乏成长小说的基本理论知识，对成长的书写处于自发状态且流于表象，未能穷尽成长的方方面面，未能窥破成长的真谛，难以成为阅读者(主要是未成年人)的重要参照。

第四讲中概略介绍了成长小说文本大致可分三类,见下表:

类别	作者	读者	叙说对象	代表作品
第一类	成年人	成年人	已发生的成长往事	《与往事干杯》等
第二类	未成年人	处于成长之中的成长者	叙说正在发生的成长故事	《柳眉儿落了》等
第三类	成年人	未成年人	关注、呵护成长者的成长	《草房子》等

从叙述时态看,第一类成长小说运用的是"过去时",后两类多用"现在进行时"。第一类成长大多已成往事,成长主人公的成长结果基本明了,文本不过充当了成长的刻录机,无法与其互动。后两类成长因还未完成,故具有多种可能性和潜在的增值空间。文本处于开放(或未完成)状态,存留有大量空白,需要阅读者填充。这些文本主要存在于中国的少年小说中,写作这类文本的作家通常被命名为儿童文学作家。他们的作品大多出现在中国不多的几种少儿文学刊物中,比如《儿童文学》、《少年文艺》等。与成人文学相比,儿童文学的生存环境非常逼仄:发表场所稀缺,且一直置身于"儿童文学不过是小儿科"之类的舆论氛围中。但是,他们对成长的影响却是任何一个成人文学作家、任何一部成人文学作品所难媲美的。仅从书刊的发行量来说,前者与后者明显不在一个档次。毕竟,任何一个国家主要的阅读群体显然是中、小学生。

前面述及,中国的儿童文学长期以来存在两种弊病:一是把少年儿童仅仅当作孩子看待,认为他们是"小人"、"非人";二是不把少年儿童当作"未成年人",或者说把他们当作"缩小的成人",完全按照成人标准观照他们的言、行、思。第一种弊病是较为常见的征候,此种偏狭的文学观念致使文本先天贫血,成长主人公的成长必然被缩水。也就是说,文本中的成长主人公大多是一些非常单纯、纯洁的孩子,缺乏个性,基本上不具备复杂的思想意识。事实上,这样的文本所营造的不过是一种公共化的童年、少年生活场景,展现的大多是写作者"想象"中的少年儿童世界。而少年儿童世界存在的真正价值只有在与成人世界的比照下,才能得到确认。"童年(少年)的本真只有在成人的私人领地里才能得到发现,我们需要的是心灵中似有非有的一块绿地,是时间里得而复失的一种宝藏。"①缺失了成人世界的参照,割裂了与成人世界的联系,这样的作品无疑是一个封闭、自足的系统。

把少年儿童的世界看作一个封闭、纯粹的童话世界,一个全然自足的实体,一个类似于真空或隔离地带的狭窄禁区。这种做法无疑是把少年儿童放进玻璃器皿中蒸馏、提纯,"片面强化了少年儿童世界无边的想象力和自由自在的秉性,忽略了少年儿童世界亦是一个开放的区域,是一个不断延展的具有多种可能性和复杂性的球形世界。在那里,不仅仅生活着童话世界中的'小王子'和'小公主',还横行着恶毒的巫婆和狡黠、凶悍的豺狼虎豹。而且,每一个孩子从小就将面对纷繁复杂的大千世界,他们从小便要与家人和亲戚朋友接触,与幼儿园里的老师和小朋友接触,与小学、中学时的老师同学接触,乃至与一些社会上的人接触……他们必然会接触到成人世界的方方面面,可以说他们中的大多数在上初中之前,除不会面对性生活之外,几乎将触及所有事情的边缘,只不过他们感受这些事件的深度和体验的视角不同罢了……从某种意义上说,他们的世界和成人世界虽然表现情态不同,但内容却是相似的。这才是他们所面对的完整的、本真的世界!"②此外,受制于新时期以前封闭、保守的文化语境,作为成长核心问题的"性",自然被忽视。缺失了性的成长,成长主人公被想象、假设、异化为"无性",他们必然是一些永远都没有(无法)长大的孩子。

新时期伊始,各类成人文学沐浴时代新风,匆匆回归,寻找自己的位置,恢复自己的本性,寻求美学转型。"性"禁区很快被突破,人

---

① 张惠平:《童年视角:回归与放逐》,载《小说评论》,1992年第4期。
② 张国龙:《在颠覆中承接——儿童文学教化功能刍议》,载《艺术广角》,2005年第2期。

性的丰富性和完整性得到纵深探究、挖掘。儿童文学亦表现出了许多新质新貌，比如人物形象由"扁平型"向"圆整型"转变，叙事手法丰富、多样等。但是，大多数作家对"性"始终保持疏离心态。只有为数不多的一些作家，敢于正视这一敏感话题。尽管这些作品对"性"的书写如蜻蜓点水，或如履薄冰般小心翼翼，却在一定程度上弥补了中国少年小说书写的一种空白。这样的作品有曹文轩的《再见了，我的小星星》、丁阿虎的《今夜月儿明》、秦文君的《少女罗薇》、《告别裔凡》、陈丹燕的《上锁的抽屉》、《男生寄来一封信》、龙新华的《柳眉儿落了》等。

与此同时，从儿童文学视阈研究成长小说的学者，主要代表人物有曹文轩、王泉根、朱自强和张国龙等。

作为学者的曹文轩对成长小说的理论认知具有其他作家不可比肩的得天独厚的优势。他认为"旧有的儿童文学概念，根本无法覆盖成人世界以下的全部生活领域。成长小说将撤销旧有儿童文学概念的种种限制。它将引起大量从前的儿童文学必须截住而不让其进入的话题"。① 他将成长小说引入儿童文学领域，拓展了成长小说和儿童文学的生存空间。作为中国儿童文学界的标志性作家，他在谈及自己的长篇小说《根鸟》时说："这是一本成长小说，或者说'路上小说'。中国目前还未有这个概念。"他在谈及郁秀的长篇小说《太阳鸟》时认为"中国出现了一个新的小说类型——成长小说"。他在桑地的小说《看上去很丑》的序言中写道："这是一部成长小说。……中国几乎没有成长小说，甚至没有'成长小说'这一概念。在儿童文学与成人文学之间，有一大片开阔地带，长久地荒芜着。……现在已到了命名的时候了。"在新蕾出版社 2001 年出版的《中国儿童文学五人谈》一书中，他认为"关注图画书和成长小说，是他们在世界儿童文学坐标的参照下，对整个中国儿童文学缺漏和遗憾的积

---

① 曹文轩：《论"成长小说"》。赵郁秀：《当代儿童文学的精神指向——第六届亚洲儿童文学大会文选》，沈阳：辽宁少年儿童出版社，2002 年，第 135～144 页。

极补救,也是他们对更多新可能的一种努力追寻。这其中不可避免地会出现观点及表述上的分歧:究竟什么是成长小说?它是隶属于少年小说还是可以获得独立的'公民权'?"可见,曹文轩无疑是中国儿童文学作家中少见的具有自觉"成长小说意识"的人。他还认为,"成长小说并非只是消极地理解'完整的人',它在走向所谓的'完整'时,包括了它理想中的'完整'——这一点甚至费去了它大部分心思。作为它前身或者近亲的'教育小说',在实现'完整'时,是将教育放在显赫的位置上的。'教育'与'成长'这两个概念始终是捆绑在一起的。理想的成长从来就不是一种自在的自然状态。'树大自然直'的说话是逃避教育的借口。只有经过教育的成长才是有质量的成长。这里的教育不是指学校的知识传授,也不是指道德训诫,而是文学所要进行的教育。这种教育是以特别的方式进行的,它对一个人的成长来说也许是最为重要的教育。"[1]曹文轩虽并未对成长小说进行细致、深入的理论阐释,但他深入探讨了成长小说与教育之间的姻亲关系。

王泉根在许多文章中皆论及成长书写问题。他认为新时期儿童文学的拓展表征为"摆脱了'成人中心论'的羁縻,确认了儿童文学必须切合少年儿童的精神世界与思维特征为基准的主体性原则,重建人的意识,塑造未来民族性格"[2]。"孩子总是要长大的,成长是儿童永远的梦。现代教育正是要使生物学层面的个体生命真正转化为文学层面的主体角色。在成长过程中'学会求知,学会做事,学会共处,学会做人'"。这段话阐明了教育和成长之间的姻亲关系。他还探讨了儿童文学与儿童成长心理之间的逻辑关系。[3] 他认为,"走向当代少年儿童的内心世界,表现一代新人多姿多彩、健康向上

---

[1] 李学武:《蝶与蛹:中国当代小说成长主题的文化考察》,北京:中国社会科学出版社,2003年,第6页。

[2] 王泉根:《中国新时期儿童文学的深层拓展》,载《北京师范大学学报》,2000年第4期。

[3] 王泉根:《论少年小说与少年心理》,载《少年儿童研究》,1990年第16期。

的生命气象与精神成长"①,是二十世纪八九十年代中国儿童文学发展的趋向之一。在《新世纪中国儿童文学研究的主要趋向》②一文中,他将成长小说研究作为儿童文学研究的新增长点,并对二十一世纪以来中国成长小说研究的状貌做了概略梳理。

朱自强在不少文章中,深入论述了成长和成长小说。他认为儿童文学是"成长"文学,"儿童是'成长'的人种,在短短的十几年间,就经历了幼年、童年、少年三个不同的人生阶段……把儿童走向成人的成长仅仅看作丢弃未成熟的东西的过程,是一种肤浅的想法。人类的早年生命是天赋的存在根基,所谓成长,不是'抛弃'这个生命存在根基,而是在幼年、童年、少年、青年、壮年等成长的各个阶段上,不断地把新的具有价值的东西(包括社会化中的具有正面价值的东西)充实进这个生命根基里去。真正的健康的成长,'放弃'的只是作为生命形态的表面的东西,保存的则是对人性来说不可欠缺的本质的东西。因此,成长也有一个如何保持的课题,不保持是反成长的,不能鼓励、帮助儿童保持可贵天性的环境,也是反成长的。……儿童文学中的小说则以儿童现实生活的具体描写来呈现儿童的成长状态:困境及其出路。儿童的精神成长既是日积月累的,也有飞速拔节的时节。儿童文学中有一类作品倾心于表现儿童心灵急速成长的关节,特别是描写自我意识(自我同一性)的觉醒和确立,人们将其称为'成长小说'"。③ 他还从成长出发,并在小说范畴之内阐释了成长小说的美学特征。"青春期遭遇最大的一个问题,也是最有价值的问题就是自我同一性的问题,就是自我意识的寻找和建立的问题。艺术地表现出成长中的少年的自我意识的建设过程,是很多成长小说的第一要件。成长小说的第二个要件就是必须具有充满逻辑力量的故事情节。与消解故事情节的某些现代小说

---

① 王泉根:《现代中国儿童文学主潮》,重庆:重庆出版社,2000年,第225页。
② 王泉根:《新世纪中国儿童文学研究的主要趋向》,载《学术界》,2008年第3期。
③ 朱自强:《儿童文学概论》,北京:高等教育出版社,2009年。

不同,成长小说一定要有故事情节,这是表现成长的需要。没有经历和经验,人就无法成长。表现成长的过程,需要足够的容器,因此成长小说往往拥有长篇或者中篇的篇幅。在这样的篇幅里,如果故事情节缺乏有力的动机来推动,主人公成长的步伐就不能走远。成长小说的情节应该具有纵深感,不能是平面的,也不能原地踏步,而要有质的发展。成长小说的第三个要件是需要呈现出主人公精神上的磨难和寻路状态。"[1]

第七节　中国式成长小说书写的困境和研究现状考察

作为舶来品的成长小说这一文学概念,在进入中国之前被所谓的教育小说所取代。经过意识形态的干预、改造之后,它得以迈进当代中国本土。其中,《红楼梦》、《青春之歌》等,可谓中国最具有典型意义的成长小说范本。但是,由于中西文化的差异,中国的成长小说在内质上已经发生了很大的变异。这种因文化语境不同而产生出的成长小说的主体性差异景观,客观上导致了中西方成长小说在审美等功能层面上的差距。难怪有论者说,具有本体意义的成长小说至今还未在中国诞生。尽管进入20世纪90年代之后,由于中国社会体制和传统价值观念的转型,以成长为书写主题的成长小说从本质上发生了裂变,作为主体的成长者表现出了与林道静等截然不同的精神面貌,但是,他们的成长仍旧是迷茫、混沌的,精神的超越仍旧亟待完成。在上个世纪90年代中后期风光无限的棉棉、卫慧,她们歇斯底里地张扬"身体写作",她们那些以宣泄"残酷的青

---

[1] 梅子涵、曹文轩、方卫平等:《中国儿童文学五人谈》,天津:新蕾出版社,2001年。

春"而惊世骇俗的文本,无疑都在讲述有关"我"、有关青春的成长故事。"我"的言、行、思都烙印着绝对生猛的个性(或自我),所有惊世骇俗的反常之举,都是为了对"自我的寻找和确证"。为了实现自我而不惜以对自我的伤害为代价,把生活的表象当作人生的本质,从而与平庸的日常生活达成妥协,身不由己便沉陷于感官功能的刺激和享受之中。而中国当下正热销的青春文学,写作者大多是被媒体爆炒的所谓"天才少年"、"新新人类"。尽管他们的作品中不乏才气、灵气,也确有不少令人惊叹之作,但他们对成长的理性认知的贫血,削弱了作品的力度和震撼性。这些所谓的成长故事多了些"欲赋新词强说愁"的况味,少了些冷静的沉潜,肤浅、浮浅之气暴露无遗;多了些"自恋、自虐"式的孤芳自赏,少了些与社会生活情境和谐共生的气度,自大、自负、自卑、偏执情绪顿显;多了些刻意离经叛道式(所谓另类)的表演,少了些心灵的体验和平心静气的内省,在莫名的骚动和虚妄的叫嚣中找不着北。"这种只要此岸而不要彼岸的成长,旁证了文化现代性构想的结构性缺陷;只有认知——工具理性的现代性潜能得到释放是远远不够的。……为什么自由选择的绝对化最终却导致了选择的贫困化?……价值选择的无限可能与具体价值的选择的无可能性,没有产生出(成长)'主体',而是产生出了人之成长的一种宿命性悲剧"。① 这正是当下中国成长小说所面临的困境!

一、中国式成长小说书写困境

中国式成长小说书写困境主要表现在:其一,缺乏顿悟与主体生成。欧美的成长小说经典在叙说成长主人公历经磨难,尤其是在遭逢了标志性事件(比如"死亡"、"再生"等)之后,实现了顿悟,从而

---

① 樊国宾:《主体的生成:50 年成长小说研究》,北京:中国戏剧出版社,2003 年,第 227~233 页。

长大成人,主体性得以生成。在成长主人公的成长之旅中,尽管时常会出现导师的身影,但导师们并非充当成长主人公的救世主,并不承担为迷茫的成长主人公指引成长方向的角色,顶多是他们成长的见证人。也就是说,成长不过是成长者自个儿的事,主要需要成长者自己去完成。然而,中国作家笔下的成长主人公在成长之旅中大多离不开精神导师的导引,否则,他们的成长就无法完成。这在一定程度上映衬了写作主体成长观的陈旧:以成年人的优越感居高临下地面对未成年人的成长,忽略了成长者成长的自主性和主导性。与其说是成长者在成长,毋宁说成长者不过是充当了成长的傀儡。这样的成长者,其主体性显然难以生成。

其二,缺少长大成人的结局。如同童话故事中的"程式化"结尾,所有经历了磨难的美丽的公主,最终都能和英俊的王子过上幸福的生活。欧美成长小说中的成长主人公最终都能长大成人,完成成长。而中国作家笔下的成长主人公们的成长,一般有三种结果:完成成长,长大成人;仍旧处于成长之中;成长夭折。前面述及,成长小说与其他文学样式的重要区别在于,它无法回避教育功能,必须实现文学性和教育性的互动。若成长主人公未能实现顿悟,长大成人,主体生成,也就无从实现启迪读者的教育功效。

其三,忽视对非常或反常的"成长之性"的关注。欧美的成长小说书写不设防,尤其是对"成长之性"的书写没有禁区。常态下的"成长之性"自然成为成长书写的永恒主题,亦不忽略诸如同性恋、性心理畸形等非常态或反常态的"成长之性"的书写。而中国作家(尤其是儿童文学作家)在书写常态下的"成长之性"时"犹抱琵琶半遮面"(70、80后作家例外),不敢轻易进行反常或异常的"成长之性"叙说。此种情状对于写作题材的丰富性,以及表现成长的全面性、完整性来说是一种缺憾。作为成长之核心的"性",自然是成长小说书写的一种公共资源。"性的成长",是成长主题不可回避、甚至是不可缺少的一种叙事视阈。然而,"性的成长"一度成为书写的禁区和盲区。中国20世纪50~70年代的成长乃"无性成长",成长书写乃"无性书写"。"无性成长"不是完整、完美的成长,"无性书写"是成长书写的一种缺憾。突破成长的书写禁忌,无疑有益于复归完整的人性。

然而,在成长书写的所有主题中,"性的成长"仿若带刺的玫瑰,抑或是令人眩晕的红罂粟。时至今日,尽管中国的性文化语境已发生了前所未有的巨变,但总体说来文学对"性的成长"的书写仍旧显露出投鼠忌器的心态,大多数作家仍旧在"禁忌"与"放纵"的夹缝间惶惑、延宕。诚然,"性的成长"如同一把双刃剑。一方面,人对"性"抱以的神秘感和羞耻感,是人区别于动物的不可逾越的道德底线。而且,"滥交"等性禁忌是确保人类种族生命得以延续,以及维系正常人伦的保证。另一方面,性的放纵是人之本性的一种表现,是对自然人性和自由生存状态的追索。但是,它所带来的负面影响可以说灾难深重。因为对性的神秘感和羞耻感的消解,对生命的敬畏感也就荡然无存。为性而性,从而降低了人之存在的精神品格。这种基于寻求"解放"和"自由"的性之放纵,往往无法获得真正的解放和自由,甚至成为另一种桎梏!比如,棉棉、卫慧们张扬的"身体写作",不惜以对自我的伤害为代价,把生活的表象当作人生的本质,从而与平庸的日常生活达成了妥协,身不由己便沉陷于感官功能的刺激、享受之中。

进入 21 世纪以来,中国的文化语境呈现出了新的特质,而"成长之性"亦呈现出新质新貌。随着互联网的日新月异,网络已成为人们的日常生活之一种。当下成长者的成长无疑烙印了深深的"E时代"特色,他们的"成长之性"必然注入了新的内容:物质生活的富足使得他们生理的成长提前,性的发育与成熟前所未有地迅猛,但性生理与性心理的发育明显不成比例;"早恋"不再是新鲜话题,而"网恋"亦不再是时尚,大有取代传统恋爱方式之势;同居已被大众默认;"一夜情"仍旧在潜滋暗长,等等。因此,中国作家对成长的书写,应作出新的调整,以增强文本的当下感,从而实现对当下的成长者督导的书写旨意。

总之,作为一种特殊的文学样式,成长小说承担的功能显然具有复合性。它以文学表达为本,竭力彰显娱乐性和游戏精神。同时,它责无旁贷地承担着部分教育功用,在关注成长者的成长状态之时,亦督导他们的成长。成长小说若不能让成长者顿悟,若不能促使成长者历经风雨之后长大成人,就不是真正意义上的成长小说。成长小说对"性的成长"的表述情态,应该是严肃的、探讨的、反思的、诗意的、启迪的,力避性场景的原生态裸露,力避对自然情欲的煽动、夸饰,力避只求生活真实而忽略艺术剪裁。

二、中国成长小说研究现状

20世纪90年代以降,成长小说可谓中国文学重要的增长点。与成长小说书写的繁荣相律动的是,成长小说研究的蔚为大观。出现了一些专门(或深入)研究成长小说的学者,其中,具有代表性的学者有李扬、杨武能、樊国宾、芮渝萍、李学武、李虹、买琳燕、孙胜忠、张国龙等。

与成长书写的长足进步互动的是,此时段成长小说的理论阐释发生了质的飞跃。学者们开始从各个层面深入探讨成长小说。其中,最具代表性的论述如下:

刘半九于1979年12月在其译作《绿衣亨利》序言中,对成长小说给予了具有美学意义的深度探究。"在近代西欧文学、特别是德语文学的画廊中,就有一种界乎传记而不能称为传记的品种,名曰'教育小说'(Bildungsroman)。这种文学品种不同于一般的长篇小说,不是以一个或几个成熟的、定型的性格为中心,通过一些特殊的、复杂的以至离奇的生活现象或传奇情节,呈现某个社会的某个时期的横断面。它也不同于一般的传记作品,不是以真实的不可改变的人物或事件为描写对象,来表现这个人物在特定社会中所产生的历史作用,并通过这个具体人物反映作者的有关的历史见解。'教育小说',顾名思义,首先来源于作者的这样一个基本观念:人绝不是所谓'命运'的玩具,人是可以进行自我教育的,可以通过自我教育来创造自己的生活,来充分发挥自然所赋予他的潜能。因此,在这个观念的指导下,教育问题便成为这类作品内容的重要组成部分。……'教育小说'往往是以一个所谓'白纸状态'(tabularasa)的青少年为主人公,通过他的毫不离奇的日常生活,通过他一生与其他人相处和交往的社会经历,通过他的思想感情在社会熔炉中的磨炼、变化和发展,描写他的智力、道德和精神的成熟过程、他的整个世界观的形成过程。"刘半九考察了成长小说术语语词,通过将其与长篇小说、传记相比较,发现其独特之处——成长主人公的性格变化,以及成长主人公"自我教育"的特性,从而为成长小说命名。

1993年,李扬在《抗争宿命之路》(时代文艺出版社,1993年版)一书中,以《经典文本分析:〈青春之歌〉与成长小说》为题,专节论述了成长小说。从某种意义上说,他对《青春之歌》的解读是惊世骇俗的,超越了革命文学的传统解读藩篱,在成长小说维度激活了这部小说新的活力。这既拓展了《青春之歌》的文化意蕴,又为成长小说在中国的生长奠定了理论基础。此后,他在《50～70年代中国文学经典再解读》一书中,继续从成长小说维度解读《青春之歌》,进一步阐释了成长小说理论及其对成长小说作品解读的方法。"在《青春之歌》中,'爱情'——'性'与'政治'是相互说明的。这正是'成长小说'的题中之意。——在'成长小说'中,'成长'并不是指主人公在生理意义上的长大,与主人公一起成长的还有历史本身。在这里,'个人'就是'历史',而'历史'就是'个人'。与此相应的是,我们在《青春之歌》这样的成长小说中看到的'性'与'政治',就不再仅仅只是相互说明或相互印证的关系,女性命运与知识分子道路,在意义层面上作为象征的不断置换,成为小说最为重要的文本策略之一。"①

---

① 李扬:《50～70年代中国文学经典再解读》,济南:山东教育出版社,2003年,第129～130页。

1999年,杨武能以《〈威廉·迈斯特的学习时代〉:逃避庸俗》一文,作为译著《威廉·迈斯特的学习时代》(广西师范大学出版社,2003年版)的序言。该文亦对成长小说进行了概念界定:"顾名思义,这种小说写的都是一个人受教育和由幼稚到成熟的发展成长过程。当然,这儿的所谓受教育是广义的,并非仅只意味着在学校里念书,更多地还是指增加生活的阅历,经受生活的磨炼,最后完成学习和修养。至于学习和修养的结果,却因各人的内在天赋和外在环境的不同而不同;只是也终将像浮士德似地通过种种的迷误而走上正途,认识并且实现人生和自我的价值。"此定义强调了成长主人公由幼稚走向成熟的成长历程,并拓展了成长主人公所受教育的外延——在社会生活中的历练。

2001年,李学武在其博士论文《蝶与蛹——中国当代小说成长主题的文化考察》,"论述的是中国当代小说中的成长主题,但话头却是从描述西方的成长小说开始的。论著从一开始,就给人一番开阔的视野。它先给中国当代小说的成长主题,呈现出一个巨大的参照系,尔后再对中国当代小说的成长主题进行描述与分析。……中国当代是没有经典意义的成长小说的,但成长主题却在当代小说中一直存在着,甚至是当代小说中的一个十分显赫的主题。不过,他以细致的解读文本的方式向我们证实,这些主题是在中国特有的文化与政治语境中展开的,与西方的成长主题大不一样。在对比之下,我们对中国小说中的成长主题及它背后的语义有了深切的了解"。①

2002年,樊国宾在其博士论文《主体的生成——50年成长小说研究》一文中,试图通过对当代文学中若干部成长主题小说的分析,探究下列一些问题:①两个时期两种模态成长小说的叙事格局和主题路线分别是怎样的? ②两个时代不同的成长小说文本,它们所蕴

---

① 李学武:《蝶与蛹:中国当代小说成长主题的文化考察》,北京:中国社会科学出版社,2003年,第7~8页。

藉的差异显著的现代性伦理奠基原则及其根源是怎样的？③两种不同的"成长"主题所牵涉的元伦理观念的比较显示了这一主题怎样的思想史背景？④从表现"成长"的文学叙事角度，可能洞见哲学意义上的"主体"生成机制是怎样的？⑤当代小说在主题上将向何种深度延伸？总之，樊国宾对中国50年成长小说的系统、深入研究，对成长小说中成长主体生成的哲学演绎，具有宏阔的理论视野和强大的思辨力。不过，他对成长小说的界定过于宽泛、随意，且对文本的细读脱离文学视阈（似乎并未从文学层面探讨成长小说）。对成长小说本体的忽视，是该论著的一大缺憾。

2004年，芮渝萍的《美国成长小说研究》出版，这是国内第一部系统探究西方成长小说的专著。这部论著探讨了成长小说的概念、美学特征，以及以德国、英国和美国为代表的成长小说王国的成长小说发展概略。并着重从成长小说本体和文化视角，探讨了成长小说的方方面面。其中，不少论述具有系统性和纵深性，在一定程度上填补了成长小说研究领域中的某些空白。不过，该论著距离成长小说的诗学建构标准尚存相当距离，尤其是在逻辑性方面还有待加强。此外，将论著命名为《美国成长小说研究》，有以偏概全的嫌疑。

2005年，李虹在其博士论文《都市里的青春："70后作家群"①的成长书写》中，通过考察70后小说的创作实绩，认为70后小说以都市的青春"自诉"为主流，逐步突破对青春自我记忆的反复言说，叙事视野拓展至都市里的芸芸众生。由执着于都市青春的、个人的生命体验到瞩目都市底层或边缘的生活，70后小说由"自传体"或"半自传体"迈向了对更广阔的当下国人都市人生的想象。但是，即便如此，70后小说的都市叙事始终以青春为本位，保持着"成长"或成长性主题，并始终未曾脱离消费时代的欲望化写作策略。李虹对文

---

①"70后作家群"指出生于1970年至1979年、出道于90年代中后期、大量作品集中问世于新世纪初的一批作家。他们大多既不是享受国家待遇的专业作家，也不是与作家协会签约的合同作家，几乎都是自由作家或非职业作家。

本的解读细腻、深刻,但理论视野不够开阔,有从文本到文本之弊。

2006年,张国龙在其博士论文《成长之性——中国当代成长主题小说的文化阐释》一文中,基于"成长之性"这一叙事视阈,全面考察了中国当代成长主题小说对"成长之性"的景观呈现。并从文化学、社会学、教育学和心理学等视角,阐释了这些文本中所呈现的"成长之性"景观的文化负载,以期为成长主题小说面临的"性"的书写困境,找寻到突围之路,从而实现以下几种目标:①廓清作为成长核心、公共话题的"性",如何被"纯私人化"、"隐秘化"和"羞耻化",甚至被摈弃于成长主题之外,进而制造出"无性成长"假相?②全景呈现中国当代小说各时段成长主题书写中的"性",即无性化、性的非常态化和性的放纵与狂欢。③推行"完整"成长理念,即无"性"成长不是健康、完整的成长。只有"灵"与"肉"的双栖双飞,才能展现成长的完美(诗性之美)。剥离涂抹在"性"之上的迷彩,企图在性、文明、禁忌和文学中找寻到和谐共生之所。④找寻经典文本,试图以文学的"诗性"品格帮助成长者消解"性"的紧张,走出"性"的惶惑。将"性"这一敏感话题通过文学的诗意方式传达给成长者,还"性"以本性,使其成为成长主题书写的一种公共、共享资源,实现文学性和教育性、物理性与精神性、禁忌与狂欢的互动。该文"全景呈现各时段成长主题书写中的'性',并从文化学、教育学和心理学等视角,考察了'成长之性'景观的文化负载。论文提出了'完整、完美成长',即生理之性与心理之性的统一的理念,这在理论上具有开拓意义。论文还提出了'无性成长'等重要观点,颇具启发性"。

总之,此时段的成长小说研究日渐深入,呈繁荣之势。但是,成长小说作为舶来品在中国的生长期毕竟较为短暂,理论探究仍旧处于起步阶段。总体看来,对成长小说研究存在着以下几方面的不足:①缺乏系统的成长小说理论建构。目前,大多数学者所操持的成长小说理论,不过是对西方经典成长小说理论的模仿,并未能给成长小说理论补充新鲜血液。②对世界成长小说发展史的研究几乎是一片空白,"成长小说概论"之类的专著至今还没出现。由于与

"史"相关的资料匮乏,加上研究者外文水平的粗疏,研究著作对成长小说发展史的梳理仍为蜻蜓点水,有待更多具有深厚中西学术交融背景的学者作高屋建瓴的研究。③有关作品解读的论文居多,但大多数作品的解读依托的成长小说理论有失偏颇。因对"成长小说"和"成长主题"等成长小说基本理论问题缺乏准确把握,从而导致解读的失效。④缺乏对中西成长小说的比较研究。囿于文化语境的差异,中西成长小说书写势必在许多方面存在质的不同。

  本讲稿行将结束,而成长正在进行。尤其是对于后起的中国成长小说来说,仍旧跋涉在路上,等待着完成一次集体性超越,从而将中国的成长小说书写推上一个新的高度。还成长以自由、自在,愿所有的成长书写都能成为成长者不可或缺的灵丹妙药!

结论

成长书写任重道远

　　成长是世间万事万物得以存在的前提,没有成长,存在便会成疑,或者不再具有新的可能。对于人类来说,成长因具有丰富的文化内涵而意义尤为深远。人类从何而来,去往何处?作为个体的人,作为生活在此岸的人,我们追寻的彼岸在哪里?一个国家,一个民族,一个种族,一个家族,一种习俗……是如何发展变化的?一切的一切,皆与成长相关。一切既始于成长,而又终于成长。从某种意义上说,一部浩瀚的人类文明史,就是一部浩瀚的成长史。

　　与爱、死亡等一样,成长是文学书写永恒的主题。作为一个颇具哲学意蕴的重大命题,成长本身就是一种隐喻,如同一粒具有极大张力和可能性的饱满的种子。成长小说作为书写成长的主要文学样式,不管是书写国家、民族、种族、家族的成长寓言,还是烛照个体生命成长的心灵史,皆是对成长本体所作的深度探察。可以说,成长小说乃唯一给予人类自身全景式观照的文学体裁。它以与生俱来的历史意识勾勒成长的流变,并以文学的温润情怀赋予成长以鲜活、灵动、质感。阅读琳琅满目的成长书写,成长意识便渐渐植根于心。"前世今生"、"此岸彼岸"、"昨天——今天——明天"、"生老病死"、"四季更替"等生命意识,自然就生发于成长这一博大的母体之中。总之,是成长赐予一切存在以存在,是成长给予万事万物存在的可能,是成长书写激发了人类沉雄的回顾和展望意识……

　　每个人精神意义的成长都离不开文明的教化,庸常的(家庭的、学校的、社会的)教化大多严肃、刻板有余,而缺乏"晓之以理,动之以情"的"人性关怀"意识。于是,教育者和受教育者常常处于对立关系,甚至处于敌对状态。即或双方都明白彼此的出发点是好的,但教化往往难以达到预期效果,甚至事与愿违、背道而驰,由此产生的后果,最具代表性的便是代际冲突。成长者总是在碰得头破血流之后才翻然醒悟,甚至悔不当初。而施教者总是眼睁睁看着受教者"不见棺材不掉泪",爱莫能助,痛心疾首。所幸的是,成长小说诞生之后,在一定程度上改善了这种不和谐的关系。成长小说以文学固有的温润情怀潜移默化影响着阅读者,与阅读者成长背景、经历相似或相同的成长主人公,则充当了言传身教的引路人。成长主人公的成功或失败对于阅读者来说,都是难能可贵的借鉴、参照。在这里,没有板着面孔、居高临下、不可一世的所谓长者,更没有长者给予的难以接受而又无法抗拒的压迫感,更多的是前车之鉴或经验之谈。而讲述的口吻通常是平和、冷静的,绝少有胜利者的凌人之气,自然能令阅读者产生共鸣,心有戚戚。

由此可见,成长小说作为一种更为实用、高效的教育手段,无疑是现代文明教育中不可或缺的。如何能让成长小说成为每位学生的必修课,成为每个人成长的重要参照,则是亟待探讨的重要课题。在西方一些成长小说发达的国家,经典成长小说读本早已成为各大、中小学的必修教材,成长小说伴随、呵护成长者长大成人已不再是一种构想。而在中国这个成长小说才刚刚起步的国家,大众共有的成长小说记忆几近于零,即或最需要成长小说陪伴的大、中、小学生对于成长小说仍旧相当陌生。成长小说若难以与成长者互动,它存在的合法性自然成疑。因为只有成长小说这种特殊的文学样式才敢于高举"教育"大旗,而当它被疏忽、遭冷遇时,自然便与传统的僵化、刻板的各种教育方式无异。因此,不少论者忧惧在现代文明高度发达的当下,在文学日益边缘化的全球化语境中,成长小说甚至已流露出消亡之态。

任何一种事物的发展变化不可能一帆风顺、一路高歌猛进,"高潮之后现低谷,再从低谷中回升"乃无可置疑的规律,"波浪式"前进、"螺旋式"上升即是。成长小说的发展自然不能凌驾于这一普遍规律之上。再者,成长是人生不可规避的重大命题,没有成长就没有人/人类的发展。只要成长存在,成长书写必将继续,成长小说作为成长书写最为有效的方式便自然具有生存的空间。从此种意义上说,成长小说将走向消亡的论调确有危言耸听之嫌。当然,成长小说欲避免穷途末路,必然应采取自救策略。首先,成长书写需要与时俱进,因为时代在变迁,每一代成长者的成长状貌不同,只有把准了时代脉搏的成长书写,才能被当下的成长者认可,甚至追随。其次,尽管成长小说高扬教育大旗,但成长小说首先是文学,不是变异的教育理论专著,更不能沦为说教的傀儡。偏离了文学轨道的成长小说,必然会遭逢被屏蔽、被忽略的命运。第三,成长意识和成长小说意识应成为当代教育的重要一隅,"教育搭台,成长小说唱戏",这样的推广、运营模式应该大力提倡。

　　成长小说将何去何从?前面已述,不用担心成长小说会自动消亡。但是,成长小说必须谋求属于自己的发展之路,必须拓展自己的生存空间。事实上,从全球范围来看,成长小说的发展距离登峰造极还相当遥远,甚至在相当多的国家还是荒芜一片。即或在成长小说发达的国家,成长小说书写仍旧存在着不少空白点。比如女性成长小说、移民成长小说、性成长小说、高科技文明时代成长的新质新貌、有关国家殖民地民族种族家族地球文明的成长寓言书写等。而对于成长小说的理论认知,殊为荒芜。对于成长小说研究来说,盲区可谓比比皆是。即或最基本的问题,诸如什么是成长小说、成长小说发展史等,仍在建构之中。

　　成长既是公共事件,又是每个人的私人事件,甚至是隐私。我们在时间中成长,在成长中长大、成熟、衰老、死亡,成长如同人类生生世世的情人。成长小说无疑是我们成长路上至关重要的良师益友,我们期待着成长小说书写、研究的日臻成熟,蔚为大观。

附录

成长小说相关文献索引

一、理论著作

［哥伦比亚］加西亚·马尔克斯：《我不是来演讲的》，李静译，海口：南海出版公司，2012年。

滕威：《"边境"之南：拉丁美洲文学汉译与中国当代文学（1949～1999）》，北京：北京大学出版社，2011年。

肖霞：《日本现代文学发展轨迹》，济南：山东大学出版社，2011年。

刘文飞：《俄国文学史》，北京：北京大学出版社，2010年。

李德恩：《拉美文学流派与文化》，上海：上海外语教育出版社，2010年。

朱维之等：《外国文学史》（欧美卷），天津：南开大学出版社，2009年。

陆径生：《拉丁美洲文学名著概览》，上海：上海外语教育出版社，2009年。

肖霞：《全球化语境中的日本女性文学》，济南：山东大学出版社，2009

孙胜忠：《美国成长小说艺术与文化表达研究》，合肥：安徽人民出版社，2008年。

冯亚琳：《德语文学与文化——阐释与思辨》，重庆：重庆出版社，2007年。

曹靖华：《俄国文学史》，北京：北京大学出版社，2007年。

张捷：《当代俄罗斯文学纪事》，北京：人民文学出版社，2007年。

王向远：《东方文学史通论》，银川：宁夏人民出版社，2007年。

［美］谢里尔·E·马丁、马可·瓦塞尔曼：《拉丁美洲史》（黄磷译），海口：海南出版社，2007年。

任光宣：《俄罗斯文学简史》，北京：北京大学出版社，2006年。

王泉根：《新时期儿童文学研究》，石家庄：河北少年儿童出版社，2004年。

芮渝萍：《美国成长小说研究》，北京：中国社会科学出版社，2004年。

叶渭渠、唐月梅:《20世纪日本文学史》,青岛:青岛出版社,2004年。
李学武:《蝶与蛹:中国当代小说成长主题的文化考察》,北京:中国社会科学出版社,2003年。
樊国宾:《主体的生成:50年成长小说研究》,北京:中国戏剧出版社,2003年。
李扬:《50～70年代中国文学经典再解读》,济南:山东教育出版社,2003年。
[德]威廉·狄尔泰:《体验与诗》(胡其鼎译),北京:生活·读书·新知三联书店,2003年。
赵德明:《20世纪拉丁美洲小说》,昆明:云南人民出版社,2003年。
方卫平等:《儿童文学五人谈》,天津:新蕾出版社,2001年。
[俄]符·维·阿格诺索夫:《20世纪俄罗斯文学》(凌建侯等译),北京:中国人民大学出版社,2001年。
[乌拉圭]爱德华多·加莱亚诺:《拉丁美洲被切开的血管》(王玫译),北京:人民文学出版社,2001年。
王泉根:《现代中国儿童文学主潮》,重庆:重庆出版社,2000年。
孙莲贵、石云艳:《日本近代文学评述》,天津人民出版社,2000年。
蒋风:《儿童文学原理》,合肥:安徽教育出版社,1998年。
吴其南:《转型期的少儿文学思潮史》,上海:少年儿童出版社,1997年。
朱自强:《儿童文学的本质》,上海:少年儿童出版社,1997年。
刘文龙:《拉丁美洲文化概论》,上海:复旦大学出版社,1996年。
陈众议:《拉美当代小说流派》,北京:社会科学文献出版社,1995年。
刘绪源:《儿童文学的三大母题》,上海:少年儿童出版社,1995年。
李扬:《抗争宿命之路》,北京:时代文艺出版社,1993年。
王泉根:《中国儿童文学现象研究》,长沙:湖南少年儿童出版社,1992年。
[瑞士]弗朗西斯·约斯特:《比较文学导论》(廖鸿钧等译),长沙:湖南文艺出版社,1988年。
吴守琳:《拉丁美洲文学简史》,北京:中国人民大学出版社,1985年。

二、论文

(一)杂志论文

曾思艺:《独具特色的成长小说:试论陀思妥耶夫斯基的〈少年〉》,载《俄罗斯文艺》,2011年第3期。

刘顿:《〈挪威的森林〉作为成长小说阅读的可能性》,载《浙江外国语学院学报》,2011年第3期。

徐蕾:《吉本芭娜娜笔下的"成长物语"》,载《佳木斯大学社会科学学报》,2011年第3期。

董清:《成长小说的成长:英国与德国成长小说之比较》,载《作家》,2011年第3期。

高小弘:《"女性成长小说"概念的清理与界定》,载《海南师范大学学报》,2011年第2期。

刘小荣、刘伟:《日本近现代文学史的年代再划分问题探析》,载《作家》,2010年第12期。

陈婷婷:《〈破戒〉:一部典型的日本成长小说》,载《安庆师范学院学报》,2010年第11期。

倪湛舸:《成长小说的美学政治》,载《上海文化》,2010年第04期。

张立峰,马跃:《试析美国成长小说的嬗变》,载《陕西青年职业学院学报》,2010年第2期。

陈红霞等:《〈华女阿五〉:一部典型的成长小说》,载《安徽文学》(下),2009年第11期。

姜勇:《霍尔顿与贾宝玉的"成长"比较》,载《辽宁行政学院学报》,2009年第11期。

郭尧:《美与暴力交织的青春残酷物语:关于〈莉莉周的一切〉中成长主题的解读》,载《重庆科技学院学报》,2009年第9期。

陈赛花《成长的悖论:觉醒与困惑:成长小说视角下的苏比与阿Q》,载《江苏工业学院学报》,2009年第9期。

芮渝萍等:《成长在两个世界之间:当代美国成长小说研究概论》,载《西南民族大学学报》,2009年第9期。

林雅华:《现代性与成长小说》,载《云南社会科学》,2009年第6期。

杨清波:《叙事视角·叙事话语·叙事性:美国成长小说艺术张力研究》,载《鲁东大学学报》,2009年第5期。

王丽丽:《成长中的"女儿国":评王卓〈投射在文本中的成长丽影:美国女性成长小说研究〉》,载《济南大学学报》,2009年第5期。

张蕾:《由社会认知到自我认知:比较〈安琪拉的灰烬〉和〈一个青年艺术家

的画像〉中主人公的成长》,载《南昌高专学报》,2009 年第 5 期。

朱芮萱:《探寻黑人存在的另一种可能:〈所罗门之歌〉中主人公奶娃的成长》,载《语文学刊》,2009 年第 5 期。

张国龙等:《处于成长之中的中国"成长小说"》,载《南方文坛》,2009 年第 4 期。

薛海燕:《论〈红楼梦〉作为"成长小说"的思想价值及其叙事特征》,载《红楼梦学刊》,2009 年第 4 期。

侯金萍:《成长小说:一种解读华裔美国文学的新视点》,载《世界华文文学论坛》,2009 年第 4 期。

石平萍:《〈保佑我,乌尔蒂玛〉:奇卡诺成长小说中的普世智慧》,载《世界文化》,2009 年第 4 期。

赵慧娟:《成长的异化与异化的成长:60 年代出生作家成长之路》,载《小说评论》,2009 年第 4 期。

李杨:《"人在历史中成长":〈青春之歌〉与"新文学"的现代性问题》,载《文学评论》,2009 年第 3 期。

李琳:《困惑与成长:〈华女阿五〉与〈女勇士〉成长主题研究》,载《名作欣赏》,2009 年第 3 期。

林渊液:《陆梅成长小说的转型研究》,载《当代文坛》,2009 年第 3 期。

侯桂新:《无法长成的抒情诗人:贾宝玉与雅罗米尔形象比较论》,载《红楼梦学刊》,2009 年第 2 期。

孙胜忠:《一部独特的女性成长小说:论〈简·爱〉对童话的模仿与颠覆》,载《外国文学评论》,2009 年第 2 期。

张永禄等:《论"80 后"小说中的"半成人"形象》,载《辽宁师范大学学报》,2008 年第 5 期。

高小弘:《压制与抗争:论 20 世纪 90 年代女性成长小说中的身体叙事》,载《文艺评论》,2008 年第 4 期。

孙先科:《象征中的秩序:知识分子形象及其"成长":对"十七年""革命历史题材小说"的再解读》,载《河南大学学报》,2008 年第 4 期。

郭利云:《美国黑人文学的经典传奇:论拉尔夫·埃里森〈看不见的人〉的经典性》,载《牡丹江教育学院学报》,2008 年第 4 期。

张芳芳:《在魔法的天空下成长:〈哈利·波特〉的主题分析》,载《中国电力教育》,2008 年第 3 期。

陈煌书:《美国文化视野下的成长之旅:评乔伊斯·欧茨的〈四个夏天〉》,载《绥化学院学报》,2008年第3期。

冯亚琳:《"原罪"之后是什么:德国成长小说与犹太教交叉视野中的〈失踪的人〉》,载《四川外语学院学报》,2008年第2期。

高小弘:《两性视野中女性成长的困境与突围:以20世纪90年代女性成长小说为例》,载《海南大学学报》,2008年第2期。

张瑷:《纪实·虚幻·叛逆:当代成长小说的叙事形态及审美批评》,载《晋阳学刊》,2008年第2期。

张琴凤:《父名的戏谑瓦解:论台湾作家张大春的成长小说》,载《华文文学》,2008年第2期。

聂平:《美国成长小说艺术和文化表达研究》,载《安徽师范大学学报》,2008年第2期。

魏小川:《解读欧美教育小说》,载《广西教育学院学报》,2008年第2期。

赵沛林:《藤村小说代表作中的成长主题》,载《日本学论坛》,2008年第1期。

高小弘:《"家"神话坍塌下的女性成长:试论20世纪90年代女性成长小说中的"家"》,载《海南师范大学学报》,2008年第1期。

陈晖:《青春生命的殷殷守望与人类文明的终极关怀:王安忆作品〈遍地枭雄〉作为成长小说的解读》,载《中国现代文学丛刊》,2008年第1期。

包天花:《新时期女性成长小说的叙述声音》,载《温州大学学报》,2007年第9期。

黄玉梅:《论90年代女性小说中的成长叙事》,载《电影评介》,2007年第9期。

易立君等:《〈看不见的人〉:一部典型的成长小说》,载《湖南科技学院学报》,2007年第7期。

克莱尔·布拉弗德:《后殖民成长小说:本土主体与身份构建》(英文),载《外国文学研究》,2007年第6期。

高小弘:《20世纪90年代女性成长小说中的隐喻叙事》,载《河北师范大学学报》,2007年第6期。

芮渝萍等:《认知发展:成长小说的叙事动力》,载《外国文学研究》,2007年第6期。

张国龙等:《成长的背叛、救赎及其他:〈追风筝的人〉对"成长"的深度书写》,载《中国图书评论》,2007年第5期。

张国龙:《历史寓言书写及对德国成长小说宏大叙事传统的超越:评〈朗读者〉》,载《外国文学》,2007年第5期。

唐旭等:《论〈青年艺术家的画像〉的语言特点和成长主题》,载《郑州航空工业管理学院学报》,2007年第4期。

买琳燕:《走近"成长小说":"成长小说"概念初论》,载《解放军外国语学院学报》,2007年第4期。

林琳:《"成长小说"的典型文本:评曹文轩长篇少年小说》,载《嘉应学院学报》,2007年第4期。

张国龙:《回归"成人式"及其他:"成长小说"初探》,载《艺术广角》,2007年第2期。

翟永明:《成长·性别·父权制:兼论女性成长小说》,载《理论与创作》,2007年第2期。

唐旭:《成长小说与乔伊斯的〈青年艺术家的画像〉》,载《衡阳师范学院学报》,2007年第2期。

刘青梅:《一部充满隐喻的成长小说:解读〈海边的卡夫卡〉》,载《绥化学院学报》,2007年第1期。

钱春芸:《成长小说与余华的〈兄弟〉》,载《文艺争鸣》,2007年第1期。

买琳燕:《旅外过程中的人物成长:试析亨利·詹姆斯的〈一位女士的画像〉》,载《长沙大学学报》,2007年第1期。

钱春芸:《在生存与死亡中成长:论〈在细雨中呼喊〉和〈兄弟〉的成长主题》,载《苏州大学学报(社科版)》,2007年第1期。

祝亚峰:《20世纪90年代成长小说的叙事与性别:从"60年代生"人的成长小说谈起》,载《文艺研究》,2006年第11期。

徐秀明:《20世纪成长小说研究综述》,载《当代文坛》,2006年第6期。

李琳:《〈华女阿五〉:成长小说中的一朵奇葩》,载《安阳工学院学报》,2006年第6期。

姜智芹:《青春与世界的碰撞:新潮成长小说论》,载《广西社会科学》,2006年第4期。

张国龙:《从王刚的〈英格力士〉管窥"无性时代"的"性成长"景观》,载《广播电视大学学报》,2006年第3期。

李志元:《没有尽头,只有奔跑和皮鞭:〈少年行者〉精神意蕴辨析》,载《重庆科技学院学报》,2006 年第 3 期。

王桂平等:《霍尔顿成长中顿悟的代价:精神崩溃》,载《铜陵职业技术学院学报》,2006 年第 3 期。

刘文等:《自我意识与异化:乔伊斯小说中的成长观》,载《学术界》,2006 年第 2 期。

易乐湘:《成长的悲歌:马克·吐温〈圣女贞德传〉简论》,载《河南大学学报》,2006 年第 2 期。

邵明:《化蛹为蛾:1990 年代以来"成长小说"的文化立场》,载《当代文坛》,2006 年第 1 期。

柯贵文:《论刘庆邦的成长小说》,载《五邑大学学报》,2005 年第 4 期。

孙胜忠:《德国经典成长小说与美国成长小说之比较》,载《安徽师范大学学报》,2005 年第 3 期。

林晓君:《庞尼的世界:论〈局外人〉的主人公庞尼的成长》,载《辽宁工学院学报》,2005 年第 3 期。

吴俊:《一场沥血的青春祭》,载《当代作家评论》,2005 年第 3 期。

李明信:《鲁迅与李光洙"成长小说"比较研究》,载《社会科学战线》,2005 年第 3 期。

陈莉:《曹文轩成长小说中的人文关怀》,载《盐城师范学院学报(社科版)》,2005 年第 3 期。

刘文等:《"成长小说":传统与影响》,载《云南财贸学院学报》,2005 年第 3 期。

芮渝萍等:《成长小说:一种解读美国文学的新视点》,载《宁波大学学报》,2005 年第 1 期。

田广文:《新潮成长小说的流变及其精神特征》,载《贵州师范大学学报》,2005 年第 1 期。

田广文:《新潮成长小说的叙事模式及其历史语境》,载《内蒙古社会科学》,2004 年第 5 期。

芮渝萍:《英国小说中的成长主题》,载《宁波大学学报(人文科学版)》,2004 年第 2 期。

张洁:《虹影:成长小说,如影如虹》,载《人民论坛》,2003 年第 8 期。

朱自强:《被"压抑"的"自我"与被"解放"的艺术:曹文轩的性意识小说的精神分析》,载《中国儿童文学》,2003 年第 3 期。

赵小柏:《简析日本平安时代女性文学及其成因》,载《中央民族大学学报》,2003年第2期。

蔡云琴:《在追求自由的旅程中成长:比较两部成长小说〈一个青年艺术家的画像〉与〈哈克贝利·费恩历险记〉》,载《宁德师专学报》,2003年第1期。

孙胜忠:《成长的悖论:觉醒与困惑:美国成长小说及其文化解读》,载《英美文学研究论丛》,2002年第12期。

易光:《"觉今是而昨非"之后:近年"成长小说"漫论》,载《西南师范大学学报》,2002年第7期。

樊国宾:《"十七年"成长小说兴起的深度溯因》,载《当代作家评论》,2002年第5期。

林六辰:《一个新兴民族从觉醒走向独立的寓言:霍桑〈我的堂伯,莫里纳少校〉主题分析》,载《河南师范大学学报》,2002年第4期。

李芳:《关注生命的成长:沈石溪成长小说刍议》,载《阴山学刊》,2002年第2期。

陈建宪:《论比较神话学的"母题"概念》,载《华中师范大学学报》,2000年第1期。

芮渝萍:《美国文学中的成长小说》,载《四川外语学院学报》,2000年第4期。

张德明:《〈哈克贝利·芬历险记〉与成人仪式》,载《浙江大学学报》,1999年第4期。

汪东发:《叙述成长:〈红旗谱〉〈青春之歌〉〈三家巷〉叙事比较》,载《长沙电力学院学报》,1999年第4期。

李敬泽:《冒险成长》,载《天津文学》,1999年第2期。

邱华栋:《成长:人类文学永恒的母题》,载《天津文学》,1999年第2期。

张闳:《北岛,或关于一代人的"成长小说"》,载《当代作家评论》,1998年第6期。

潘延:《对"成长"的倾注:近年来女性写作的一种描述载》,载《江苏社会科学》,1997年第5期。

杨贵生等:《当代美国少年文学的基本特征》,载《外国文学评论》,1996年第1期。

卢后盾:《拉丁美洲儿童文学一瞥》,载《拉丁美洲研究》,1981年第2期。

（二）报纸论文

张永禄:《"80后"成长小说的得与失》,载《文艺报》,2007年7月12日。
施战军:《中国式成长小说的生成》,载《文艺报》,2006年12月21日。
孟繁华:《童年的忧郁胜过风烛残年》,载《中国图书商报·书评周刊》,2004年12月31日。
雷达:《当今文学审美趋向辨析》,载《光明日报》,2004年6月23、30日。
孟繁华:《成长小说与没落群体》,载《河北日报》,2003年3月21日。
徐兆淮:《叶弥和她的成长小说》,载《文艺报》,2001年6月26日。

（三）硕、博士论文

薛腾:《成长的烦恼:德国教育小说研究》,华东师范大学,2011年。
顾广梅:《中国现代成长小说研究》,山东师范大学,2009年。
侯素琴:《埃里希·凯斯特纳早期少年小说情结和原型透视》,上海外国语大学,2009年。
张磊:《"80后"小说成长主题的文化透视》,河北师范大学,2009年。
买琳燕:《从歌德到索尔·贝娄的成长小说研究》,吉林大学,2008年。
梁新亮:《美国20世纪中期文学中的叛逆青少年》,山东大学,2008年。
苏翠英:《多元文化语境中的成长与困惑》,山东师范大学,2008年。
任战:《重写成长小说的传统》,复旦大学,2008年。
韩莹:《孤独的成长》,山东师范大学,2008年。
夏宗凤:《〈绿山墙的安妮〉:作为一部成长小说的体裁研究》,东北师范大学,2008年。
陈晓丹:《一部现代成长小说:〈公主日记〉的体裁分析》,东北师范大学,2008年。
钱春芸:《行进中的"小说"中国:当代成长小说研究》,苏州大学,2007年。
徐秀明:《20世纪中国成长小说研究》,上海大学,2007年。
易乐湘:《马克·吐温青少年题材小说的多主题透视》,上海师范大学,2007年。
张娟英:《论中国当代成长小说的人物类型和叙事模式》,陕西师范大学,2007年。

欧阳琴娜:《林白女性成长小说研究》,兰州大学,2007年。
李阳:《论〈威廉·迈斯特的学习时代〉的成长主题》,吉林大学,2007.
何芝金:《在成长中定位自我》,四川大学,2007年。
刘晓红:《中国当代"成长小说"论略》,四川大学,2006年。
李晶:《成长透视》,贵州师范大学,2006年。
单昕:《论中国当代成长小说中的父子关系模式》,广西师范大学,2006年。
张琳:《论成长小说中的第一人称叙事》,黑龙江大学,2006年。
花可人:《美国青少年对自我的探寻》,上海师范大学,2006年。
李欣颖:《论中国当代女性小说中的女性成长书写》,南开大学,2005年。
金新利:《近二十年"成长小说"研究》,武汉大学,2005年。
王飞:《中国新时期成长小说主题论》,南京师范大学,2005年。
孙婧:《中国现代"成长小说"的叙事学研究》,青岛大学,2002年。

三、作品

(一)中国

曹文轩:《细米》,南京:江苏少年儿童出版社,2006年。
曹文轩:《根鸟》,南京:江苏少年儿童出版社,2005年。
曹文轩:《红瓦黑瓦》,南京:江苏少年儿童出版社,2005年。
曹文轩:《青铜葵花》,南京:江苏少年儿童出版社,2005年。
金近迈:《欧阳海之歌》,北京:人民文学出版社,2005年。
张贤亮:《感情的历程》,北京:作家出版社,2005年。
蒋峰:《维以不永伤》,沈阳:春风文艺出版社,2004年。
林白:《一个人的战争》,北京:十月文艺出版社,2004年。
李傻傻:《红叉》,广州:花城出版社,2004年。
苏童:《刺青时代》,上海:上海文艺出版社,2004年。
魏微:《暧昧》,北京:中国文联出版社,2004年。
孙云晓、张引墨:《藏在书包里的玫瑰——校园性问题访谈实录》,北京:北京出版社,2004年。
王刚:《英格力士》,北京:人民文学出版社,2004年。
张贤亮等:《青春期:当代情爱小说珍藏版(上、下)》,北京:九州出版社,

2004年。

春树:《长达半天的欢乐》,北京:世界知识出版社,2003年。

郭敬明:《梦里花落知多少》,沈阳:春风文艺出版社,2003年。

何大草:《刀子和刀子》,广州:花城出版社,2003年。

魏微:《拐弯的夏天》,沈阳:春风文艺出版社,2003年。

余华:《在细雨中呼喊》,海口:南海出版公司,2003年。

曹文轩:《山羊不吃天堂草》,南京:江苏少年儿童出版社,2002年。

戴来:《练习生活练习爱》,北京:作家出版社,2002年。

雷立刚:《爱情和一些妖精》,北京:中国戏剧出版社,2002年。

魏微:《流年》,石家庄:花山文艺出版社,2002年。

懿翎:《把绵羊和山羊分开》,北京:人民文学出版社,2002年。

尹丽川:《贱人》,海口:海南出版社,2002年。

宁肯:《蒙面之城》,北京:作家出版社,2001年。

朱文颖:《高跟鞋》,沈阳:春风文艺出版社,2001年。

白士弘:《暗流:"文革"手抄文存》,北京:文化艺术出版社,2001年。

陈素宜:《等待红姑娘》,台北:台湾富春文化有限公司,2000年。

丁天:《玩偶青春》,沈阳:春风文艺出版社,2000年。

虹影:《饥饿的女儿》,成都:四川文艺出版社,2000年。

林峻枫:《青春跌入了迷宫》,台北:台湾富春文化有限公司,2000年。

棉棉:《糖》,北京:中国戏剧出版社,2000年。

卫慧:《像卫慧那样疯狂》,珠海:珠海出版社,2000年。

王小波:《黄金时代》,广州:花城出版社,2000年。

金仁顺:《爱情冷气流》,珠海:珠海出版社,1999年。

卫慧:《上海宝贝》,沈阳:春风文艺出版社,1999年。

陈染:《与往事干杯》,北京:作家出版社,1997年。

梁晓声:《一个红卫兵的自白》,西安:陕西出版社,1993年。

曹雪芹、高鹗:《红楼梦》,杭州:浙江古籍出版社,1993年。

老鬼:《血色黄昏》,北京:中国工人出版社,1989年。

邓普:《军队的女儿》,北京:中国青年出版社,1984年。

梁晓声:《这是一片神奇的土地》,北方文学,1982年第8期。

张弦:《被爱情遗忘的角落》,上海文学,1980年第1期。

王士美:《铁旋风》,北京:人民文学出版社,1975年。

张长弓:《青春》,呼和浩特:内蒙古人民出版社,1973年。
杨沫:《青春之歌》,北京:作家出版社,1958年。
许佳屏:《陈朵云的照片》,少年文艺,1954年第7年。

(三)外国

[奥地利]弗洛伊德:《少女杜拉的故事》,(钱华梁译),北京:九州出版社,2004年。

[英]笛福:《鲁滨孙漂流记》(徐霞村译),北京:人民文学出版社,2003年。

[英]狄更斯:《雾都孤儿》(黄雨石译),北京:人民文学出版社,2003年。

[英]约翰·福尔斯:《法国中尉的女人》(陈安全译),上海:上海译文出版社,2003年。

[英]狄更斯:《大卫·科波菲尔》(庄绎传译),北京:人民文学出版社,2003年。

[德]歌德:《少年维特之烦恼》(杨武能等译),北京:人民文学出版社,2003年。

[美]杰克·凯鲁亚克:《在路上》(文楚安译),南宁:漓江出版社,2001年。

[美]J. D. 塞林格:《麦田里的守望者》(施咸荣译),北京:译林出版社,1998年。

[美]布思·塔金顿:《十七岁》(马爱新译),北京:人民文学出版社,1998年。

[日]田山花袋:《棉被》(周阅译),上海:上海译文出版社,2011年。

[日]岛崎藤村:《破戒》(许昌福译),吉林:吉林大学出版社,2010年。

[日]三岛由纪夫:《假面自白》(唐月梅译),上海:上海译文出版社,2009年。

[日]三岛由纪夫:《金阁寺》(唐月梅译),上海:上海译文出版社,2009年。

[日]太宰治:《太宰治经典作品集》(周敏珠等译),吉林:吉林出版集团有限责任公司,2009年。

[日]岩井俊二:《关于莉莉周的一切》(张苓译),海口:南海出版社,2009年。

[日]吉本芭娜娜:《厨房》(李萍译),上海:上海译文出版社,2009年。

[日]村上春树:《挪威的森林》(林少华译),上海:上海译文出版社,

2009年。

[日]村上春树:《海边的卡夫卡》(林少华译),上海:上海译文出版社,2009年。

[日]太宰治:《人间失格》(许时嘉译),长春:吉林出版集团责任有限公司,2009年。

[日]三岛由纪夫:《假面自白》(唐月梅译),上海:上海译文出版社,2009年。

[日]紫式部:《源氏物语》(丰子恺译),北京:人民文学出版社,1980年。

[俄]陀思妥耶夫斯基:《少年》(陆肇明译),石家庄:河北教育出版社,2010年。

[俄]米哈伊尔·奥索尔金:《我的姐姐》(钱诚译),北京:人民文学出版社,2010年。

[俄]列夫·托尔斯泰:《童年·少年·青年》(草婴译),上海:上海文艺出版社,2008年。

[俄]阿列克谢·托尔斯泰:《尼基塔的童年》(曾思艺译),武汉:长江文艺出版社,2007年。

[俄]蒲宁:《阿尔谢尼耶夫的一生》(杨镕光、韩馥竹译),北京:作家出版社,2006年。

[俄]柳·乌利茨卡娅:《您忠实的舒里克》(任河译),北京:人民文学出版社,2005年。

[俄]柳·乌利茨卡娅:《美狄亚和她的孩子们》(李英男、尹城译),北京:昆仑出版社,1999年。

[俄]尼·奥斯特洛夫斯基:《钢铁是怎样炼成的》(梅益译),北京:人民文学出版社,1995年。

[俄]高尔基:《我的大学》(陆风译),北京:人民文学出版社,1985年。

[俄]马卡连柯:《教育诗》(磊然译),北京:群众出版社,1981年。

[俄]法捷耶夫:《青年近卫军》(水夫译),北京:人民文学出版社,1975年。

[法]罗曼·罗兰:《约翰·克里斯多夫》(韩沪麟译),南京:译林出版社,2011年。

[法]阿尔玛·布拉米:《他们把她留在那儿》(毕笑译),上海:上海文艺出版社,2011年。

[法]欧仁·勒儒瓦:《雅古复仇记》(邱海婴译),北京:人民文学出版社,

2011年。

［法］安德烈·纪德:《伪币制造者》(盛澄华译),上海:上海译文出版社,2011年。

［法］贝格伯德:《一部法国小说》(金龙格译),北京:人民文学出版社,2011年。

［法］阿尔玛·布拉米:《他们把她留在那儿》(毕笑译),上海:上海文艺出版社,2011年。

［法］阿兰·福莱歇:《穿短裤的情人》(金龙格译),北京:新星出版社,2011年。

［法］勒·克莱齐奥:《流浪的星星》(袁筱一译),北京:人民文学出版社,2010年。

［法］阿兰·傅尼埃:《大莫纳》(徐志强译),济南:山东文艺出版社,2009年。

［法］索尔·夏朗东:《小玻奇》(邱曙苇译),北京:人民文学出版社,2008年。

［法］安娜·科西尼:《永恒的父亲》(杨振译),北京:人民文学出版社,2008年。

［法］马塞尔·普鲁斯特:《追忆似水年华》(李恒基、桂裕芳译),南京:译林出版社,2008年。

［法］安娜·科西尼:《永恒的父亲》(杨振译),北京:人民文学出版社,2008年。

［法］埃克多·马洛:《苦儿流浪记》(王振孙译),上海:上海人民出版社,2007年。

［法］司汤达:《红与黑》(郝运译),上海:上海译文出版社,2001年。

［法］勒·克莱齐奥:《金鱼》(郭玉梅译),天津:百花文艺出版社,2000年。

［法］德芙热:《莱娜(三部曲)》(曾诚、王诤译),北京:中国文学出版社,1996年。

［法］茜多妮·柯莱特:《流浪女伶》(郑雅聿译),南宁:漓江出版社,1990年。

［法］约瑟夫·若福:《弹子袋》(王念、周娅译),北京:群众出版社,1985年。

［法］左拉:《萌芽》(黎柯译),北京:人民文学出版社,1982年。

［海地］达尼拉费里埃:《还乡之谜》(何家炜译),北京:人民文学出版社,

2011年。

［巴西］若泽·毛罗·德瓦斯康塞洛斯：《我亲爱的甜橙树》（蔚玲译），北京：人民文学出版社、北京：天天出版社，2010年。

［阿根廷］吉列尔莫·马丁内斯：《象棋少年》（谭薇译），北京：人民文学出版社，2010年。

［巴西］保罗·科埃略：《炼金术士》（孙成敖译），上海：上海译文出版社，2004年。

［墨西哥］波尼亚·托夫斯卡：《天空的皮肤》（张广森译），北京：人民文学出版社，2002年。

［智利］伊莎贝拉·阿连德：《月亮部落的夏娃》（柴玉玲译），北京：中国国际广播出版社，1990年。

［巴西］莉吉娅·法贡德斯·特莱斯：《石人圈》（喻慧娟译），北京：十月文艺出版社，1989年。

［墨西哥］胡安·鲁尔弗：《人鬼之间》（屠孟超译），北京：人民文学出版社，1986年。

［阿根廷］里卡多吉拉尔德斯：《堂塞贡多·松布拉》（王央乐译），上海：上海译文出版社，1984年。

［墨西哥］卡洛斯·富恩特斯：《阿尔特米奥·克罗斯之死》（亦潜译），北京：外国文学出版社，1983年。

［秘鲁］何塞·马里亚·阿格达斯：《深沉的河流》（章仁鉴译），北京：外国文学出版社，1982年。

［委内瑞拉］罗慕洛·加列戈斯：《堂娜芭芭拉》（白婴译），北京：人民文学出版社，1979年。

后 记

　　海纳百川、百川归海之前,必然会经历无数拐点。回望我40年的人生历程,确已出现过数次拐点。连接拐点的,自然是波峰和波谷,还有沉浮得失、悲欢苦乐。

　　我学术生涯的确切开端,当属1996年9月,我正式成为北京师范大学中文系中国现当代文学专业的一名硕士研究生,专业方向为中国当代散文。也就是说,若想获得文学硕士学位,我必须完成一篇有关中国当代散文研究的3万字论文。为完成学位论文,我开始了"直奔主题"(目的性极强)的读书生涯,也开始了我自觉的研究生涯。

　　从主攻散文研究转向重点研究成长小说,源于1998年暑假我遇到的那次拐点。在学兄杨鹏(他当时已是赫赫有名的儿童文学作家)的点拨之下,我创作了短篇少年小说处女作《怎么回事?》,并很快接到了杂志的用稿通知。作品刊发后,被多次转载。自少年时就梦想当作家的我,被这次意外的"成功"冲昏了头脑,行将熄灭的作家梦死灰复燃,且烈火熊熊。从此,我一心二用,一边撰写散文论文,一边从事少年小说创作。在1999年7月硕士毕业之前,我竟发表了近10篇短篇小说,差不多够得上结集成书的最低标准了。我得陇望蜀,想出作品集的欲望空前膨胀。然而,对于一个初出茅庐的年轻人来说,那无疑是一个遥不可及的梦。偶然看见中国少年儿童出版社出版了一套名为成长小说的长篇小说丛书,也打听到出长篇小说较之于出作品集相对容易一些。于是,我开始向长篇小说发起进攻,那个我望文生义不求甚解的成长小说就成了我首攻的堡垒。

——那是我首次接触成长小说。我没有想到,那也是我学术生涯的第二个拐点。从此,我与成长小说结下了不解之缘。十余年韶华倥偬,不惑之门伸手可触。回头望,成长小说竟然圆了我所谓的作家梦,研究成长小说已成为我主要的学术功课,教授成长小说是我重要的教学活动。可以预见,未来或长或短的人生,我将与成长小说朝夕相伴,直至终老。

正式以学者身份和专业眼光审视成长小说,始于2003年6月。那时,我已确知被北京师范大学文学院录取为儿童文学专业的博士研究生。获得文学博士学位,必须完成一篇10万字的论文。已出版了2部所谓长篇成长小说和3部少年小说作品集的我,自视颇高,以为自己研究成长小说可谓轻车熟路、近水楼台。于是,在没有收到博士研究生录取通知书之前,我便将研究领域锁定为成长小说。我以为我的博士论文写作一定非常顺利,甚至易于我所创作的长篇小说。

——那是我学术生涯的第三个拐点。这一次,我的目标非常明确,毕业后登上梦寐以求的大学讲台,将来成为国内研究成长小说的"专家"。然而,当我真正进入成长小说研究领域,才发现之前的想当然是何等鲁莽、幼稚。中国的成长小说研究在那时是地地道道的蛮荒之地,研究者、论著寥寥。即便"什么是成长小说"这样的基本问题,尚未达成定论。仅有的论述,多出自一些从事外语教学的学者之手,并以译作或介绍性文章居多。而且,一些学者以西方经典成长小说理论框定中国成长小说书写,断言中国尚未有真正意义上的成长小说,所谓冠以"成长小说"的作品顶多可称为"成长主题小说"。而我企图研究中国当代成长小说,无疑被浇了个透心凉。欲研究国外成长小说,半生不熟的英语对我来说是一只异常凶猛的拦路虎。要是改弦易张,我这个半路出家的儿童文学专业的新兵蛋子将会两眼一抹黑。既然一切都是陌生,我只能硬着头皮认定了相对还"熟悉"一点的成长小说,可谓"顶风作案",知难而进。

于是,攻读博士学位那三年,我开始全面、系统、深入地研究中外成长小说,发现成长小说的跨学科、交叉性和边缘化特点,遂将研究重心聚焦于成长最敏感、最棘手、最重要的事件——"性的成长"。三年苦读,我完成了博士论文《成长之性——中国当代成长主题小说的文化阐释》,于2006年7月获得了文学博士学位。这是我研究成长小说收获的第一枚果实。

2006年9月,我进入北京师范大学文学院中国现当代文学所儿童文学研究中心任教。我面向全校本科生开设了一门公共选修课《成长小说研究》,出乎意料,每学年200个选课名额,年年爆满。每学期课程结束,学生给予该课程相当高的评价。不少学生表示,通过这门课学到了许多成长的道理。如果在中学时就接触到这门课程,他们必然会少走一些弯路。学生们的认可无疑给了我莫大的鼓舞,每一个学年我不断修改教案,丰富、完善授课内容,以期为学生们提供更为翔实、生动的内容。教学相长,几年过去了,我对成长小说有了新的认识,尤其是对国外成长小说的发展状貌有了更为全面的了解。我越来越意识到成长殊为复杂,除了"性成长"这一核心事件外,还包括爱情、友谊、亲情、人际交往、纷繁社会,人情的冷暖炎凉、是非的曲直圆方等方方面面的问题。因此,"性的成长"不再是我关注的焦点,我研究的视野渐渐辐射到成长的四面八方、角角落落。

一转眼,我已研究了近10年成长小说,除出版了2部与成长小说相关的论著外,还发表了相关论文20余篇。有了数年积淀,我开始酝酿写作一部全面、系统、纵深研究成长小说的专著,拟命名为《成长小说概论》。2009年,我的"成长小说研究"课程被评为北京师范大学通识教育优质课程。这更增添了我完成这一课题的决心。接下来,我心无旁骛,一有空闲便与成长小说耳鬓厮磨。3年过去了,这部论著的初稿已完成90%。尽管初稿远未达到付梓水准,但我还是匆匆写下"后记",因为我担心在漫长的修改过程中将耗费尽我所有的写作激情,真正到了付梓之时难再有不吐不快的情绪。写完这些文字,我将暂时远离这部半成品。我需要冷静,我需要反思,我还需要补充能量。许多未能解决的疑难问题,我需要缓冲后再度鼓起"而今迈步从头越"的勇气。

而今,初稿已经完成,我如释重负。

亟等解决的问题还有很多很多,其中,迫在眉睫的问题是对于国外成长小说发展状貌的梳理。因为英语水平有限,加上不懂德语、法语和俄语,对于这些语种的成长小说的关注只能停留在"转译"成英文的文献上。但是,作为一部概论性质的专著,浮光掠影在所难免,且难以面面俱到,我不得不以此自我开解。我想,对成长小说的研究一定会终我一生,因此,有关国别的成长小说研究已列入我遥远的研究计划。前路漫漫,云雾迷离,我将不殚前驱。浅识拙见,还望同侪批评、指正。

临了,诸多感谢激荡于胸。感谢我的博士生导师王泉根教授多年的扶助,如若我的人生还会有华彩的乐章,那当得益于他馈赠我的7个音符。感谢谢宇佳(俄罗斯文学成长书写)、毕坤(法国文学成长书写)和楚周莲(拉丁美洲文学成长书写)等同学参与了本书部分内容的研究工作。3位同学在我的指导下,主持了北京师范大学创新人才培养实验区创新项目。她们勤奋致学,对成长小说的研究已初见成效。感谢安徽大学出版社赵月华、王娟娟女士为本书的编辑、出版付出的辛苦。感谢成长小说研究领域的各位认识或不认识的学者,他们是我学术生涯的良师益友。

张国龙

2011年6月26日一稿于北京北苑家园寓所
2012年1月5日二稿于北京北苑家园寓所
2012年9月23日三稿于北京北苑家园寓所
2013年7月1日四稿于北京北苑家园寓所
2013年7月25日五稿于北京北苑家园寓所